Dipl.-Ing. Wolf Siebel

Seefunk auf allen Meeren

Handbuch für Freizeitkapitäne und Profi-Funker

Küstenfunkstellen in aller Welt

Frequenzliste und Rufzeichenliste

See-Wetterfunksendungen

Siebel Verlag

CIP-Kurztitelaufnahme der Deutschen Bibliothek:

> Siebel, Wolf:
> Seefunk auf allen Meeren : Handbuch f. Freizeitkapitäne u.
> Profi-Funker : Küstenfunkstellen in aller Welt -
> Frequenzliste u. Rufzeichenliste - See-Wetterfunksendungen /
> Wolf Siebel - Meckenheim : Siebel, 1987
> ISBN 3-922221-24-6

ISBN   3 - 9 2 2 2 2 1 - 2 4 - 6

1. Auflage 1987

© Copyright: Siebel Verlag GmbH, Meckenheim, 1987

Sämtliche Rechte, insbesondere das Recht der Vervielfältigung, Verbreitung und Übersetzung vorbehalten.

Kein Teil des Buches darf in irgendeiner Form (durch Fotokopie, Mikrofilm, elektronische Datenverarbeitung bzw. Datenspeicherung oder andere Verfahren) ohne schriftliche Genehmigung des Verlages vervielfältigt, verarbeitet oder verbreitet werden.

Herstellung: betz-druck gmbh, Darmstadt-Arheilgen

Inhalt

- 4   Länderverzeichnis
- 6   Anwendung dieses Buches
- 8   Seefunkzeugnisse - Voraussetzung zur Teilnahme am Seefunkdienst
- 9   Wozu dient der Seefunkdienst?
- 12 Funkverfahren im Seefunkdienst
- 13 Seefunk-Frequenzbereiche und ihre Einsatzmöglichkeiten
- 17 Funkstellen und Rufzeichen
- 19 Verkehrsabwicklung - Anrufverfahren
- 21 Empfang von Seefunksendungen
- 25 Erläuterungen zum Länderteil
- 26 Norddeich Radio
- 30 Seewetterberichte des Deutschen Wetterdienstes

34-190 Länderteil: Küstenfunkstationen in aller Welt

- 191 Seefunk-Frequenzliste: Grenzwelle und Kurzwelle
- 279 ITU-Rufzeichenzuteilung
- 282 Rufzeichenliste der Küstenfunkstellen
- 294 KW-Empfänger für Seefunk
- 295 Bequemer Empfang von Telegrafie- und Fernschreibsendungen
- 297 Amateurfunk an Bord
- 299 Abkürzungen
- 301 Abkürzungen im Telegrafieverkehr
- 304 Der Q-Code
- 314 ITU-Landeskenner
- 316 Buchstabiertafel
- 317 Literaturverzeichnis
- 319 Leserservice

Wichtiger Hinweis

Wir weisen nachdrücklich darauf hin, daß in der Bundesrepublik Deutschland bzw. bei einer deutschen Seefunkstelle nur solche Personen am Seefunkdienst teilnehmen dürfen, die ein von der Deutschen Bundespost ausgestelltes oder anerkannt gültiges Seefunkzeugnis besitzen. Dabei ist auch der ausschließliche Empfang von Seefunksendungen als Teilnahme am Seefunkdienst zu verstehen.

Die "Allgemeine Genehmigung für den Ton- und Fernseh-Rundfunkempfang" in der Bundesrepublik Deutschland berechtigt nur zum Rundfunkempfang. Der Empfang anderer Funkdienste ist ausschließlich den dazu besonders befugten Personen gestattet. Der vorsätzliche Empfang anderer Funkdienste ist verboten.

Wer unbeabsichtigt solche Aussendungen empfängt, darf Informationen über Inhalt und Umstände der Sendungen nicht an Dritte weitergeben.

Wer gegen diese Bestimmungen des Fernmeldeanlagengesetzes (FAG) verstößt, macht sich strafbar.

Bitte beachten Sie die gesetzlichen Bestimmungen, insbesondere das Fernmeldeanlagengesetz.

Länderverzeichnis

Ägypten 89
Äquatorial-Guinea 101
Äthiopien 111
Alaska 156
Albanien 77
Algerien 92
Angola 104
Argentinien 166
Ascension 102
Australien 143
Azoren 95

Bahamas 175
Bahrain 116
Bangladesh 122
Barbados 173
Belgien 57
Benin 100
Bermuda 176
Birma 125
Brasilien 168
Bulgarien 82

Chile 165
China V.R. 136
Cook-Inseln 151
Costa Rica 179

Dänemark 36
Deutschland (BRD) 26
Deutschland (DDR) 35
Dominikanische Republik 174
Dschibuti 110

Ekuador 163
Elfenbeinküste 100

Faroer-Inseln 54
Fidschi 150
Finnland 40
Frankreich 64

Gabun 103
Gambia 98
Ghana 100
Gibraltar 67
Griechenland 78
Grönland 52
Großbritannien 58
Guam 132
Guinea 98
Guinea-Bissau 98
Guayana 170

Hawaii 153
Hongkong 134

Indien 121
Indonesien 129
Irak 115
Iran 118
Irland 61
Island 53
Israel 88
Italien 70

Jamaika 174
Japan 138
Jemen (Arabische Rep.) 113
Jemen (Demokr.) 114
Jordanien 113
Jugoslawien 76

Kamerun 101
Kamputschea (Kambodscha) 126
Kanada
 - Pazifikküste 157
 - Atlantikküste 187
Kanarische Inseln 96
Kapverdische Inseln 97
Katar 114
Kenia 109
Kiribati 153
Kolumbien
 - Pazifikküste 163
 - Karibikküste 178
Kongo 103
Korea (Rep.) 137
Kuba 175
Kuwait 116

Libanon 87
Liberia 99
Libyen 90

Madagaskar 108
Madeira 96
Malaysia 127
Malediven 122
Malta 75
Marokko 94
Martinique 173
Mauretanien 96
Mauritius 108
Mexiko
 - Pazifikküste 160
 - Golfküste 180

Monaco 69
Mosambik 107

Namibia 105
Nauru 152
Neu-Amsterdam 109
Neukaledonien 149
Neuseeland 147
Niederlande 56
Niederländische Antillen 177
Nigeria 101
Norwegen 46
Norwegische Nordmeerinseln 51

Oman 113

Pakistan 120
Panama 178
Papua-Neu Guinea 148
Peru 164
Philippinen 131
Pitcairn-Inseln 150
Polen 44
Polynesien (Franz.) 152
Portugal 68

Rumänien 83

Salomonen 149
Samoa 151
Sao Tome und Principe 102
Saudi Arabien 117
Schweden 38
Schweiz 63
Senegal 97
Seychellen 110
Sierra Leone 99

Singapur 128
Spanien 66
Sri Lanka (Ceylon) 123
St. Helena 102
Südafrika 106
Sudan 111
Surinam 170
Syrien 86

Taiwan (Nationalchina) 135
Thailand 125
Trinidad und Tobago 172
Tristan de Cunha 105
Türkei 81
Tunesien 91
Tuvalu 153

UdSSR (Sowjetunion)
 - Ostseeküste 42
 - Nordeuropäische Küste 48
 - Schwarzmeerküste 84
 - Asiatische Pazifikküste 140
Uruguay 167
USA
 - Pazifikküste 158
 - Golf- u. Atlantikküste 182

Vanuatu (Neue Hebriden) 149
Venezuela 176
Vietnam 126
Virgin Islands 174

Zaire 104
Zypern 87

Nordatlantik-Eismeldedienst 190

Karten:

Vorhersagegebiet/Seewetterdienst 32
Ostsee/Nordeuropa 34
Europäisches Nordmeer 30
Nordsee/Nordwesteuropa 55
Südwesteuropa und Mittelmeer (westl. Teil) 62
Seewetterberichte Mittelmeer 73
Mittelmeer (östl. Teil) und Schwarzes Meer 80
Afrika 93
Arabische Halbinsel 112
Indischer Ozean 119
Südostasien 124
Ostasien 133
Australien und Ozeanien (Südsee) 142
Nordamerika (Ost/West) 154/155
Südamerika 162
Mittelamerika (Karibik) 171

Anwendung dieses Buches

Das vorliegende Buch stellt eine Ergänzung zu den verschiedenen amtlichen Seefunk-Dienst-Werken und den anderen Nachschlagewerken und Publikationen zum Seefunkdienst dar.

Die gesetzlichen Grundlagen und betrieblichen Vorschriften für den Seefunkdienst sind z.B. im "Handbuch Seefunk" ausführlich und verbindlich dargestellt.

Jeder Seefunkoffizier ist verpflichtet, eine ganze Reihe von Dienstbehelfen an seiner Seefunkstelle bereitzuhalten.

Für Freizeitkapitäne, die auf einer Jacht in der Regel eine Sprech-Seefunkstelle unterhalten, ist lediglich vorgeschrieben, daß diese

1. das "Handbuch Seefunk"

2. die "Mitteilungen für Seefunkstellen" (MfS)

3. das Merkblatt für den Sprechfunkverkehr auf Grenzwellen (GW), Kurzwellen (KW) und Ultrakurzwelle (UKW) mitführen.

Jeder Freizeitkapitän, der das "Allgemeine Sprechfunkzeugnis für den Seefunkdienst" besitzt, darf sich auch das gesamte Informationsangebot des weltweiten Seefunkdienstes zu Nutzen machen.

Wer auf Nord- und Ostsee unterwegs ist, wird wissen, wie man mit Norddeich Radio Funkkontakt aufnimmt. Eine Zusammenfassung findet sich im bereits erwähnten Merkblatt für den Sprechfunkverkehr. Die Angaben werden aber auch hier in diesem Buch der Vollständigkeit halber ebenfalls zu finden sein.

Interessant wird es aber, wenn man über diesen "heimischen" Bereich hinaus will. Von großem Interesse sind beispielsweise bei Segeltörns ins Mittelmeer oder über den Atlantik die verschiedenen Wetterberichte und Wettervorhersagen, die von den meisten Küstenfunkstellen ausgestrahlt werden. Desweiteren sind dann auch die Kurzwellenfrequenzen der Küstenfunkstellen in aller Welt von Interesse, um z.B. frühzeitig Kontakt aufzunehmen oder auch, um über große Entfernungen Hilfe in Seenotfällen herbeizurufen.

Dieses Buch beinhaltet daher schwerpunktmäßig die Kurzwellenfrequenzen sämtlicher Küstenfunkstellen in aller Welt. Zusätzlich werden für den Bereich Nord- und Ostsee, Nordatlantik und Mittelmeer die Mittelwellen- und Grenzwellenfrequenzen angegeben. Dabei sind immer auch die jeweiligen Wetterdienste mit aufgeführt.

Weiterhin enthält dieses Buch eine Frequenzliste, die zur schnellen Orientierung innerhalb der Seefunkbereiche dient sowie eine Rufzeichenliste aller Küstenfunkstellen der Welt, die eine rasche Identifizierung der jeweiligen Station erlaubt.

Verschiedene Tabellen und Abkürzungsverzeichnisse, sowie ein Kapitel über Amateurfunk auf Yachten und Informationen über Seefunk-Geräte und nützliche technische Einrichtungen runden das Buch ab.

Neben dem Freizeitkapitän wird aber auch der Profi-Funker, d.h. der Seefunkoffizier, dieses Buch wegen der schnellen Informationsmöglichkeit zu schätzen wissen.

Wir weisen aber ausdrücklich darauf hin, daß dieses Buch nicht als Ersatz für die national bzw. international vorgeschriebenen Dienstbehelfe für Seefunkstellen gedacht ist oder benutzt werden darf.

Weiterhin sei nachdrücklich darauf hingewiesen, daß in der Bundesrepublik Deutschland bzw. bei einer deutschen Seefunkstelle nur solche Personen am Seefunkdienst teilnehmen dürfen, die ein von der deutschen Bundespost ausgestelltes oder anerkannt gültiges Seefunkzeugnis besitzen. Dabei ist aber auch der ausschließliche Empfang von Seefunksendungen als Teilnahme am Seefunkdienst zu verstehen. Über die einschlägigen Bestimmungen im Ausland informieren die jeweiligen nationalen Fernmeldebehörden.

Zu Zeiten der legendären Windjammer war das Barometer und die gute Nase des Käpt'ns die einzige Wettervorhersage. Und wenn dunkle Wolken den Himmel bedeckten, konnte auch der Sextant im Schapp liegen bleiben. Heute sind Navigation und Kommunikation durch moderne Elektronik selbst für den Skipper einer Yacht selbstverständlich, wie diese Aufnahme zeigt. (Foto: ELNA)

Seefunkzeugnis – Voraussetzung zur Teilnahme am Seefunkdienst

Wie schon zuvor erwähnt, dürfen nur solche Personen am Seefunkdienst teilnehmen, die ein Seefunkzeugnis besitzen.

Nun ist es aber für kleinere Jachten und Boote nicht unbedingt erforderlich, daß diese mit einer Funkanlage ausgerüstet sind. Erst ab einer bestimmten Größe oder Nutzung (z.B. für gewerbliche Zwecke oder Personenbeförderung) bestehen für deutsche Schiffe bestimmte Funkausrüstungspflichten.

Andererseits ist es sicherlich von großem Nutzen, wenn auch kleine Schiffe in unseren stark befahrenen Seegebieten über Funkanlagen verfügen. Für die Schiffssicherheit und Rettung in Seenotfällen ist eine Funkanlage gar lebensnotwendig.

Jedem Freizeitkapitän sei also empfohlen, ein Sprechfunkzeugnis für den Seefunkdienst durch Ablegen einer entsprechenden Prüfung zu erwerben. Es gibt zwei verschiedene Seefunkzeugnisse:

1. das "beschränkt gültige Sprechfunkzeugnis für Ultrakurzwellen" und
2. das "Allgemeine Sprechfunkzeugnis für den Seefunkdienst".

Der Unterschied ist leicht erklärt: Das UKW-Sprechfunkzeugnis berechtigt nur zur Abwicklung des Funkverkehrs an Bord von Schiffen mit UKW-Seefunkstellen oder auf Binnenschiffen. Dabei ist zu berücksichtigen, daß die UKW-Anlagen auch nur eine sehr begrenzte Reichweite, nämlich maximal etwa 50 km, haben.

Das Allgemeine Sprechfunkzeugnis hingegen berechtigt zur Teilnahme an allen Sprechfunkdiensten, also auf UKW ebenso wie auf Grenzwelle und auf Kurzwelle. Damit lassen sich Funkverbindungen auch über sehr große Entfernungen herstellen.

Ähnlich wie beim Autoführerschein muß man zum Erwerb des Sprechfunkzeugnisses eine Prüfung bestehen, die auch nicht schwieriger als die Führerscheinprüfung ist. Entsprechende Kurse werden an vielen Orten angeboten. Dazu gibt es verschiedene Lehrbücher oder sogar Tonband-Cassetten für praktische Übungen. Beachten Sie bitte dazu das Literatur-Verzeichnis am Ende des Buches.

Wer aus Begeisterung für die Seefahrt und für die Funktechnik Interesse hat, professioneller Funker, d.h. "Funkoffizier" auf einem "richtigen" Schiff werden möchte, kann sich dazu ausbilden lassen und findet dann eventuell einen äußerst interessanten Arbeitsplatz und ist danach möglicherweise auf allen Weltmeeren beruflich "zu Hause".

Weitere Informationen zum Beruf des Funkoffiziers, zu den Voraussetzungen, zur Ausbildung und zu den Zukunftsperspektiven gibt eine Publikation aus der berufskundlichen Schriftenreihe des Verbandes Deutscher Reeder (Esplanade 6, 2000 Hamburg 36). Diese Broschüre kann z.B. auch bei der Fahrschule-Seefahrt-Leer (Bergmannstr. 36, 2950 Leer) angefordert werden.

Wozu dient der Seefunkdienst?

Die Notwendigkeit, Schiffe mit Funkeinrichtungen auszustatten, entstand aus dem Sicherheitsbedürfnis der Schiffahrt. Auch heute spielt der Aspekt der Schiffssicherheit eine große Rolle im Seefunk, doch werden mittlerweile die Kommunikationsmöglichkeiten zwischen Schiffen und Funkstellen an Land auf vielfältige Weise genutzt.

Welche Schiffe müssen eine Funkanlage haben?

Nach den Vorschriften des internationalen Schiffssicherheitsvertrages müssen alle Schiffe mit einer Funkanlage ausgerüstet sein, die zu den Fahrgastschiffen zählen (das sind Schiffe mit mehr als 12 möglichen Fahrgästen) oder die als Frachtschiffe die Größe von 300 Bruttoregistertonnen überschreiten. Eine Registertonne (RT) ist übrigens ein Raummaß für Schiffe und entspricht 2,83 Kubikmetern. Die Größe eines Schiffes in Bruttoregistertonnen (BRT) umfaßt den gesamten Vermessungsraum (inklusive aller Maschinenräume sowie Mannschaftsräume u. dergl.).

Kleinere Schiffe von 300 bis 1599 Bruttoregistertonnen müssen lediglich über eine Grenzwellen-Sprechfunkanlage verfügen. Größere Schiffe über 1600 BRT müssen eine Mittelwellen-Telegrafie-Haupt- und Notanlage besitzen.

Heute ist es so, daß die allermeisten Schiffe aus vielerlei Gründen über die Mindestanforderungen hinaus mit weiteren Sende- und Empfangseinrichtungen und Zusatzausstattungen ausgerüstet sind.

Vernünftigerweise sind auch viele kleine Schiffe und "Freizeit"-Schiffe, also rein private Yachten, Motorboote, Segelschiffe und dergleichen mit Funkanlagen ausgerüstet.

Was wird per Funk übertragen?

Die Möglichkeit der Nachrichtenübertragung per Seefunk wird auf vielfältige Weise genutzt. Die Hauptaufgaben und wichtigsten Anwendungsmöglichkeiten sind schnell erklärt.

Seenotfunk

An erster Stelle, jedoch nicht vom Verkehrsaufkommen her, sondern von der Wichtigkeit für das menschliche Leben, steht der Seenotfunk. Wenn ein Schiff in Seenot gerät, versucht es auf dem Funkweg Hilfe herbeizuholen.

Ein größeres Schiff würde zunächst auf Mittelwelle 500 kHz das Telegrafiefunk-Alarmzeichen ausstrahlen und dann einen Notanruf "an alle" mit Angaben über Standort, Art des Notfalls und erbetene Hilfeleistung. Der Notanruf und die Notmeldung werden durch das Notzeichen "SOS" eingeleitet. Alle Schiffe mit mehr als 1600 BRT müssen ständig die internationale Seenot- und Anruffrequenz abhören oder mit automatischen Funkalarmgeräten überwachen. Das Alarmzeichen des in Seenot befindlichen Schiffes wird so zwangsweise von allen großen Schiffen im Umkreis von etwa 300 km aufgenommen.

Die in der Nähe befindlichen Schiffe und Küstenfunkstellen werden den Notruf beantworten, untereinander Kontakt aufnehmen (z.B. für Peilungen) und Hilfemaßnahmen koordinieren.

Ist das in Seenot befindliche Schiff mit einer Grenzwellen-Sprechfunkanlage ausgerüstet, was heute durchweg der Fall ist, wird zunächst ein Sprechfunk-Alarmzeichen (zwei verschieden hohe Töne) der Seenot- und Anruffrequenz 2182 kHz im Grenzwellenbereich ausgestrahlt. Die Notmeldung wird dann durch das Sprechfunk-Notzeichen "Mayday" eingeleitet.

Nautische Nachrichten

Alle Unregelmäßigkeiten, die die Navigation der Schiffe betreffen, werden per Seefunk ausgestrahlt. Wenn zum Beispiel Lichtzeichen ausfallen, Navigationssender gestört sind oder ein Schiff in einer Fahrrinne gesunken ist und andere gefährdet, werden diese Informationen im Rahmen nautischer Nachrichten ausgestrahlt.

Seewetterdienst

Bei aller Technik spielt das Wetter auch heute noch eine große und manchmal fatale Rolle in der Schiffahrt. Schwere Stürme, Nebel oder Eisberge stellen eine große Gefahr für alle Schiffe dar und demzufolge ist das Wissen um die allgemeine Wetterlage und die Wetterentwicklung von größter Wichtigkeit. Viele Küstenfunkstellen und meteorologische Stationen in aller Welt strahlen mehr oder weniger regelmäßig Wetterberichte, Wettervorhersagen, Sturmwarnungen, Eiswarnungen, Nebelwarnungen und ähnliche Meldungen aus. Diese Wettermeldungen betreffen je nach Bedeutung der Station nur regionale Gebiete, ganze Seegebiete, Meere oder gar Ozeane.

Ein beträchtlicher Teil des vorliegenden Buches befaßt sich mit dem Seewetterfunk, den Angeboten an Wetterinformationen (Sendungen) und den Möglichkeiten zum Empfang (Geräte) und zur Auswertung. Mehr dazu aber später.

Peilfunk

Zwar gibt es heute für Schiffe wunderbare Einrichtungen, den eigenen Standort ziemlich genau zu bestimmen, doch besteht immer noch die Möglichkeit, sich von Peilfunkstellen anpeilen zu lassen und so den Standort "fremd" zu bestimmen.

Revier- und Hafenfunk

Zur Regelung des Schiffverkehrs, insbesondere in dichtbefahrenen Schiffahrtswegen, in Küstennähe (Revieren) und in Häfen oder Hafenzufahrten oder Schleusen ist der Funkkontakt von großem Nutzen.

Öffentlicher Nachrichtenaustausch

Zum öffentlichen Nachrichtenverkehr zählen die Funkverbindungen, die zwischen Seefunkstellen (auf Schiffen) und privaten Teilnehmeranschlüssen an Land (Telefon/Telex) hergestellt werden. Diese Verbindungen zwischen Seefunk und öffentlichem Telefon- oder Telex-Netz werden von der Küstenfunkstelle an Land gegen Entgelt hergestellt.

In diesem Bereich gibt es natürlich vielfältige Anwendungen. So teilt die Reederei ihrem Tankschiff mit, daß es einen anderen Hafen anlaufen soll, weil dort das geladene Öl zu einem besseren Preis verkauft werden kann. Ein Seemann auf Fischfang in der Nordsee möchte mit der Familie zu Hause sprechen oder ein Gast auf einem Kreuzfahrtschiff in der Karibik will den Freunden in der Heimat vom tollen Urlaub berichten.

Und so weiter ...

Zu erwähnen ist noch die Möglichkeit, ärztliche Ratschläge per Seefunk einzuholen, wenn zum Beispiel ein Besatzungsmitglied erkrankt und kein Arzt an Bord ist. Auch werden per Seefunk Zeitzeichen ausgestrahlt, die zur Navigation wichtig sind. Und für das Bedürfnis an allgemeiner Information dienen Pressefunkdienste.

Sie sehen, Aufgaben für den Seefunk gibt es in Hülle und Fülle, doch mit welchen technischen Einrichtungen werden diese Aufgaben erfüllt?

Blick in den Funkraum eines großen Schiffes, das mit Einrichtungen für Sprechfunk und Telegrafie ausgerüstet ist. (Foto: DEBEG)

Funkverfahren im Seefunkdienst

Der Seefunkverkehr wird als Sprechfunkverkehr (Telefonie), Telegrafieverkehr (Morsen) oder als Funkfernschreibverkehr abgewickelt. Daneben werden Wetterkarten als Faksimilesendungen (FAX) übertragen und es gibt weitere spezielle Verfahren, die hier aber unberücksichtigt bleiben sollen.

Sprechfunk

Der Sprechfunk im Seefunkdienst wird heute ausschließlich in Einseitenbandtechnik (Single-side-band: SSB) geführt. Bei dieser Einseitenbandmodulation wird grundsätzlich das obere Seitenband (USB) benutzt. Die Bezeichnung der Modulationsart nach ITU lautet: Einseitenbandtelefonie mit unterdrücktem Träger (J3E). Daneben kommt auch die Einseitenbandmodulation mit vermindertem Träger (R3E) zur Anwendung. Mittels Überleiteinrichtungen bei den Küstenfunkstellen und deren Vermittlung kann man vom Schiff aus ins öffentliche Telefonnetz jeden beliebigen Fernsprechteilnehmer anwählen - und umgekehrt.

Telegrafiefunk

Die Morsetelegrafie (im Funk oft bezeichnet als CW) ist das traditionelle Funkverfahren im Seefunkdienst. Die Bezeichnung der Modulationsart nach ITU lautet: Morsetelegrafie mit getastetem Träger (A1A).

Die Morsetelegrafie hat auch heute noch den Vorteil, daß man auch über große Entfernungen, bei Störungen und trotz geringer Sendeleistung eine gute Verständlichkeit der Signale verzeichnen kann. Dafür nimmt die Nachrichtenübermittlung per Morsetelegrafie aber ziemlich viel Zeit in Anspruch, da jeder einzelne Buchstabe und jedes Zeichen im Morsealphabet getastet und auch wieder aufgeschrieben werden muß.

Funkfernschreiben

Nach Entwicklung von Funkfernschreibverfahren (RTTY = Radioteletype), die eine fehlerfreie Übermittlung von Nachrichten auch unter Störungen und anderen Einflüssen (z.B. Fading) garantieren, wurde diese Technik auch im Seefunkdienst eingeführt. Die ITU-Bezeichnung für die Modulationsart lautet: Funkfernschreiben mit Frequenzumtastung (F1B).

Die Technik des fehlererkennenden und korrigierenden Funkfernschreibens wurde unter der Bezeichnung SITOR im Seefunk mit Erfolg eingeführt. Daneben gibt es ähnliche Verfahren, z.B. FEC für einseitige Sendungen.

Mittels Funkfernschreiben kann heutzutage von einem dementsprechend ausgerüsteten Schiff über eine Küstenfunkstation als Überleiteinrichtung im öffentlichen Netz jeder Telex-Teilnehmer erreicht werden - und umgekehrt. Gerade im kommerziellen Bereich oder bei der Übermittlung von Daten ist das eine große Erleichterung.

Seefunk-Frequenzbereiche und ihre Einsatzmöglichkeiten

Weltweit sind dem beweglichen Seefunkdienst folgende Frequenzbereiche zugewiesen:

Mittelwelle: 415 - 526,5 kHz

Grenzwelle: mehrere Teilbereiche zwischen
               1606,5 und 3800 kHz.

Kurzwelle: 4063 ... 4438 kHz   (4-MHz-Bereich)
               6200 ... 6525 kHz   (6-MHz-Bereich)
               8195 ... 8815 kHz   (8-MHz-Bereich)
               12330 ... 13200 kHz (12-MHz-Bereich)
               16460 ... 17360 kHz (16-MHz-Bereich)
               22000 ... 22720 kHz (22-MHz-Bereich)
               25210 ... 25550 kHz (25-MHz-Bereich)

Folgende Bereiche sind neu zugeteilt, werden aber noch primär von Stationen des Festen Funkdienstes benutzt und werden dem beweglichen Seefunkdienst erst zur Verfügung stehen, nachdem die derzeitigen festen Benutzer auf andere Frequenzen umgesetzt worden sind:

               4000 ... 4063 kHz   17360 ... 17410 kHz
               8100 ... 8195 kHz   18780 ... 18900 kHz
               12230 ... 12330 kHz   19680 ... 19800 kHz
               16360 ... 16460 kHz   22720 ... 22855 kHz

UKW: 156 ... 174 MHz

Internationale Not- und Anruffrequenzen: 500 kHz   (Telegrafie)
                                            2182 kHz (Sprechfunk)
                                            156,8 kHz (UKW-FM)

In welchen Frequenzbereich man geht, um eine Seefunkverbindung herzustellen, hängt in erster Linie von der zu überbrückenden Entfernung ab.

Ultrakurzwellen (UKW)

Die durchschnittliche Reichweite im UKW-Bereich beträgt etwa 50 km. Daher wird der UKW-Sprechfunk für ausgesprochene Nahverbindungen eingesetzt, zum Beispiel im Küstenbereich, beim Anlaufen von Häfen oder Schleusen, im Lotsendienst oder zwischen verschiedenen Schiffen, die nahe beieinander sind.

Dem Seefunkdienst wurde ein Teilbereich im 2-m-UKW-Sprechfunkband zugewiesen. Zwischen 156 und 174 MHz stehen 56 Kanäle zur Verfügung. Davon ist der Kanal Nr. 16 (156,8 MHz) als internationale Not- und Sicherheitsfrequenz und als Anruffrequenz ausgewiesen.

Die relativ preiswerten und leicht zu bedienenden UKW-Sprechfunkanlagen ermöglichen es auch kleinen Schiffen und Yachten, am Seefunkdienst auf bequeme Weise teilzunehmen.

UKW-Kanaltabelle

Kanal-Nr.	Sendefrequenzen in MHz SeeFuSt	KüFuSt	Kanal-Nr.	Sendefrequenzen in MHz SeeFuSt	KüFuSt
1	156,050	160,650	60	156,025	160,625
2	156,100	160,700	61	156,075	160,675
3	156,150	160,750	62	156,125	160,725
4	156,200	160,800	63	156,175	160,775
5	156,250	160,850	64	156,225	160,825
6	156,300		65	156,275	160,875
7	156,350	160,950	66	156,325	160,925
8	156,400		67	156,375	156,375
9	156,450	156,450	68	156,425	156,425
10	156,500	156,500	69	156,475	156,475
11	156,550	156,550	70	156,525	
12	156,600	156,600	71	156,575	156,575
13	156,650	156,650	72	156,625	
14	156,700	156,700	73	156,675	156,675
15	156,750	156,750	74	156,725	156,725
16	156,800	156,800	75	Sperrbereich	
17	156,850	156,850	76	Sperrbereich	
18	156,900	161,500	77	156,875	
19	156,950	161,550	78	156,925	161,525
20	157,000	161,600	79	156,975	161,575
21	157,050	156,050/161,650	80	157,025	161,625
22	157,100	161,700	81	157,075	161,675
23	157,150	156,150/161,750	82	157,125	161,725
24	157,200	161,800	83	157,175	156,175/161,775
25	157,250	161,850			
26	157,300	161,900	84	157,225	161,825
27	157,350	161,950	85	157,275	161,875
28	157,400	162,000	86	157,325	161,925
			87	157,375	161,975
			88	157,425	162,025

Besondere Kanalzuweisungen im UKW-Seefunk

Kanal Nr.	Hinweise	Kanal Nr.	Hinweise
16	Anruffrequenzen und Not- und Sicherheitsfrequenz	70	Schiff-Schiff-Frequenz für Lotsen
28	Anruffrequenz, wenn Kanal 16 belegt ist	10/77	Schiff-Schiff-Frequenz für Fischereifahrzeuge
06	Internationale Schiff-Schiff-Frequenz, bei koordinierten Such- und Rettungsfällen vorzugsweise für Verbindungen mit Luftfahrzeugen, z.B. SAR-Hubschrauber, in der Eisperiode vorzugsweise für Verbindungen mit Eisbrechern und Hubschraubern.	67/73	Schiff-Schiff-Frequenz für Bagger im Einsatz und den mit ihnen arbeitenden Schlepper und Schuten
		72/69	Schiff-Schiff-Frequenz für Sportboote und Yachten
		09/70/72	Luftfunkstellen bei maritimen Unterstützungseinsätzen (Ausnahme)
08	Schiff-Schiff-Frequenz für Fracht- und Fahrgastschiffe	10/67/73	Luftfunkstellen bei Such- und Rettungseinsätzen (Ausnahme)
09	Schiff-Schiff-Frequenz für Boote der Wasserschutzpolizei und Lotsendienste		
13	Schiff-Schiff-Frequenz für Behördenfahrzeuge		

Mittelwelle (MW)

Der für den Seefunkdienst reservierte Mittelwellenbereich reicht von 415 bis 526,5 kHz. Die Mittelwelle wird für Verbindungen über nahe bis mittlere Entfernungen (etwa 50 bis 300 km) eingesetzt. Bei Nacht sind auf Mittelwelle allerdings auch größere Reichweiten möglich.

Auf Mittelwelle darf nur Telegrafie- und Funkfernschreibverkehr abgewickelt werden. Von großer Bedeutung ist der Bereich von 490 bis 510 kHz, denn auf 500 kHz liegt die internationale Not- und Anruffrequenz für Telegrafiefunk. Dort dürfen nur ganz bestimmte Sendungen ausgestrahlt werden und zwischen 490 und 510 kHz ist jede andere Aussendung verboten.

Grenzwelle (GW)

Der sogenannte Grenzwellenbereich liegt zwischen 1.606,5 und 3.800 kHz und wird so bezeichnet, weil er sich an der Grenze zwischen Mittelwellen und den Kurzwellen befindet. Die Grenzwelle wird für Verbindungen über nahe bis mittlere Entfernungen (etwa 50 bis 300 km) eingesetzt. Auch hier sind bei Nacht größere Reichweiten möglich.

Im Seefunkdienst wird die Grenzwelle hauptsächlich für den Sprechfunkverkehr (SSB) benutzt.

Kurzwelle (KW)

Die Kurzwelle wird benutzt, wenn man mittlere bis große (weltweite) Entfernungen auf dem Funkweg überbrücken möchte. Durch die Reflektion der Kurzwellenausstrahlungen an der Ionosphäre können KW-Signale sozusagen in Sprüngen zwischen Erde und Ionosphäre die ganze Welt umrunden. Mittels Kurzwelle kann z.B. Norddeich Radio im Extremfall Funkverbindungen mit Schiffen im Pazifik oder im Indischen Ozean herstellen. Da die Ausbreitungsbedingungen sehr stark von verschiedenen Faktoren abhängen, z.B. Jahres- und Tageszeit, werden dem Seefunk innerhalb des Kurzwellenspektrums, das von 3 bis 30 MHz reicht, verschiedene Teilbereiche zugewiesen, um die jeweils optimale Frequenz wählen zu können. Die vorangestellte Tabelle nennt die genauen Grenzen der sieben Seefunkbänder auf Kurzwelle.

Zur optimalen Nutzung und zum möglichst störungsfreien Funkverkehr werden die KW-Seefunkbereiche unterteilt in Arbeitsbereiche für Seefunkstellen (Schiffe) und für Küstenfunkstellen. Und diese Arbeitsbereiche sind wiederum unterteilt nach Bereichen für die verschiedenen Betriebsarten, z.B. für Telegrafie, Funkfernschreiben und für Sprechfunk.

Internationale Not- und Anruffrequenz
500 kHz (Telegrafie), 2182 kHz (Sprechfunk)

Für den Telegrafiefunk wurde die Frequenz 500 kHz im Mittelwellenbereich als Not- und Anruffrequenz international vereinbart. Und für den Sprechfunk ist 2182 kHz die internationale Not- und Anruffrequenz.

Diese beiden Frequenzen werden ausschließlich benutzt für Notanrufe, Notverkehr, Dringlichkeitszeichen, Dringlichkeitsmeldungen, Sicherheitszeichen und Sicherheitsmeldungen sowie für Anrufe und deren Beantwortung (Zuteilung einer Arbeitsfrequenz), zur Ankündigung von Sammelanrufen und für Selektivrufe.

Damit eventuelle Notrufe auch gehört werden, müssen alle am Seefunk beteiligten Funkstellen zweimal stündlich für je drei Minuten die internationale Notruffrequenz (500 kHz bzw. 2182 kHz) abhören. Diese Zeiträume nennt man "Funkstille" oder "Sendepause" (SP). In dieser Zeit dürfen nur Not-, Dringlichkeits- oder Sicherheitsmeldungen ausgestrahlt werden.

Für 500 kHz beginnt die Funkstille jeweils um h +15 Minuten und h +45 Minuten einer jeden Stunde. Für 2182 kHz beginnt die Funkstille jeweils zu jeder vollen Stunde (h +00) und um h +30 einer jeden Stunde.

Die farbigen Sektoren auf dem Zifferblatt der Uhr zeigen die Zeiträume an, in denen in halbstündigen Abständen auf den internationalen Notruffrequenzen absolute Funkstille gehalten werden muß, damit SOS- und MAYDAY-Rufe gehört werden können.

Satelliten im Seefunk

1982 nahm die internationale Satellitenorganisation für die Seefahrt (INMARSAT) ihre Arbeit auf. Mittlerweile können entsprechend ausgerüstete Schiffe von fast jedem Standort der Erde jederzeit über Satellit Funkverbindungen aufbauen. Die technischen Voraussetzungen sind zwar ziemlich aufwendig, doch stellt die Satellitentechnik eine wesentliche Verbesserung der Kommunikationsmöglichkeit auf See dar. Insbesondere für die Schiffssicherheit, d.h. für Notrufe und für Standorterkennungen, bietet die Satellitentechnik hervorragende Vorteile. Sind bis jetzt nur große Schiffe mit den entsprechenden Anlagen ausgerüstet, so werden mit der stürmischen Entwicklung auf diesem Sektor und mit den zu erwartenden kleineren Geräten auch viele kleine Schiffe und Yachten bald zu den Nutznießern des Satellitenfunks gehören. Das bedeutet aber noch lange nicht, daß der Seefunk auf den traditionellen Wellenbereichen überflüssig wird, obwohl hier mit einem Rückgang des Arbeitsaufkommens zu rechnen ist.

Funkstellen und Rufzeichen

Am Seefunkdienst sind eine ganze Reihe Funkstellen von unterschiedlicher Art beteiligt. Wir unterscheiden zunächst zwischen Funkstellen an Bord eines Schiffes, das sind die Seefunkstationen, und den Funkstellen an Land. Die Funkstellen an Land können wie folgt unterteilt werden:

- Küstenfunkstellen (Costal stations)   ... RADIO
- Peilfunkstellen   ... GONIO
- Revier- und Hafenfunkstellen   ... PORT RADIO
- Lotsendienstfunkstellen   ... PILOT RADIO
- Radarberatungsfunkstellen   ... RADAR RADIO
- Schiffslenkungsfunkstellen in bestimmten Revieren ... REVIER RADIO
- Kanal-Funkstellen   ... CANAL RADIO
- Schleusenfunkstellen   ... LOCK RADIO
- Flußfunkstellen   ... RIVER RADIO
- Rettungsfunkstellen   ... RESCUE
- Küstenwachenfunkstelle   ... COAST GUARD
- Marinefunkstelle (Naval stations)   ... MARINE RADIO
                                                    ... NAVAL RADIO

Eine Funkstelle meldet sich immer mit der Ortsbezeichnung und dem oben genannten Zusatz je nach Funktion. So heißt die deutsche Küstenfunkstelle "Norddeich Radio" und die Hafenfunkstelle in Hamburg "Hamburg Port Radio".

Neben den zivilen Funkstellen unterhalten die Küstenländer in aller Welt auch militärische Funkstellen der jeweiligen Marine. Der militärische Seefunkverkehr wird zum Teil in den normalen Seefunk-Frequenzbereichen abgewickelt. Darüber hinaus arbeiten die Marinestationen aber auch auf anderen Frequenzen.

Rufzeichenzuteilung

Die Zuteilung der Rufzeichen für alle am Seefunk beteiligten Stationen richtet sich nach dem international verbindlichen ITU-Rufzeichenplan. Ein Rufzeichen besteht aus einer Kombination von Buchstaben und Ziffern. Den einzelnen Ländern sind bestimmte Rufzeichenreihen zugeteilt (siehe ITU-Rufzeichenplan am Ende dieses Buches). Beispiel: Die Rufzeichen der bundesdeutschen Funkstellen beginnen alle mit den Buchstaben aus dem alphabetischen Bereich zwischen DAA und DRZ.

Die Rufzeichen der Küstenfunkstellen bestehen aus drei Buchstaben oder Ziffern, die von einer oder zwei Ziffern ergänzt werden können, die ungleich null oder eins sind, z.B.:

```
DAN     Norddeich Radio
A9M     Bahrain Radio
8PO     Barbados Radio
HEB28   Bern Radio
UBF2    Leningrad Radio
```

Die Zusätze hinter dem Rufzeichen dienen in der Regel dazu, beispielsweise zwischen den verschiedenen Arbeitsfrequenzen einer Küstenfunkstation zu unterscheiden oder um untergeordnete Funkstellen zu kennzeichnen.

Die Rufzeichen der Seefunkstellen (Schiffe) bestehen aus vier Buchstaben oder vier Buchstaben gefolgt von einer Ziffer, z.B. DLAB oder GZNK3.

Schiffe ohne Telegrafiefunkanlage können ein Rufzeichen bestehend aus zwei Buchstaben gefolgt von vier Ziffern führen, z.B. DB3456.

Im Funkverkehr identifizieren sich die Küstenfunkstellen entweder mit ihrem Rufzeichen (in Telegrafie), z.B. "GKA", oder nennen den Namen, z.B. "Portishead Radio". Die Seefunkstellen nennen im Telegrafieverkehr ihr Rufzeichen und ggf. den Schiffsnamen und im Sprechfunkverkehr wird der Schiffsname und ggf. das Rufzeichen genannt.

Darüber hinaus gibt es für den Selektivruf eine sogenannte SELCAL-Nummer, mit der jede Seefunkstelle weltweit ganz speziell angesprochen und ggf. automatisch aktiviert werden könnte.

Verkehrsabwicklung – Anrufverfahren

Anruf- und Arbeitsfrequenzen/Kanäle/Duplex-Betrieb

Im Seefunkdienst senden die beiden an einer Verbindung beteiligten Stationen, also die Seefunkstelle (Schiff) und die Küstenfunkstelle, in der Regel auf zwei unterschiedlichen Frequenzen. Man nennt dieses Verfahren "duplex". Das Frequenzpaar wird als Kanal bezeichnet. Jeder Funkkanal besteht aus zwei einander fest zugeordneten Frequenzen (im Sprechfunk- und im Fernschreibverkehr).

Die Seefunkfrequenzbereiche sind eingeteilt in Arbeitsbereiche für Schiffe und für Küstenfunkstellen und innerhalb dieser Bereiche ist eine weitere Unterteilung nach Betriebsarten festgelegt. Diese Untergliederung ist auch aus der Frequenzliste weiter hinten im Buch ersichtlich.

Zurück zum Funkkanal. Zur Verdeutlichung ein Beispiel: Die Hauptarbeitsfrequenz von Norddeich Radio auf Grenzwelle ist 2614 kHz. Die dazugehörige Sendefrequenz der Seefunkstelle ist 2023 kHz. Der Funker an Bord eines Schiffes hört Norddeich Radio auf 2614 kHz, sendet aber selbst auf 2023 kHz, wo wiederum Norddeich hört.

Ein weiteres Beispiel: Eine Hauptarbeitsfrequenz von Portishead Radio ist 8765,4 kHz. Auf dieser Frequenz sendet Portishead, hört aber auf der fest zugeordneten Frequenz 8241.5 kHz, dies wiederum wäre die Arbeitsfrequenz eines Schiffes, das Verbindung mit Portishead aufnehmen will.

Unsere Tabelle der Sprechfunkkanäle enthält alle Frequenzen für den Duplex-Betrieb. Außerdem ist in der Frequenzliste weiter hinten in diesem Buch jeweils der "QSX"-Angabe zu entnehmen, auf welcher Frequenz die Küstenfunkstation hört. QSX bedeutet: Ich höre auf ... kHz (oder MHz).

Im Telegrafiefunkverkehr besteht keine feste Zuordnung der Arbeitsfrequenzen für Schiffe und Küstenfunkstellen. Ein Schiff ruft zunächst auf bestimmten Anruffrequenzen und erhält dann eine freie Arbeitsfrequenz zugewiesen. Doch dazu später mehr. Außer dem Duplex-Betrieb (auf 2 Frequenzen) gibt es auch den Simplex-Betrieb. Dabei arbeiten beide Stationen auf der gleichen Frequenz. Simplex-Betrieb wird aber nur in wenigen Fällen angewandt.

Anrufverfahren im Sprechfunk

Will ein Schiff eine Verbindung mit einer Küstenfunkstelle herstellen, läuft der Anruf wie folgt ab:
Die Seefunkstelle nennt: 1. höchstens dreimal den Namen der gerufenen Küstenfunkstation.

Bei einem Anruf, mit dem der Wunsch eines Verbindungsaufbaus durchgegeben werden soll, wird wie folgt gerufen:
1. höchstens dreimal der Name der gerufenen Funkstelle
2. die Wörter "hier ist" (Englisch: "this is")
3. höchstens dreimal der Name der rufenden Funkstelle, dabei einmal mit Rufzeichen
4. den Grund des Anrufes (z.B. Gesprächsanmeldung)
5. ggf. gewünschte Arbeitsfrequenzen oder Arbeitskanäle
6. die Wörter "bitte kommen" (Englisch: "over").

Beispiel: Das Schiff "Seewolf" mit dem Rufzeichen "DASW" will ein Gespräch über Norddeich Radio führen:

> "Norddeich Radio Norddeich Radio Norddeich Radio - hier ist Seewolf Seewolf Seewolf Delta Alpha Sierra Whiskey - ich habe eine Gesprächsanmeldung - bitte kommen".

Dann meldet sich die gerufene Station, in diesem Fall Norddeich Radio, gibt eventuell die Arbeitsfrequenz bekannt und wickelt das eigentliche Funkgespräch ab.

Eine ausführliche Darstellung des Ablaufes von Anrufverfahren und Sprechverkehr mit allen verbindlichen Regeln ist z.B. im "Handbuch Seefunk" zu finden.

Anrufverfahren im Telegrafiefunk

Ein Schiff ruft eine Küstenfunkstelle auf einer der Telegrafie-Anruffrequenzen und wickelt den weiteren Funkverkehr auf einer der Arbeitsfrequenzen ab.

Pro Anruffrequenzbereich gibt es zwei allgemeine Kanäle (common channels, Nr. 5 und 6 in den Bereichen 4 ... 16 MHz, Nr. 3 und 4 auf 22 MHz), sowie weitere 16 Kanäle in den Bereichen 4 ... 16 MHz, bzw. 8 weitere Kanäle auf 22 MHz.

Ein Beispiel:
Das Schiff LABC möchte die Küstenfunkstelle JCX auf 12 MHz rufen, weil es über diese Küstenfunkstelle ein Telegramm nach Japan übermitteln möchte.

Der Empfänger an Bord des Schiffes wird auf die Frequenz von JCX (12667,5 kHz) eingestellt und bleibt dort stehen.

Ist JCX dort mit einer CQ-Schleife hörbar, kann die Küstenfunkstelle auf einer der Anruffrequenzen gerufen werden, beispielsweise auf dem common channel 5 (12545,4 kHz): JCX de LABC, mit der Angabe "QSS 615". Dieser Anruf wird solange wiederholt, bis JCX ihn hört und auf 12667,5 kHz dem Schiff antwortet "LABC de JCX ...".

QSS ... bedeutet "ich werde die Arbeitsfrequenz ... kHz benutzen". Da im Augenblick auf 12 MHz gearbeitet wird, kann mit QSS 615 eindeutig nur die Arbeitsfrequenz 12615 kHz gemeint sein. Auf diese Arbeitsfrequenz wechselt dann das Schiff und übermittelt das vorliegende Telegramm an die Küstenfunkstelle.

Die Küstenfunkstelle bestätigt den Empfang auf ihrer unverändert gebliebenen Frequenz 12667,5 kHz und leitet das empfangene Telegramm alsbald über Telex an die Empfängeradresse weiter.

CQ-Schleife (Voice Mirror, CW-Marker)

Mit der sogenannten CQ-Schleife (CQ = allgemeine Anrufangabe) zeigt eine Küstenfunkstelle ihre Hör- bzw. Sendebereitschaft an. Diese Ansage kommt fortlaufend vom Endlosband, z.B. "This is XY-Radio, this is XY-Radio, listening on ..., you can reply on ...". Diese gesprochene Ansage nennt man in Englisch auch "voice mirror". Auf Telegrafie- und Funkfernschreibfrequenzen werden ähnliche Kennungen ausgestrahlt, die man dann "CW-Marker" nennt. Beispiele dazu finden Sie einige Seiten weiter.

Empfang von Seefunksendungen

Wer die Informationsmöglichkeiten des Seefunkdienstes, z.B. Wetterberichte, nautische Warnnachrichten und andere Nachrichten "an alle" (CQ) nutzen möchte, muß nicht unbedingt eine Seefunksendeanlage haben. Freizeitkapitäne, die zum Beispiel auf einer Segelyacht oder einem kleinen Schiff lediglich mit einer UKW-Sprechfunkanlage ausgerüstet sind oder sogar gar keine Sendeanlage haben, z.b. weil das betreffende Seefahrzeug noch nicht funkausrüstungspflichtig ist, können mit einem entsprechenden Empfänger leicht die Seefunkdienste hören.

Obwohl der Seefunkdienst auf Grenzwelle und Kurzwelle mit jedem besseren Weltempfänger abgehört werden kann, dürfen bei uns nur solche Empfänger benutzt werden, die als "Funkempfänger mit begrenztem Anwendungsbereich zum Einsatz bei Empfangsstellen für den Seefunkdienst auf Seefahrzeugen" von der Deutschen Bundespost zugelassen sind und eine entsprechende FTZ- oder ZZF-Nummer haben.

Solche Geräte sind für den Empfang der von Küstenfunkstellen für die Seeschiffahrt verbreiteten Wetterberichte, Eisberichte, nautische Warnnachrichten, Zeitzeichen, Wetterwarnungen, Nebelwarnungen und anderen Nachrichten "an alle" (CQ) sowie für den Empfang von Sendungen des einseitigen Sprechfunkverkehrs über die Küstenfunkstellen der Deutschen Bundespost bestimmt.

Wer eine solche Empfangsfunkstelle für den Seefunkdienst errichten möchte, muß eine entsprechende Genehmigung beantragen. Für Genehmigungen zum Errichten und Betreiben von Seefunkstellen (dazu zählen auch reine Empfangsfunkstellen) ist in der Bundesrepublik Deutschland das

> Fernmeldeamt 6
> Postfach 301792
> 2000 Hamburg 36
> Telefon (040) 357-1

zuständig. Von dort können auch weitere Informationen und eine Liste der zugelassenen Empfänger angefordert werden.

Empfang auf Grenzwelle

Der Sprechfunk im Seefunkdienst wird im Einseitenbandverfahren (SSB), oberes Seitenband (USB), abgewickelt.

Wichtigste Frequenz ist 2182 kHz als internationale Not- und Anruffrequenz. Hauptarbeitsfrequenzen der deutschen Küstenfunkstellen sind
> 2614 kHz (Norddeich Radio) für die Nordsee
> 2775 kHz (Kiel Radio) für die Ostsee.

Weitere Angaben zu den Frequenzen und besonderen Sendungen sind dem Hauptteil bzw. der Frequenzliste zu entnehmen.

In der Dämmerung und bei Dunkelheit können auch größere Reichweiten als am Tage auftreten. Abends und während der Nacht können auf Grenzwelle oft Küstenfunkstellen aus ganz Europa, dem Mittelmeerraum (Nordafrika, Nahost) und dem gesamten Nordatlantikraum einschließlich Nordamerika und Kanada empfangen werden.

Sprechfunkempfang auf Kurzwelle

Auch auf Kurzwelle wird der Sprechfunk in Einseitenbandtechnik (SSB), im oberen Seitenband (USB), abgewickelt. Die Informationen über Frequenzen und besondere Sendungen finden Sie im Hauptteil dieses Buches.

Telegrafie-Empfang auf Kurzwelle

Viele Wetterberichte und andere Sendungen, die den Seefahrer interessieren, werden nur per Morse-Telegrafie ausgestrahlt oder sind über größere Entfernungen nur noch als Telegrafiesignale verständlich zu übertragen. Je nach Entfernung und Ausbreitungsbedingungen ist von einer Sprechfunkausstrahlung schon lange nichts mehr zu hören, während eine Telegrafieausstrahlung noch einwandfrei aufgenommen werden kann. So ist es per Telegrafie möglich, Küstenfunkstellen aus der ganzen Welt zu empfangen. Wer z.B. eine Weltumseglung vor hat, kann sich schon hier einen Überblick über die Wetterlage und Wetterentwicklung überall in der Welt verschaffen.

Das Problem bei Telegrafieempfang besteht für den Freizeitkapitän darin, daß er die Morsetelegrafie beherrschen muß, d.h. die Morsezeichen verstehen können muß. Jeder professionelle Funker, hier also jeder Funkoffizier, muß die Morse-Telegrafie natürlich im Schlaf beherrschen.

Wer das allgemeine Sprechfunkzeugnis für den Seefunkdienst hat, mußte dafür keine Telegrafiekenntnisse nachweisen. Wenn man aber trotzdem auch die Telegrafiesendungen empfangen und verstehen will, kann man sich heute im Zeitalter der Mikroelektronik geeignete Zusatzgeräte zu Nutzen machen. Diese sogenannten Konverter, die nicht nur Morse-Telegrafie-, sondern auch Fernschreibsignale verarbeiten können, setzen die "Piepstöne", die der Empfänger liefert, in lesbare Zeichen um. Man kann dann den Text auf einem Bildschirm lesen oder auf Papier ausdrucken lassen. Über diese Geräte können sie mehr an anderer Stelle in diesem Buch lesen.

Wenn Sie nun im Telegrafiebetrieb eine bestimmte Küstenfunkstation empfangen wollen, um zum Beispiel einen Wetterbericht zu "hören", dann bereitet das Auffinden der Station und das Identifizieren gewisse Schwierigkeiten. Unsere Hinweise im Hauptteil des Buches nennen zwar Sendezeiten und Frequenzen, doch senden oft eine ganze Reihe von Stationen dicht beieinander oder auf der gleichen Frequenz.

Die Küstenfunkstellen strahlen z.B. vor Wettersendungen eine Zeit lang ein Endlos-Band mit ihrer Stationskennung aus, oder geben ihre Hör- bzw. Sendebereitschaft bekannt. Diese Ansagen nennt man CQ-Schleifen (CQ = Anruf an alle).

Auf der gegenüberliegenden Seite sehen Sie einige typische Beispiele für solche CQ-Schleifen.

CQ CQ CQ DE HZG HZG HZG WX WX PSE AS CQ CQ CQ ....

Im Klartext heißt das: Allgemeiner Anruf an alle (CQ) von (DE) Damman Radio (HZG) - Wetterbericht (WX) - bitte warten (AS).

Zur festgesetzten Zeit würde dann der Wetterbericht kommen:

CQ DE HZG HZG HZG = Marine Weather Bulletin for the Red Sea and Golf of Aden ....

VVV DE YUR QSX 4 MHz CH 5/6/12 K

Die typische Zeichenfolge VVV wird oft anstatt von CQ gegeben und hat dann die gleiche Bedeutung.

Im Klartext heißt es dann: Allgemeiner Anruf (VVV) von (DE) Rijeka Radio (YUR) Wir hören auf 4 MHz (QSX 4MHz) Kanal (CH) 5/6/12, bitte kommen (K).

CQ DE OFJ TFC LIST

Allgemeiner Anruf an alle (CQ) von (DE) Helsinki Radio (OFJ) Traffic List (TFC LIST) folgt.

Hinweis: Eine Traffic List ist die Aufzählung der Rufzeichen von Schiffen, für die eine Meldung (ein Telegramm) vorliegt.

Weitere typische Beispiele:

DE A7D DE A7D DE .... Hier ist Doha Radio

CQ DE GKA 2/3/4/5/6 = QSX 4 5 8 12 AND 16 MHz

Hier ist Portishead Radio. Wir hören im 4, 6, 8, 12 und 16 MHz-Band.

VVV DE VRT VRT VRT QTC = ...(Rufzeichen)...... QRU ? QSX 12547,2 kHz

Allgemeiner Anruf an alle von Bermuda Radio (VRT)
Wir haben Mitteilung (QTC) für ..... (Rufzeichen der betreffenden Schiffe) .....
Haben Sie Mitteilungen für uns (QRU ?) Wir hören auf (QSX) 12547,2 kHz.

Die Abkürzungen aus dem Q-Code sowie die sonstigen Telegrafie-Abkürzungen sind weiter hinten im Buch zusammengefaßt.

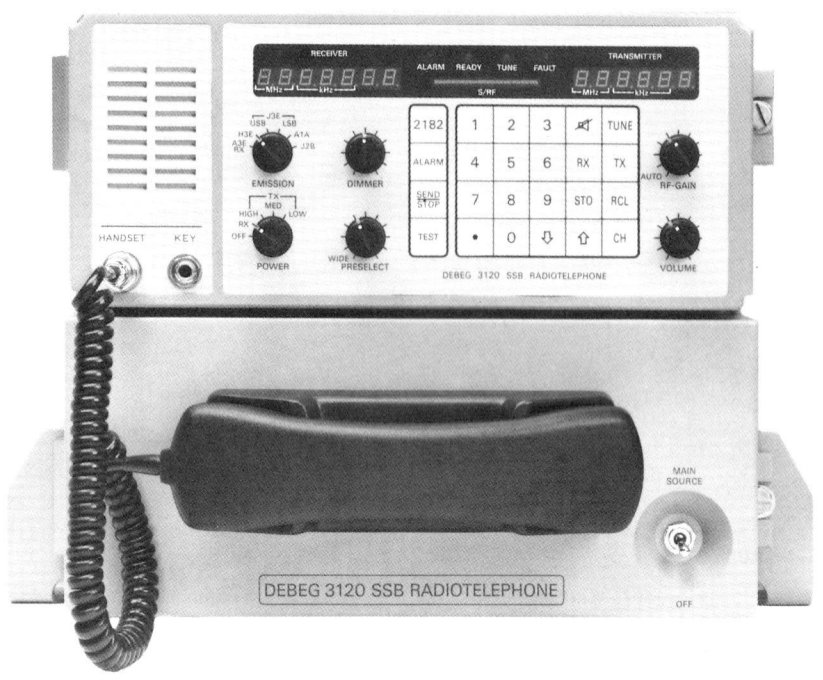

oben: SSB-Sprechfunkgerät DEBEG 3120 für Grenzwelle und Kurzwelle   (Foto: DEBEG)

unten: UKW-Sprechfunkgerät "Sailor" RT2047   (Foto: ELNA)

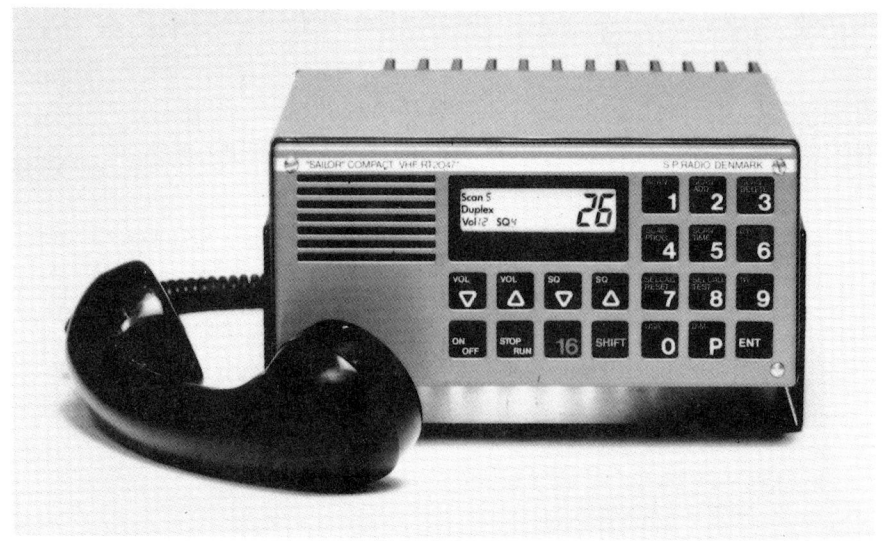

Erläuterungen zum Länderteil

Der nachfolgende Länderteil enthält alle wichtigen Informationen über sämtliche Küstenfunkstellen in aller Welt. Die Reihenfolge ist nicht alphabetisch. Wir beginnen bei den deutschen Küstenfunkstellen. Dann folgen die Länder an der Ostsee und Nordeuropa. Über die Nordsee geht es weiter nach Westeuropa und Südeuropa. Alle Mittelmeerländer folgen dann über Nahost und Nordafrika. Die Reihenfolge geht weiter mit Afrika, Arabien, Indischer Ozean, Südostasien, Ostasien, Australien, Pazifik, amerikanische Pazifikküste, Südamerika, Karibik bis Nordamerika.

Allen Regionen sind Karten vorangestellt, in denen die meisten der genannten Küstenfunkstellen verzeichnet sind, ebenso wie die wichtigsten geografischen Bezeichnungen. Diese Karten verschaffen einen guten Überblick, ersetzen aber keinesfalls exakte Land- bzw. Seekarten.

Um schnell Informationen über Küstenfunkstellen eines bestimmten Landes zu finden, empfiehlt es sich, zunächst vorne im Länderregister nachzuschlagen.

Die Angaben über die Küstenfunkstellen eines jeden Landes sind nach einem gewissen Schema geordnet. Für den Bereich Europa, Mittelmeer, Nordafrika, Nordamerika und Nordatlantik werden zunächst jeweils die Mittelwellenfrequenzen, dann die Grenzwellenfrequenzen und die Kurzwellenfrequenzen genannt. Bei den übrigen Ländern werden ausschließlich die Kurzwellenfrequenzen aufgeführt.

Innerhalb der Kurzwellenangaben wird nach Betriebsarten (Telegrafie, Sprechfunk, Fernschreiben) unterschieden. Die Rufzeichen sind jeweils mit aufgeführt. Das Schema ist ansonsten ziemlich verständlich und vor allem anwenderfreundlich gestaltet. Nach den eigentlichen Frequenztabellen folgen ggf. noch weitere wichtige Informationen, z.B. über Wettersendungen.

Zum besseren Verständnis ist es aber nützlich, zunächst die einführenden Kapitel dieses Buches gründlich zu studieren.

Zeitangaben in UTC !

Alle Zeitangaben sind wie international üblich in "Universalzeit" (UTC) gehalten, die man auch "Weltzeit" nennt. Die früher gebräuchliche "Greenwich Mean Time" (GMT) entspricht in ihrer Umrechnung der UTC.

Bei uns im täglichen Leben gilt im Winterhalbjahr die "Mitteleuropäische Zeit" (MEZ), beziehungsweise im Sommerhalbjahr die "Mitteleuropäische Sommerzeit" (MESZ). Die Sommerzeit gilt bei uns in der Regel von April bis September.

Um nun die UTC zu errechnen, zieht man von der MEZ eine Stunde ab, und von der MESZ zieht man zwei Stunden ab.

        UTC = MEZ - 1 Stunde   UTC = MESZ - 2 Stunden

        Beispiel: 1525 Uhr UTC = 1625 Uhr MEZ = 1725 Uhr MESZ

Rechnet man zur UTC eine Stunde hinzu, hat man die MEZ, rechnet man zwei Stunden hinzu, ergibt sich die Sommerzeit MESZ.

Bei regelmäßig wiederkehrenden Zeitangaben wird oft die Angabe "h + xx" (z.B. h + 35) angewandt. Die Zahl xx nennt die Minuten nach der vollen Stunde.

Bundesrepublik Deutschland

Mittelwelle: Arbeitsfrequenzen Telegrafie (CW)

Norddeich Radio DAN 444, 474 kHz

(Sammelanruf: 0130, 0330, 0530, 0730, 0930, 1130, 1530, 1730, 1930, 2130, 2330 UTC auf 474 kHz)

Kiel Radio DAO 470 kHz

(Sammelanruf: h+30 jede ungerade Stunde)

Grenzwelle: Arbeitsfrequenzen Sprechfunk (SSB)

Norddeich Radio DAN 1799, 1911, 2182, **2614**, 2799, 2848 kHz

(Sammelanruf: Jede Stunde um h+45 auf 2614 kHz)

sowie Funkfernschreibverkehr (RTTY) auf 2727 kHz

Kiel Radio DAO 1883, 1918, 2182, **2775** kHz

(Sammelanruf: h+25 jede Stunde auf 2775 kHz)

Kurzwelle:

Norddeich Radio Arbeitsfrequenzen Telegrafie (CW)

DAN	4308,5	6435,5	8483,5	12898,5	17143,6	22516	26108	kHz
DAL	4244	6456,5	8511,9	13027,5	17177,6	22340,3	26340	
DAM	4265	6475,5	8638,5	12763,5	16980,4	22476	25196	
DAF	4220,5	6363,5	8672,5	12832,5	17048	22415	26227,5	
DAB			8439		17082			

In der Regel wird auf den DAN-Frequenzen gearbeitet.

(Sammelanruf: h+30 stündlich auf DAM Frequenzen)

Norddeich Radio Arbeitsfrequenzen Sprechfunk (SSB)

DAJ	4397,7	6506,4	8768,5	13172,1	17279,4	22614,6	25497,0	kHz
DAK	4391,5		8762,3	13122,5	17304,2	22710,7		
DAI	4425,6		8777,8	13153,5	17335,2	22664,2		
DAH	4394,6		8802,6	13134,9	17350,7	22661,1		
DAP	4357,4		8790,2	13113,2	17260,8	22645,6		

(Sammelanruf: Stündlich um h+45 auf 8768,5 kHz und DAJ-Frequenzen)

Norddeich Radio   Arbeitsfrequenzen Funkfernschreiben (RTTY)

DCN	4350	6496	8705	13071,5	17197,5	22561,5	kHz
DCM	4352	6497,5	8706,5	13073	17202	22568,5	
DCL	4353	6500,5	8712	13078,5	17219,5	22576,0	
DCF	4356,0	6505,5	8716,0	13086,0	17227,0	22589,5	

sowie DAF-Frequenzen

Wetterdienst:

Norddeich Radio bringt Wetterberichte und Vorhersagen für die Nordsee, die nordeuropäischen Küstengewässer, den Nordatlantik, die Biscaya und für das Mittelmeer um 0810 und 2010 UTC auf Grenzwelle 2614 kHz in Sprechfunk. Außerdem werden weitere Wettermeldungen, Starkwind-, Sturm- und Eiswarnungen auf dieser Frequenz (nach Ankündigung auf 2182 kHz) ausgestrahlt.

Kiel Radio bringt Wetterberichte und Vorhersagen für die südliche und westliche Ostsee und Kattegat/Skagerrak um 0740 und 1940 UTC auf Grenzwelle 2775 kHz in Sprechfunk. Außerdem werden weitere Wettermeldungen, Starkwind-, Sturm- und Eiswarnungen auf dieser Frequenz (nach Ankündigung auf 2182 kHz) ausgestrahlt.

Zeitsignale:

Norddeich Radio strahlt Zeitzeichen des Deutschen Hydrographischen Institutes aus:

0000 UTC: 2614   6475,5 (Winter: 4265)   12763,5   kHz
1200 UTC: 2614   8638,5   16980,4   kHz

Pressefunk für Seefahrer:

Norddeich Radio strahlt zur allgemeinen Information der Seefahrer einen Pressefunk mit den wichtigsten Nachrichten in Telegrafie (CW) aus. Der Sendeplan:

0118-0148 UTC: 8439 und 12953 kHz
0818-0848 UTC: 17082 kHz
1618-1648 UTC: 17082 kHz

Versorgungsbereich der deutschen UKW-Küstenfunkstellen und UKW-Arbeitskanäle:

Norddeich Radio (DAN):	UKW-Kanal	16, **28**, 61, 86
Elbe-Weser-Radio (DAC):	UKW-Kanal	01, 16, **23**, 24, 26, 28, 62
abgesetzte Stationen:		
Bremen Radio	UKW-Kanal	16, 25, **28**
Hamburg Radio	UKW-Kanal	16, 25, **27**, 82, 83
Helgoland Radio	UKW-Kanal	03, 16, **27**, 88
Eiderstedt Radio	UKW-Kanal	16, **25**, 64
Nordfriesland Radio	UKW-Kanal	05, 16, **26**
Kiel Radio (DAO):	UKW-Kanal	16, 23, **24**, **26**, 78, 87
abgesetzte Stationen:		
Lübeck Radio	UKW-Kanal	16, 24, **27**, 82, 83
Flensburg Radio	UKW-Kanal	16, 25, **27**, 64

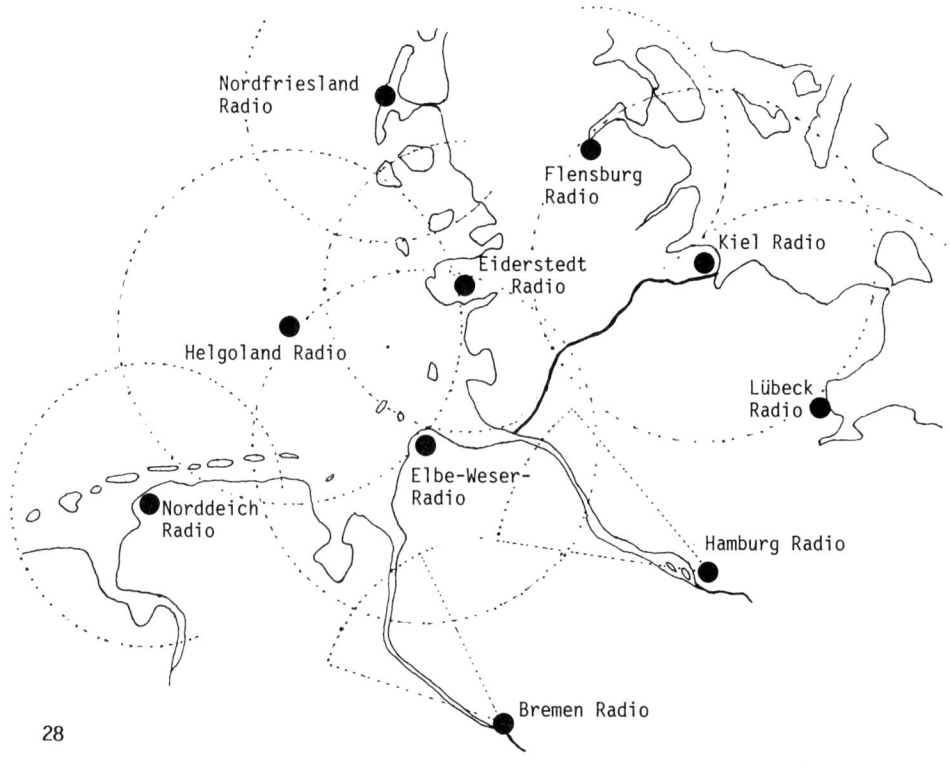

Seewetterberichte des Deutschen Wetterdienstes

Der Deutsche Wetterdienst (DWD) strahlt umfangreiche Seewetterberichte und Vorhersagen für die Sport- und Küstenschiffahrt aus. Die Sendungen kommen von der Fernmeldebetriebsgruppe (FMG) Quickborn und werden in Telegrafie (CW) und als Funkfernschreiben (RTTY) auf folgenden Frequenzen ausgestrahlt.

Telegrafie: DDH 47   147,3 khz   Funkfernschreiben: DDK2   4583 kHz
             DDH 9   11039,0 kHz   (F1B/50Bd/425Hz/L) DDH7   7646 kHz
                                                            DDK8 11638 kHz

Hier der genaue Sendeplan der Seewetterberichte mit Angaben über den Inhalt der betreffenden Sendungen:

| Sendezeit UTC: | | Inhalt: |
(CW)	(RTTY)	
-----	05.45	Bodenanalyse Nordatlantik
06.05	-----	Seewetterbericht Deutsche Bucht, südwestliche und mittlere Nordsee, Skagerrak, Kattegat, westliche und mittlere Ostsee. Wetterlage, Vorhersage für 12 Stunden, Aussichten für weitere 12 Stunden.
06.30	00.10 + 03.10 + 06.10 + 09.10	Verschlüsselte Wettermeldungen Nord- und Westeuropa, Island, Grönland, Nordamerika.
08.00	00.05 + 03.05 + 06.05	Warnungen für den Seebereich Sturmwarnungen für Nordsee, Skagerrak, Kattegat, Ostsee ohne Bottnischer und Finnischer Meerbusen.
	08.00 + 17.00	Nautische Warnnachrichten für die Schiffahrtsstraßen der Bundesrepublik Deutschland.
	08.30	Verschlüsselte Höhenwettermeldungen ausgewählter Stationen Europa/Nordamerika.
09.00	08.20	Seewetterbericht Nordsee, westbritische Gewässer, norwegische Küste, Seegebiete um Island, Grönland, Gebiete: N1-N4, N8-N12, B14, A4-A33. Wetterlage und Entwicklung, Vorhersage für 12 Std. und Aussichten für weitere 12 Stunden.
09.48	09.55	Seewetterbericht Mittelmeer Wetterlage (Kurzfassung), Vorhersagen für Seegebiete, in denen innerhalb der nächsten 24 Stunden Starkwind oder Sturm ab Bft 7 erwartet wird.
10.18	10.00	Ozean-Wetterbericht: Wetterlage und Entwicklung Windvorhersage für 12 Stunden und Aussichten für weitere 12 Stunden.

Sendezeit UTC:		Inhalt:
(CW)	(RTTY)	
12.30	12.10 + 15.10	Verschlüsselte Wettermeldungen (wie 06.30 UTC).
14.00		Seewetterbericht (wie 06.05 UTC).
14.48	14.55 + 20.30	Seewetterbericht Mittelmeer Wetterlage, Vorhersage für 24 Stunden, ausgewählte Stationsmeldungen, wie in Bordwetterkarte Nr. 11 des Seewetteramtes ausgedruckt.
15.30	12.05 + 18.05	Warnungen für den Seebereich (wie 08.00 UTC).
17.48		Seewetterbericht (wie 06.05 UTC).
18.30	18.10 + 21.10	Verschlüsselte Wettermeldungen.
21.00	20.20	Seewetterbericht (wie 09.00 UTC).
21.48	22.00	Ozeanwetterbericht (wie 10.18 UTC).

Anhand der Karte auf der nächsten Seite können Sie sich über die Seewettergebiete und über die wichtigsten geografischen Begriffe orientieren, die in den Wetterberichten immer wieder genannt werden.

Ein Tip: Die Fernmeldebetriebsgruppe des DWD verschickt auf Anfrage gegen Rückporto einige Informationsunterlagen mit dem Titel "Sturmwarnungen und Seewetterberichte für die Sport- und Küstenschiffahrt". Darin enthalten sind alle diesbezüglichen Sendungen von Norddeich Radio und des DWD sowie alle Seewettersendungen der verschiedenen Rundfunksender und zusätzlich eine Reihe wichtiger Erläuterungen dazu.

Adresse: Deutscher Wetterdienst
Fernmeldebetriebsgruppe
Heinrich-Hertz-Straße
D-2085 Quickborn

DDH47	A1A	147,3	kHz
DDH9	A1A	11039	kHz
DDK2	F1B	4583	kHz
DDH7	F1B	7646	kHz
DDK8	F1B	11638	kHz
DDH3	F3C	3855	kHz
DDK3	F3C	7880	kHz
DDK6	F3C	13882,5	kHz

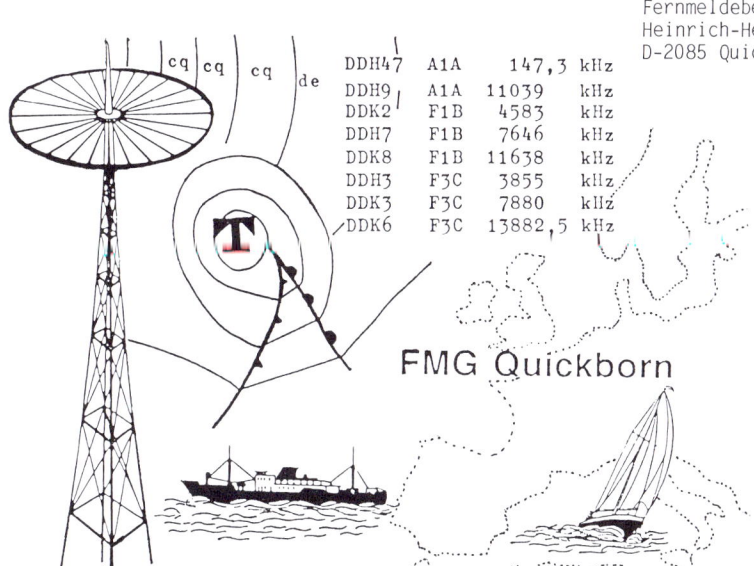

FMG Quickborn

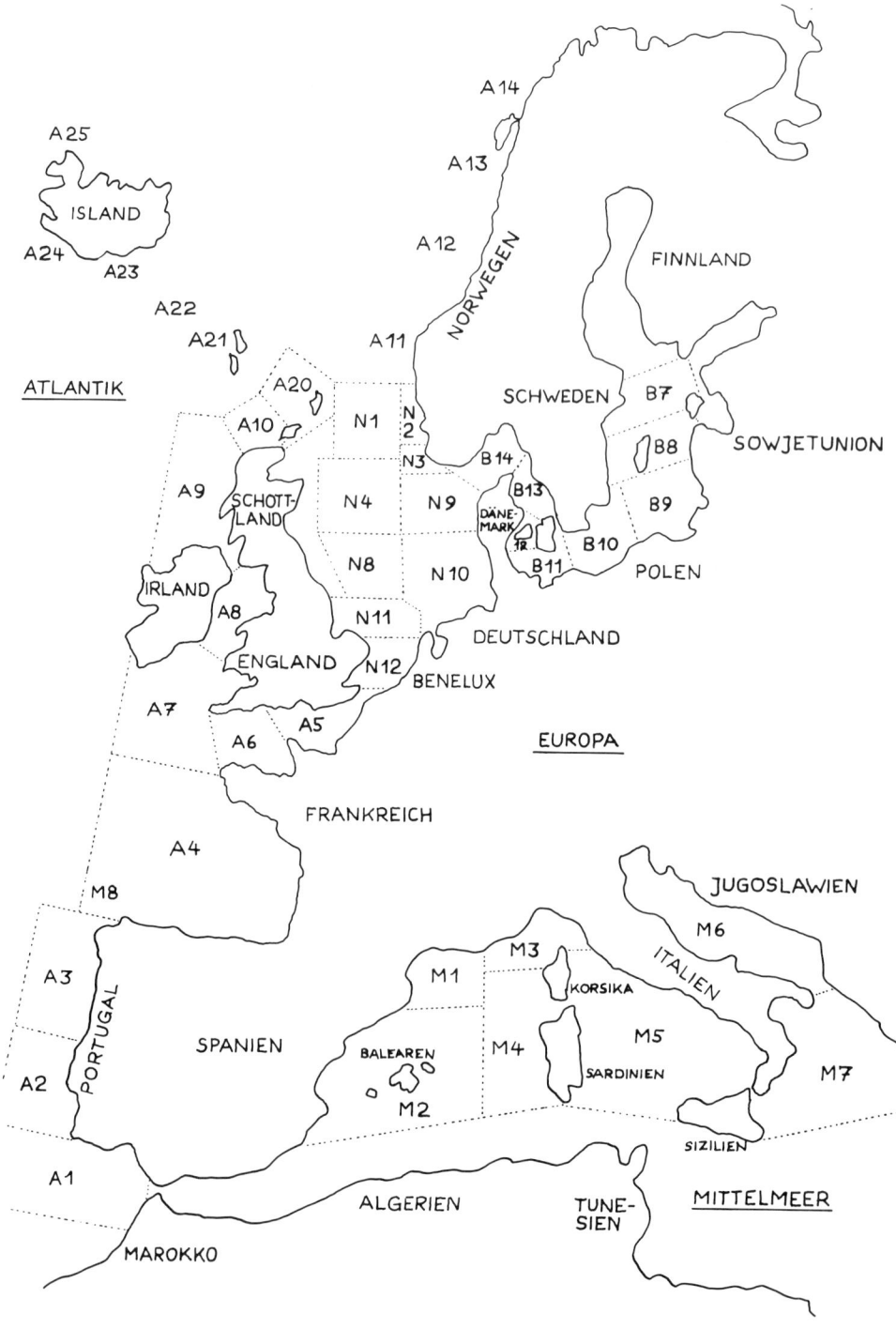

Die wichtigsten Vorhersagegebiete des Seewetterdienstes:

Die Karte gibt einen Überblick über die Seegebiete, für die der Deutsche Wetterdienst Seewetterberichte verbreitet. Die angegebenen Bezeichnungen werden auch in den Wetterberichten so gebraucht, deswegen hier die genaue Auflistung:

Nordsee:

N1	Viking
N2/3	Utsira
N4	Forties
N8	Dogger
N10	Deutsche Bucht
N11/12	südwestliche Nordsee

Ostsee:

B7	Nördliche Ostsee
B8	Zentrale Ostsee
B9	Südöstliche Ostsee
B10	Südliche Ostsee
B11	Westliche Ostsee
B12	Belte und Sund
B13	Kattegat
B14	Skagerrak

Atlantik:

A1	Westlich Gibraltar
A2	Portugiesische Küste
A3	Finisterre
A4	Biskaya
A5	Engl. Kanal Ostteil
A6	Engl. Kanal Westteil
A7	Südlich Irland
A8	Irische See
A9	Hebriden
A10	Pentlands
A11	Svinöy
A12	Haltenbank
A13	Lofoten
A14	Malangen
A15	Südwestlich Bäreninsel
A16	Spitzbergen
A17	Nordkap
A18	Nördlich Vardö
A19	Skolpenbank-Nordtief
A20	Shetlands
A21	Faröer
A22	Rosengarten
A23	Island Südosten
A24	Island Südwesten
A25	Island Nordwesten
A26	Dohrnbank
A27	Angmagssalik
A28	Bille-Bank
A29	Walloe-Bank
A30	Nanortalik-Bank
A31	Frederikshaab-Bank
A32	Fyllas-Bank
A33	Große Heilbutt/Disko-Bank

Mittelmeer:

M1	Golfe du Lion
M2	Balearen
M3	Ligurisches Meer
M4	Westlich Korsika-Sardinien
M5	Tyrrhenisches Meer
M6	Adria
M7	Ionisches Meer
M8	Biskaya

Ostsee / Nordeuropa

DDR

Mittelwelle: Arbeitsfrequenzen Telegrafie (CW)

Rügen Radio Y5M **432**, 500, 522 kHz

Grenzwelle: Arbeitsfrequenzen Sprechfunk (SSB)

Rügen Radio Y5D **1719**, 2182 kHz

Kurzwelle:

Rügen Radio Arbeitsfrequenzen Telegrafie (CW)

Y5M	4233,5	6466,0	8443,0	12681,5	16907,3	22481,0	kHz
	4242,5	6428,5	8660,0	12745,0	17100	22393	
	4240	6343	8584	12702	16892,9	22422	
	4260	6449,5	8463	13062,5	16965	22437	
	4265	6358,5	8696	12860,5	17000	22401	
	4313	8608,5	12909	17183	22550		

(Sammelanruf: h+00 jede gerade Stunde)

Rügen Radio Arbeitsfrequenzen Sprechfunk (SSB)

Y5P 4376 8722 13116,3 17332,1 kHz

(Sammelanruf: h+00 jede gerade Stunde)

Wetterdienst:

Rügen Radio strahlt einen Küstenwetterbericht in deutscher und englischer Sprache in Sprechfunk (SSB) um 0710 und 1910 UTC auf 1719 kHz aus.

Dänemark

Mittelwelle: Arbeitsfrequenzen Telegrafie (CW)

Lyngby Radio   OXZ   **487**, 500, 512 kHz   (CW)

Skagen Radio   OXP   **464**, 500, 512 kHz   (CW)

Blavand Radio   OXB   **429**, 500, 512 kHz   (CW)

Grenzwelle: Arbeitsfrequenzen Sprechfunk (SSB)

Rönne Radio   OYE   2182, **2586** kHz   (SSB)

Lyngby Radio   OXZ   **1687**, 2182 kHz   (SSB)

Skagen Radio   OXP   **1701**, 2182, 2740 kHz   (SSB)

Blavand Radio   OXB   1713, **1813**, 2182, 2593 kHz   (SSB)

Kurzwelle:

Lyngby Radio   Arbeitsfrequenzen Telegrafie (CW)

OXZ.. 4303   6446,75 8598   12916,5   17068,4   22419   25262   kHz
      4319   6439   8626   13038   16920   22404,5
                              12753,5   16897,5   22459

       (Sammelanruf: h+00 jede gerade Stunde)

Lyngby Radio   Arbeitsfrequenzen Sprechfunk (SSB)

OXZ   4357,4   6512,6   8718,9   13107   17232,9   22602,2   25440,5   kHz
      4363,6   6518,8   8740,6   **13128,7**   17239,1   22617,7   25444
      4382,2   6521,9   8749,9   13131,8   17245,3   22627
      4400,8   8756,1   13141,1   17273,2   22633,2
      4410,1   **8771,6**   13144,2   **17282,5**   **22642,5**
      4416,3   8780,9   13150,4   **17285,6**   **22648,7**
      4419,4   8787,1   13156,6   17294,9   22658
      4428,7   **8793,3**   13162,8   17298   22679,7
      4431,8   8799,5   **13169**   **17338,3**   22698,3
      4434,9   8805,7   **13178,3**   17356,9   22704,5

       (Sammelanruf: h+05 jede ungerade Stunde
        u.a. auf 4410,1 / 8740,6 / 13141,1 kHz)

Lyngby Radio: Arbeitsfrequenzen Funkfernschreiben (RTTY)

OXZ   **4355,5**   6498,5   8709,5   13084   17206   22570   kHz
      4350,5   6501,5   8715,5   **13093,5**   17212,5   22579
                                 13076   17225,5   22590,5

       (Sammelanruf: 0130, 0730, 0930, 1200, 1530, 1730, 1930, 2130 UTC)

Nachrichten für Seefahrer:

Eine Nachrichtensendung wird täglich um 1200 UTC in der Betriebsart Funkfernschreiben (RTTY) auf 4355,5 / 13093,5 / 17212,5 / 22570 kHz ausgestrahlt.

Wetterdienst:

Wettervorhersagen in englischer Sprache in der Betriebsart Telegrafie (CW) werden von Lyngby Radio um 0920, 1220, 1820, 2320 UTC auf 487 kHz gesendet.

QSL
DE
OXZ
LYNGBY RADIO

Schweden

Mittelwelle:		Arbeitsfrequenzen Telegrafie (CW)
Härnösand Radio	SAH	**464**, 500, 512 kHz
Stockholm Radio	SDJ	**416**, 500 kHz
Tingstäde Radio	SAE	**418**, 500 kHz
Karlskrona Radio	SAA	**416**, 500 kHz
Göteborg Radio	SAG	**450**, 500, 512 kHz

Grenzwelle:		Arbeitsfrequenzen Sprechfunk (SSB)
Härnösand Radio	SAH	**1650**, 2182, **2733** kHz
Stockholm Radio	SDJ	**1771**, **1778**, 2182, 2754 kHz
Tingstäde Radio	SAE	2182, **2768** kHz
Karlskrona Radio	SAA	2182, **2789** kHz
Göteborg Radio	SAG	**1785**, 1904, 2182 kHz

Kurzwelle:

Göteborg Radio   Arbeitsfrequenzen Telegrafie (CW)

| SAG | 4262 | 6372,5 | **8498** | **12880,5** | **17079,4** | 22413 | 25461 | kHz |
| SAB | | | | | 17057,2 | | | |

(Sammelanruf: h+00 jede ungerade Stunde)

Göteborg Radio   Arbeitsfrequenzen Sprechfunk (SSB)

SAG	4357,4	6512,6	**8718,9**	**13107**	17245,3	**22602,2**	26122,7	kHz
	4416,3	6518,8	**8725,1**	**13144,2**	**17254,6**	22627	26144,4	
	4428,7		8793,3	13156,6	17273,2	22633,2		
			8799,5	13178,3	**17356,9**	22679,7		
						22685,9		

(Sammelanruf: h+00 jede gerade Stunde)

Göteborg Radio   Arbeitsfrequenzen Funkfernschreiben (RTTY)

| SAB | 4268,6 | 6460 | 8556 | 12818 | 17024 | 22356,8 | kHz |

Pressefunk für Seefahrer:

Göteborg Radio strahlt um 0100 und 1900 UTC den Pressefunk für Seefahrer aus mit den wichtigsten Nachrichten. Gesendet wird in CW auf den Telegrafiefrequenzen.

Wetterdienst:

Alle schwedischen Küstenfunkstellen strahlen Wettermeldungen für die schwedischen Küstengewässer und für die gesamte Ostsee in englischer Sprache auf den Hauptarbeitsfrequenzen aus.

Wetterübersichten und Vorhersagen in Sprechfunk (SSB) auf Grenzwelle sind wie folgt zu hören:

Härnösand Radio	SAH	0833, 2033 UTC	1650, 2733 kHz
Stockholm Radio	SDJ	0933, 2133 UTC	1771, 1778 kHz
Tingstäde Radio	SAE	1006, 2206 UTC	2768 kHz
Karlskrona Radio	SAA	0954, 2154 UTC	2789 kHz
Göteborg Radio	SAG	1033, 2233 UTC	1785, 1904 kHz

Finnland

Mittelwelle:		Arbeitsfrequenzen Telegrafie (CW)
Hanko Radio	OHD	500 kHz
Helsinki Radio	OHC	**438**, 500, 512, 519 kHz
Kotka Radio	OHF	500 kHz
Mariehamn Radio	OHM	**433**, 500, 512 kHz
Vaasa Radio	OHX	**474**, 500, 512 kHz

Grenzwelle:		Arbeitsfrequenzen Sprechfunk (SSB)
Hanko Radio	OFI	2182, **2646**, **2649** kHz
Helsinki Radio	OHG	1708, 2182, **2810** kHz
Kotka Radio	OFU	**1862**, 2182 kHz
Mariehamn Radio	OFH	**1852**, 2182, 2705 kHz
Vaasa R. (Hailuoto)	OFW	**1862**, 2182 kHz
Vaasa R. (Raippaluoto)	OFW	2182, **2803** kHz

Kurzwelle:

Helsinki Radio   Arbeitsfrequenzen Telegrafie (CW)

| OFJ | 4272 | **6355** | 8437 | **12669** | 16923,6 | 22396 | 25065 | kHz |
| OFJ | | 6425 | **8457** | 12687 | 17415 | | | |

(Sammelanruf: h+05 jede gerade Stunde)

Helsinki Radio   Arbeitsfrequenzen Sprechfunk (SSB)

OHG2	4372,9	8722	13116,3	17248,4	**22605,3**	kHz
	4394,6	8728,2	13125,6	17263,9	22623,9	
	4397,7	8731,3	13138	17273,2	22636,3	
	4407	8743,7	13147,3	17276,3	22661,1	
	4422,5	**8805,7**	13172,1	17301,1	22689	
			13181,4	17341,4		
			13190,7	**17347,6**		

(Sammelanruf: 0855, 1255, 1855 UTC)

Helsinki Radio   Arbeitsfrequenzen Funkfernschreiben (RTTY)

| OFA | 4352,5 | 6497 | 8707,5 | 13075,5 | 17201,5 | 22565 | kHz |
| | 4354,5 | 6503 | 8713,5 | 13087,5 | 17216 | 22580 | |

Hanko Radio   Arbeitsfrequenzen Sprechfunk (SSB)

OFI   4407   4422,5   kHz

   (Sammelanruf: 0608, 0753, 0953, 1153, 1353, 1553, 1753, 1953, 2153 UTC
   auf 4422,5 kHz)

Wetterdienst:

Von den finnischen Küstenfunkstellen werden Wettermeldungen über die Wetterlage im Gebiet nördliche Ostsee und finnischer Meerbusen in englischer Sprache ausgestrahlt, z.B.:

Hanko Radio   0825, 1825 UTC auf 2646 und 4422,5 kHz in SSB

Helsinki Radio 0825, 1825 UTC auf 438 und 4272 kHz in CW sowie
                0733, 1933 UTC auf 2810 kHz in SSB

Eine ausführliche Wettervorhersage mit Eisbericht strahlt Helsinki Radio in englischer Sprache um 0918 UTC auf 3171 und 5362 kHz in CW aus. Ein weiterer Eisbericht folgt um 2118 UTC auf 3171 kHz in CW.

Sowjetunion – Ostseeküste

Mittelwelle:		Arbeitsfrequenzen Telegrafie (CW)
Kaliningrad Radio	UGK2	**472**, 500 kHz
Klaipeda Radio	UNM2	**445**, 500 kHz
Ventspils Radio	UNI	**429**, 500 kHz
Riga Radio	UKB	**441**, 489, 500 kHz
Tallin Radio	UNS	**450**, 500 kHz
Leningrad Radio	UDB	**484**, 500 kHz
Vyborg Radio	UNN	**444**, 500 kHz

Grenzwelle:		Arbeitsfrequenzen Sprechfunk (SSB)
Kaliningrad Radio	UGK2	2182 kHz
Klaipeda Radio	UNM2	2182 kHz
Ventspils Radio	UNI	2182, 2670 kHz
Tallin Radio	UAH	2182 kHz
Leningrad Radio	URD	2182 kHz

Kurzwelle:

Klaipeda Radio   Arbeitsfrequenzen Telegrafie (CW)

| UNM2 | 4229 | **6427** | 8473 8701 | 12703 | kHz |

(Sammelanruf: h+00 stündlich)

Klaipeda Radio   Arbeitsfrequenzen Sprechfunk (SSB)

| UNM2 | 4369,8 | 13113,2 | 17232,9 | kHz |

Riga Radio   Arbeitsfrequenzen Telegrafie (CW)

| UDH | **4236** | 6410 | **8506** | **13070** | **16997** | 22420 | kHz |

(Sammelanruf: h+00 stündlich)

Riga Radio   Arbeitsfrequenzen Sprechfunk (SSB)

| UDH | 4357,4 | 13113,2 | 17322,8 | kHz |

Riga Radio		Arbeitsfrequenzen Funkfernschreiben (RTTY)				
UDH	6258	12502,5 kHz				

Tallin Radio		Arbeitsfrequenzen Telegrafie (CW)				
UAH	4285	6485	8476	12723	17077	kHz
	(Sammelanruf: h+00 stündlich außer 0000/0600/1200/1800 UTC)					

Tallin Radio		Arbeitsfrequenzen Funkfernschreiben (RTTY)				
UAH	4350	6498	8710,5	13092,5	17217	22580,5 kHz

Moskau Radio		Arbeitsfrequenzen Telegrafie (CW)			
UAT	8440,6	12910	16992,8	22512	kHz
	(Sammelanruf: h+03 jede ungerade Stunde)				

Moskau Radio		Arbeitsfrequenzen Sprechfunk (SSB)		
UAT	13100,8	17248,4	22614,6	kHz

Moskau Radio		Arbeitsfrequenzen Funkfernschreiben (RTTY)			
UAT	6261	8346,5	12509	16691	22198,5 kHz

Leningrad Radio		Arbeitsfrequenzen Telegrafie (CW)				
URD	**3540**	**6425**	**8687,6**	**12693**	**17115**	**22406** kHz
	4315	6354	8575	13030	17010	
	(Sammelanruf: h+00 jede ungerade Stunde)					

Leningrad Radio		Arbeitsfrequenzen Sprechfunk (SSB)				
URD	4397,7	8737,5	13110,1	17245,3	22633 ?	kHz

Leningrad Radio		Arbeitsfrequenzen Funkfernschreiben (RTTY)				
URD	4351	6499,5	8710	13072	17231	22589,5 kHz

Wetterdienst:

Tallin Radio strahlt einen Wetterdienst mit Wetterübersicht und Vorhersage für die Gebiete Ostsee, Finnischer Meerbusen und Rigaischer Meerbusen in russischer und englischer Sprache in der Betriebsart Telegrafie (CW) um 1030 UTC auf Mittelwelle 450 kHz und Kurzwelle 6405 kHz aus.

Polen

Mittelwelle: Arbeitsfrequenzen Telegrafie (CW)

Gdynia Radio   SPA   **447**, 500, 512 kHz

Szczecin Radio   SPE   435, **458**, 484, 500, 512 kHz

Witowo Radio   SPN   444, 500, 512 kHz

Grenzwelle: Arbeitsfrequenzen Sprechfunk (SSB)

Gdynia Radio   SPC   1818, 2182, 2191, **2726** kHz

Szczecin Radio   SPO   1757, 2182, 2191, **2831** kHz

Witowo Radio   SPS   2182, 2191, **2639**, 2719 kHz

Kurzwelle:

Gdynia Radio   Arbeitsfrequenzen Telegrafie (CW)

SPH	4337	6383	**8482**	12721	16887,5	22495	kHz
SPH	4272	6398	**8634**	12826,5	17016	22399	
SPH	4319		8666,4	12928	17064	22407	
SPH			8678		16914,5		

(Sammelanruf: 0005, 0405, 0805, 1205, 1605, 2005 UTC)

Gdynia Radio   Arbeitsfrequenzen Sprechfunk (SSB)

SPC	4360,5	6509,5	**8728,2**	13125,6	17251,5	22611,5	kHz
SPC	4372,9		**8734,4**	13147,3	17325,9	22620,8	
SPC	4425,6		**8753**	13187,6	17332,1	22639,4	
SPC			**8790,2**	13193,8		22692,1	

Gdynia Radio   Arbeitsfrequenzen Funkfernschreiben (RTTY)

| SPA | 4351 | 6495,5 | 8706 | 13072,5 | 17198,5 | 22562,5 | kHz |
| SPA | 4356 | 6503 | 8716 | 13090 | 17230 | 22594 | |

Szczecin Radio   Arbeitsfrequenzen Telegrafie (CW)

SPE	4306	6376	**8557**	12939	16974	22505	kHz
SPE	4331	6459	8650	12872	16851,7	22551	
SPE				13022	17070		

(Sammelanruf: 0200, 0600, 1000, 1400, 1800, 2200 UTC)

Szczecin Radio   Arbeitsfrequenzen Sprechfunk (SSB)

| SPO | 4366,7 | 6515,7 | **8746,5** | 13159,7 | 17307,3 | 22651,8 | kHz |
| | 4379,1 | | **8808,8** | 13181,4 | 17347,6 | | |

Wettermeldungen:

Gdynia Radio sendet Wettermeldungen zum Gebiet Polnische Küste und Ostsee in englischer und polnischer Sprache.

Auf Mittelwelle 447 kHz
in Telegrafie (CW):					0100, 0700, 1000, 1300, 1900 UTC

Auf Grenzwelle 2726 kHz und 1818 kHz
in Sprechfunk (SSB):				0135, 0735, 1035, 1335, 1935 UTC

Ausführliche Wettervorhersagen sind in den Sendungen um 1335, 1900 und 1935 UTC zu hören.

Norwegen

Mittelwelle: Arbeitsfrequenzen Telegrafie (CW)

Tjöme Radio	LGT	**438**, 500 kHz
Farsund Radio	LGZ	**476**, 500 kHz
Rogaland Radio	LGQ	500, **516** kHz
Bergen Radio	LGN	**416**, 500 kHz
Älesund Radio	LGA	**487**, 500 kHz
Rorvik Radio	LGD	**441**, 500 kHz
Bodö Radio	LGP	**487**, 500 kHz
Harstadt Radio	LGH	500, **516** kHz
Harstadt Radio (Tromsö)	LGE	**444** kHz
Hammerfest Radio	LGI	**438**, 500 kHz
Vardö Radio	LGV	500, **522** kHz

Televerket
Rogaland radio

Grenzwelle: Arbeitsfrequenzen Sprechfunk (SSB)

Tjöme Radio	LGT	**1736**, 2182, 2649, 2663, 3631 kHz
Farsund Radio	LGZ	**1750**, 2118, 2182, 2642, 2635, 2638,9, 3641,9
Rogaland Radio	LGQ	1691, **1729**, 2182, 2652,9, 2656, **2695**, 3638
Bergen Radio	LGN	**1743**, 2182, 2670, 3631 kHz
Florö Radio	LGL	1757, 2182, **2649**, 3645 kHz
Älesund Radio	LGA	1694, **1722**, 2182, 2663, 2695, 3652 kHz
Orlandet Radio	LFO	1743, 2182, **2635**, 3631 kHz
Rorvik Radio	LGD	**1757**, 2182, 2670, 3631 kHz
Bodö Radio	LGP	2182, 2642, **2656**, 2695, 3645 kHz
Harstadt Radio	LGE	**1736**, 1750, 2182, 2663, 2635, 2649 kHz
Hammerfest Radio	LGI	**1722**, 1743, 1803, 2182, 2695, 3652 kHz
Vardö Radio	LGV	**1729**, 2182, 2642, 2656, 2670, 3631 kHz

Grenzwelle: Arbeitsfrequenzen Funkfernschreiben (RTTY)

Rogaland Radio	LGF.	1644, 1645, 1646 kHz
	Alpha	2879,5 kHz
	LGC.	3277

Kurzwelle: Arbeitsfrequenzen Telegrafie (CW)

Rogaland Radio (LG.., LF..)

4241	**6432**	8527,5	12682,5	16928,4	22396	25308	kHz
4325	6467	8574	12727,5	16952,4	22425,5	25382,5	
		8683,5	12876	**17074,4**	22473		
			12961,5	17165,6			

(Sammelanruf: h+00 stündlich)

Rogaland Radio (LGQ)   Arbeitsfrequenzen Sprechfunk (SSB)

4357,4	6512,6	8740,6	13110,1	17232,9	22599,1
4363,6	6518,8	8743,7	13113,2	17239,1	**22617,7**
4376		8746,8	13131,8	17242,2	22627
4382,2		**8749,9**	13138	17245,3	22633,2
4400,8		8756,1	**13150,4**	17251,5	22639,4
4428,7		8780,9	**13153,5**	17260,8	22658
4434,9		8787,1	13156,6	**17270,1**	22679,7
		8799,5	13162,8	17273,2	22695,2
		8802,6	**13165,9**	17282,5	22698,3
		8805,7	13175,2	**17288,7**	22707,6
			13178,3	17291,8	**22713,8**
			13184,5	17294,9	**22716,9**
			13193,8	17313,5	
				17319,7	

(Sammelanruf: 0800 und 1200 UTC: 13162,8 / 17294,9 kHz
            1800 und 2300 UTC: 8780,9 / 13162,8 kHz)

Rogaland Radio   Arbeitsfrequenzen Funkfernschreiben (RTTY)

(LG.. / LF..)

4351	6498	8683,5	13081	17199,5	22563,5	26163,3
4352,5	6504,5	8707	13097	17223	22587	26172,8
		8715		17682,5		

(Sammelanruf: 0700, 1500, 1700, 1900 UTC
auf: 4352,5 / 8683,5 / 8707 / 13097 / 17223 / 22587 kHz)

Wetterdienst:

Alle norwegischen Küstenfunkstellen senden alle vier Stunden Wettermeldungen auf den Grenzwellen-Hauptarbeitsfrequenzen aus (jeweils um h+33), diese Sendungen sind in englischer und norwegischer Sprache und beziehen sich auf den Arbeitsbereich der einzelnen Küstenfunkstellen.

Einen umfassenden Wetterdienst strahlt Rogaland Radio aus. In Englisch und Norwegisch bringt Rogaland Radio Sturmwarnungen, Wetterübersichten und Vorhersagen für das gesamte Nordmeer, Barentsee, Norwegische See und Nordsee zu folgenden Zeiten:

1205 UTC auf 8749,9 und 13184,5 kHz   (jeweils Sprechfunk/SSB)
2305 UTC auf 6512,6 und   8749,9 kHz

Sowjetunion – Nordeuropäische Küste

Mittelwelle: Arbeitsfrequenzen Telegrafie (CW)

Murmansk Radio	UMN	**472**, 500 kHz
Kandalakcha Radio	UZI	**447**, 500 kHz
Onega Radio	UZS	**441**, 500 kHz
Mezen Radio	UZT	**487**, 500 kHz
Archangelsk Radio	UGE	**416**, **476**, 500 kHz
Narian-Mar Radio	UOY	**432**, 500 kHz
Amderma Radio	UPM	344,8, 500 kHz
Dikson Radio	UPV	322,6, 500 kHz
Igarka Radio	UFR	470, 500 kHz

Grenzwelle: Arbeitsfrequenzen Sprechfunk (SSB)

Murmansk Radio	UMV	2049, 2182, 2666 kHz
Archangelsk Radio	UXN	2182, 2595 kHz

Kurzwelle:

Murmansk Radio   Arbeitsfrequenzen Telegrafie (CW)

UMV   4307   6331,5   8515   12661   **16960**   17140   kHz
              6400   **8690**   **12730**

(Sammelanruf: h+00 stündlich)

Archangelsk Radio   Arbeitsfrequenzen Telegrafie (CW)

UXN   4349   6470   8610   12795   16867,5   kHz

(Sammelanruf: h+00 stündlich)

Murmansk Radio   Arbeitsfrequenzen Sprechfunk (SSB)

UMV   4360,5   8790,2   kHz

Archangelsk Radio   Arbeitsfrequenzen Sprechfunk (SSB)

UXN   4357,4   8787,1   13125,6   17310,4   kHz

Archangelsk Radio   Arbeitsfrequenzen Funkfernschreiben (RTTY)

UXN   6500   8711,5   13099,5 17220,5   kHz

Wetterdienst:

Murmansk Radio sendet in russischer Sprache mit teilweise Wiederholung in englischer Sprache in Telegrafie (CW) Wettermeldungen und Vorhersagen wie folgt:

0630 UTC   4307 / 6331,5 kHz   (für Barentsee)
1700 UTC   4307 / 6331,5 kHz   (für Barentsee und norweg. Küste)
1700 UTC   12661,5 kHz   (für Nordatlantik)

In Sprechfunk und englischer Sprache werden auf Grenzwelle 2666 kHz um 0533 und 1733 UTC Wetterübersicht und Vorhersage für das Gebiet Barentsee ebenfalls von Murmansk Radio ausgestrahlt.

Europäisches Nordmeer

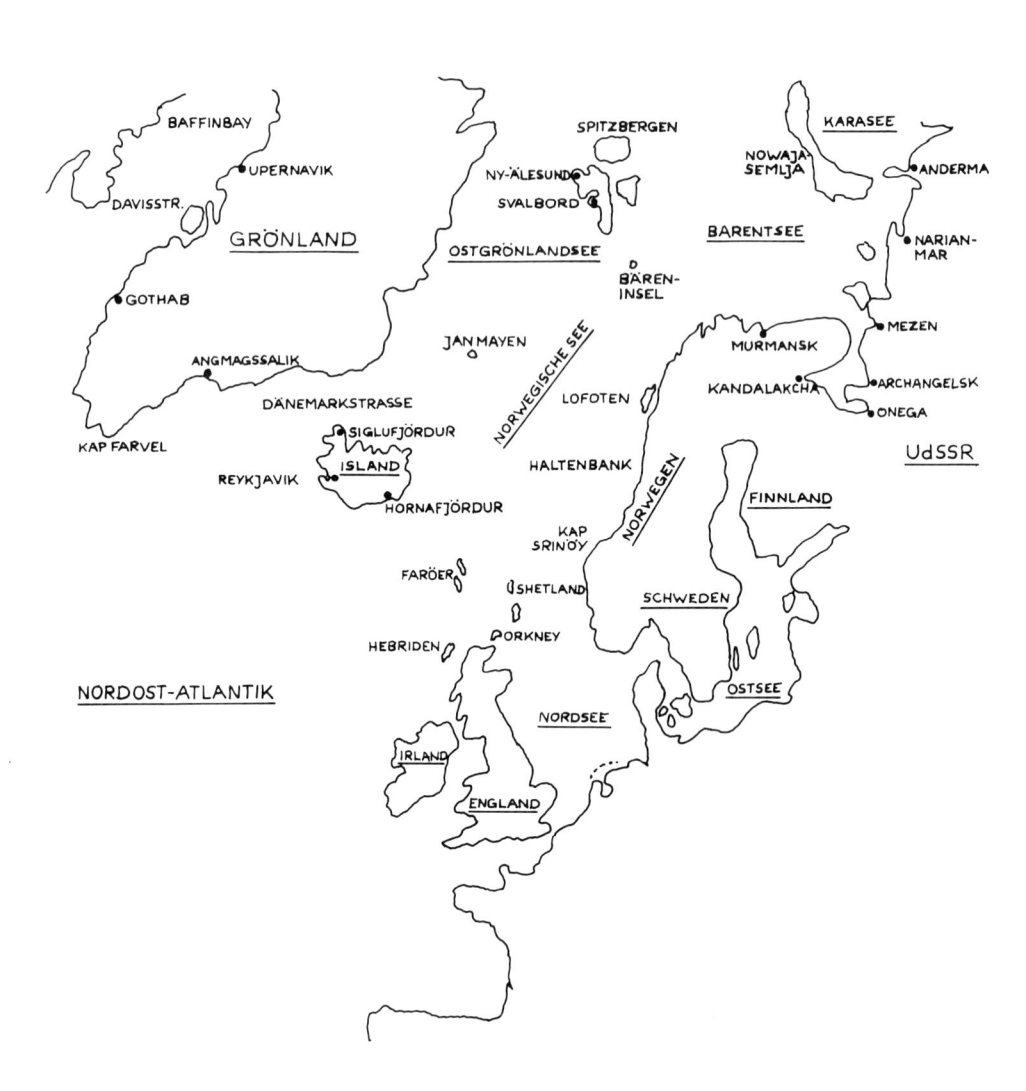

Norwegische Nordmeerinseln (Spitzbergen, Bäreninsel, Jan Mayen)

Mittelwelle: Arbeitsfrequenzen Telegrafie (CW)

Svalbard R.(Spitzbergen) LGS   **438**, 500 kHz

Ny-Älesund Radio   LJN   **487**, 500 kHz

Björnöya R. (Bäreninsel) LJB   **441**, 500 kHz

Jan Mayen Radio   LMJ   **435**, 500 kHz

Grenzwelle: Arbeitsfrequenzen Sprechfunk (SSB)

Svalbard R.(Spitzbergen) LGS   1694, 1736, 2182, 3645 kHz

Ny-Älesund Radio   LJN   1729, 2182 kHz

Björnöya R. (Bäreninsel) LJB   1757, 2182 kHz

Jan Mayen Radio   LMJ   1722, 2182 kHz

Wetterdienst:

Für die jeweiligen Arbeitsgebiete im Nordmeer werden folgende Wetterdienste ausgestrahlt:

Telegrafie (CW) in englischer Sprache:

0900, 1300, 2000 UTC: Björnöya Radio   441 kHz
0900,   2000 UTC: Jan Mayen Radio   435 kHz

Sprechfunk (SSB) in norwegischer und englischer Sprache:

0905, 1305, 2005 UTC: Björnöya Radio   1757 kHz
0905,   2005 UTC: Jan Mayen Radio   1722 kHz

Grönland

Mittelwelle		Arbeitsfrequenzen Telegrafie (CW)
Qaqortoq Radio	OXF	420, 500 kHz
Ikerassuaq Radio	OXF	464, 500 kHz
Nuuk Radio	OX1	478, 500 kHz
Qeqertarsuaq Radio	OYR	420, 500 kHz
Sisimiut Radio	OYR	424, 500 kHz
Upernavik Radio	OYR	464, 500 kHz

Grenzwelle:		Arbeitsfrequenzen Sprechfunk (SSB)
Ittoqqortoormiit Radio		2182, 2225 kHz
Mesters Vig Radio	OYG	2182, 2265 kHz
Ammassalik Radio	OZL	2182, 2250 kHz
Qaqortoq Radio	OXF	2129, 2182, 2265 kHz
Ikerassuaq Radio	OXF	2129, 2182, 2265 kHz
Nuuk Radio	OX1	2057, 2116, 2182, 2225, 2400 kHz
Qeqertarsuaq Radio	OYR	2182, 2210, 2304 kHz
Sisimiut Radio	OYR	2182, 2265 kHz
Upernavik Radio	OYR	2182, 3276 kHz
Uummannaq Radio	OYR	2182, 3280 kHz
Qaanaaq Radio		2182, 3175, 3250 kHz

Wetterdienst:

Die grönländischen Küstenfunkstationen senden Wettermeldungen in dänischer und englischer Sprache nach Eingang und nach der folgenden Funkstille sowie auf Anforderung aus.

Island

Mittelwelle: Arbeitsfrequenzen Telegrafie (CW)

Reykjavik Radio   TFA   276, 472, **484**, 500, 512 kHz

Grenzwelle: Arbeitsfrequenzen Sprechfunk (SSB)

Reykjavik Radio   TFA   1650, 1673, 1862, **1876**, 1890, 2182 kHz

Westmannaeyjar Radio TFV   **1715**, 2182, 2628 kHz

Hornafjördur Radio   TFT   **1673**, 1862, 2182 kHz

Neskaupstadur Radio   TFM   **1640**, 2182, 2700 kHz

Siglifjördur Radio   TFX   1862, **1883**, 2182, 2600 kHz

Isafjördur Radio   TFZ   1862, 2182, **2724** kHz

Kurzwelle: Arbeitsfrequenzen Telegrafie (CW)

Reykjavik Radio TFA   6344   8690   13069,5   16909,7   kHz

  (Sammelanruf: 0740, 0830, 1100, 1330, 1430, 1930, 2000, 2200, 2400 UTC)

Reykjavik Radio   Arbeitsfrequenzen Sprechfunk (SSB)

TFA	4372,9	6506,4	8731,3	13116,3	17247,4	22658	kHz
	4397,7	6512,6	8737,5	13122,5	17276,3	22670,4	
	4403,9	**6521,9**	8743,7	13144,2	**17294,9**	22673,5	
	4413,2		**8780,9**	13159,7	17307,3		
	4419,4		8811,9	**13162,8**	17322,8		

(Sammelanruf: h+05 jede gerade Stunde auf 13144,2 kHz)

Kurzwellenfrequenzen für Sprechfunk (SSB) der anderen isländischen Stationen:

Hornafjördur   TFT   4372,9   4419,4   kHz
Siglufjördur   TFX   4397,7   4403,9   4419,4   kHz

Wetterdienst:

Für die Küstengewässer rund um Island strahlt Reykjavik Radio Wetterberichte und Wettervorhersagen in isländischer und englischer Sprache wie folgt aus:

0530, 1130, 1730, 2330 UTC auf 276 kHz in CW
0430 UTC auf 276 kHz und auf Ersuchen auf 1876 kHz in Sprechfunk (SSB).

Faroer (Dänemark)

Mittelwelle: Arbeitsfrequenzen Telegrafie (CW)

Torshavn   OXJ   **447**, 500, 512 kHz

Grenzwelle: Arbeitsfrequenzen Sprechfunk (SSB)

Torshavn   OXJ   1708, **1778**, 2182 kHz

Wetterdienst:

0020, 0620, 0705, 1220, 1705, 1820 UTC auf 1778 kHz (SSB)
Sturmwarnungen, Wetterübersicht und Vorhersage in Dänisch und teilweise in Englisch.

Nordsee / Nordwesteuropa

Niederlande

Mittelwelle: Arbeitsfrequenzen Telegrafie (CW)

Scheveningen Radio   PCH   421, **461**, 500, 512 kHz
(bei Ausfall: Ijmuiden Radio PCI)

Grenzwelle: Arbeitsfrequenzen Sprechfunk (SSB)

Scheveningen Radio   PCH   **1764**, **1862**, **1890**, 1939,
                                        2182, 2600, **2824**, 3673 kHz

Kurzwelle:

Scheveningen Radio   Arbeitsfrequenzen Telegrafie (CW)

PCH	4250	6404	8562	12768	16902,5	22324,5	kHz
			8622	12799,5			

(Sammelanruf: h+50 jede gerade Stunde)

Scheveningen Radio   Arbeitsfrequenzen Sprechfunk (SSB)

PCG	4369,8	6509,5	8731,3	13119,4	17301,1	**22608,4**	kHz
	4376		8734,4	**13138**	**17341,4**	22692,1	
	4413,2		**8796,4**	13156,6	17350,7		

(Sammelanruf: h+05 jede ungerade Stunde)

Scheveningen Radio   Arbeitsfrequenzen Funkfernschreiben (RTTY)

PCH	1919,5	4351,5	6496,5	8713	13077	17217,5	22565	kHz
		4355	6504	8717	13088,5	17230		

(Sammelanruf: 0630, 1830 UTC)

Wetterdienst:

Scheveningen Radio strahlt Wettermeldungen über das Gebiet niederländische Küstengewässer und Nordsee in Holländisch und Englisch wie folgt aus:

0930, 1530, 2130 UTC: 421 kHz   in Telegrafie (CW)
0340, 0940, 1540, 2140 UTC: 1862, 1939, 2600 kHz   in Sprechfunk (SSB)

Belgien

Mittelwelle: Arbeitsfrequenzen Telegrafie (CW)

Oostende Radio   OST   **435**, 500, 512 kHz

Antwerpen Radio   OSA   **489**, 500, 512 kHz

Grenzwelle: Arbeitsfrequenzen Sprechfunk (SSB)

Oostende Radio   OST   1817, 1820, 1905, 1908, 2087, 2090, 2170,5
                                             2182, 2253, 2256, 2373, 2376, 2481, 2484,
                                             2758, **2761**, 2814, 2817, 3629, 3632,
                                             3681, 3684 kHz

Antwerpen Radio   OSA   1649,5, 1652,5, 1705, 1708, **1901, 1904,**
                                             2182, **3652, 3655** kHz

Kurzwelle:

Oostende Radio   Arbeitsfrequenzen Telegrafie (CW)

OST	4290,5	6328,25	**8478**	**12781,5**	17017,1	22351,5	25135	kHz
	4298	6411	8652	13067	17187	22533	27017	

(Sammelanruf: h+10 jede Stunde)

Oostende Radio   Arbeitsfrequenzen Sprechfunk (SSB)

OSU	4143,6	6218,6	8291,1	12429,2	16587,1	22124	kHz
	4379,1	6221,6	8294,2	12432,3	16590,2	22136,4	
	4388,4	**6509,5**	8725,1	12435,4	16593,3	22620,8	
	4407	6521,9	8731,3	**13119,4**	17257,7	22636,3	
	4419,4		8734,4	**13138**	**17270,1**	**22651,8**	
	4422,5		8753	13144,2	17294,9	22658	
	4431,8		**8756,1**	13153,5	**17307,3**	**22670,4**	
			8762,3	13156,6	17313,5	22713,8	
			8780,9	13162,8	17322,8		
			8805,7				

(Sammelanruf: h+00 jede Stunde auf 8756,1
und 13119,4 / 17270,1 kHz)

Oostende Radio   Arbeitsfrequenzen Funkfernschreiben (RTTY)

OST	2815,5	4351	6495,5	8706	13072,5	17198,5	22562,5	kHz
	3656,5	4355,5	6502,5	8710,5	13079	17203	22567	

Wetterdienst:

Oostende Radio bringt um 0820 und um 1720 UTC eine Wettervorhersage für die belgische Küste auf 435 kHz (CW) und 2761 kHz (SSB) in Englisch/Holländisch.

Großbritannien

Mittelwelle:		Arbeitsfrequenzen Telegrafie (CW)
Cullercoast Radio	GCC	410, **441**, 500, 512 kHz
Humber Radio	GKZ	410, **484**, 500, 512 kHz
Land's End Radio	GLD	410, **438**, 500, 512, 522 kHz
Niton R. (Isle of Wight)	GNI	410, 500, 512 kHz
North Foreland Radio	GNF	410, **418**, 500, 512 kHz
Portpatrick Radio	GPK	410, **472**, 500, 512 kHz
Stonehaven Radio	GND	410, **458**, 500, 512 kHz
Wick Radio	GKR	410, **431**, 500, 512 kHz

Grenzwelle:		Arbeitsfrequenzen Sprechfunk (SSB)
Cullercoast Radio	GCC	1792, 1838, 2182, **2719**, 2828 kHz
Hebrides Radio	GHD	1792, **1866**, 2182, 2667 kHz
Humber Radio	GKZ	1792, **1869**, 2182, 2684, 3738, 3778 kHz
Jersey Radio		1726, 2182 kHz
Land's End Radio	GLD	1706, **1841**, 2182, 2719, 2782 kHz
Niton Radio	GNI	**1834**, 2182, 2628, 2810 kHz
North Foreland Radio	GNF	**1848**, 2182, 2698, 2733 kHz
Portpatrick Radio	GPK	1792, **1883**, 2182, 2607, 3610 kHz
Stonehaven Radio	GND	1792, **1856**, 1946, 2182, 2691 kHz
Wick Radio	GKR	1706, **1827**, 2604, 2625, 2705, 3610 kHz

Grenzwelle:		Arbeitsfrequenzen Funkfernschreiben (RTTY)	
North Foreland Radio	GNF1	3607,3 kHz	(jeweils:
Cullercoast Radio	GCC1	3608,3 kHz	Sammelanruf: h+00 stündlich
Stonehaven Radio	GND1	3615,7 kHz	Stationen sind fernbedient
Hebrides Radio	GHD2	3607,8 kHz	von Portishead Radio)
Wick Radio	GKR1	1672 kHz	
Shetland Radio	GNK1	2832,7 kHz	
Land's End Radio	GLD3	2696,7 kHz	

Kurzwelle:

Portishead Radio   Arbeitsfrequenzen Telegrafie (CW)

```
GKB   4274     6379,5   8559,5   12835,4   17113     22448,7   kHz
GKC   4251,5   6407,5   8516     13019,8   16954,4   22407,3
GKD   4256     6428,5   8569     12788,5   16974,6   22432
GKG   4267,9   6469,3   8591,5   12790     17072     22503
GKH   4314,5   6470,8   8604     12791,5   17092     22525,5
GKI   4317,5   6472,3   8606     12858     17151,2   22528,5
GKJ   4326,5   6477,5   8684     12871,5   16918,8   22545
GKK   4336     6342     8552     13006,5   17167,5   22494
GKM   4316     6397     8581,6   12714     17136,8   22527
GKN   4314,9   6395,9   8580,5   12712,9   17135,7   22525,9
GKO   4316,9   6397,9   8582,5   12714,9   17137,7   22527,9
```

Anrufe werden auf den GKB-Frequenzen beantwortet. Der Verkehr wird auf
den GKC- und GKD-Frequenzen abgewickelt. Die übrigen Frequenzreihen sind
Ausweichfrequenzen.

(Sammelanruf: h+00 stündlich auf: 4286 / 6368,9 / 8545,9 / 12822 / 17098,4 kHz)

Portishead Radio   Arbeitsfrequenzen Sprechfunk (SSB)

GKT   / GKU   / GKV   / GKW   / GKX

```
      4360,5   8722     13100,8   17236     22611,5   kHz
      4372,9   8765,4   13103,9   17263,9   22630,1
      4385,3   8774,7   13116,3   17276,3   22636,3
      4434,9   8796,4   13172,1   17285,6   22676,6
               8811,9   13184,5   17301,1   22682,8
               8784     13196,9   17329     22716,9
                        13190,7   17344,5   22654,9
                                  17353,8
                                  17248,4
```

(Sammelanruf: h+00 stündlich auf: 4372,9 / 8765,4 / 13172,1 / 17236 kHz)

Portishead Radio   Arbeitsfrequenzen Funkfernschreiben (RTTY)

GKE   / GKP   / GKQ   / GKY   / GKS

```
      4350,5   6495     8705,5   13072    16882,5   22662    kHz
      4353,3   6499,5   8711     13085    17198     22578
      4356     6500     8714     13095    17215     22590
      4356,5   6505     8718     13099    17218     22594
                                          17231
```

(Sammelanruf: h+00 stündlich auf: 4350,5 / 6495 / 8705,5 / 13072 / 17198 kHz)

Wetterdienst:

Die regionalen Küstenfunkstationen strahlen auf ihrer jeweiligen Hauptarbeitsfrequenz auf Grenzwelle in SSB jeweils um 0803 bzw 0833 UTC und um 2003 bzw. 2033 UTC Sturmwarnungen, Wetterübersichten und Vorhersagen für Ihren Arbeitsbereich aus.

Einen ausführlichen Atlantik-Wetterbericht strahlt Portishead Radio wie folgt aus:

0930 und 2130 UTC: 4286 / 6368,9 / 8545,9 / 12822 / 17098,4 / 22467 kHz (jeweils in Telegrafie/CW)

Weitere Wettermeldungen und Sturmwarnungen kommen auf diesen Frequenzen um 0130 / 0530 / 0730 / 1130 / 1330 / 1730 UTC.

GKR

Wick Radio
BTI Radio Station
Wick
Caithness
(KW1 5LT)
Scotland

Radio Stations
Portishead · Wick · Stonehaven ·
Cullercoats · Humber · North Foreland ·
Niton · Lands End · Ilfracombe ·
Anglesey · Portpatrick ·
Satellite Earth Station
Goonhilly

Centres of Excellence for Maritime Communications

Irland

<u>Mittelwelle:</u>   Arbeitsfrequenzen Telegrafie (CW)

Malin Head Radio   EJM   **421**, 500, 512 kHz

Valentia Radio   EJK   **429**, 500, 512 kHz

<u>Grenzwelle:</u>   Arbeitsfrequenzen Sprechfunk (SSB)

Malin Head Radio   EJM   **1841**, 2182, 2593 kHz

Valentia Radio   EJK   **1827**, 2182, 2211, 2590, 2614 kHz

<u>Wetterdienst:</u>

0848 und 2048 UTC: Malin Head Radio auf 421 kHz in CW
0830 und 2030 UTC: Valentia Radio   auf 429 kHz in CW
0833 und 2033 UTC: Valentia Radio   auf 1827 kHz in SSB

Süd-West-Europa und Mittelmeer (westlicher Teil)

Schweiz

Die einzige Küstenfunkstelle in einem Binnenland wird in der Schweiz betrieben. Bern Radio sendet ausschließlich auf Kurzwelle und hält weltweit Kontakt mit den Schiffen, die unter schweizer Flagge die Weltmeere befahren, wird aber auch von Schiffen anderer Nationalitäten zur Herstellung von Kommunikationsverbindungen mit dem Festland gern in Anspruch genommen.

Kurzwelle:

Bern Radio	Arbeitsfrequenzen Telegrafie (CW)					
HEB	4259	8601,5	13023,7	16863,3	22362,5	kHz

(Sammelanruf: 0700, 0830, 1030, 1200, 1330, 1500, 1630, 1900, 2030, 2200, 2330 UTC - im Sommerhalbjahr beginnen die Sammelanrufe eine Stunde früher)

Bern Radio	Arbeitsfrequenzen Sprechfunk (SSB)					
HEB	**4379,1**	**8784**	**13190,7**	**17263,9**	**22692,1**	kHz
	4428,7	8790,2	13181,4	17276,3	22636,3	
	4422,5	8811,9	13103,9	17325,9	22654,9	
		8725,1	13128,7	17298		

(Sammelanruf: 0715, 0915, 1115, 1315, 1515, 1715, 1915, 2115 UTC - im Sommerhalbjahr jeweils eine Stunde früher).

Bern Radio	Arbeitsfrequenzen Funkfernschreiben (RTTY)					
HEC	4352,5	8709	13080	17205	22566,5	kHz
	4355,5	8714	13092,5	17221	22586	
		8717,5	13095,5	17218,5	22588,5	

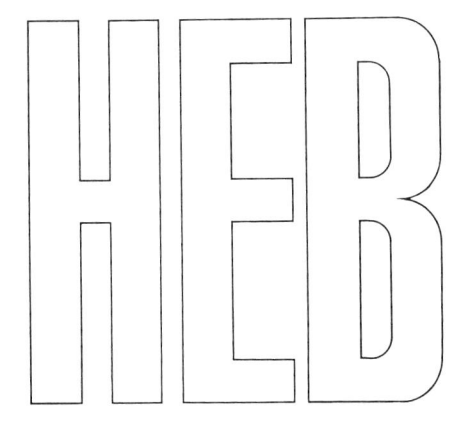

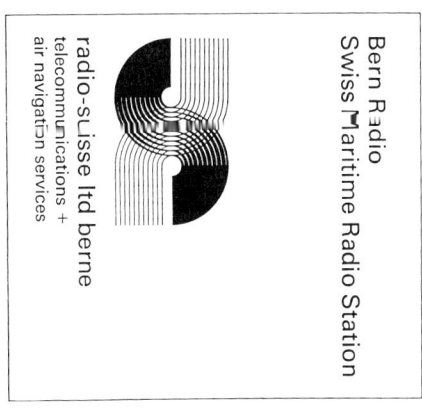

Frankreich

Mittelwelle:		Arbeitsfrequenzen Telegrafie (CW)
Boulogne-sur-Mer Radio	FFB	410, **450**, 500, 512 kHz
Brest-Le Conquet Radio	FFU	410, 416, **487**, 500, 512 kHz
Bordeaux-Arcachon Radio	FFC	410, **421**, 500, 512 kHz
Marseille Radio	FFM	410, **432**, 500, 512 kHz

Grenzwelle:		Arbeitsfrequenzen Sprechfunk (SSB)
Boulogne-sur-Mer Radio	FFB	1694, **1771**, 2182, 2747, 3795 kHz
Brest-Le Conquet Radio	FFU	1673, **1806**, 1876, 2182, 2691, 2726, 3722 kHz
Saint Nazaire Radio	FFO	**1687**, 1722, 2182, 2740, 3795 kHz
Bordeaux-Arcachon Radio	FFC	1820, **1862**, 2182, 2775, 3722 kHz
Marseille Radio	FFM	**1906**, 1939, 2182, 2628, 3795 kHz
Grasse Radio	TKM	1834, 2182, **2649**, 3722 kHz

Kurzwelle:

Saint Lys Radio   Arbeitsfrequenzen Telegrafie (CW)

```
FFL    4328    6421,5   8522,5   12912,6   17027                kHz
FFS                     8510     12678     17040,8   22318,5
FFT                     8550     12655,5   16947,6
```

(Sammelanruf: h+30 jede gerade Stunde auf FFL-Frequenzen)

Saint Lys Radio   Arbeitsfrequenzen Sprechfunk (SSB)

```
FFL    4366,7   8768,5   13165,9   17242,2   22605,3   kHz
       4369,8   8793,3   13178,3   17288,7   22673,5
       4403,9   8802,6   13187,6   17316,6   22689
       4413,2   8808,8   13193,8   17332,1   22701,4
```

(Sammelanruf: h+03 stündlich auf den Hauptarbeitsfrequenzen)

Saint Lys Radio   Arbeitsfrequenzen Funkfernschreiben (RTTY)

```
FFL    4352    6499,5   8708,5   13074,5   17201    22563   kHz
               6501     8713,5   13097,5   17212
                        8717,5             17222,5
```

(Sammelanruf: h+00 stündlich)

Wetterdienst:

Die französischen Küstenfunkstellen strahlen Wetterübersichten und Vorhersagen
für die Gebiete Nordsee, Kanal, Irische See, Atlantik, Biscaya und Mittelmeer
in französischer Sprache auf Grenzwelle in Sprechfunk (SSB) aus:

Boulogne Radio	0703, 1733 UTC:	1694 / 1771 kHz
Brest-Le Conquet Radio	0600, 0733, 1633, 2153 UTC:	1673 / 1876 / 2691 kHz
Saint Nazaire Radio	0803, 1803 UTC:	1722 kHz
Bordeaux-Arcachon Radio	0703, 1703 UTC:	1820 kHz
Marseille Radio	0103, 0705, 1220, 1615 UTC:	1906 kHz
Grasse Radio	0733, 1233, 1645 UTC:	2649 kHz

Von Saint Lys Radio werden ausführliche Wetterberichte, Vorhersagen und Sturmwarnungen für den Nordatlantik und für das westliche Mittelmeer wie folgt in
französischer Sprache ausgestrahlt:

Atlantik:	0850 UTC:	8550 / 12655,5 kHz	(CW)
	1750 UTC:	4328 / 8550 / 12655,5 kHz	(CW)
	0900, 1800 UTC:	8708,5 / 13074,5 kHz	(RTTY)
Mittelmeer:	0750 UTC:	6421,5 kHz	(CW)
	1600 UTC:	4328 / 6421,5 kHz	(CW)
	1750 UTC:	4328 kHz	(CW)
	0700, 1700 UTC:	4352 kHz	(RTTY)

Spanien

Mittelwelle:		Arbeitsfrequenzen Telegrafie (CW)
Cabo Penas Radio	EAS	**441**, 500 kHz
Cabo Finisterre Radio	EAF	**472**, 500, 512 kHz
Tarifa Radio	EAC	450, **484**, 500, 512 kHz
Cabo de La Nao Radio	EAV	**476**, 500 kHz
Bagur Radio	EAB	441, **450**, 500, 512 kHz

Grenzwelle:		Arbeitsfrequenzen Sprechfunk (SSB)
Cabo Machichaco Radio		**1704**, 2182, 2191, 2586 kHz
Cabo Penas Radio	EAS	**1757,5**, 2182, 2191, 2649 kHz
Coruna Radio		**1748**, 2182, 2191, 2596 kHz
Cabo Finisterre Radio	EAF	**1698**, 2182, 2191, 2806 kHz
Cchipiona Radio		**1700**, 2182, 2191, 2842 kHz
Tarifa Radio	EAC	**1678**, 2182, 2191, 2610 kHz
Cabo de Gata Radio		**1866**, 2182, 2191, 2676 kHz
Cabo de La Nao Radio	EAV	**1690**, 2182, 2191, 2799 kHz
Barcelona Radio		**1730**, 2182, 2191, 2707 kHz
Bagur Radio	EAB	**1740**, 2182, 2191, 2714 kHz

Kurzwelle:

Pozuelo del Rey Radio   Arbeitsfrequenzen Sprechfunk (SSB)

EHY	**4372,9**	**6515,7**	8725,1	13100,8	17322,8	**22596**	kHz
	4376		**8728,2**	**13128,7**	17335,2	22667,3	
	4388,4		**8746,8**	13175,2	**17344,5**	22682,8	
			8765,4	13181,4	17350,7		

(Sammelanruf: 0203, 0603, 1003, 1403, 1803, 2203 UTC)

Pozuelo del Rey Radio   Arbeitsfrequenzen Funkfernschreiben (RTTY)

EHY	8708,5	13073,5	17200	22564	kHz
	8714,5	13082	17210	22571	
	8717,5	13091	17217	22581	

(Sammelanruf: 1500 u. 1900 UTC: 8717,5 kHz
sowie 0700, 1100, 1500 UTC: 13082, 17200 kHz)

Aranjuez Radio   Arbeitsfrequenzen Telegrafie (CW)
(EAD, EDF, EDG, EDZ)

4269,5	**6377**	**8618**	12887,5	17064,8	22446	kHz
4235,5	6400,5		12934,5	17175,2	22533	
	6882		13065			

(Sammelanruf: 0000, 0400, 0800, 1200, 1600, 2000 UTC)

Wetterdienst:

Die spanischen Küstenfunkstellen senden auf ihren jeweiligen Hauptarbeitsfrequenzen auf Grenzwelle jeweils um 1103 und 1733 UTC einen Wetterdienst
in Sprechfunk (SSB).

Die spanische Marine sendet ausführliche Wetterberichte und Vorhersagen in
Spanisch in der Betriebsart Telegrafie (CW) für die Gebiete Biscaya, spani-
sche und portugiesische Atlantikküste, Atlantik (Azoren, Kanaren), westliches
Mittelmeer und Balearen wie folgt:

0830 und 1700 UTC: 3790, 6930, 14641 kHz
0900 und 1730 UTC: 6408,5 kHz

Gibraltar

Mittelwelle: Arbeitsfrequenzen Telegrafie (CW)

Gibraltar Radio   ZDK   **464**, 500 kHz

Grenzwelle:

Gibraltar Radio   ZDK   2182, **2598**, 2792 kHz

Wetterdienst:

Für die Küstengewässer im Umkreis von 50 Seemeilen strahlt Gibraltar Radio
Wetterberichte und Vorhersagen auf Anfrage aus.

Portugal

Mittelwelle:		Arbeitsfrequenzen Telegrafie (CW)
Apulia Radio	CTN	**487**, 500 kHz
Lisboa Radio	CUL	**435**, 500, 512 kHz
Monsanto Radio	CTV	476, 500, **522** kHz
Sagres Radio	CTS	**450**, 500

Grenzwelle:		Arbeitsfrequenzen Sprechfunk (SSB)
Cascais Naval	CTC	2657 kHz
Lisboa Radio	CUL	2182, **2851**, **2694**, 2781, 3605 kHz
Sagres Radio	CTS	2657 kHz

Kurzwelle:

Lisboa Radio   Arbeitsfrequenzen Telegrafie (CW)

CUL   **8490**   12943,5   16959,2   22479   kHz
        8469
                    (Sammelanruf: h+30 jede gerade Stunde

Lisboa Radio   Arbeitsfrequenzen Sprechfunk (SSB)

CUL   4394,6   6509,5   8722   13107   17276,3   22614,6   kHz

Lisboa Radio   Arbeitsfrequenzen Funkfernschreiben (RTTY)

CUL   4350,5   6495   8709,5   13087   17225   22591,5   kHz

Monsanto Radio	Arbeitsfrequenzen Telegrafie (CW)				
CTU/CTV/CTW	4232,5	8523,5	12999,5	17053,7	kHz

Monsanto Radio	Arbeitsfrequenzen Funkfernschreiben (RTTY)				
CTU/CTV/CTW	4235,5	8526,5	13002,5	17056,5	kHz

Wetterdienst:

Wetterberichte und Vorhersagen für die portugiesische Küste werden von Monsanto Radio in portugiesischer und englischer Sprache in Telegrafie (CW) und Funkfernschreiben (RTTY) zu folgenden Zeiten ausgestrahlt:

0555, 0800, 1155, 1755, 2000, 2355 UTC auf den Kurzwellen-Frequenzen von Monsanto Radio wie zuvor genannt.

Monaco

Kurzwelle:

Monaco Radio	Arbeitsfrequenzen Sprechfunk (SSB)					
3AC	4363,6 4394,6	6509,5	8728,2 8743,7	13172,1	17251,5	22651,8 kHz

(Sammelanruf: h+00 von 0700 bis 2300 UTC)

Monaco Radio	Arbeitsfrequenzen Funkfernschreiben (RTTY)						
3AC	4356	6497,5 6501	8712 8715	13076,5 13080	17202,5 17208 17213 17228	22572	kHz

Wetterdienst:

Monaco Radio strahlt Wetterberichte und Vorhersagen in englischer und französischer Sprache in Sprechfunk (SSB) für die Mittelmeergebiete Golfe du Lion, Ligurisches Meer, Balearen, Mittelmeer westlich und östlich von Korsika, wie folgt aus:

0715, 1300, 1800 UTC: 4336,6 / 8728,2 / 8743,1 / 13172,1 / 17251,5 / 22651,8

Im Sommerhalb kommen diese Sendungen eine Stunde früher.

Italien

Mittelwelle:		Arbeitsfrequenzen Telegrafie (CW)
Genova Radio	ICB	**487**, 500 kHz
Roma Radio	IAR	500, 516, **519** kHz
Napoli Radio	IQH	**435**, 500, 524 kHz
Cagliari R. (Sardinien)	IDC	429, **488**, 500 kHz
Bari Radio	IPB	**432**, 500 kHz
Ancona Radio	IPA	**489**, 500 kHz
Trieste Radio	IQX	**476**, 500 kHz

Grenzwelle:		Arbeitsfrequenzen Sprechfunk (SSB)
Genova Radio	ICB	1667, 2182, 2642, **2722** kHz
Livorno Radio	IPL	1925, 2182, **2591** kHz
Civitavecchia Radio	IPD	**1888**, 2182 kHz
Napoli Radio	IQH	2182, **2635** kHz
Mazara del Vallo Radio		1883, 2182, **2211**, **2600** kHz
Augusta Radio	IQA	1643, 2182, **2628** kHz
Messina Radio	IDF	2182, **2789** kHz
Palermo Radio		**1705**, 2182 kHz
Trapani Radio		**1848**, 2132, 2182 kHz
Cagliari Radio	IDC	**1722**, 2132, 2182, **2683** kHz
Porto Torres Radio	IZN	**1806**, 2182 kHz
Lampedusa Radio		**1876**, 2182 kHz
Crotone Radio		**1715**, 2182, **2663** kHz
Bari Radio	IPB	**1771**, 2182, **2579** kHz
San Benedetto del Tronto Radio		**1855**, 2182 kHz
Ancona Radio	IPA	2182, **2656** kHz
Venezia Radio		**1680**, 2182, **2698** kHz
Trieste Radio	IQX	2182, **2624** kHz

Kurzwelle:

Genova Radio			Arbeitsfrequenzen Telegrafie (CW)			
ICB	4235	6425	8649,5	12978	16879 16881 17182	kHz

(Sammelanruf: via Roma Radio IAR)

Genova Radio			Arbeitsfrequenzen Sprechfunk (SSB)			
ICB	4379,1 4382,2	8734,4 8787,1	13113,2 13131,8	17254,6 17273,2	22642,5	kHz

Genova Radio			Arbeitsfrequenzen Funkfernschreiben (RTTY)			
ICB	4356,5	8714,5 8711,5	13098	17230,5	22592	kHz

Roma Radio			Arbeitsfrequenzen Telegrafie (CW)			
IAR	4292 4320	**6409,5** 6418	8530 8656 **8670**	12996 13011 **13015,5**	17005 17160,8 16895	**22376** 22372,5 22378	kHz

(Sammelanruf - auch für Genova und Trieste Radio - wie folgt:
0000, 0400, 0800, 1200, 1600, 2000 UTC: 4292 / 6409,5 / 8530 /
                                          13011 / 17160,8 / 22372,5 kHz)

Roma Radio			Arbeitsfrequenzen Sprechfunk (SSB)			
IAR	4360,5 4391,5 4416,3 4419,4 4425,6	6509,5 6515,7 6521,9	8759,2 8774,7 8777,8 8780,9 8796,4 8811,9	13116,3 13125,6 13138 13153,5 13162,8 13190,7	17239,1 17248,4 17279,4 17294,9 17304,2	22599,1 22627 22658 22664,2 22707,6	kHz

Roma Radio			Arbeitsfrequenzen Funkfernschreiben (RTTY)			
IAR	4350	6496	8706,5	13089,5	17211	22583	kHz

Roma Naval			Arbeitsfrequenzen Telegrafie (CW)			
IDQ	4280	6390,3	8486	kHz		

Trieste Radio			Arbeitsfrequenzen Telegrafie (CW)			
IQX	4296	6418	**8679**	12975	17084	kHz	

Wetterdienst:

Die italienischen Küstenfunkstellen senden Wetterberichte und Vorhersagen für ihren Arbeitsbereich in englischer und italienischer Sprache in Sprechfunk (SSB) auf ihren Hauptarbeitsfrequenzen im Grenzwellenbereich zu folgenden Zeiten:

0135 / 0735 / 1335 / 1935 UTC: Genvoa
                                 Livorno
                                 Civitavecchia
                                 Napoli
                                 Messina
                                 Palermo
                                 Cagliari
                                 Bari
                                 Ancona
                                 Trieste

0150 / 0750 / 1350 / 1950 UTC: Mazara del Vallo
                                 Augusta
                                 Trapani
                                 Porto Torres
                                 Lampedusa
                                 Crotone
                                 San Benedetto del Tronto
                                 Venezia

Roma Radio (IAR) strahlt umfangreiche Wetterberichte und Wettervorhersagen über das gesamte Mittelmeer in englischer und italienischer Sprache auf Kurzwelle in Telegrafie (CW) wie folgt aus:

0050 / 0650 / 1250 / 1850 UTC: 4292 kHz   (ggf. auch: 8530, 13011, 17160,8)

Weiterhin sendet auch die Station Roma Naval (IDQ) Wetterberichte und Wettervorhersagen für das gesamte Mittelmeer sowie für den Golf von Cadiz und für das nördliche Rote Meer und Schwarze Meer in englischer Sprache auf Langwelle, Grenzwelle und Kurzwelle in Telegrafie (CW):

0500 UTC: 110, 2291, 4280, 6390,3 kHz
0930 UTC: 119, 6390,3, 8486 kHz
1800 UTC: 119, 4280, 6390,3 kHz
2100 UTC: 119, 2291, 4280, 6390,3 kHz

Internationaler Gesundheitsdienst (CIRM)

Zur funkärztlichen Betreuung von Seefahrzeugen aller Nationen ist das Centre International Radio-Medical (CIRM) in Rom rund um die Uhr dienstbereit. Anfragen werden in italienisch, englisch oder französisch bearbeitet.

Arbeitsfrequenzen Telegrafie (CW):

IRM   4342 / 6265 / 8685 / 12748 / 12760 / 17105 / 22525 kHz

(Sammelanruf: 0200/0800/1400/2000 UTC)

Seewetterberichte für das Mittelmeer

Bezeichnung der Seegebiete im Mittelmeer
und in angrenzenden Gewässern, wie sie z.B.
in den Wettermeldungen von IAR/IDQ Roma benutzt werden.

Die verschiedenen Wetterdienstes der italienischen Küstenfunkstellen
wurden bereits auf den vorangegangenen Seiten aufgeführt.

Seegebiete für die Wettervorhersagen
der italienischen Küstenfunkstellen:

A Mar Ligure
B Mar di Corsica
C Mar di Sardegna
D Canale di Sardegna
F Tirreno settentrionale
F Tirreno centrale
G Tirreno meridionale
H Canale di Sicilia
I Ionio meridionale
J Ionio settentrionale
K Adriatico meridionale
L Adriatico centrale
M Adriatico settentrionale

Seewetterberichte des Deutschen Wetterdienstes für das Mittelmeer:

Der Deutsche Wetterdienst strahlt zuverlässige Wetterberichte und Vorhersagen auch für Teilgebiete des Mittelmeeres aus. Der Seewetterbericht Mittelmeer kommt um

    0948 und 1448 UTC in Telegrafie (CW) auf 11039 kHz

    und um 0955, 1455 und 2030 UTC in Funkfernschreiben (RTTY)
    auf den Frequenzen 4583, 7646 und 11638 kHz.

Die betreffenden Seegebiete entnehmen Sie bitte der hier abgebildeten Karte. Weitere Informationen dazu finden Sie auch am Anfang dieses Buches im Kapitel über die Seewetterberichte des Deutschen Wetterdienstes.

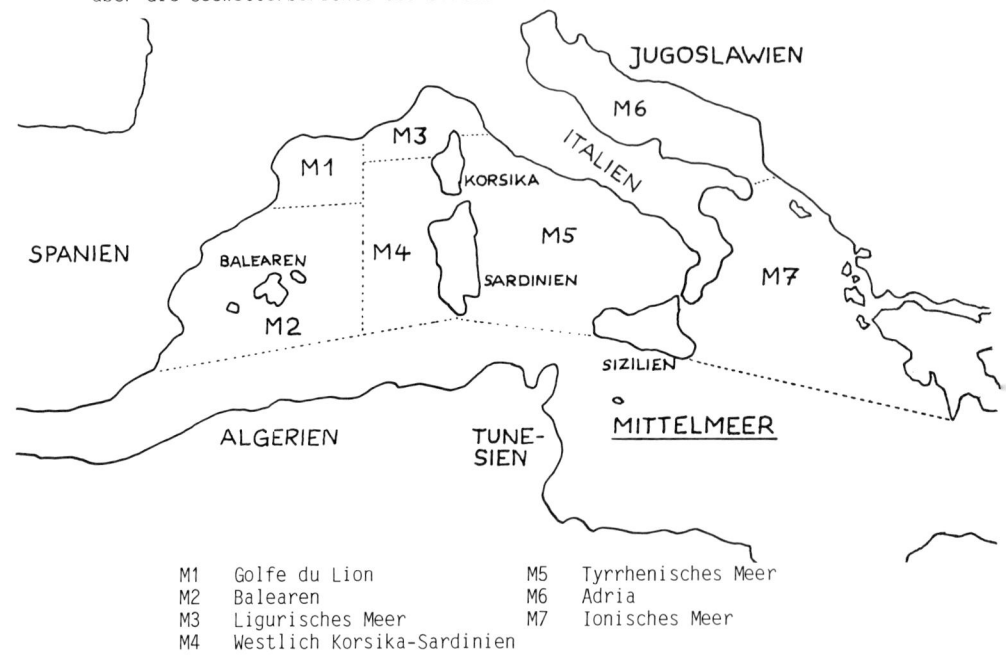

M1	Golfe du Lion	M5	Tyrrhenisches Meer
M2	Balearen	M6	Adria
M3	Ligurisches Meer	M7	Ionisches Meer
M4	Westlich Korsika-Sardinien		

Ein Tip noch: Die Deutsche Welle (DW) strahlt in ihrem Reisejournal ausführliche Wettermeldungen für das Mittelmeer aus:

1.) von Montag bis Freitag zwischen 0835 und 0900 UTC:
  Kurze Wetterlage und Vorhersage

2.) von Montag bis Freitag um 1550 UTC und am Samstag um 1750 UTC:
  Ausführliche Wetterlage und Vorhersage

Die DW sendet auf 6075 und 9545 kHz und ist im europäischen Raum gut zu empfangen. Über weitere (weltweite) Empfangsmöglichkeiten und über das gesamte Rundfunkprogramm informiert der Sendeplan, der jedem Interessenten auf Anforderung kostenlos zugeschickt wird.
Die Adresse: Deutsche Welle, Postfach 10 04 44, D-5000 Köln 1

Malta

Mittelwelle: Arbeitsfrequenzen Telegrafie (CW)

Malta Radio 9HD **417**, 461, 500, 512 kHz

Grenzwelle: Arbeitsfrequenzen Sprechfunk (SSB)

Malta Radio 9HD 2182, **2625** kHz

Kurzwelle:

Malta Radio Arbeitsfrequenzen Telegrafie (CW)

9HD 4223,5 6333,5 8441,4 12709,2 17189,6 kHz

(Sammelanruf: u.a. 0830, 1200, 1530 UTC: 8441,4 kHz
0900, 1300 UTC: 12709,2 kHz)

Malta Radio Arbeitsfrequenzen Sprechfunk (SSB)

9 HD 4385,3 6506,4 8737,5 13147,3
6512,6

Wetterdienst:

Für die Küstengewässer im Umkreis von 50 Seemeilen sendet Malta Radio um 0603, 1003, 1603 und 2103 UTC in englischer Sprache auf Grenzwelle 2625 kHz eine Wetterübersicht und Wettervorhersage.

Jugoslawien

Mittelwelle:		Arbeitsfrequenzen Telegrafie (CW)
Rijeka Radio	YUR	**438**, 500, 512 kHz
Split Radio	YUS	**484**, 500 Khz
Dubrovnik Radio	YUX	**447**, 500, 512 kHz
Bar Radio	YUW	**472**, 500, 512 kHz

Grenzwelle:		Arbeitsfrequenzen Sprechfunk (SSB)
Rijeka Radio	YUR	2182, 2191, 2585, **2771** kHz
Split Radio	YUS	2182, 2191, 2221, **2685** kHz
Dubrovnik Radio	YUX	2182, 2191, 2221, **2615** kHz
Bar Radio	YUW	2182, 2191, 2615, **2752** kHz

Kurzwelle:

Rijeka Radio   Arbeitsfrequenzen Telegrafie (CW)

| YUR | 4346 | 8445
8700 | 12780,5 | 12907,5 | 16942,8
17045,6 | 22443 | kHz |

(Sammelanruf: h+00 stündlich)

Rijeka Radio   Arbeitsfrequenzen Sprechfunk (SSB)

| YUR | **4379,1**
4413,2 | 6509,5
6518,8 | **8746,8**
8808,8 | **13172,1**
13187,6 | **17263,9**
17313,5 | **22605,3**
22611,5
22713,8 | kHz |

Wetterdienst:

Die jugoslawischen Küstenfunkstellen strahlen Wetterberichte und Vorhersagen über das Gebiet Adriatisches Meer und Straße von Otranto in serbokroatischer und englischer Sprache auf Grenzwelle in Sprechfunk (SSB) wie folgt aus:

Rijeka Radio	0535, 1435, 1935 UTC	2771 kHz
Split Radio	0545, 1245, 1945 UTC	2685 kHz
Dubrovnik R.	0625, 1320, 2120 UTC	2615 kHz
Bar Radio	0850, 1420, 2050 UTC	2752 kHz

Albanien

Mittelwelle:	Arbeitsfrequenzen Telegrafie (CW)	
Durres Radio	ZAD	**460**, 500, 512 kHz
Vlore Radio	ZAV	**460**, 500, 512 kHz
Grenzwelle:	Arbeitsfrequenzen Sprechfunk (SSB)	
Shengjin Radio	ZAC	2282, 2400 kHz
Durres Radio	ZAD	2182, 2282, 2525, **2730** kHz
Vlore Radio	ZAV	2282, 2400 kHz
Sarande Radio	ZAS	2282, 2400 kHz
Kurzwelle:	Arbeitsfrequenzen Telegrafie (CW)	
Shengjin Radio	ZAC	4302 kHz
Durres Radio	ZAD	4220, 6434, 8696, 12690, 17173 kHz (Sammelanruf: h+01 jede ungerade Stunde)
Vlore Radio	ZAV	4302 kHz
Sarande Radio	ZAS	4302, 6310,5, 6434 kHz
	Arbeitsfrequenzen Sprechfunk (SSB)	
Durres Radio	ZAD	4360,5, 8731,3, 13116,3, 17350,7, 22673,5 kHz
Vlore Radio	ZAV	4372,9 kHz

Griechenland

Mittelwelle: Arbeitsfrequenzen Telegrafie (CW)

Kerkyra Radio	SVK	**421**, 455, 500 kHz
Iraklion Kritis Radio	SVH	432, **443**, 500 kHz
Athinai Radio	SVA	**418**, 464, 500, 512 kHz
Limnos Radio	SVL	**428**, 500, 516 kHz

Grenzwelle: Arbeitsfrequenzen Sprechfunk (SSB)

Kerkyra Radio	SVK	1696, 2182, 2607, **2830**, 3613 kHz
Iraklion Kritis Radio	SVH	1742, 2182, **2799**, 3640 kHz
Rodos Radio	SVR	1824, 2182, **2624**, 3630 kHz
Athinai Radio	SVN	1680, **1879**, 2182, **2590**, 2768, **3624,4**, 3660,9, 3772,9 kHz
Limnos Radio	SVL	2182, **2730**, 3793 kHz
Chios Radio	SVX	**1820**, 2182, 3743 kHz

Kurzwelle:

Athinai Radio Arbeitsfrequenzen Telegrafie (CW)

(SVA, SVB, SVD, SVF, SVG, SVI, SVJ, SVM, SVN)

4223	**6344**	8454,4	12720	16903	22327,5	**25401**	kHz
4239,4	6411	8530	12833	16966	22346,5	25535	
4327	6444,5	8536,5	12859	16981,5	**22410,8**		
4343	6478,75	8681	12942	16995	22417		
		8687	**13029**	17094,8	22471,5		
		8690	13047	17147,2	22500		
		8692,5		17188			
		8704		**17194,4**			

(Sammelanruf: h+00 jede gerade Stunde
u.a. auf 4343, 6478,75, 8687, 13047 kHz)

Athinai Radio Arbeitsfrequenzen Sprechfunk (SSB)

SVN	4394,6	6512,6	8722	13103,9	17251,5	22620,8	kHz
	4400,8		**8734,4**	13110,1	17257,7	**22645,6**	
	4428,7		8740,6	13119,4	17307,3	22651,8	
			8743,7	13134,9	17310,4	22667,3	
			8759,2	13141,1	17313,5	22689	
			8774,7	13159,7	17319,7	22701,4	
			8777,8	**13196,9**	17335,2		
			8787,1		**17353,8**		

(Sammelanruf: h+05 jede gerade Stunde)

Athinai Radio   Arbeitsfrequenzen Funkfernschreiben (RTTY)
(SVS, SVU, SVT)

4352,5	6499,5	**8710**	13079,5	**17208,5**	22572,5	kHz
4356	6502	8711,5	**13082,5**	17221,5	**22585,5**	
		8712,5				

Wetterdienst:

Die griechischen Küstenfunkstationen senden Wetterberichte und Vorhersagen für das Ägäische Meer und für das östliche Mittelmeer in griechischer und englischer Sprache auf Grenzwelle in Sprechfunk (SSB) um 0703, 0903, 1533 und 2133 UTC.

Athinai Radio sendet Wetterberichte und Vorhersagen für das Ägäische Meer und für das östliche Mittelmeer in griechischer und englischer Sprache auch auf Kurzwelle:

0348, 0618, 0918, 1518, 2048 UTC: 8454 kHz   in Telegrafie (CW)

0703, 0933, 1503, 2103 UTC: 2590 kHz   in Sprechfunk (SSB)
1215, 2015 UTC: 8759,2 kHz in Sprechfunk (SSB)

ΟΡΓΑΝΙΣΜΟΣ ΤΗΛΕΠΙΚΟΙΝΩΝΙΩΝ ΤΗΣ ΕΛΛΑΔΟΣ
OTE
HELLENIC TELECOMMUNICATIONS ORGANISATION S. A.
DIRECTORATE OF TECHNICAL SERVICES
RADIO SYSTEMS DEPARTMENT

TO MR..

THIS IS TO CERTIFY YOUR RECEPTION OF OUR SVA ATHINAI RADIO COASTAL STATION / ~~ATHENS INTERNATIONAL RADIOTELEPHONE LINK.~~

Mittelmeer (östlicher Teil) und Schwarzes Meer

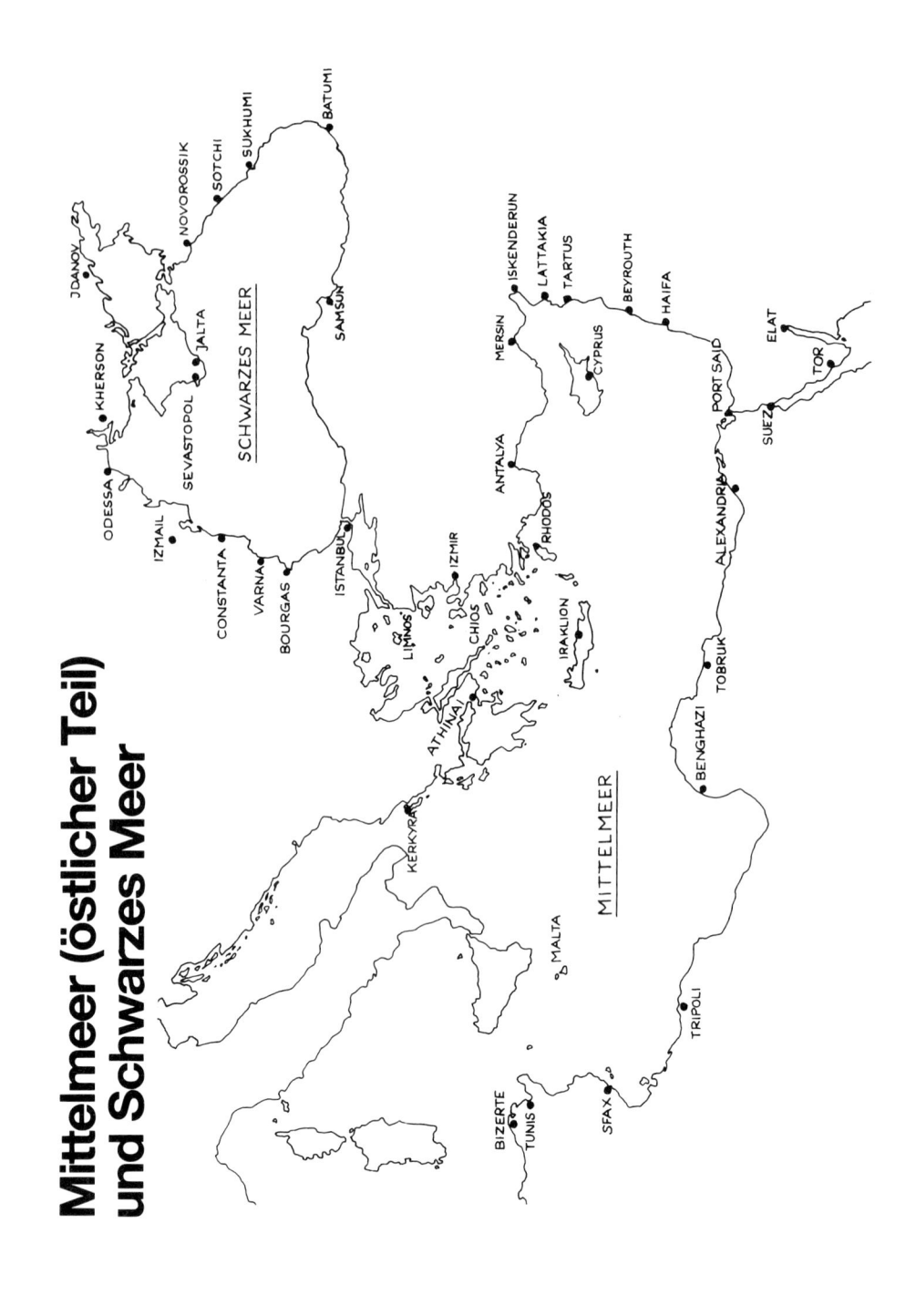

Türkei

Mittelwelle: Arbeitsfrequenzen Telegrafie (CW)

Istanbul Radio	TAH	**441**, 500 kHz
Izmir Radio	TAN2	458, 500, 516 kHz
Antalya Radio	TAM6	500, 516 kHz
Mersin Radio	TAM5	500, 516, 524 kHz
Iskenderun Radio	TAM4	441, 500 kHz

Grenzwelle: Arbeitsfrequenzen Sprechfunk (SSB)

Istanbul Radio	TAN	2182, **2670** kHz
Izmir Radio	TAN2	1850, 2182, 2760 kHz
Antalya Radio	TAM6	2182, 2693 kHz
Mersin Radio	TAM5	2182, 2820 kHz
Iskenderun Radio	TAM4	2182, 2629, 3648 kHz

Kurzwelle:

Istanbul Radio   Arbeitsfrequenzen Telegrafie (CW)

TAH   4253   6491,5   8611,5   12736,6   17008,5   kHz
                                      8662   12801   17021,6

(Sammelanruf: h+00 stündlich)

Istanbul Radio   Arbeitsfrequenzen Sprechfunk (SSB)

TAN   8749,9   kHz

Wetterdienst:

Die Wetterfunkstation Samsun Meteo (YMY2) strahlt die Wettervorhersage für das Schwarze Meer in türkischer und englischer Sprache wie folgt aus:

0750 und 1950 UTC: 3636, 6965 kHz   in Telegrafie (CW)

Die Wetterfunkstation Bandirma Meteo (YMH) strahlt die Wetterberichte und Vorhersagen für das östliche Mittelmeer und für das Schwarze Meer in türkischer und englischer Sprache wie folgt aus:

0450, 0700, 0950, 1030, 1710, 1900, 2150, 2230 UTC: 3636, 6965 kHz
                                                                          in Telegrafie (CW)

Bulgarien

Mittelwelle:	Arbeitsfrequenzen Telegrafie (CW)
Bourgas Radio	LZL **421**, 461, 500 kHz
Varna Radio	LZW 452, 475. **489**, 500, 512 kHz

Grenzwelle:	Arbeitsfrequenzen Sprechfunk (SSB)
Bourgas Radio	LZL 1650, 2182, 2638, **2750** kHz
Varna Radio	LZW 1750, 2182, **2770**, 3740 kHz

Kurzwelle:

Bourgas Radio   Arbeitsfrequenzen Telegrafie (CW)

LZL	**4262**	6342	8564	12689	**16944**	22415	kHz
	4282	6423	8472	12709	16866	22340	
	4342	6484	8684	12954	17182	22520	

(Sammelanruf: 0600, 0700, 0800, 0900, 1200, 1300, 1600, 1700, 2000, 2100 UTC: 8564 kHz)

Varna Radio   Arbeitsfrequenzen Telegrafie (CW)

LZW	4220	6336	8460	12659	16918	22344	kHz
	4250	**6405**	8532	12840	17055	22374	
	4314	6448		**12940**	17145	22486	

(Sammelanruf: h+05 jede ungerade Stunde)

Varna Radio   Arbeitsfrequenzen Sprechfunk (SSB)

LZW	4416,3	6515,7	8808,8	13156,6	17347,6	22564	kHz

Varna Radio   Arbeitsfrequenzen Funkfernschreiben (RTTY)

LZW	13078	17228	22564	kHz

Wetterdienst:

Varna Radio strahlt für die bulgarischen Küstengewässer einen Wetterdienst in bulgarischer und englischer Sprache lediglich auf Mittelwelle 489 kHz in Telegrafie (CW) um 0630 und 1830 UTC aus.

NAVIGATION MARITIME BULGARE

VARNA

Rumänien

Mittelwelle: Arbeitsfrequenzen Telegrafie (CW)

Constanta Radio   YQI   **461**, 500, 512 kHz

Grenzwelle: Arbeitsfrequenzen Sprechfunk (SSB)

Constanta Radio   YQI   2182, **2748** kHz

Kurzwelle:

Constanta Radio   Arbeitsfrequenzen Telegrafie (CW)

YQI   4323,5   6473,5   8459   12757   17037   22448   kHz

(Sammelanruf: 0600, 1000, 1400, 1800 UTC)

Wetterdienst:

Constanta Radio strahlt lediglich Wettervorhersagen für die rumänischen Küstengewässer in englischer Sprache auf Mittelwelle 461 kHz in Telegrafie (CW) um 0650 und 1850 UTC aus.

Wir danken

Das deutsche Seenotrettungswerk wird ausschließlich durch freiwillige Zuwendungen finanziert. Zum Beispiel auch durch Ihre Spende.
Deutsche Gesellschaft zur Rettung Schiffbrüchiger
Werderstr. 2, 2800 Bremen 1 · Postgiro Hamburg
(BLZ 200 100 20) 7046-200   Wir danken für die gespendete Anzeige

Sowjetunion – Schwarzmeerküste

Mittelwelle:		Arbeitsfrequenzen Telegrafie (CW)
Izmail Radio	UJO	472, 500 kHz
Odessa Radio	UDE	432, **477**, 500, 519 kHz
Kherson Radio	UHZ	487, 500 kHz
Sevastopol Radio	UXO	500 kHz
Ialta Radio	UCD9	458, 500 kHz
Kertch Radio	UKW	476, 500 kHz
Jdanov Radio	UDC	473, 500 kHz
Taganrog Radio	UWT	441, 500 kHz
Novorossiik Radio	UDN	450, 500 kHz
Tuapse Radio	UVW	430, 500 kHz
Sotchi Radio	UZB	500, 516 kHz
Sukhumi Radio	UFF	450, 500 kHz
Batumi Radio	UFA	484, 500 kHz

Grenzwelle:		Arbeitsfrequenzen Sprechfunk (SSB)
Odessa Radio	UFB	2182, 3310 kHz
Ialta Radio	UCO	2182 kHz
Jdanov Radio	UBN	2182, 2805 kHz
Novorossiik Radio	UFN	2182 kHz
Sukhumi Radio	UFF	2182, 2464 kHz
Batumi Radio	UHK	2182 kHz

Kurzwelle:

Izmail Radio   Arbeitsfrequenzen Telegrafie (CW)

UJO   4277   **6386,5**   8618   12965   16909   kHz

(Sammelanruf: 0800/1000/1200/1530/2000 UTC: 6386,5 kHz)

Ismail Radio   Arbeitsfrequenzen Sprechfunk (SSB)

UJO   4394,6   kHz

Odessa Radio			Arbeitsfrequenzen Telegrafie (CW)				
UFB		8593	12997	17063	22555	kHz	
			(Sammelanruf: h+00 stündlich)				
Odessa Radio			Arbeitsfrequenzen Sprechfunk (SSB)				
UFB		13113,2	17301,1	22599,1	22648,7	kHz	
Odessa Radio			Arbeitsfrequenzen Funkfernschreiben (RTTY)				
UFB	4172,5	6259 6267,5	8348	12493 12495,5	16681,5	22209,5	kHz
Ialta Radio			Arbeitsfrequenzen Telegrafie (CW)				
UCO			8436	kHz			
Jdanov Radio			Arbeitsfrequenzen Telegrafie (CW)				
UBN	3190	6477,5	8620	12732	17085	22365,5	kHz
			(Sammelanruf: h+00 stündlich)				
Jdanov Radio			Arbeitsfrequenzen Funkfernschreiben (RTTY)				
UBN	4171,5	6257,5	8350	12496,5	16682,5	22211	kHz
Novorossiik Radio			Arbeitsfrequenzen Telegrafie (CW)				
UFN	4245 4275	8485 8571 8663	12891 12919 13040	16890,5 17141	kHz		
			(Sammelanruf: h+00 stündlich)				
Novorissiik Radio			Arbeitsfrequenzen Sprechfunk (SSB)				
UFN	4369,8	8762,3	13125,6	17232,9	22689	kHz	
Novorossiik Radio			Arbeitsfrequenzen Funkfernschreiben (RTTY)				
UFN			8711,5	13076 13089,5	17227,5 17??6		
Batumı Radio			Arbeitsfrequenzen Telegrafie (CW)				
UHK	4295	6360 6410	8546 8695	12935 12912	17173 17190,5	22322,5	kHz
			(Sammelanruf: h+00 jede ungerade Stunde)				

<u>Wetterdienst:</u>

Odessa Radio strahlt Wetterberichte und Vorhersagen für das Schwarze Meer in Russisch und Englisch in Telegrafie (CW) um 0100, 0520, 1500 und 2105 UTC auf 6341,5 kHz aus.

Syrien

Mittelwelle:	Arbeitsfrequenzen Telegrafie (CW)	
Lattakia Radio	YKM7	**432**, 500 kHz
Tartous Radio (#)	YKI	427, **479**, 500 kHz
Baniyas Radio (#)	YKM5	**440**, 500 kHz
Grenzwelle:		
Lattakia Radio	YKM7	2182, 3624 kHz
Tartous Radio	YKO	2182, 2262 kHz
Tartous Radio (#)	YKI	2182, 22330, 2644 kHz
Kurzwelle:	Arbeitsfrequenzen Telegrafie (CW)	
Lattakia Radio	YKM7	8625 kHz (Sammelanruf: 1400 UTC)
		12728 kHz (Sammelanruf: 0800 UTC)
Tartous Radio (#)	YKI	4263,5, 6353, 8472, 12699, 16951 kHz
		(Sammelanruf: 0600/1300 UTC: 8472 kHz, 1030/1830 UTC: 12699 kHz)
	Arbeitsfrequenzen Sprechfunk (SSB)	
Tartous Radio (#)	YKI	6919 kHz

HINWEIS: Die mit # gekennzeichneten Stationen sind private Funkstellen für die den jeweiligen Hafen anlaufenden Tankschiffe.

Wetterdienst:

Lattakia Radio verbreitet eine Wettervorhersage für die syrische Küste um 0900 und um 1700 UTC auf 432 kHz in Telegrafie (CW) und 2100 kHz in Sprechfunk (SSB), jeweils in Englisch.

Zypern

Mittelwelle:			Arbeitsfrequenzen Telegrafie (CW)				
Cyprus Radio			5BA	**450**, 500 kHz			

Grenzwelle:			Arbeitsfrequenzen Sprechfunk (SSB)				
Cyprus Radio			5BA	2182, 2670, **2700**, 3690 kHz			

Kurzwelle:

Cyprus Radio   Arbeitsfrequenzen Telegrafie (CW)

5BA   4347,5   8464   12666,5   16883   kHz

Cyprus Radio   Arbeitsfrequenzen Sprechfunk (SSB)

5BA	**4372,9**	6512,6	**8737,5**	13100,8	17239,1	22630,1	kHz
	4397,7		8771,6	13122,5	17329	22648,7	
	4434,9		8777,8	13190,7			
			8805,7				

(Sammelanruf: h+33 jede ungerade Stunde: 8737,5 kHz)

Libanon

Mittelwelle: Arbeitsfrequenzen Telegrafie (CW)

Beyrouth Radio   ODR   **524**, 500 kHz

Grenzwelle: Arbeitsfrequenzen Sprechfunk (SSB)

Beyrouth Radio   ODR   2182, 2638 kHz

Kurzwelle: Arbeitsfrequenzen Telegrafie (CW)

Beyrouth Radio   ODR   4221, 8702, 12682,5 kHz

(Sammelanruf: 0830/1030/1230/1430/1630/1830/2030 UTC)

Arbeitsfrequenzen Sprechfunk (SSB)

Beyrouth Radio   ODR   4434,9   8802,6   13147,3 kHz

Israel

Mittelwelle: Arbeitsfrequenzen Telegrafie (CW)

Haifa Radio 4XO **484**, 500 kHz

Grenzwelle: Arbeitsfrequenzen Sprechfunk (SSB)

Haifa Radio 4XO 2182, **2649**, 3656 kHz

Kurzwelle:

Haifa Radio Arbeitsfrequenzen Telegrafie (CW)

4XO	4238	6430	8694	13051,5	17146,4	22491	kHz
		6470,5	8485	12860	17060		

(Sammelanruf: h+25 jede gerade Stunde)

Haifa Radio Arbeitsfrequenzen Sprechfunk (SS)

4XO	4366,7	6512,6	8718,9	13110,1	17257,7	22605,3	kHz
	4385,3	6515,7	8731,3	13119,4	17270,1	22614,6	
	4410,1		8753	13138	17282,5	22645,6	
	4425,6		8799,5	13144,2	17316,6		

Wetterdienst:

Haifa Radio strahlt einen Wetterdienst für das östliche Mittelmeer in englischer Sprache auf Grenzwelle 2649 kHz in Sprechfunk (SSB) aus um 0703 und 1903 UTC.

Ägypten

Mittelwelle:

Alexandria Radio	SUH	429, **444**, 500 kHz
Port Said Radio	SUP	**433**, 500 kHz
Tor Radio	SUT	472, 500 kHz
Kosseir Radio	SUK	**429**, 500 kHz

Grenzwelle:

Alexandria Radio	SUH	2182, 2576, 2817 kHz
Port Said Radio	SUP	2182 kHz
Kosseir Radio	SUK	1680, **1849**, 2182 kHz

Kurzwelle:

Alexandria Radio   Arbeitsfrequenzen Telegrafie (CW)
SUH   8578   12970,5   kHz
(Sammelanruf: h+10 jede ungerade Stunde)

Alexandria Radio   Arbeitsfrequenzen Sprechfunk (SSB)
SUH   4410,1   6518,8   8768,5   13147,3   17260,8   22673,5   kHz

Port Said Radio   Arbeitsfrequenzen Telegrafie (CW)
SUP   4325   6425   8472   13060   kHz
(Sammelanruf: h+10 jede gerade Stunde: 8472 kHz)

Libyen

Mittelwelle:		Arbeitsfrequenzen Telegrafie (CW)
Tripoli Radio	5AT	**476**, 500, 512 kHz
Tobruk Radio (#)	5AL	**420**, 500 kHz
Benghazi Radio	5AB	**465**, 500, 512 kHz

Grenzwelle:		
Tripoli Radio	5AT	2182, 2197, **2320**, **2418** kHz
Benghazi Radio	5AB	2182, 2513, **2816** kHz

Kurzwelle:

Tripolis Radio   Arbeitsfrequenzen Telegrafie (CW)

5AT   8515   12680   kHz

                        (Sammelanruf: h+30 jede Stunde)

Tobruk Radio (#)   Arbeitsfrequenzen Telegrafie (CW)

5AL   4241 kHz (Sammelanruf: 2130 UTC)
                        8480 kHz (Sammelanruf: 1730 UTC)
                        16963 kHz (Sammelanruf: 0930, 1330 UTC)

Benghazi Radio   Arbeitsfrequenzen Telegrafie (CW)

5AB   8745   12660   kHz

                        (Sammelanruf: h+30 jede gerade Stunde)

Benghazi Radio   Arbeitsfrequenzen Sprechfunk (SSB)

5AB   4422,5   6518,8   8805,7   13193,8   17291,8   22698,3   kHz

Hinweis: Die mit (#) gekennzeichnete Funkstation Tobruk Radio 5AL ist eine private Funkstelle der Arabian Gulf Exploration Co.

Tunesien

Mittelwelle: Arbeitsfrequenzen Telegrafie (CW)

Sfax Radio   3VS   **410**, 441, 500, 512 kHz

Tunis Radio   3VX   410, **441**, 500, 512 kHz

Grenzwelle: Arbeitsfrequenzen Sprechfunk (SSB)

Sfax Radio   3VS   2182, 2200, **2719** kHz

Mahdia Radio   3VM   1771, 2182, 2190 kHz

Tunis Radio   3VT   1820, 2182, **2670** kHz

Tunis-La Goulette Radio   3VW   1743 kHz

Bizerte Radio   3VB   2182, 2200, **2210** kHz

Wetterdienst:

Für das Mittelmeer im Arbeitsbereich der tunesischen Küstenfunkstellen werden französischsprachige Wettermeldungen auf Grenzwelle in Sprechfunk (SSB) wie folgt ausgestrahlt:

Sfax Radio   0933 und 1733 UTC: 2200, 2719 kHz
Tunis Radio   0805 und 1705 UTC: 1820, 2670 kHz
Tunis-La Goulette Radio 0405 und 1905 UTC: 1743 kHz

Algerien

Mittelwelle:	Arbeitsfrequenzen Telegrafie (CW)
Alger Radio	7TA 410, **416**, 500, 512 kHz
Oran Radio	7TO **444**, 500 kHz

Grenzwelle:	Arbeitsfrequenzen Sprechfunk (SSB)
Annaba Radio	7TB 1911, 2182, 2394 kHz
Alger Radio	7TA **1792**, 2182, 2691, 2775 kHz
Oran Radio	7TO **1735**, 2182, 2586, 2719 kHz

Kurzwelle:

Alger Radio   Arbeitsfrequenzen Telegrafie (CW)

7TA   4288   6415   8437   12662   16932   22543   kHz

(Sammelanruf: h+30 jede ungerade Stunde)

Alger Radio   Arbeitsfrequenzen Sprechfunk (SSB)

7TA	4385,3	6506,4	8722	13119,4	17319,7	22608,4	kHz
	4394,6	6512,6	8743,7	13144,2	17325,9	22670,4	
	4428,7	6518,8	8756,1	13150,4	17341,4	22676,6	
	4434,9		8793,3	13196,9	17356,9	22710,7	

Wetterdienst:

Wetterberichte und Vorhersagen für die algerische Mittelmeerküste strahlen die algerischen Küstenfunkstellen in französischer Sprache auf Grenzwelle in Sprechfunk (SSB) wie folgt aus:

Annaba Radio	0920/1033/1720/1833 UTC	1743, 2775 kHz
Alger Radio	0903/1703 UTC	1792, 2691 kHz
Oran Radio	0920/1033/1720/1735 UTC	1735, 2586, 2719 kHz

Afrika

Marokko

Mittelwelle:		Arbeitsfrequenzen Telegrafie (CW)
Tanger Radio	CNW	**447**, 500 kHz
Casablanca Radio	CNP	**441**, 500 kHz
Agadir Radio	CND	**461**, 500 kHz

Grenzwelle:		Arbeitsfrequenzen Sprechfunk (SSB)
Tanger Radio	CNW	**1911**, 2182, 2635 kHz
Casablanca Radio	CNP	2182, **2586**, 2663 kHz
Safi Radio	CND3	**1743**, 2182, 2635 kHz
Agadir Radio	CND	**1911**, 2182, 2593 kHz

Kurzwelle:

Casablanca Radio   Arbeitsfrequenzen Telegrafie (CW)

CNP   8686   kHz (Sammelanruf: h+00 stündlich)
       12695,5 kHz (Sammelanruf: 1030/1430 UTC)
       17170,4 kHz (Sammelanruf: 1130 UTC)

Casablanca Radio   Arbeitsfrequenzen Sprechfunk (SSB)

CNP   8802,6   13169   17347,6   kHz

Wetterdienst:

Die marokkanischen Küstenfunkstellen strahlen Wetterberichte und Vorhersagen für die Atlantikküste in ihrem Bereich in französischer Sprache auf Grenzwelle in Sprechfunk (SSB) wie folgt aus:

Tanger Radio	0915/1635 UTC	1911 kHz
Casablanca Radio	0945/1645 UTC	2586 kHz
Safi Radio	0915/1635 UTC	1743 kHz
Agadir Radio	0935/1615 UTC	1911 kHz

Azoren

Mittelwelle: Arbeitsfrequenzen Telegrafie (CW)

Sao Miguel Radio   CUG   **421**, 500, 512 kHz

Horta Naval   CTH   487, 500, 516 kHz

Grenzwelle: Arbeitsfrequenzen Sprechfunk (SSB)

Sao Miguel Radio   CUG   1663,5, 2182, 2742 kHz

Horta Naval Radio   CTH   2657 kHz

Kurzwelle:

Sao Miguel Radio   Arbeitsfrequenzen Telegrafie (CW)
CUG   4292 kHz

Sao Miguel Radio   Arbeitsfrequenzen Sprechfunk (SSB)
CUG   4434,9 kHz

Horta Naval Radio   Arbeitsfrequenzen Telegrafie (CW)
CTH   3618,5   6331   13067   kHz

Horta Naval Radio   Arbeitsfrequenzen Funkfernschreiben /RTTY)
CTH   3621,5   6334   13070   kHz

Wetterdienst:

Die Station Horta Naval sendet ausführliche Atlantik-Wetterberichte und Vorhersagen in portugiesischer und englischer Sprache wie folgt:

```
0930 und 2130 UTC:      2657 kHz (Sprechfunk SSB)
0930 UTC:               3618,5, 13067 kHz (Telegrafie CW)
2130 UTC:               3618,5, 6331 kHz (Telegrafie CW)
0930 UTC:               3621,5, 13070 kHz (Funkfernschreiben RTTY)
2130 UTC:               3621,5, 6334 kHz (Funkfernschreiben RTTY)
```

Madeira

Mittelwelle:		Arbeitsfrequenzen Telegrafie (CW)
Madeira Radio	CUB	**444**, 500, 512 kHz
Porto Santo Radio	CTQ	500, 519 kHz

Grenzwelle:		Arbeitsfrequenzen Sprechfunk (SSB)
Madeira Radio	CUB	1663,5, 2182, **2843** kHz

Kurzwelle:		Arbeitsfrequenzen Telegrafie (CW)
Madeira Radio	CUB	4434,9 kHz

Kanarische Inseln

Mittelwelle:		Arbeitsfrequenzen Telegrafie (CW)
Tenerife Radio	EAT	418, **472**, 500, 512 kHz
Las Palmas Radio	EAL	418, **438**, 500, 512 kHz

Grenzwelle:		Arbeitsfrequenzen Sprechfunk (SSB)
Tenerife Radio	EAT	**1720**, 2182, 2191, 2606 kHz
Las Palmas Radio	EAL	**1750**, 2182, 2191, 2820 kHz
Arrecife Radio		**1730**, 2182, 2191, 2586 kHz

Mauretanien

Kurzwelle:		Arbeitsfrequenzen Telegrafie (CW)
Nouadhibou Radio	5TA	8572 kHz (1033, 1233, 1633 UTC)

Kapverdische Inseln

Kurzwelle:

S. Vicente de Cabo Verde Radio   Arbeitsfrequenzen Telegrafie (CW)

D4A	2645	6488	**8469**	12700	17055,6 kHz
			8642	12993	
				13047	

(Sammelanruf: h+30 jede gerade Stunde: 8469 kHz)

S. Vicente de Cabo Verde Radio   Arbeitsfrequenzen Sprechfunk (SSB)

D4A   4410,1   8777,8   13153,5   17301,1   kHz

Praia de Cabo Verde Radio   Arbeitsfrequenzen Telegrafie (CW)

D4D   4292   8469   12700   kHz

Praia de Cabo Verde Radio   Arbeitsfrequenzen Sprechfunk (SSB)

D4D   4410,1   8777,8   13153,5   17301,1   kHz

Senegal

Kurzwelle:

Dakar Radio   Arbeitsfrequenzen Telegrafie (CW)

6VA   4295   kHz (0020, 0320 UTC)
       6383   kHz (0620, 1920, 2020 UTC)
       8690   kHz (0820, 1620, 1820, 2120 UTC)
       12655   kHz (0920, 1120, 1320, 1720 UTC)
       16947,6 kHz (1320, 1620 UTC)

(Sammelanruf: jeweils zu Beginn)

Dakar Radio   Arbeitsfrequenzen Sprechfunk (SSB)

6VA   4366,7   8725,1   13134,9   17319,7   22654,9   kHz

Wetterdienst:

1000 und 2200 UTC: 6383 und 8690 kHz in Telegrafie (CW) in Französisch sowie per Funkfernschreiben um 0015, 0615, 1215 und 1815 UTC auf 7587,5, 13667,5 und 19750 kHz.

Gambia

Kurzwelle:

Banjul Radio	Arbeitsfrequenzen Telegrafie (CW)
C5G	8441 kHz (0830, 1718 UTC) 13042,5 kHz (1200, 1318 UTC)
	(Sammelanruf: jeweils zu Beginn)
Banjul Radio	Arbeitsfrequenzen Sprechfunk (SSB)
C5G	4369,8 8805,7 kHz

Guinea-Bissau

Kurzwelle:

Bissau Radio	Arbeitsfrequenzen Sprechfunk (SSB)
J5M 4394,6 8722 13107 17276,3 kHz 4434,9 8756,1 17338,3	

Guinea

Kurzwelle:

Conakry Radio	Arbeitsfrequenzen Telegrafie (CW)
3XC	6383 kHz (0950/1010/1250/1310/1650/1710/2050/2110 UTC)
	(Sammelanruf: jeweils zu Beginn)
Kamsar Radio	Arbeitsfrequenzen Telegrafie (CW)
3XO	6384 kHz (Sammelanruf: 0800/1600/2000 UTC)
Kamsar Radio	Arbeitsfrequenzen Sprechfunk (SSB)
3XO	8702 12885 16592 kHz

Sierra Leone

Kurzwelle:

Freetown Radio   Arbeitsfrequenzen Telegrafie (CW)

9LL   6411   khz   (0800/1300/1700 UTC)
       8710   khz   (0900/1200/1830 UTC)
       13042,5 khz   (1000/1530 UTC)
       17175,2 khz   (1100 UTC)

(Sammelanruf: jeweils zu Beginn)

Liberia

Kurzwelle:

Monrovia Radio   Arbeitsfrequenzen Telegrafie (CW)

ELC   8518   12709   16983   17146,4   22491   kHz

(0900 und 1930 UTC)

Harbel Radio   Arbeitsfrequenzen Telegrafie (CW)

ELH   4240   8600   kHz

Cape Palmas Radio   Arbeitsfrequenzen Telegrafie (CW)

ELZ   4323,6   8606   12995,25   16930,8   22416   kHz

(0900 und 1930 UTC)

Elfenbeinküste

Kurzwelle:

Abidjan Radio   Arbeitsfrequenzen Telegrafie (CW)

TUA   4343   kHz   (0000/0300/2100/2200 UTC)
                  8464   kHz   (0800/0900/1300/1600/1800/2000 UTC)
                  13061   kHz   (0700/1000/1200/1400/1700 UTC)
                  16947,8 kHz   (1100/1500 UTC)

                  (Sammelanruf: jeweils zu Beginn)

Abidjan Radio   Arbeitsfrequenzen Sprechfunk (SSB)

TUA   4413,2   6512,6   8784   13113,2   17335,2   22670,4   kHz

Ghana

Kurzwelle:

Takoradi Radio   Arbeitsfrequenzen Telegrafie (CW)

9GA   8779 kHz   (0800/1300/1700/2000 UTC)
                  13074 kHz   (1000/1200/1600 UTC)

                  (Sammelanruf: h+10 stündlich)

Benin

Kurzwelle:

Cotonou Radio   Arbeitsfrequenzen Telegrafie (CW)

TYA   6383 kHz   (0850/1350/1750/2150 UTC)

Nigeria

Kurzwelle:

Lagos Radio			Arbeitsfrequenzen Telegrafie (CW)					
50W	4219,4	6411	8698	13065	16861	22310,5	25060	kHz
			(Sammelanruf: h+00 stündlich)					

Kamerun

Kurzwelle:

Douala Radio   Arbeitsfrequenzen Telegrafie (CW)

TJC   8449 kHz (0600/0800/0900/1300/1700/1900 UTC)
13069,5 kHz (0700/1100/1500 UTC)

(Sammelanruf: 0700/1100/1500 UTC: 13069 kHz)

Douala Radio   Arbeitsfrequenzen Sprechfunk (SSB)

TJC   8771,6   8802,6   13181,4   kHz

Wetterdienst:

0800 und 1600 UTC auf 8449 und 13069,5 kHz in Telegrafie (CW) in Französisch.

Äquatorialguinea

Kurzwelle:

Banapa Radio   Arbeitsfrequenzen Telegrafie (CW)

3CA   4337   8706   17165,6   kHz

Sao Tome und Principe

Kurzwelle:

Sao Tome Radio	Arbeitsfrequenzen Telegrafie (CW)						
S9M	4283	6332	8634	12817	16966	22344	kHz

Sao Tome Radio	Arbeitsfrequenzen Sprechfunk (SSB)					
S9M	4403,9	8728,2	13110,1	17285,6	22620,8	kHz
	4419,4	8759,2	13138	17294,9	22648,7	
	4431,8	8780,9	13162,8	17347,6		

Sao Tome Radio	Arbeitsfrequenzen Funkfernschreiben (RTTY)						
S9M	4350	6504	8709	13071,5	17197,5	22566	kHz

Ascension

Kurzwelle:

Ascension Radio	Arbeitsfrequenzen Sprechfunk (SSB)
ZBI	8737,5 und 8740,6 kHz

Saint Helena

Kurzwelle:

Saint Helena Radio	Arbeitsfrequenzen Telegrafie (CW)
ZHH	12963,5 kHz (1200 UTC)

Saint Helena Radio	Arbeitsfrequenzen Sprechfunk (SSB)			
ZHH	4397,7	8737,5	13150,4	kHz

Gabun

Kurzwelle:

Libreville Radio	Arbeitsfrequenzen Telegrafie (CW)
TRA	8722 kHz (1630 UTC)
	13101 kHz (0800 UTC)

Gamba Radio	Arbeitsfrequenzen Telegrafie (CW)
TRP8	6510 kHz (1300 UTC)
	13070 kHz (0900 UTC)

Gamba Radio ist eine private Funkstation von Shell.

Kongo

Kurzwelle:

Pointe Noire Radio	Arbeitsfrequenzen Telegrafie (CW)
TNA	8453 kHz (0630/0830/1230/1430/1630/1830 UTC)
	12682,5 kHz (0730/0930/1130/1330/1530/1730 UTC)

(Sammelanruf jeweils zu Beginn)

Zaire

Kurzwelle:

Banana Radio   Arbeitsfrequenzen Telegrafie (CW)

9PA   8445   kHz (0500/0700/0900/1100/1600 UTC)
                     12660   kHz (0600/0800/1200/1400/1700 UTC)
                     17184,8 kHz (1400 UTC)
                     22431   kHz (1000/1300/1800 UTC)

                     (Sammelanruf jeweils zu Beginn)

Banana Radio   Arbeitsfrequenzen Sprechfunk (SSB)

9PA   4125   6521,9 8753   13162,8   17294,9   22658   kHz
       4357,4   8762,3   13181,4   17350,7
       4382,2   8777,8
       4419,4   8780,9

Banana Radio   Arbeitsfrequenzen Funkfernschreiben (RTTY)

9PA   8714   13078,5   kHz

Angola

Kurzwelle:

Luanda Radio   Arbeitsfrequenzen Telegrafie (CW)

D3E   6369   **8565**   12780   **17189,6**   **22330,5**   kHz
              8694   13023

                     (Sammelanruf: h+05 jede ungerade Stunde)

Luanda Radio   Arbeitsfrequenzen Sprechfunk (SSB)

D3E   4125   6218,6   12429,2   16587,1   22124   kHz
       4143,6 8291,1 **13107**   17276,3   22614,6
       4394,6 **8722**   **13162,8**   17294,9
              8780,9

Namibia

Kurzwelle:

Walvis Bay Radio   Arbeitsfrequenzen Sprechfunk (SSB)

ZSV   4125   **8718,9**   13125,6   17254,6   kHz
       4357,4 8780,9
       4419,4

Wetterdienst:

Walvis Bay Radio verbreitet Wetterberichte in englischer Sprache in Sprechfunk (SSB) auf 4357,4 und 8718,9 kHz um 0933 und 1633 UTC.

Tristan de Cunha

Kurzwelle:

Tristan da Cunha Radio   Arbeitsfrequenzen Telegrafie (CW)

ZOE   12651 kHz (werktags 0830 UTC QSO mit ZSC)
                          16720 kHz

Tristan da Cunha Radio   Arbeitsfrequenzen Sprechfunk (SSB)

ZOE   4017   6780   8185   13945   16560   20995   kHz
       4078   8187,5

Südafrika

Kurzwelle:

Capetown Radio   Arbeitsfrequenzen Telegrafie (CW)

ZSC	4261	6423	8480	**12698**	16890,8	22455	kHz
	4291	**6467**	8461	12709	17018	**22347,5**	
	4317	6478	8502	12724	**17164,75**		
			8688,5	12772,5			

(Sammelanruf: h+30 jede gerade Stunde
auf: 4291/8461/12772,5/17018/22455 kHz)

Capetown Radio   Arbeitsfrequenzen Sprechfunk (SSB)

ZSC	4125	8731,3	13125,6	17254,6	22658	kHz
	4143,6	8780,9	13162,8	17294,9	22605,3	
	4369,8					
	4419,4					

Capetown Radio   Arbeitsfrequenzen Funkfernschreiben (RTTY)

| ZSC | 4353,5 | 8717 | 13093 | 17206,5 | 22593 | kHz |

Port Elizabeth Radio   Arbeitsfrequenzen Sprechfunk (SSB)

| ZSQ | 4125 | 4363,6 | 4419,4 | 8725,1 | 8780,9 | kHz |

Durban Radio   Arbeitsfrequenzen Telegrafie (CW)

| ZSD | 4242,5 | 8576,5 | 13028 | 17075 | kHz |

(Sammelanruf: h+20 jede gerade Stunde)

Durban Radio   Arbeitsfrequenzen Sprechfunk (SSB)

ZSD	4376	8740,6	13162,8	17332,1	22611,5	kHz
	4419,4	8780,9	13172,1			

Durban Radio   Arbeitsfrequenzen Funkfernschreiben (RTTY)

| ZUD | 4351 | 8714 | 13073 | 17208 | 22592 | kHz |

Wetterdienst:

Für die Seegebiete des Atlantiks und des Indischen Ozeans rund um Südafrika werden ausführliche Wetterberichte und Vorhersagen in englischer Sprache wie folgt ausgestrahlt:

in Telegrafie (CW):
0930 und 1730 UTC   Capetown Radio   4291/8461/12724/17018/22455 kHz
0905 und 1705 UTC   Durban Radio   4242,5/8576,5 kHz

in Sprechfunk (SSB):
0948, 1333, 1748 UTC   Capetown Radio   4143,6 kHz
0903 und 1703 UTC   Durban Radio   4376/8740,6 kHz

in Telegrafie (RTTY):
0930 und 1730 UTC   Capetown Radio   4353,5/8718/13093/17206,5 kHz
0915 und 1715 UTC: Durban Radio   4351/8714/13073/17208 kHz

Mosambik

Kurzwelle:

Maputo Radio   Arbeitsfrequenzen Telegrafie (CW)

C9L2   4289 kHz (0500/0900/1300/1700 UTC)
                        8698 kHz (h+00 jede gerade Stunde)

Maputo Radionaval   Arbeitsfrequenzen Telegrafie (CW)

C9C   4307 kHz (0010/1810 UTC)
                        8642 kHz (0610/1210 UTC)

Mocambique Radio   Arbeitsfrequenzen Telegrafie (CW)

C9L6   4289 kHz (h+45 jede gerade Stunde)
                        8698 kHz (h+30 jede gerade Stunde)

Wetterdienst:

Maputo Radio strahlt einen Wetterdienst in portugiesischer und englischer Sprache um 0945 und 1545 UTC auf 4358/6502/13042,5 kHz in Telegrafie (CW) aus.

Madagaskar

Kurzwelle:

Tamatave Radio		Arbeitsfrequenzen Telegrafie (CW)					
5RS	4232,5 4286,9	6348 6430,4	8465 8573,9	12679,8 12860,8	16930,4 17147,9	22338 22490	kHz

Tamatave Radio		Arbeitsfrequenzen Sprechfunk (SSB)					
5RS	4372,9	6215,5 6515,7 6518,8	8737,5 8811,9	13116,3 13175,2	17344,5	22716,9	kHz

Wetterdienst:

Für den Pazifischen Ozean rund um Madagaskar strahlt Tamatave Radio um 0510 und 0810 UTC eine Wetterübersicht und Vorhersage in Telegrafie (CW) in französischer Sprache auf 8734 und 8767 kHz aus.

Mauritius

Kurzwelle:

Mauritius Radio	Arbeitsfrequenzen Telegrafie (CW)		
3BA	8554	12831	kHz
	(Sammelanruf: h+10 jede gerade Stunde)		

Wetterdienst:

Die Wetterstation Mauritius (Bigara) Meteo (3BM, 3BT) strahlt einen umfassenden Wetterdienst für den Indischen Ozean in englischer Sprache aus:

0130/0430/0900/1330/1630/2030 UTC: in Telegrafie (CW) auf
6351,5/12988,5/16978,4 kHz

0030/0630/0930/1230/1830 UTC: in Funkfernschreiben (RTTY) auf
3188/7693/15955 kHz

Neu-Amsterdam

Kurzwelle:

S. Paul et Amsterdam Radio	Arbeitsfrequenzen Telegrafie (CW)
FJY4	4287 8690 12722 kHz
	(0245/0545/1015/1145 UTC)
S. Paul et Amsterdam Radio	Arbeitsfrequenzen Sprechfunk (SSB)
FJY4	4388,4 8793,3 kHz

Wetterdienst:

In Englisch per Telegrafie (CW) auf 8690 kHz um 0248/0548/1018/1148 UTC.

Kenia

Kurzwelle:

Mombassa Radio	Arbeitsfrequenzen Telegrafie (CW)
5ZF	8441,4 kHz (0000/0530/1200/1330/1730/2018 UTC)
	13065 kHz (0448/0830/1518 UTC)
	17175,2 kHz (1248 UTC)
	(Sammelanruf jeweils zu Beginn)
Mombassa Radio	Arbeitsfrequenzen Sprechfunk (SSB)
5ZF	4397,7 8784 kHz

KENYA EXTERNAL TELECOMMUNICATIONS CO., LTD.
MOMBASA BRANCH
EXTELCOMS HOUSE, NYERERE AVENUE, P. O. BOX 80160, MOMBASA, KENYA.
TELEGRAMS:"KEN EXTEL", TELEPHONES: 311848

Seychellen

Kurzwelle:

Seychelles Radio	Arbeitsfrequenzen Telegrafie (CW)			
S7Q	4349	8445	12660	kHz
	(Sammelanruf: 0400/0500/1200/1300 UTC: 8445 kHz sowie 0600/0700 UTC: 12660 kHz)			
Seychelles Radio	Arbeitsfrequenzen Sprechfunk (SSB)			
S7Q	4385,3	8771,2	17232,9	kHz

CABLE AND WIRELESS LIMITED
Incorporated in England
P.O. Box 4 Mercury House Victoria Road Mahé Seychelles
Telephone Manager 2221　　　　　　　　　　Telex 210

Djibouti

Kurzwelle:

Djibouti Radio	Arbeitsfrequenzen Telegrafie (CW)				
J2A	4262	6348	8682	12728	kHz
	(Sammelanruf: 0400/0600/1300/1400/1600 UTC: 8682 kHz sowie 0700/0800/1000/1200 UTC: 12728 kHz)				
Djibouti Radio	Arbeitsfrequenzen Sprechfunk (SSB)				
J2A	4410,1	8799,5	13128,7	kHz	
Djibouti Radio	Arbeitsfrequenzen Funkfernschreiben (RTTY)				
J2A	8707	13091,5	kHz		

Wetterdienst:

Djibouti Radio strahlt einen Wetterdienst für das Rote Meer und den Golf von Aden in französischer und englischer Sprache aus:

in Telegrafie (CW):　　　　　　　　　in Funkfernschreiben (RTTY)
0430 UTC:　　8682 kHz　　　　　　　0430 UTC:　　8707　 kHz
0900 UTC:　　12728 kHz　　　　　　　0900 UTC:　　13091,5 kHz
1700 UTC:　　8682 kHz

Äthiopien

Kurzwelle:

Assab Radio	Arbeitsfrequenzen Telegrafie (CW)
ETC	6340,5 8618 12673,5 kHz
	(Sammelanruf: h+30 jede ungerade Stunde: 6340,5 kHz sowie h+15 jede gerade Stunde: 8618 kHz)
Assab Radio	Arbeitsfrequenzen Sprechfunk (SSB)
ETC	4363,6 6518,8 8731,3 kHz

Wetterdienst:

Die Station Massawa (ETV) strahlt um 0500 UTC auf 4155 kHz in Telegrafie (CW) in Englisch eine Wetterübersicht für das Rote Meer aus.

Sudan

Kurzwelle:

Port Sudan Radio	Arbeitsfrequenzen Telegrafie (CW)
STP	8676 22310 kHz

Arabische Halbinsel

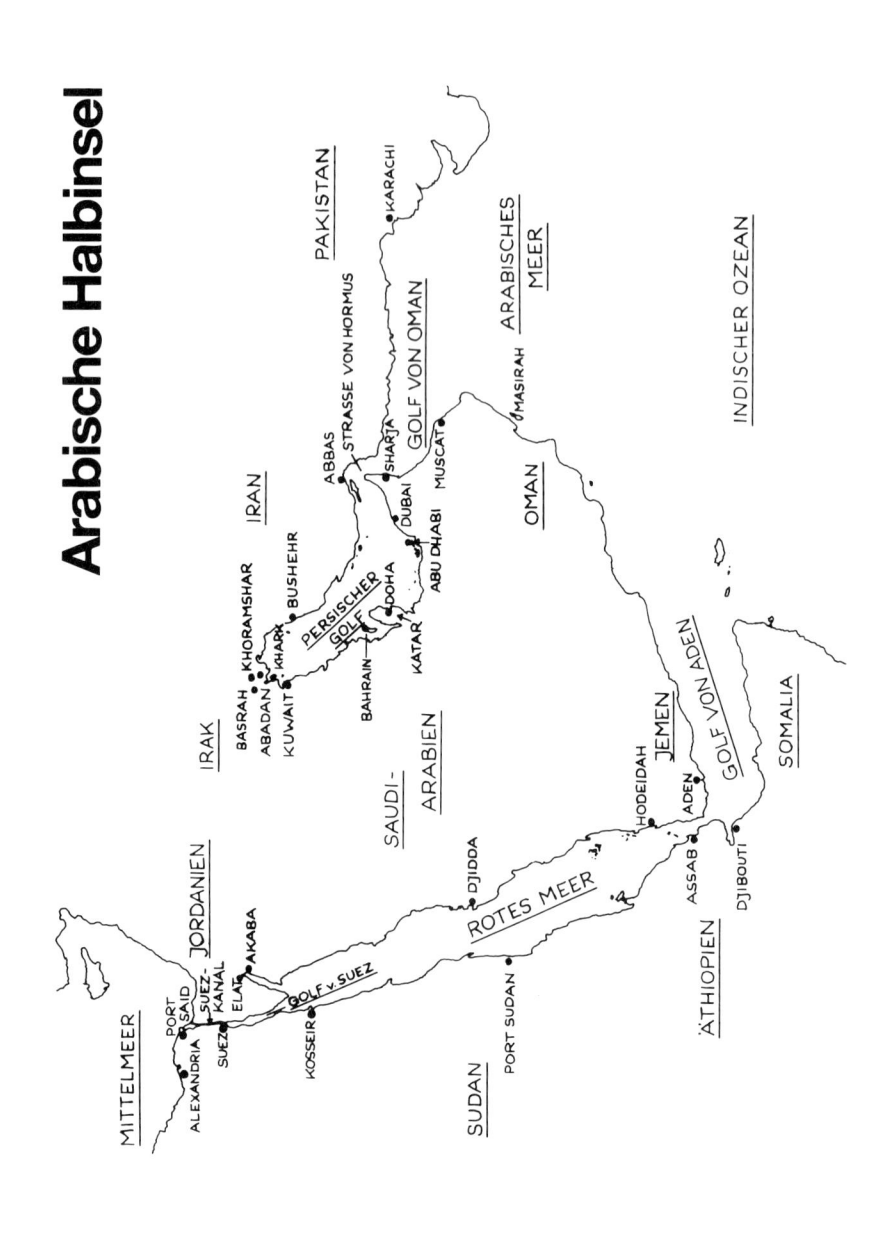

Jordanien

Kurzwelle:

Aqaba Port Radio   Arbeitsfrequenzen Telegrafie (CW)

JYO   4326,5   8728   kHz

(Sammelanruf: 0730/0830/1530 UTC: 8728 kHz)

Jemen (Arab. Rep.)

Kurzwelle:

Hodeidah Radio   Arbeitsfrequenzen Telegrafie (CW)

4WD   4230   kHz (1700 UTC)
       8588   kHz (1200/1300 UTC)
       12855,75 kHz (0600/0700 UTC)

(Sammelanruf jeweils zu Beginn)

Oman

Kurzwelle:

Muscat Radio   Arbeitsfrequenzen Telegrafie (CW)

A4M   4233   kHz (0400/1500 UTC)
       8445   kHz (0500/1300 UTC)
       12675,5 kHz (0700/1100 UTC)
       16868   kHz (0900 UTC)

(Sammelanruf jeweils zu Beginn)

Muscat Radio   Arbeitsfrequenzen Sprechfunk (SSB)

A4M   4366,7   4419,4   8780,9   8790,2   kHz

Jemen (Demokrat.)

Kurzwelle:

Aden Radio	Arbeitsfrequenzen Telegrafie (CW)
7OA	8441,4 kHz (0500/1100/1600 UTC) 13060,5 kHz (0900/1300 UTC) 17175,2 kHz (0700 UTC)
	(Sammelanruf jeweils zu Beginn)
Aden Radio	Arbeitsfrequenzen Sprechfunk (SSB)
7OA	4391,5 8774,7 kHz

Katar

Kurzwelle:

Doha Radio	Arbeitsfrequenzen Telegrafie (CW)
A7D	4231 8473,5 12966 16880 kHz 4316 8454 13024 16935
	(Sammelanruf: h+00 jede gerade Stunde auf 8473,5 und 12966 kHz, sowie 0930 UTC auf 16880 kHz und 0330/1530 UTC auf 4231 kHz)
Doha Radio	Arbeitsfrequenzen Sprechfunk (SSB)
A7D	4419,4 8780,9 13162,8 17294,9 22658 kHz
Doha Radio	Arbeitsfrequenzen Funkfernschreiben (RTTY)
A7D	4356 8715,5 13083 17207 kHz

Irak

Kurzwelle:

Basrah Control   Arbeitsfrequenzen Telegrafie (CW)

YIR   4220   6330   8440   12660   16880   22340   kHz
                                        16906

(Sammelanruf: h+05 jede ungerade Stunde)

Basrah Control   Arbeitsfrequenzen Sprechfunk (SSB)

YIR   4419,4   6521,9   8780,9   12162,2   17294,9   22688,0   kHz
       4363,6   6506,4   8762,3   13107,0   17310,4   22633,2
       4422,5   6518,8   8787,1   13138,0   17316,6   22639,4
       4391,5   6512,6   8722,0   13131,8   17325,9   22667,3
                           8728,2   13150,4   17356,9   22692,1
                                                17335,2   22704,5
                                                           22710,7

Wetterdienst:

Basrah Control strahlt Wettervorhersagen für den nördlichen Persischen Golf
in englischer Sprache in Telegrafie (CW) aus:

0530 UTC: 6493,25 kHz   sowie   1330 UTC: 8668 kHz

Basrah Radio Control
State Organization of
Iraqi Ports

المحطة الساحلية في البصرة
المؤسسة العامة للموانئ، العراقية
بصرة ـ الجمهورية العراقية

بطاقة استلام تردداتنا
QSL CARD

We Confirm That You
Heard our Station

نؤيد سماعكم لمحطتنا

تاريخ DATE	وقت غربي G.M.T.	تردد FREQ.	اشارة نداء Call Sign	كيلوواط K. W.	هوائي ANT	اتجاه DIR
25-9-78	1000- 1200 Hours	12660 KHZ	YIR	3.0	Log Perio- dic.	Long 40° east lat 4° South

115

Bahrain

Kurzwelle:

Bahrain Radio	Arbeitsfrequenzen Telegrafie (CW)					
A9M	4302	8448	12709	**17175,2**	22312	kHz
	4284	8454	12698	17169	22322	

(Sammelanruf: 0500/0800/1100/1500 UTC
auf 8454, 12698, 17169 und 22322 kHz sowie zu
diesen Zeiten und 0100/0300/1700/2115/2315 UTC
auf 4284 kHz)

Bahrain Radio	Arbeitsfrequenzen Sprechfunk (SSB)					
A9M	4363,6	8718,9	13125,6	17285,6	22611,5	kHz
		8734,4				

Bahrain Radio	Arbeitsfrequenzen Funkfernschreiben (RTTY)				
A9M	4170,5	8355	12506,5	16665	22215	kHz

Kuwait

Kurzwelle:

Kuwait Radio	Arbeitsfrequenzen Telegrafie (CW)					
9KK	4299	6381	8525	12895	16995	22504	kHz
				12925		

(Sammelanruf: h+35 jede ungerade Stunde)

Kuwait Radio	Arbeitsfrequenzen Sprechfunk (SSB)					
9KK	4413,2	6509,5	8737,5	13172,1	17288,7	22605,3	kHz
	4431,8	6518,8	8743,7	13181,4	17298	22642,5	

Saudi Arabien

Kurzwelle:

Dammam Radio			Arbeitsfrequenzen Telegrafie (CW)				
HZG	4253,5	6364,5	8484,5	12658,2	16860,8	22338,2	kHz
	4278	6387	8556,5	12752,5	16953	22427	
	4309	6466	8651	12792	17062	22484	

(Sammelanruf: u.a. 0500/1400/1800 UTC: 6364,5 kHz
0700/1600 UTC: 8484,5 kHz
0700/1200/1700 UTC: 12658,2 kHz

Dammam Radio			Arbeitsfrequenzen Sprechfunk (SSB)				
HZG	4419,4	6521,9	8780,9	13162,8	17294,9	22658	kHz
	4372,9	**6506,4**	**8740,6**	**13103,9**	**17236**	**22661,1**	
	4382,2	6512,6	8749,9	13169	17257,7	22689	

Dammam Radio			Arbeitsfrequenzen Funkfernschreiben (RTTY)				
HZG	4352	6498,5	8707	13076	17201,5	22571	kHz

Ras Tanura Radio (Dhahran) - private Funkstelle der Arabian American Oil Co.:

Ras Tanura Radio		Arbeitsfrequenzen Telegrafie (CW)				
HZY		4308,5	8480	12811,3	16960	kHz
		4230				
		4275,5				

(Sammelanruf: h+00 jede gerade Stunde auf Frequenzen wie folgt: 4308,5 kHz (1600-0400 UTC), 8480 kHz (1400-0800 UTC), 12811,3 kHz (0600-1400 UTC), 16960 (1000 und 1100 UTC).

Ras Tanura Radio		Arbeitsfrequenzen Sprechfunk (SSB)				
HZY	4143	6218,6	8291,1	12429 ?	16507	?????	kHz

Wetterdienst:

Dammam Radio strahlt Wetterberichte und Vorhersagen für den Persischen Golf, den Golf von Oman, das Rote Meer und für den Golf von Aden in englischer Sprache aus. Der Wetterdienst kommt in Telegrafie (CW) um 0630 und 1830 UTC auf 8651 und 12792 kHz.

Die Station Ras Tanura strahlt einen englischsprachigen Wetterbericht über die saudi-arabische Küste um 0430 und 1630 UTC auf 4308,5 kHz und um 0800 UTC auf 12811,3 kHz in Telegrafie (CW) aus.

Iran

Kurzwelle:		Arbeitsfrequenzen Telegrafie (CW)
Abbas Radio	EPW1	17283,94 kHz
Khoramshahr R.	EQK	4292 / 6362 / 8469 / 12069,5 / 22443 kHz
		(Sammelanruf:0435/0535/0635/0735/1035/1135/1235: 8469 kHz)
Khomeini Radio	EQN	4349 / 6425 / 8698 / 12700 kHz
Abadan Radio	EQA	4292 / 6362 / 8469 / 12069,5 kHz
Khark Radio	EQQ	4349 / 6425 kHz
Bushehr Radio	EQM	4349 / 6425 / 8698 / 12700 kHz
Ghosbeh Radio	EQG	4292 / 6362 / 8469 / 13069,5 kHz
Abbas Radio	EQI	4263 / 6362,5 / 8469,5 / 12700 / 16983,2 kHz 6356 8463
		(Sammelanruf: h+35 jede gerade Stunde)
Lavan Radio	EQR	4292 / 6362 / 8469 / 13069,5 kHz
		Arbeitsfrequenzen Sprechfunk (SSB)
Abbas Radio	EPW1	13116,3 / 13165,9 kHz
Khoramshahr R.	EQK	4379,1 / 6515,7 / 8790,2 / 17307,3 / 22608,4 kHz
Khomeini Radio	EQN	4360,5 / 6515,7 / 8805,7 / 13193,8 / 22695,2 kHz
Abadan Radio	EQA	4376 / 6515,7 / 17245,3 kHz
Bushehr Radio	EQM	4369,8 / 6515,7 / 8746,8 / 17319,7 / 22602,2 kHz
Abbas Radio	EQI	4403,9 / 8731,3 kHz
Lavan Radio	EQR	4416,3 / 6515,7 kHz

Indischer Ozean

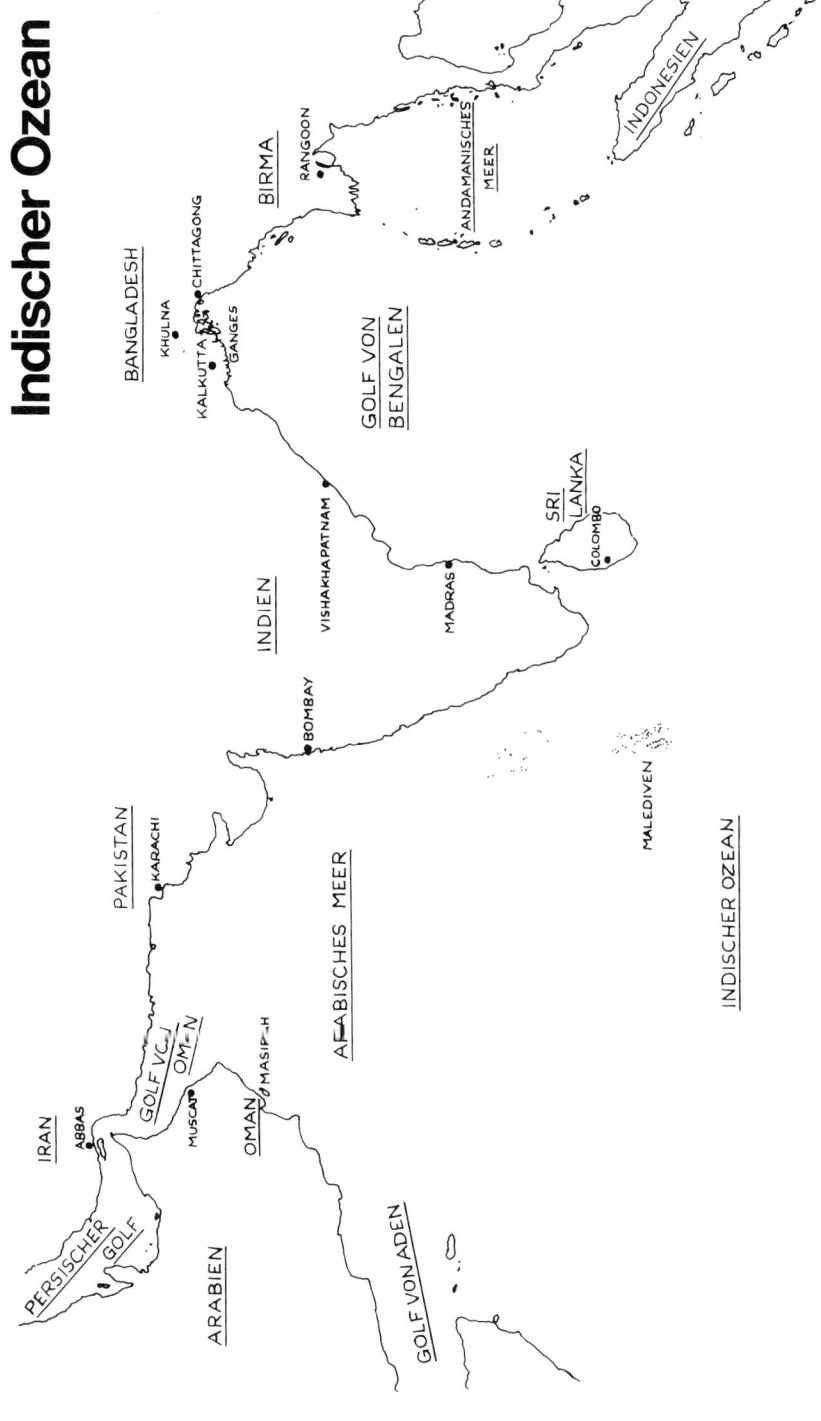

Pakistan

Kurzwelle:

Karachi Radio   Arbeitsfrequenzen Telegrafie (CW)

ASK   8658   kHz (Sammelanruf: 1800/2000/2200 UTC)
                       13024,5 kHz (Sammelanruf: 0800/1000/1200/1400/1600 UTC)

Wetterdienst:

Karachi Radio bringt eine Wetterübersicht und Vorhersage für das Arabische Meer, den Golf von Oman und den Persischen Golf in englischer Sprache in Telegrafie (CW) um 0830 UTC auf 13024,5 kHz und um 1630 UTC auf 8658 kHz.

Die Station Karachi Naval (AQP) bringt über das gleiche Gebiet ebenfalls in Englisch und Telegrafie (CW) Wetterberichte und Vorhersagen:
0130/0930/1730 UTC auf 4325 / 6390 / 8490 / 13011 / 17093,6 / 22425 kHz

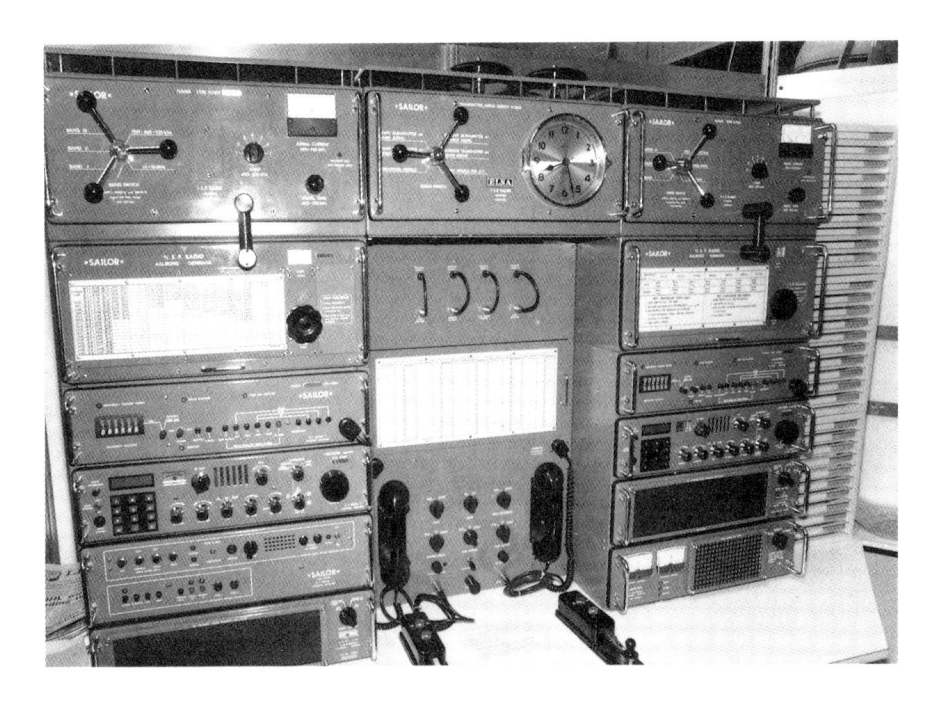

Gesamtaufbau einer ELNA-Schiffsfunkstelle für alle Wellenbereiche und Betriebsarten (Foto: Siebel)

Indien

Kurzwelle:

Bombay Radio		Arbeitsfrequenzen Telegrafie (CW)				
VWB	4316	8514	12710	17034	22551	kHz
		8630	12966			

(Sammelanruf: h+00 jede gerade Stunde)

Madras Radio		Arbeitsfrequenzen Telegrafie (CW)			
VWM	4301	8674,4	12718,5	16975	kHz

(Sammelanruf: h+00 jede gerade Stunde)

Vishakhapatnam Radio   Arbeitsfrequenzen Telegrafie (CW)

VWV   8510 kHz (Sammelanruf: 0450/0650/0850/1050/1250 UTC)

Calcutta Radio		Arbeitsfrequenzen Telegrafie (CW)		
VWC	4286	8526	12745,5	kHz

(Sammelanruf: 0130/0530/0930/1130/1730/2130/2330 UTC auf 8526 kHz, sowie 0800/1400 UTC auf 12745,5 kHz)

Bombay Radio		Arbeitsfrequenzen Sprechfunk (SSB)					
VWB	4382,2	6251,5	8756,1	13128,7	17245,3	22611,5	kHz
	4391,5	6518,8	8787,1	13144,2	17285,6	22670,4	
					17322,8	22682,8	

Wetterdienst:

Folgende Wetterberichte und Vorhersagen in englischer Sprache in Telegrafie (CW) werden von den indischen Küstenfunkstellen ausgestrahlt:

Bombay Radio für das östliche Arabische Meer:
0448/0618/0848/1248/1518/1648/2048/2348 UTC: 8630 / 12710 kHz

Bombay Naval (VTG) für den nördlichen Indischen Ozean:
0930 UTC: 4268 / 8634 / 12808,5 / 16938 / 22378 kHz
1530 UTC: 4268 / 6467 / 8634 / 12808,5 kHz

Madras Radio für den Golf von Bengalen:
0030/0930/1830 UTC: 8674,4 kHz

Calcutta Radio für den Golf von Bengalen:
0918 UTC: 12745 kHz
1818 UTC: 4286 kHz

Bangladesch

Kurzwelle:

Chittagong Radio	Arbeitsfrequenzen Telegrafie (CW)
S3D	8694 13056 kHz

(Sammelanruf: h+00 stündlich: 13056 kHz)

Chittagong Radio   Arbeitsfrequenzen Sprechfunk (SSB)

S3D   4125   6215,5   8734,4   13103,9   17239,1   22599,1   kHz
      4360,5   6509,5   8780,9   13162,8
      4403,9   6521,9
      4419,4

Khulna Radio   Arbeitsfrequenzen Telegrafie (CW)

S3E   8658   13024   kHz

(Sammelanruf: h+00 stündlich)

Khulna Radio   Arbeitsfrequenzen Sprechfunk (SSB)

S3E   4125   6215,5   8780,9   13159,7   17248,4   kHz
      4394,6   6509,5   8784   13162,8
      4403,9   6518,8
      4419,4   6521,9

Wetterdienst:

Einen Wetterdienst in englischer Sprache in Telegrafie (CW) über den Golf von Bengalen strahlt Chittagong Radio um 0450/0850/1250/1650/2050 UTC auf 8694 / 13056 kHz aus.

Malediven

Kurzwelle:

Mahe Radio   Arbeitsfrequenzen Sprechfunk (SSB)

8010, 8030, 8050 kHz

Sri Lanka

Kurzwelle:

Colombo Radio	Arbeitsfrequenzen Telegrafie (CW)
4PB	8473 12927,3 kHz
	(Sammelanruf: h+00 stündlich auf 8473 sowie 0530/0830/1030/1330 UTC auf 12927,3 kHz)
Colombo Radio	Arbeitsfrequenzen Sprechfunk (SSB)
4PB	4396,6 6515,4 8740,6 kHz

Wetterdienst:

Colombo Radio strahlt einen englischsprachigen Wetterdienst in Telegrafie (CW) auf 8473 kHz um 0530/0600/1330 UTC aus.

Südostasien

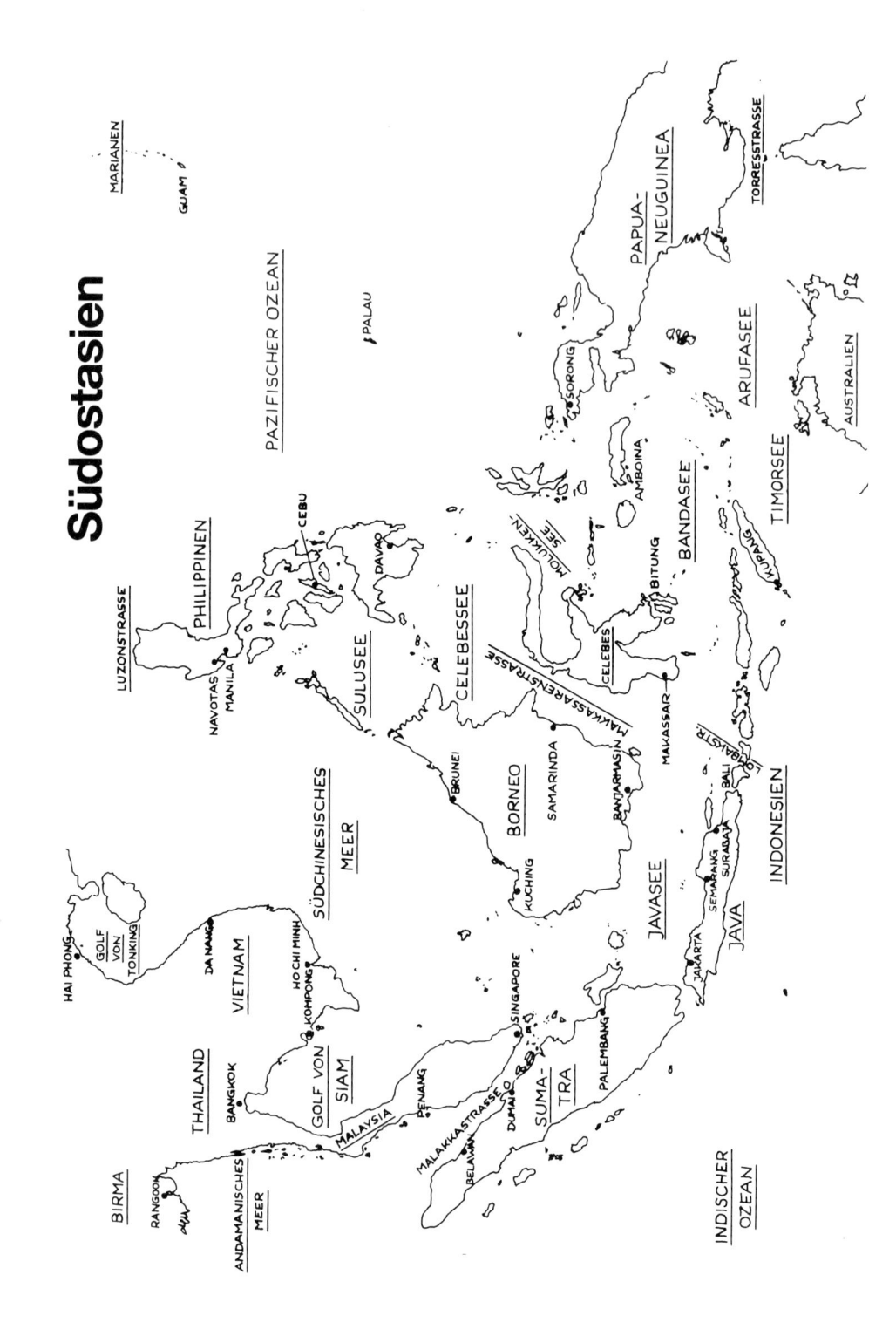

Birma

Kurzwelle:

Rangoon Radio	Arbeitsfrequenzen Telegrafie (CW)					
XYR	4292	8441	12867	17189,6	22375	kHz

Wetterdienst:

Rangoon Radio strahlt einen englischsprachigen Wetterdienst in Telegrafie (CW) um 0900 und 1700 UTC auf 8441 kHz aus.

Thailand

Kurzwelle:

Bangkok Radio	Arbeitsfrequenzen Telegrafie (CW)				
HSA	**8573,5**	8686	12800	22550	kHz
	(Sammelanruf: 0000/0200/0500/0800/1100/1400/1600 UTC)				

Bangkok Radio	Arbeitsfrequenzen Sprechfunk (SSB)				
HSA	4357,4	6215,5	6518,8	8759,2	kHz

Wetterdienst:

Bangkok Radio strahlt eine Wettervorhersage für den Golf von Thailand und für die Gewässer rund um die malaiische Halbinsel in englischer Sprache in Telegrafie (CW) aus um 0700 und 1830 UTC auf 8573,5 / 8686 / 12800 kHz.

Kamputschea

Kurzwelle:

Kompong Som-Ville Radio		Arbeitsfrequenzen Telegrafie (CW)			
XUK		4342	**8480**	8680	kHz

Vietnam

Kurzwelle:　Arbeitsfrequenzen Telegrafie (CW)

Ho Chi Minh-Ville Radio　XVS　8590　　13042,5　kHz

(Sammelanruf: 0100/0430/0800/1200/1300/
1445/2130 UTC auf 8590 kHz sowie 1730/
1800/1815 UTC auf 13042,5 kHz)

Da Nang Radio　　　　　XVT　8570　kHz

(Sammelanruf: 0130/0700/0830/1000/1200/1300/
1500 UTC)

Hai Phong Radio　　　　XVG　4315　　8470　　12820　　16950　kHz

(Sammelanruf: auf 8470 kHz h+00 stündlich)

Wetterdienst:

Folgende Wetterdienste werden von den vietnamesischen Küstenfunkstellen in englischer Sprache in Telegrafie (CW) für das südchinesische Meer ausgestrahlt:

Ho Chi-Minh-Ville Radio: stündlich um h+48 auf 8590 kHz
Hai Phong Radio:　　　　0018/0418/1218 UTC auf 8470 kHz

Malaysia

Kurzwelle:

Penang Radio		Arbeitsfrequenzen Telegrafie (CW)					
9MG	4228 4337	**6470,5**	8492 8595,5 **8698**	**12678** 12831 12943,5	17172,4	**22465**	kHz

(Sammelanruf: h+30 jede ungerade Stunde)

Penang Radio		Arbeitsfrequenzen Sprechfunk (SSB)			
9MG	4400,8 4431,8	6251,5	8718,9	13178,3	kHz

Penang Radio		Arbeitsfrequenzen Funkfernschreiben (RTTY)					
9MG	4354 4356	6494,5 6498,5	8705 8713	13075,5 13080	17201,5 17206	22561 22568,5	kHz

Kuching Radio	Arbeitsfrequenzen Telegrafie (CW)
9WW20	8522 kHz (Sammelanruf: 0130/0530/0930/1330 UTC)

Kuching Radio	Arbeitsfrequenzen Sprechfunk (SSB)			
9WW20	4143,6	6215,5	8294,2	kHz

Wetterdienst:

Penang Radio strahlt einen englischsprachigen Wetterdienst für das Südchinesische Meer und die Malakkastraße wie folgt aus:

in Telegrafie (CW): 0148/0548/0948/1348/1748/2148 UTC: 6470,5 / 8698 kHz
in Sprechfunk (SSB): 0205/0605/1005/2205 UTC: 8718,9 kHz

Singapur

Kurzwelle:

Singapore Radio		Arbeitsfrequenzen Telegrafie (CW)					
9VG	4313	6340,5	8476	12817,5	16868,5	22479	kHz
	4322	6412	8530	12707	16966,5	22428	
			8571,5	12659,5			
			8609,5	12724			
			8688				

(Sammelanruf: h+30 jede gerade Stunde auf: 4322, 6412, 8530, 12817,5, 16966,5, 22428 kHz)

Singapore Radio		Arbeitsfrequenzen Sprechfunk (SSB)					
9VG	4125	6215,5	8780,9	13162,8	17294,9	22630,1	kHz
	4369,8	6509,5	8728,2	13156,6	17270,1		
	4376		8762,3	13147,3	17356,9		
			8790,2				

Singapore Radio		Arbeitsfrequenzen Funkfernschreiben (RTTY)					
9VG	4350	6501	8709	13071,5	17197,5	22566	kHz
		6504	8713	13085,5	17205,5		
			8715				

Wetterdienst:

Singapore Radio strahlt Wetterberichte und Vorhersagen für das Südchinesische Meer, die Malakkastraße und das Andamanische Meer in Englisch wie folgt aus:

in Telegrafie (CW): 0120/1320 UTC: 4322 / 6412 kHz
in Sprechfunk (SSB): 0145/1345 UTC: 4369,8 / 8728,2 kHz

TELECOMMUNICATION AUTHORITY OF SINGAPORE

TELECOM HEADQUARTERS
Telephone House
15/33, Hill Street
Singapore 6
REPUBLIC OF SINGAPORE

Telephone: 328071
Telex: RS 21246
Telegraphic Address: Telecom Singapore

Indonesien

Kurzwelle: Arbeitsfrequenzen Telegrafie (CW)

Dumai Radio	PKP	6337 kHz	(1200 UTC)
		8457 kHz	(0100/1300 UTC)
		12682,5 kHz	(0230/0700 UTC)
		17184,8 kHz	(0500 UTC)
Telukbayur R.	PKP2	6355 kHz	(0130/0530/0930 UTC)
Belawan Radio	PKB	4295 kHz	(0100/0400/1500 UTC)
		8686 kHz	(0300/0600/0900/1230 UTC)
		12970,5 kHz	(0030/0630 UTC)
		16861,7 kHz	(0300/1100 UTC)
Palembang Radio	PKC	4295 kHz	
		6491,5 kHz	(0000/0330/0800/1230 UTC)
		8437 kHz	(0100/0500/0900/1130 UTC)
Jakarta Radio	PKI	8542 kHz	(0000/0800/1600 UTC)
		12970,5 kHz	(0200/1000/1800 UTC)
		16861,7 kHz	(0400/1200/2000 UTC)
		22431 kHz	(0000/0600/1400/2200 UTC)
Jakarta Radio (Private Funkstelle Pertamina Co.)	PKI2	8626 kHz	(0200/0500/0700/1000/1400/1700 UTC)
		12980 kHz	(0000/0400/0800/1200/1600/2000 UTC)
Semarang Radio	PKR	4238 kHz	
		6326,5 kHz	
		8461 kHz	(0100/0500/0900/1300 UTC)
Surabaya Radio	PKD	4238 kHz	(0230 UTC)
		8461 kHz	(0200/0730 UTC)
		12704,5 kHz	(0000/1100 UTC)
		16861,7 kHz	(0100/1000 UTC)
Makassar Radio	PKF	4295 kHz	(0130/0900 UTC)
		6686 kHz	(0030/0800/1030 UTC)
		12682,5 kHz	(0400/1200 UTC)
Bitung Radio	PKM	6438,5 kHz	(0600/1100 UTC)
		8694 kHz	(0100/0500/0900/1300 UTC)
		12704,5 kHz	(0200/1000/1400 UTC)
Sabang Radio	PKA	8686 kHz	(0130/1000/1330 UTC)
		17184,8 kHz	(0230/1030/1400 UTC)
Amboina Radio	PKE	4295 kHz	
		8473 kHz	(0200/0900 UTC)
		12682,5 kHz	(0000/0500 UTC)
		17184,8 kHz	(0600/1200 UTC)
Kupang Radio	PKK	8445 kHz	(0030/0430 UTC)

Arbeitsfrequenzen Telegrafie (CW) -Fortsetzung-

Sorong Radio	PKY4	6337 kHz	(0130 UTC)
		8461 kHz	(0200/0930 UTC)
		12970,5 kHz	(0100 UTC)
Jayapura Radio	PNK	8694 kHz	(0000/0300 UTC)
		12682,5 kHz	(0100/0500 UTC)
		17074,4 kHz	(0200/0700 UTC)
Bandjarmasin R.	PKG	4238 kHz	(0230 UTC)
		6337 kHz	(0600 UTC)
		8457 kHz	(0200/0530/0900 UTC)
Samarinda Radio	PKN6	8446,8 kHz	(0130/0500 UTC)

Sammelanrufe jeweils zu Beginn der angegebenen Dienstzeiten.

Weitere Frequenzen: siehe Gesamt-Frequenzliste.

Wetterdienst:

Jakarta Radio (PKI) bringt um 1100 UTC die Wetterübersicht und Vorhersage für alle indonesischen Gewässer in englischer Sprache und Telegrafie (CW) auf 8542 und 12970,5 kHz sowie in Sprechfunk (SSB) auf 8753 kHz.

Ein weiterer Wetterdienst wird von der Aero-Station Jakarta (8BB) um 0830 UTC auf 11500 kHz und 16200 kHz in Telegrafie (CW) in Englisch gesendet.

Philippinen

Kurzwelle:		Arbeitsfrequenzen Telegrafie (CW)
Navotas Radio	DZN	6468 / 8584 / 12936 / 17168 / 22538 kHz
Baccor Radio	DZF	4274 / 6411 / 8545 / 12828 / 17090 kHz
Bulacan Radio	DZJ	6453 / 8604 / 12906 / 16870,5 / 22323,5 kHz
	DZK	4296 / 6444 / 8592 / 12888 / 17184 kHz
	DZM	4328 / 6492 / 8656 / 12984 kHz
	DZO	4290 / 8580 / 12870 / 17160 kHz
Manila Radio	DZH	4324 / 6486 / 8648 / 12972 kHz
	DZW	4262 / 6393 / 8524 / 12786 / 17048 / 22438 kHz
	DZZ	4288 / 6432 / 12864 / 17152 / 22490 kHz
	DZR	4284 / 6446 / 8568 / 12852 / 17136 / 22482 kHz
(Las Pinas)	DZG	6441 / 8588 / 12882 / 17176 / 22502 kHz
		(Sammelanruf: h+00 jede gerade Stunde auf DZR und stündlich auf DZG)
Mandaluyong R.	DZA	6408 / 8608 / 12816 /
	DZE	4282 / 6423 / 8564 / 12846 / 17128 kHz
Iloilo Radio	DYV	4316 / 6474 / 8632 / 12948 kHz
Vovaliches R.	DZP	4278 / 6417 / 8556 / 12834 / 17112 kHz
Antipolo Radio	DZD	4286 / 6429 / 8572 / 12858 / 17144 kHz
Cebu Radio	DYM	4338 / 6338,5 / 8676 / 13014 kHz
	DYP	4310 / 8620 / 12930 / 16902,5 kHz
	DYT	6478 / 12061,5 kHz
Pasig Radio	DZU	4318 / 6477 / 8636 / 12954 kHz
Davao Radio	DXF	8615 / 12900 kHz (Sammelanruf: h+00 stündlich)
	DXR	8628 kHz (Sammelanruf: h+30 stündlich)

Wetterdienst:

Von den philippinischen Küstenfunkstellen werden wie folgt Wetterberichte und Wettervorhersagen in englischer Sprache ausgestrahlt:

in Telegrafie (CW):

Bacoor Radio	DZF	1150/2350 UTC:	4274/6411/8548/12822/17072 kHz
	DZI	0000 UTC:	4336/6335,5/8672/13008/22506 kHz
Bulacan Radio	DZJ	0300/1000 UTC:	8604/12906/16870,5/22323,5 kHz
	DZO	1030 UTC:	8580/12875 kHz
Manila Radio	DZG	0320/1520 UTC:	6441/8588/12822/17176 kHz
	DZH	1100/2300 UTC:	6488/8648/12972 kHz
Manila Radio	DZZ	0230/0930 UTC:	8576/12864 kHz
Mandaluyong R.	DZE	0030/1030 UTC:	6423/8564 kHz
Novaliches R.	DZP	0300/1100 UTC:	6417/8556/12834/17112 kHz
Antipolo Radio	DZD	0300/1100 UTC:	4286/6429/8572/12858/17144 kHz

in Sprechfunk (SSB):

Manila Radio   DZS   0030/0330/0630/0930/1230 UTC: 8776,8 kHz

Außerdem strahlt die Funkstelle San Miguel (NPO) der U.S. Navy auf den Philippinen ausführliche Wettervorhersagen für den Indischen Ozean und Pazifik in Englisch in Telegrafie (CW) aus:

San Miguel   NPO   0300/1300/1700/2200 UTC: 4445/10440,5/12867 kHz

Guam

Wetterdienst:

Die Funkstelle Guam (NRV) der U.S. Coast Guard strahlt ausführliche Wettervorhersagen für den West-Pazifik und den Indischen Ozean in Englisch wie folgt aus:

0300/1300/1700/2000 UTC: in Telegrafie (CW) auf 8150 und 21760 und 12868 kHz
0930 UTC: in Sprechfunk (SSB) auf 6506,4 und 13113,2 kHz
1530 UTC: in Sprechfunk (SSB) auf 6506,4 kHz
2130 UTC: in Sprechfunk (SSB) auf 13113,2 kHz

In Funkfernschreiben (RTTY) kommen die Wettervorhersagen um 0001/0500/1500/ 1900 UTC auf 8710,5 / 13077 / 17203 / 22567 kHz.

Ostasien

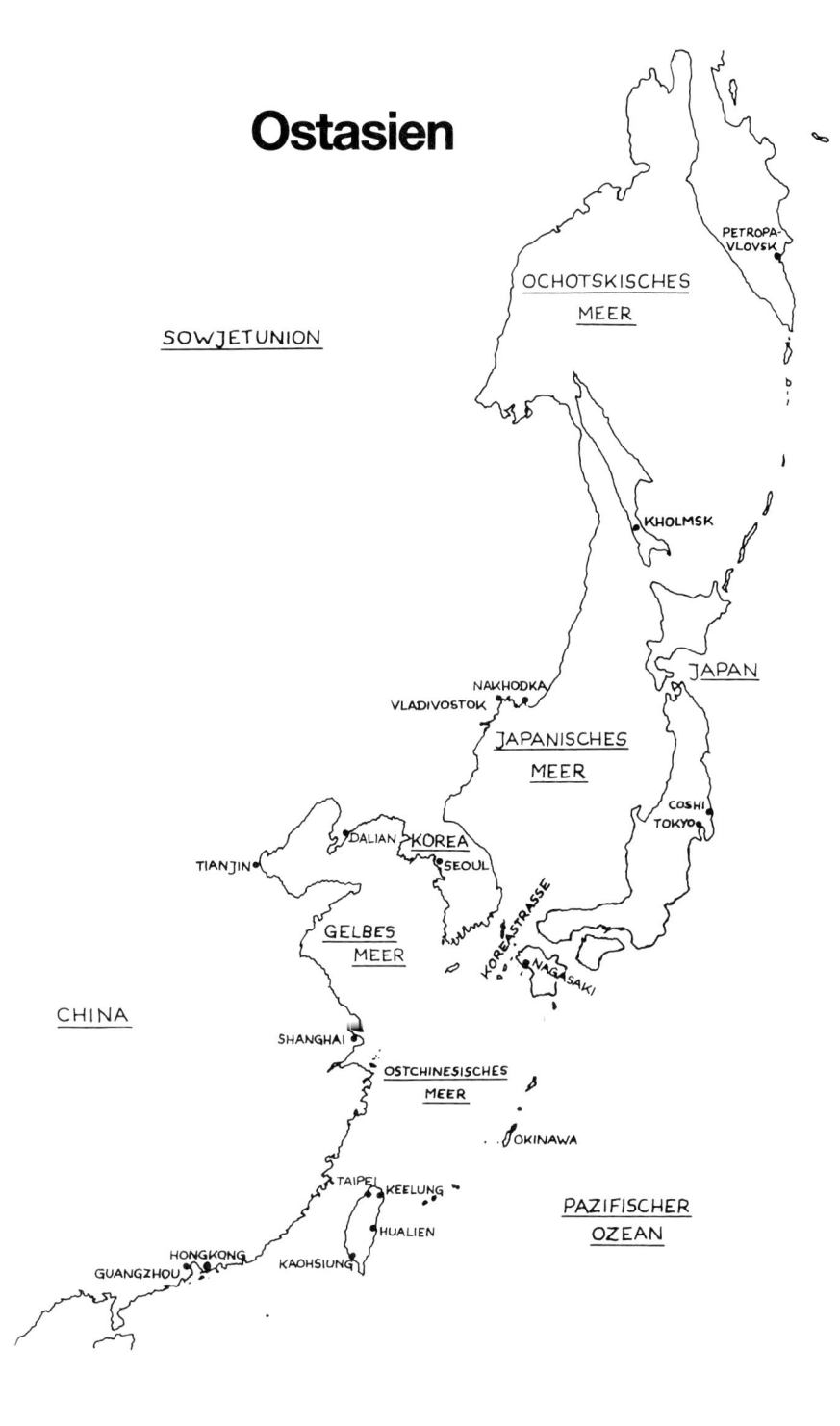

Hongkong

Kurzwelle:

Cape d'Aguilar Radio		Arbeitsfrequenzen Telegrafie (CW)			
VPS/VRN	4232,5	8539　8584　8619	13020,4　13031　13044	16987　17192　17096	22536　　khz

(Sammelanruf: h+00 jede ungerade Stunde)

Cape d'Aguilar Radio		Arbeitsfrequenzen Sprechfunk (SSB)				
VPS/VRN	4407　4419,4	6515,7　6521,9	8749,9	13193,8	17344,5	22645,6　khz

Cape d'Aguilar Radio		Arbeitsfrequenzen Funkfernschreiben (RTTY)			
VPS	6503	8710　8713	13077,5　13083	17212　17222	22564　khz

Wetterdienst:

Cape d'Aguilar Radio bringt um 0118 UTC auf 8619 und 13031 kHz sowie um 1318 UTC auf 4232,5 und 8618 kHz in englischer Sprache in Telegrafie (CW) eine Wetterübersicht und Vorhersage für das südchinesische und ostchinesische Meer und den Nordwest-Pazifik.

Taiwan

Kurzwelle:

Hualien Radio	Arbeitsfrequenzen Telegrafie (CW)					
XSY	8546	8700	kHz			

(Sammelanruf: h+00 jede gerade Stunde: 8546 kHz)

Kaohsiung Radio	Arbeitsfrequenzen Telegrafie (CW)					
XSW	4338	8582	12727,5	16940	22336	kHz
		8632	12864	17035		

(Sammelanruf: h+30 jede ungerade Stunde)

Keelung Radio	Arbeitsfrequenzen Telegrafie (CW)				
XSX	8445	12695,5	17011	22459	kHz
	8506	12785	17053		

(Sammelanruf: h+00 jede ungerade Stunde)

Keelung Radio	Arbeitsfrequenzen Funkfernschreiben (RTTY)			
XSX	8716,5	13091	17209	kHz

Taipei Radio	Arbeitsfrequenzen Sprechfunk (SSB)						
BVA	4382,2	6509,5	8722	13100,8	17285,6	22627	kHz
	4419,4	6521,9	8780,9	13122,5	17294,9	22658	
			8811,9	13162,8	17325,9	22698,3	

Wetterdienst:

Die taiwanesischen Küstenfunkstellen strahlen englischsprachige Wetterberichte und Vorhersagen für die Gewässer rund um Taiwan in Telegrafie (CW) wie folgt aus.

Hualien Radio	XSY	0530/1130/2330 UTC:	8546 / 8700 kHz
Kaohsiung Radio	XSW	0500/1100/1700/2300 UTC:	8582 / 8632 kHz
Keelung Radio	XSX	0430/1030/1630/2230 UTC:	8445 / 8506 /
			12695 / 22459 kHz

China

Kurzwelle:

Guangzhou Radio		Arbeitsfrequenzen Telegrafie (CW)					
XSQ	4340	8490 8514 8624	12700	16884,5 16950	22452	kHz	
		(Sammelanruf: h+30 jede Stunde)					

Shanghai Radio		Arbeitsfrequenzen Telegrafie (CW)					
XSG	4319	6414,5	8451 8502 8665	12856 12871,5	16916,5 17103,2	22312,5	kHz
		(Sammelanruf: h+30 jede Stunde)					

Tianjin Radio		Arbeitsfrequenzen Telegrafie (CW)			
XSV	4283	8600	12969	16862,5	kHz
		(Sammelanruf: h+00 jede Stunde)			

Dalian Radio		Arbeitsfrequenzen Telegrafie (CW)		
XSZ		4305	8694	kHz
		(Sammelanruf: h+05 jede Stunde)		

Wetterdienst:

Shanghai Radio strahlt für das gesamte Gelbe Meer und Ostchinesische Meer und für Ostasien ausführliche Wetterberichte und Wettervorhersagen in Englisch und Chinesisch in Telegrafie (CW) zu folgenden Zeiten:

0300 / 0900 / 1200 / 1500 / 1800 / 2100 UTC auf: 4290 / 6454 / 8787 / 12954 / 17002,4 kHz

Weitere Wetterberichte sind zu hören von Tianjin Radio um 0600/1300/2200 UTC auf 8600 kHz und von Dalian Radio um 0050/1050 UTC auf 6333,5 / 8694 kHz.

上 海 船 舶 通 信 导 航 公 司
SHANGHAI MARINE TELECOMMUNICATION & NAVIGATION-AIDS COMPANY

上海太阳路29号 电话452543 电报挂号6590
TEL: 452543   CABLE: SMATENCO.

Shanghai Marine Telecommunication
and Navigation-Aids Company
20 Guang Dong Road 29
Shanghai

Korea (Rep.)

Kurzwelle:

Seoul Radio   Arbeitsfrequenzen Telegrafie (CW)

HLF	4273	6344		12916,5		22395	kHz
HLG	4308	6451	8473	12935	17118	22482	kHz
HLJ			8484	12727			
HLJ			8497	12902	16910		
HLO			8577	12843	16990		
HLW			8636	13005,5	17130		
HLW				12712			
HLW				12923			
HLX				12735			

(Sammelanruf: h+00 jede gerade Stunde auf den HLG-Frequenzen)

Seoul Radio   Arbeitsfrequenzen Sprechfunk (SSB)

HLS	4357,4	6509,5	8725,1	13138	17335,2	22620,8	kHz
	4413,2	6518,8	8799,5	13187,6	17344,5	22661,1	

Seoul Radio   Arbeitsfrequenzen Funkfernschreiben (RTTY)

8710   13077   17203   22567   kHz

Wetterdienst:

Seoul Meteo (HLL) strahlt um 0000 und 1200 UTC eine Wetterübersicht und Vorhersage für das Gelbe Meer, das Japanische Meer und das Ostchinesische Meer in englischer Sprache in Telegrafie (CW) auf 5810 und 11620 kHz aus.

Japan

Kurzwelle:

Nagasaki Radio   Arbeitsfrequenzen Telegrafie (CW)

JOS	4328	6491,5	8437	13069,5	16933,2	22396	kHz
JOR		6457,5	8523,4	13008	17093,6	22409	
JOU			8463	12673,5	16883	22440	
JDB				13063	16877,5		

(Sammelanruf: h+30 jede ungerade Stunde auf JOS-Frequenzen)

Tokyo Radio   Arbeitsfrequenzen Telegrafie (CW)
JBK/JBO

1. Reihe	4376	8746,8	13119,4	17242,2	22676,6	kHz
2. Reihe	4431,8	8753	13134,9	17257,7	22704,5	
3. Reihe	4434,9	8777,8	13153,5	17329	22716,9	
4. Reihe	4410,1	8759,2	13122,5	17248,4	22617,7	
5. Reihe	4419,4	8780,9	13162,8	17294,9	22658	

(Sammelanruf: h+30 jede gerade Stunde auf den Frequenzen
der 3. und 4. Frequenzreihe)

Choshi Radio   Arbeitsfrequenzen Telegrafie (CW)

JCT	4225		8686	12687	17166,45	22386	kHz
JCS	4349	6467	8653,6	12826,5	17112,6	22419	
JCU		6485	8479	12878	17043,2	22463	
JDC			8647,5	13054	16998,5		

(Sammelanruf: h+00 jede gerade Stunde auf JCS-Frequenzen)

Wetterdienst:

Tokyo Radio strahlt Wetterberichte und Vorhersagen für das Japanische Meer und
den Nordost-Pazifik in englischer und japanischer Sprache in Telegrafie (CW)
wie folgt aus:

0318 / 0918 / 1518 / 2118 UTC: 4298 / 6397 / 8526 / 12840 / 17029 kHz   (JMC)

QSL

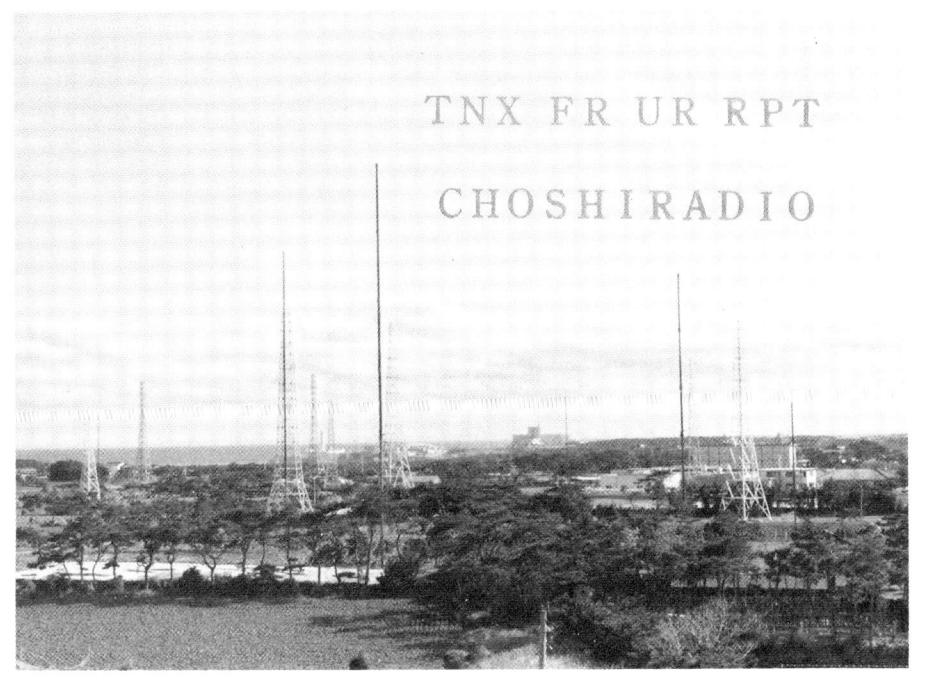

JAPAN

JOS
JOR
JOU
JDB

Nagasakiradio

TNX FR UR RPT

CHOSHIRADIO

Sowjetunion – Asiatische (Pazifik-) Küste

Kurzwelle:

Kholmsk Radio	Arbeitsfrequenzen Telegrafie (CW)						
UQB	3605	6380	8675	12678			

(Sammelanruf: h+00 stündlich)

Kholmsk Radio	Arbeitsfrequenzen Sprechfunk (SSB)						
UQB	17310,4	22633,2	kHz				

Kholmsk Radio	Arbeitsfrequenzen Funkfernschreiben (RTTY)						
UQB	4351,5	6499,5	8709,5	13084,5	17216,5	22578	kHz

Nakhodka Radio	Arbeitsfrequenzen Telegrafie (CW)				
UKK3	6439	8510	12990	17060	kHz

(Sammelanruf: h+30 stündlich)

Nakhodka Radio	Arbeitsfrequenzen Sprechfunk (SSB)	
UKK3	17270,1	kHz

Vladivostok Radio	Arbeitsfrequenzen Telegrafie (CW)					
UFL	4285	6445	8515	12955	17110	22435	kHz

(Sammelanruf: h+10 jede Stunde)

Vladivostok Radio	Arbeitsfrequenzen Sprechfunk (SSB)					
UFL	4357,4	6512,6	8731,3	13100,8	17251,5	22599,1	kHz

Petropavlovsk Radio	Arbeitsfrequenzen Telegrafie (CW)		
UBE2	4271	6370	13000	kHz

(Sammelanruf: h+00 jede Stunde)

Petropavlovsk Radio	Arbeitsfrequenzen Sprechfunk (SSB)		
UBE2	8793,3	13128,7	17276,3	kHz

Petropavlovsk Radio	Arbeitsfrequenzen Funkfernschreiben (RTTY)						
UBE2	4352	6496	8708,5	13089	17208	22583	kHz

Providenia Radio	Arbeitsfrequenzen Telegrafie (CW)				
UPB	6390	8570	12720	17025	kHz

(Sammelanruf: h+20 jede Stunde)

Providenia Radio	Arbeitsfrequenzen Sprechfunk (SSB)		
UPB	4357,4	8731,3	kHz

Providenia Radio	Arbeitsfrequenzen Funkfernschreiben (RTTY)						
UPB	4352,5	6497,5	8710,5	13090,5	17205	22569	kHz

Wetterdienst:

Die sowjetischen Küstenfunkstellen strahlen Wetterberichte und Vorhersagen in Russisch mit teilweisen Wiederholungen in Englisch in Telegrafie (CW) wie folgt aus:

0025 / 0825 UTC:	Kholmsk Radio	3890/8680/13029/16970 kHz
0900 / 2300 UTC:	Vladivostok Radio	8595/12729/22350 kHz
0900 / 2200 UTC:	Petrapavlovsk R.	4271/6370/13000 kHz

Australien und Ozeanien
(Südsee)

Australien

Kurzwelle:

Thursday Island Radio	Arbeitsfrequenzen Telegrafie (CW)				
VII	4228,5	6333,5	kHz		

(Sammelanruf: 0818/0918/1218/1518 UTC: 4228,5 kHz
und 0018/0418/2018 UTC: 6333,5 kHz)

Thursday Island Radio	Arbeitsfrequenzen Sprechfunk (SSB)				
VII	4125	4428,7	6215,5	6512,6	kHz

Townsville Radio	Arbeitsfrequenzen Telegrafie (CW)		
VIT	4255,6	6463,5	kHz

(Sammelanruf: 0930/1030/1430/1830 UTC: 4255,6 kHz
und 0230/0630/2230/2348 UTC: 6463,5 kHz)

Townsville Radio — Arbeitsfrequenzen Sprechfunk (SSB)

VIT
4125   6215,5   13193,8   kHz
4428,7 6512,6
4366,7 8768,5
4413,2 8784

Rockhampton Radio — Arbeitsfrequenzen Telegrafie (CW)

VIR   4255,6   6333,5   kHz

(Sammelanruf: 0048/0218/0418/0618/2218 UTC: 4255,6 kHz)

Rockhampton Radio — Arbeitsfrequenzen Sprechfunk (SSB)

VIR   4125   4428,7   6215,5   6512,6   kHz

Brisbane Radio — Arbeitsfrequenzen Telegrafie (CW)

VIB   4230,5   6351,5   kHz

(Sammelanruf: 0810/0948/1210/1610 UTC: 4230,5 kHz
und 0010/0410/2010/2318 UTC: 6351,5 kHz)

Brisbane Radio — Arbeitsfrequenzen Sprechfunk (SSB)

VIB
4125   6215,5   8749,9   13187,6   kHz
4428,7 6512,6
4366,7
4400,8

Sydney Radio		Arbeitsfrequenzen Telegrafie (CW)					
VIS	4245	6464	8452 8521	12952,2 12979,5	17138,4 17161,3	22474 22495	kHz

(Sammelanruf: h+50 jede gerade Stunde auf 4245/6464/ 8521/12952,5/17161/22474 kHz woei h+50 jede ungerade Stunde auf 12979,5/17194,4/22495 kHz)

Sydney Radio		Arbeitsfrequenzen Sprechfunk (SSB)					
VIS	4125 4428,7 4369,8 4407	6215,5 6512,6	8722 8805,7	13107 13193,8	17236 17260,8	22602,2 22664,2	kHz

Sydney Radio		Arbeitsfrequenzen Funkfernschreiben (RTTY)					
VIS	4356,5	6501	8710,5 8711,5	13078	17204	22568	kHz

Melbourne Radio		Arbeitsfrequenzen Telegrafie (CW)
VIM		4228,5 6333,5 kHz

(Sammelanruf: 0900/0948/1100/1500/1900 UTC: 4228,5 kHz sowie 0300/0700/2300/2318 UTC: 6333,5 kHz)

Melbourne Radio		Arbeitsfrequenzen Sprechfunk (SSB)			
VIM	4125 4428,7 4366,7 4407	6215,5 6512,6	8749,9	13178,3	kHz

Hobart Radio		Arbeitsfrequenzen Telegrafie (CW)	
VIH		4366,7 4125 4428,7	6215,5 6512,6 kHz

(Sammelanruf: 0303/0535/0718/2218/2335 UTC: 4428,7 kHz)

Adelaide Radio	Arbeitsfrequenzen Telegrafie (CW)
VIA	4272,5 6363,5 kHz

(Sammelanruf: 0840/1018/1240/1640/2040 UTC: 4272,5 kHz sowie 0018/0440 UTC: 6463,5 kHz)

```
Adelaide Radio        Arbeitsfrequenzen Sprechfunk (SSB)
VIA          4125     6215,5    8768,5    13181,4    kHz
             4428,7   6512,6
             4413,2

Esperance Radio       Arbeitsfrequenzen Telegrafie (CW)
VIE                   4323,6    6407,5    kHz

Esperance Radio       Arbeitsfrequenzen Sprechfunk (SSB)
VIE                   4125      4428,7    6215,5    6512,6    kHz

Perth Radio           Arbeitsfrequenzen Telegrafie (CW)
VIP          4229     6407,5    8597      12994     16947,6   kHz
                      (Sammelanruf: h+20 jede gerade Stunde)

Perth Radio           Arbeitsfrequenzen Sprechfunk (SSB)
VIP          4125     6215,5    8734,4    13178,3   17242,2   22630,1   kHz
             4428,7   6512,6    8749,9    13187,6
             4366,7             8762,3
             4400,8

Perth Radio           Arbeitsfrequenzen Funkfernschreiben (RTTY)
VIP          4352,5   6497      8707,5    13074     17200     22564     kHz
             4354,5   6499      8709,5    13076     17202     22566

Carnavon Radio        Arbeitsfrequenzen Telegrafie (CW)
VIC                   4323      6407,5    kHz
                      (Sammelanruf: 0005/0200/0348/0605/0805 UTC: 6407,5 kHz)

Carnavon Radio        Arbeitsfrequenzen Sprechfunk (SSB)
VIC                   4125      4428,7    6215,5    6512,6    kHz

Broome Radio          Arbeitsfrequenzen Telegrafie (CW)
VIO                   4323,6    6407,5    kHz
                      (Sammelanruf: 0010/0118/0410/0810 UTC: 6407,5 kHz)

Broome Radio          Arbeitsfrequenzen Sprechfunk (SSB)
VIO                   4125      4428,7    6215,5    6512,6    kHz
```

Darwin Radio   Arbeitsfrequenzen Telegrafie (CW)

VID   4272,5   6463,5   8487   kHz

             (Sammelanruf: 0848/1048/1248/1648 UTC: 4272,5 kHz
             sowie 0048/0448/2048 UTC: 8487 kHz)

Darwin Radio   Arbeitsfrequenzen Sprechfunk (SSB)

VID   4125   6215,5   8749,9   13181,4   kHz
         4428,7   6512,6   8762,3   13187,6
         4400,8
         4413,2

Wetterdienst:

Überregionale Wetterberichte und Vorhersagen für sämtliche Gewässer rund um
Australien strahlt Sydney Radio in Englisch in Telegrafie (CW) aus:

Sendezeiten: 0130 / 0530 / 0930 / 1330 / 1730 / 2130 UTC
Frequenzen: 4286 / 6428,5 / 8478 / 12907,5 / 16918,6 / 22485 kHz

Die regionalen Küstenfunkstellen strahlen zusätzlich jeweils für den eigenen
Arbeitsbereich Wettermeldungen aus, ebenfalls in Telegrafie (CW):

Thursday Island Radio   0930 UTC: 4255,6 kHz sowie 2348 UTC: 6463,5 kHz
Townsville Radio   0930 UTC: 4255,6 kHz sowie 2348 UTC: 6463,5 kHz
Rockhampton Radio   0048 UTC: 4255,6 und 6333,5 kHz
Brisbane Radio   0948 UTC: 4230,5 kHz sowie 2318 UTC: 6351,5 kHz
Sydney Radio   0918 und 2248 UTC: 8452 kHz
Melbourne Radio   0948 UTC: 4228,5 kHz sowie 2318 UTC: 6333,5 kHz
Adelaide Radio   0018 UTC: 6463,5 kHz sowie 1018 UTC: 4272,5 kHz
Esperance Radio   0048 UTC: 6407,5 kHz sowie 1118 UTC: 4323,6 kHz
Perth Radio   0100 und 1200 UTC: 8597 und 12994 kHz
Carnarvon Radio   0200 UTC: 6407,5 kHz sowie 1130 UTC: 4323 kHz
Broome Radio   0118 UTC: 6407,5 kHz sowie 1230 UTC: 4323,6 kHz
Darwin Radio   0048 UTC: 8487 kHz   sowie 1048 UTC: 4272,5 kHz

The Overseas Telecommunications Commission
(Australia) has pleasure in confirming your
reception of the following transmission :—

SERVICE: .... Maritime Mobile

CALL SIGN: VIS5

EMMISSION: .. CW

TRANSMITTER POWER: ... 10KW

AERIAL TYPE: ... Delta Matched Dipole

AERIAL BEARING: .... East/West

FREQUENCY: .... 12952.5 KHz

O.T.C., the Australian national body responsible for
telecommunications services between Australia and other
countries, and between Australia's external territories and shipping,
thanks you for your report on its transmission and conveys
best wishes.

.... D. York .... Signed for O.T.C.

**THE OVERSEAS
TELECOMMUNICATIONS
COMMISSION (AUSTRALIA)**
Box 7000, G.P.O. 32-38 Martin Place, Sydney, N.S.W.

Neuseeland

Kurzwelle:

Auckland Radio	Arbeitsfrequenzen Sprechfunk					
ZLD		4125	4143,6	4419,4	6218,6	kHz

Wellington Radio	Arbeitsfrequenzen Sprechfunk (SSB)						
LZW	4379,1	6506,4	8737,5	13125,6	17248,4	22633,2	kHz

Wellington Radio	Arbeitsfrequenzen Funkfernschreiben (RTTY)						
ZLW	4350,5	6495	8705,5	13072	17198	22562	kHz
	4351,5	6496	8706,5	13073	17199	22563	kHz

Awarua Radio	Arbeitsfrequenzen Telegrafie (CW)						
ZLB	4277	6393,5	8504	12740	17170,4	22533	kHz

(Sammelanruf: h+00 jede gerade Stunde)

Wetterdienst:

Die Station Wellington-Himatangi Meteo strahlt Wetterberichte und Wettervorhersagen ab 0805 und ab 2005 UTC auf 5915 / 7600 / 11130 / 14850 / 19488 kHz in Telegrafie (CW) aus.

Papua-Neuguinea

Kurzwelle:

Port Moresby Radio	Arbeitsfrequenzen Telegrafie (CW)			
P2M	6351,5	13042	kHz	

(Sammelanruf: h+00 jede ungerade Stunde 2200-0800 UTC)

Port Moresby Radio	Arbeitsfrequenzen Sprechfunk (SSB)				
P2M	4125 4143,6 4382,2 4407	6215,5 6515,7	8731,3	13175,2	kHz

Rabaul Radio	Arbeitsfrequenzen Telegrafie (CW)				
P2R	4247	6351,1	8515	13042	kHz

(Sammelanruf: h+00 jede gerade Stunde: 4247/8515 kHz)

Rabaul Radio	Arbeitsfrequenzen Sprechfunk (SSB)				
P2R	4125 4143,6 4382,2 4407	6215,5 6515,7	8731,3	13175,2	kHz

Wetterdienst:

Port Moresby Radio strahlt um 0100 und 0900 UTC einen Wetterbericht und eine Wettervorhersage in englischer Sprache in Telegrafie (CW) aus auf 6351,5 und 13042 kHz. In Sprechfunk (SSB) kommt der Wetterdienst um 0003/0603/2203 UTC auf 4407 / 6515,7 kHz.

Rabaul Radio strahlt den Wetterdienst in Telegrafie (CW) um 0000 und 1000 UTC auf 4247 / 8515 kHz aus und in Sprechfunk (SSB) um 0503/2103/2303 UTC auf 4407 / 66515,7 kHz.

Salomonen

Kurzwelle:

Honiara Radio	Arbeitsfrequenzen Telegrafie (CW)	
H4H	12700 kHz	
	(Sammelanruf: 0120 und 0420 UTC)	

Vanuatu

Kurzwelle:

Port Vila Radio	Arbeitsfrequenzen Telegrafie (CW)
YJM	4343 kHz (0430/2030 UTC) 6344 kHz (0030/0500/2100 UTC) 8502 kHz (0100 UTC) 12678 kHz
	(Sammelanruf: jeweils zu Beginn)

Neukaledonien

Kurzwelle:

Noumea Radio	Arbeitsfrequenzen Telegrafie (CW)
FJP	6330 kHz (1030 UTC) 8698 kHz (0000/0530/0930/2030 UTC)
	(Sammelanruf: jeweils zu Beginn)
Noumea Radio	Arbeitsfrequenzen Sprechfunk (SSB)
FJP	4366,7 8731,3 kHz

Wetterdienst:

Noumea Radio strahlt einen ausführlichen Wetterdienst für das Seegebiet um Neukaledonien und Neue Hebriden (Vanuatu) in französischer Sprache aus:

0000 und 0930 UTC: in Telegrafie (CW) auf 8698 kHz
0100 UTC: in Sprechfunk (SSB) auf 8731,3 kHz
2000 UTC: in Sprechfunk (SSB) auf 4366,7 kHz

Fidschi

Kurzwelle:

Suva Radio	Arbeitsfrequenzen Telegrafie (CW)
3DP	8690 kHz (0400-1000 UTC)
	12700 kHz (2000-0400 UTC)
	(Sammelanruf: fortlaufend)
Suva Radio	Arbeitsfrequenzen Sprechfunk (SSB)
3DP	4372,9 6215,5 8746,8 kHz

Wetterdienst:

Suva Radio bringt für die Küstengewässer von Fidschi eine Wettervorhersage in englischer Sprache in Sprechfunk (SSB) um 0003/0403/0803/2003 UTC auf 4372,9 und 8746,8 kHz.

Pitcairn-Inseln

Kurzwelle:

Pitcairn-Island Radio	Arbeitsfrequenzen Telegrafie (CW)
ZBP	12110 kHz (1830-1900 UTC)

Wetterdienst:

Pitcairn-Island Radio bringt während der Dienstzeit von 1830 bis 1900 UTC auf 12110 kHz auch regionale Wettermeldungen.

Samoa

Kurzwelle:

Apia Radio		Arbeitsfrequenzen Sprechfunk (SSB)					
5WA	4125 4143,6 4357,4	6215,5 6512,6	8777,8	13138	17304,2	22651,8	kHz

Pago Pago Radio		Arbeitsfrequenzen Telegrafie (CW)		
KUQ		6361	8585	12871,5 kHz

(Sammelanruf: 0000/0400/2000 UTC: 8585 kHz)

Pago Pago Radio		Arbeitsfrequenzen Sprechfunk (SSB)				
KUQ	4143,6 4379,1	6218,6 6215,5	8734,4	13196,9	17347,6	kHz

Wetterdienst:

Pago Pago Radio strahlt eine Wettervorhersage für Samoa und Tokelau in englischer Sprache in Telegrafie (CW) um 0400 und 200 UTC auf 8585 kHz aus.

Cook-Inseln

Kurzwelle:

Raratonga Radio		Arbeitsfrequenzen Telegrafie (CW)				
ZKR	4125	4143,6	8780,9	8793,3	13165,9	kHz

Polynesien (Französisch)

Kurzwelle:

Mahina Radio	Arbeitsfrequenzen Telegrafie (CW)
FJA	4298 kHz (0903/1733 UTC) 8461 kHz (0118/0433/0933/1333/2018 UTC) 17040,8 kHz (0133/0503/2048)
	(Sammelanruf: jeweils zu Beginn)
Mahina Radio	Arbeitsfrequenzen Sprechfunk (SSB)
FJA	4403,9 8805,7 17245,3 kHz

Wetterdienst:

Mahina Radio sendet die Wettervorhersage für Tahiti um 2100/2115 UTC auf 8764 kHz in französischer Sprache in Sprechfunk (SSB).

Nauru

Kurzwelle:

Nauru Radio	Arbeitsfrequenzen Telegrafie (CW)
C2N	8686 kHz (0115/2030 UTC) 17194 kHz (0130/0415/2100 UTC)
	(Sammelanruf jeweils zu beginn)
Nauru Radio	Arbeitsfrequenzen Sprechfunk (SSB)
C2N	6215,5 8768,5 kHz

Tuvalu

Kurzwelle:

Funafuti Island Radio   Arbeitsfrequenzen Sprechfunk (SSB)

ZJU   4388,4   6215,5   8759,2   13119,4   17251,5   kHz

Wetterdienst:

Wettervorhersagen von Funafuti Radio kommen eventuell um 0500 und 2100 UTC auf 6215,5 kHz in Sprechfunk (SSB).

Kiribati

Kurzwelle:

Tarawa Radio   Arbeitsfrequenzen Sprechfunk (SSB)

T3K   4388,4   6215,5   8759,2   kHz

Wetterdienst:

Tarawa Radio bringt örtliche Wettermeldungen zu jeder geraden Stunde auf 4388,4 kHz in Sprechfunk (SSB).

Hawaii

Wetterdienst:

Die Funkstelle Honolulu (NMO) der U.S. Coast Guard strahlt ausführliche Wettervorhersagen für das Seegebiet um Hawaii und für den Nord- und Süd-Pazifik in englischer Sprache wie folgt aus:

in Telegrafie (CW):
0100/0400/0700/1300/2000 UTC: auf 9050 / 13655 / 16457,5 / 22472 kHz

in Sprechfunk (SSB):
1145/2345 UTC: auf 6506,4 / 8765,4 / 13113,2 kHz

in Funkfernschreiben (RTTY):
0130/0430/1330/2030 UTC: auf 8718 / 13084,5 / 22574,5 kHz

Außerdem strahlt die Funkstelle Kekaha (WWVH) fast ununterbrochen Wettermeldungen für den Pazifik auf 2500 / 5000 / 10000 / 15000 kHz aus.

Nordamerika (westlicher Teil)

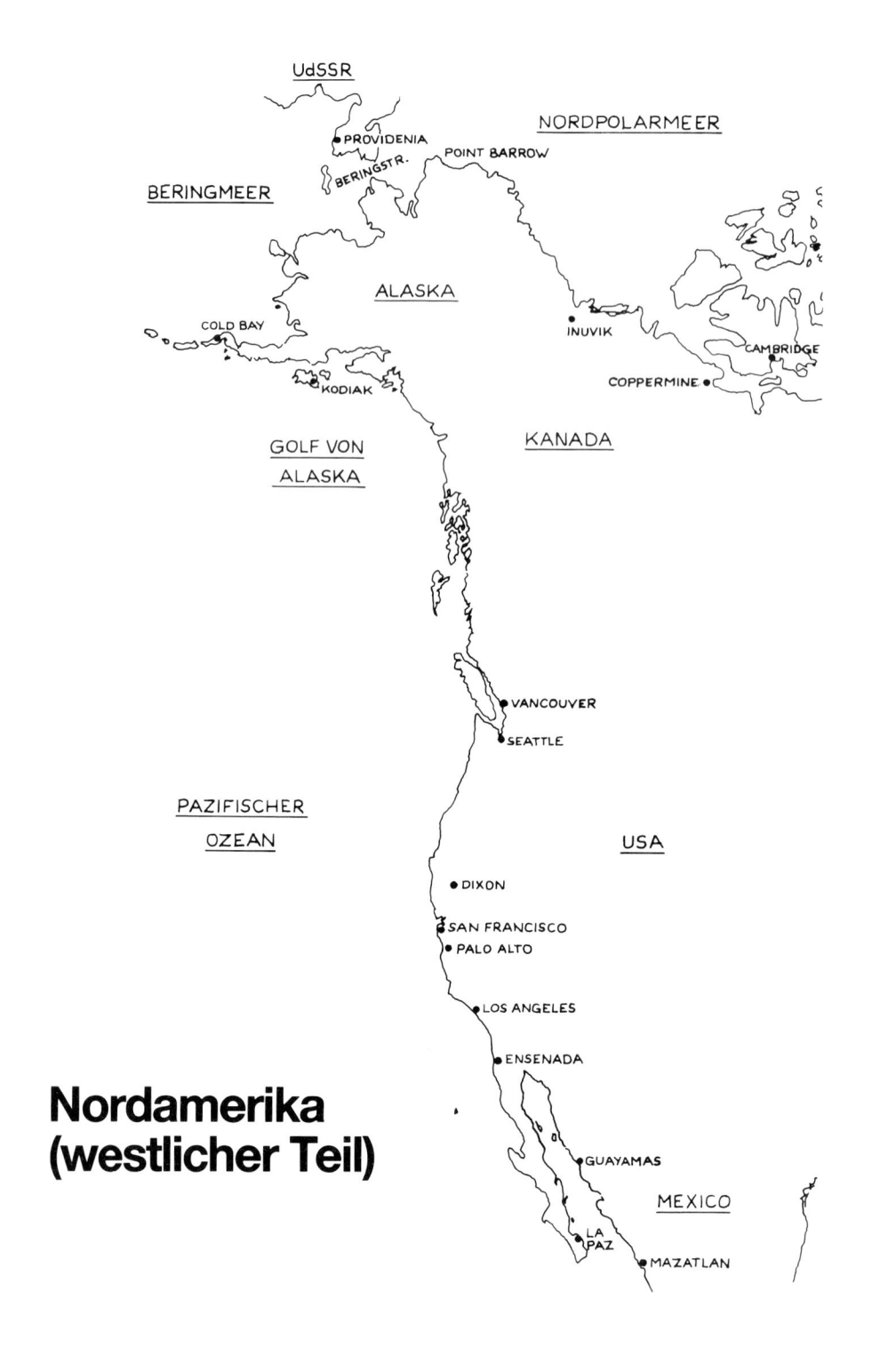

Nordamerika (östlicher Teil)

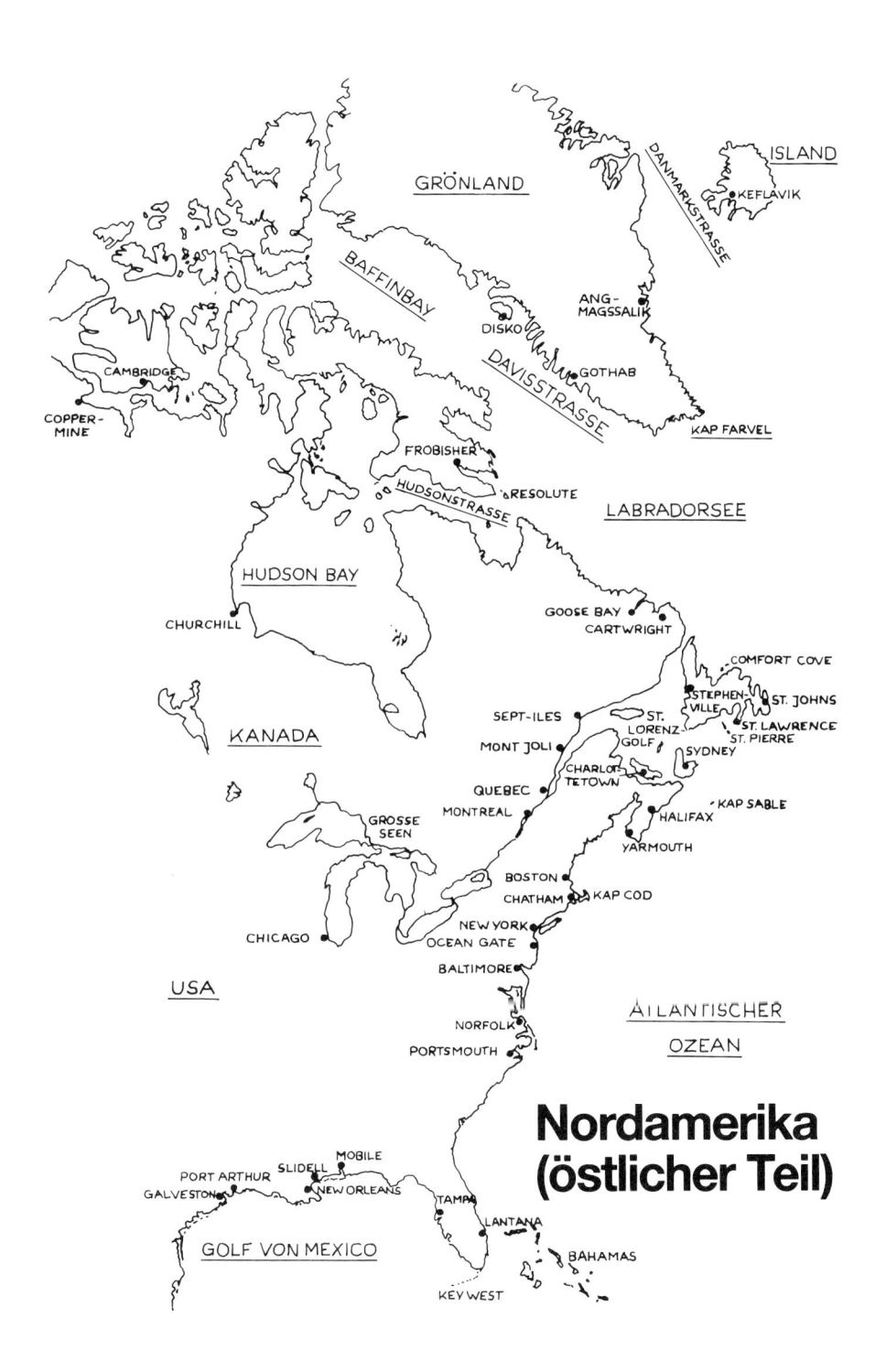

Alaska

Wetterdienst:

Folgende Stationen in Alaska strahlen Wetterberichte für den Golf von Alaska in englischer Sprache in Sprechfunk (SSB) aus:

0200 / 2000 UTC:	King Salomon Radio (KCI98)	4125 kHz
0800 / 2200 UTC:	Cold Bay Radio (KCI95)	4125 kHz
0400 / 1800 UTC:	Kodiak Radio (WBH29)	4125 kHz
0330 / 1600 UTC:	Yakutat Radio (KGD91)	4125 kHz
1000 / 1500 UTC:	Anette Radio (KGD58)	4125 kHz
0200 / 1645 UTC:	U.S.Coast Guard Kodiak (NOJ)	6506,4 kHz

Kanada – Pazifikküste

Kurzwelle:

Vancouver Radio   Arbeitsfrequenzen Telegrafie (CW)

VAI   4235   6493   8453   12876   17175,2   22368   kHz
                                                  22234

(Sammelanruf: h+10 jede ungerade Stunde)

Vancouver Radio   Arbeitsfrequenzen Sprechfunk (SSB)

VAI   4385,3 6518,8 8737,5 13119,4 17254,6 22654,9 kHz

Wetterdienst:

Die Militärstation Vancouver (CKN) strahlt Wettervorhersagen für die kanadische Pazifikküste in englischer Sprache in Telegrafie (CW) wie folgt aus:

0130 / 0530 / 1630 / 2030 UTC: 4268 / 6946 / 12125 / 15982 kHz

Vancouver Radio strahlt Wetterübersichten und Vorhersagen für die kanadische Pazifikküste und den nordöstlichen Pazifik wie folgt aus:

in Telegrafie (CW):
0200 / 0600 / 1800 UTC: 4235 / 6493 / 8453 / 12876 / 17175, 2 / 22368 kHz

in Sprechfunk (SSB):
0500 / 1500 UTC: 4385,3 kHz

in Funkfernschreiben (RTTY):
0200 / 0600 UTC: 4354   kHz
1800 UTC: 13091,5 kHz

USA – Pazifik-Küste

Kurzwelle:

Seattle Radio   Arbeitsfrequenzen Telegrafie (CW)

KLB   4348,5   6410,65 8582,5   12917   17007,7   22539   kHz

           (Sammelanruf: 0030/0230/0430/0630/1630/1830/2030/2230 UTC)

San Francisco Radio   Arbeitsfrequenzen Telegrafie (CW)

KPH   4247   6477,5   8618   12808,5   17016,5   22477,5   kHz
                             8642   13002   17088,8   22557

(Sammelanruf: h+00 jede ungerade Stunde)

San Francisco Radio   Arbeitsfrequenzen Funkfernschreiben (RTTY)

KPH   4356   6500,5   8711   13077,5   17203,5   kHz
                                       13092

Palo Alto Radio   Arbeitsfrequenzen Telegrafie (CW)

KFS   4228   6348   8444,5   12695,5   17026   22425   kHz
           4274   6365,5   8445   12844,5   17184,8   22515
                             8558,4

(Sammelanruf: h+30 jede ungerade Stunde)

Palo Alto Radio   Arbeitsfrequenzen Funkfernschreiben (RTTY)

KFS   4350   6494,5   8705   13072,5   17198,5   22562,5   kHz
           4351   6495,5   8706

Privater Sprechfunkverkehr über Kurzwelle wird über Dixon Radio (KMI) geführt.
Hauptarbeitsfrequenzen: 4357,4 / 8728,2 / 8784,0 / 13187,6 / 17236 kHz.

Wetterdienst:

Dixon Radio (KMI) strahlt die Wetterübersicht und Vorhersage für den Nord-
Pazifik in Sprechfunk (SSB) wie folgt aus:

0000 / 0600 / 1500 UTC: 4357,4 / 8728,2 / 8784 / 13100,8 / 13187,6 / 17236 kHz
1300 / 1900 UTC: 4403,9 / 8743,7 / 13103,9 / 13107 / 17239,1 / 22636,3 kHz

Die U.S. Coast Guard Station San Francisco (NMC) strahlt ebenfalls für den
Nord-Pazifik Wettermeldungen aus:

in Telegrafie (CW):
0030 / 0630/ 1900 UTC: 4346 / 8682 / 12730 / 17151,2 kHz

in Sprechfunk (SSB):
0430 / 1030 UTC: 4428,7 / 8765,4 / 13113,2 / 17307,3 kHz
1630 / 2230 UTC: 8765,4 / 13113,2 kHz

in Funkfernschreiben (RTTY):
0000 / 1800 UTC: 8714,5 / 17207 kHz

Und die Küstenfunkstelle Palo Alto (KFS) sendet Wetterübersichten und
Vorhersagen in Telegrafie (CW) um 0420 / 1620 UTC auf 4228 / 6348 / 8444,5 /
12695,5 / 17184,3 / 22515 kHz.

UNITED STATES COAST GUARD COMMUNICATION STATION
SAN FRANCISCO CALIFORNIA

QTH
38N - 123W

NMC

P.O. BOX 560, PT. REYES STATION, CA. 94956

Mexiko – Pazifikküste

Kurzwelle:

Ensenada Radio		Arbeitsfrequenzen Telegrafie (CW)				
XFE	4307,5	6390	8562	13006,5	16927,5	kHz

(Sammelanruf: h+00 jede ungerade Stunde: 8562 kHz)

Ensenada Radio		Arbeitsfrequenzen Sprechfunk (SSB)			
XFE	4394,6	6515,7	8780,9	13162,8	kHz
	4419,4	6521,9	8796,4	13165,9	

Guaymas Radio		Arbeitsfrequenzen Telegrafie (CW)			
XFY	4271	6435	8613	12815	kHz

Guaymas Radio		Arbeitsfrequenzen Sprechfunk (SSB)			
XFY	4366,7	6506,4	8780,9	13125,6	kHz
	4419,4	6521,9	8805,7	13162,8	

La Paz Radio (Baja California)		Arbeitsfrequenzen Telegrafie (CW)			
XFK	4268	6350	8505	12675	kHz

La Paz Radio (Baja California)		Arbeitsfrequenzen Sprechfunk (SSB)					
XFK	4366,7	6512,6	8768,5	13165,9	17242,2	22698,3	kHz
	4419,4		8780,9	13162,8	17294,9		

Mazatlan Radio		Arbeitsfrequenzen Telegrafie (CW)			
XFL	4250	6484,5	8470	12703	17115,5	kHz

(Sammelanruf: 0400/1000 UTC: 4250 kHz / 1600/1830 UTC: 8470 kHz / 2300 UTC: 6484 kHz / 2000 UTC: 12703 kHz)

Mazatlan Radio		Arbeitsfrequenzen Sprechfunk (SSB)		
XFL	4125	8780,9	13162,8	kHz
	4379,1	8796,4	13175,2	
	4419,4			

Manzanillo Radio		Arbeitsfrequenzen Telegrafie (CW)				
XFM	4225	6354	8568,5	12829,5		kHz

(Sammelanruf: h+30 jede ungerade Stunde 0130-1130 UTC auf 4225 kHz sowie 1330-2330 UTC: 8568,5/12829,5 kHz)

Manzanillo Radio		Arbeitsfrequenzen Sprechfunk (SSB)				
XFM	4366,7	6506,4	8768,5	13125,6	17242,2	kHz
		6521,9	8780,9	13162,8		

Acapulco Radio		Arbeitsfrequenzen Telegrafie (CW)				
XFA	4292	6414,5	8514	12752	16935,2	22465	kHz

(Sammelanruf: h+30 auf 8514 kHz)

Acapulco Radio	Arbeitsfrequenzen Sprechfunk (SSB)				
XFA	8743,7	13165,9	17242,2	22670,4	kHz

Salina Cruz Radio		Arbeitsfrequenzen Telegrafie (CW)			
XFQ	4268	6360	8631	12708	kHz

Salina Cruz Radio		Arbeitsfrequenzen Sprechfunk (SSB)			
XFQ	4366,7	6506,4	8768,5	13162,8	kHz
	4419,4	6521,9	8780,9	13175,2	

Wetterdienst:

Die mexikanischen Küstenfunkstellen strahlen Wetterberichte und Vorhersagen für die Pazifik-Küste in Telegrafie (CW) wie folgt aus:

0100 / 1600 UTC:	La Paz Radio (XFK)	8505 kHz
0500 UTC:	La Paz Radio (XFK)	4268 kHz
1600 / 1830 UTC:	Mazatlan Radio (XFL)	8470 kHz
0530 UTC:	Manzanillo Radio (XFM)	4225 / 8568,5 kHz
1700 UTC:	Manzanillo Radio (XFM)	8568,5 / 12829,5 kHz

Südamerika

ATLANTISCHER OZEAN

KARIBISCHES MEER

• TRINIDAD

GUYANA
• BUENAVENTURA PARAMARIBO

SANTAREM BELEM
GALAPAGOS   • GUAYAQUIL   MANAUS   • SAO LOUIS
            • PAITA   FORTALEZA
                                         NATAL
                                         OLINDA

• CALLAO
  (LIMA)   SALVADOR

• MOLLENDO

                            RIO DE
• IQUITOS   JANEIRO

PAZIFISCHER

   OZEAN
                  CORRIENTES

        (SANTIAGO DE CHILE)
        • VALPARAISO
                            • CERRITO
        BUENOS AIRES   (MONTEVIDEO)
        (GEN. PACHECO)

        BAHIA   MAR DEL PLATA
        BLANCA

        TRELEW

        COMODORE RIRADAVIA
        PUERTO DESADO

                    FALKLAND
        RIO
        GALLEGOS
        MAGELLANSTR.
MAGALLANS   USHUAIA

        KAP HOORN

Kolumbien – Pazifikküste

Kurzwelle:

Buenaventura Radio		Arbeitsfrequenzen Telegrafie (CW)				
HKC	4325	6386,5	8574	12853,5	17045,6	kHz
		(Sammelanruf: 0048/0648/0848/1248/1648/2048 UTC)				

Buenaventura Radio		Arbeitsfrequenzen Sprechfunk (SSB)			
HKC	4372,9	8796,4	13107	17276,3	kHz

Ekuador

Kurzwelle:

Guayaquil Radio	Arbeitsfrequenzen Telegrafie (CW)			
HCG	8474	12711	16948	kHz
	(Sammelanruf: h+00 jede Stunde)			

Peru

Kurzwelle:

Paita Radio		Arbeitsfrequenzen Telegrafie (CW)						
OBY2		8527	khz					

(Sammelanruf: h+05 jede ungerade Stunde)

Callao Radio		Arbeitsfrequenzen Telegrafie (CW)						
OBC3	4247	6360	8465	12725	17160	22595	kHz
		6474	8546	12983		25045	
				13015,5			

(Sammelanruf: h+00 jede gerade Stunde auf 8546 / 13015,5 kHz)

Callao Radio		Arbeitsfrequenzen Sprechfunk (SSB)					
OBC3	4125	6518,8	8780,9	13144,2	17254,6	22611,5	kHz
	4363,6			13162,8			
	4397,7						
	4419,4						

Salaverry Radio	Arbeitsfrequenzen Telegrafie (CW)	
OBR3	8744	kHz

Mollendo Radio	Arbeitsfrequenzen Telegrafie (CW)	
OBF4	8490	kHz

(Sammelanruf: h+05 jede ungerade Stunde)

Mollendo Radio		Arbeitsfrequenzen Sprechfunk (SSB)					
OBF4	4376	6515,7	8749,9	13125,6	17288,7	22645,6	kHz
	4397,7		8780,9				
	4419,4		8799,5				

Iquitos Radio		Arbeitsfrequenzen Telegrafie (CW)					
OBQ5	4325	6474	8546	12795	16970	22555	kHz
		6500		13015,5		25110	

Wetterdienst:

Callao Radio strahlt einen Wetterdienst um 0205 / 1605 / 2105 UTC auf 8650 / 12307 kHz in Telegrafie (CW) aus.

Chile

Kurzwelle:

Valparaiso Radio   Arbeitsfrequenzen Telegrafie (CW)

CBV   4349   6337   8479   12714   16956,5   22478   kHz
                                          12741
                                          12747,5
                      (Sammelanruf: h+00 jede gerade Stunde)

Valparaiso Radio   Arbeitsfrequenzen Sprechfunk (SSB)

CBV   4143,6   6218,6   8291,1   13128,7   17294,9   22658   kHz
            4413,2   6506,4   8718,9   13153,5   17325,9   22670,4
            4419,4   6521,9   8743,7   13162,8   17353,8   22716,9
            4431,8   8762,3   13172,1
                                8780,9

Valparaiso Radio   Arbeitsfrequenzen Funkfernschreiben (RTTY)

CBV   8709   kHz

Magallanes Radio   Arbeitsfrequenzen Telegrafie (CW)

CBM   4322   8696   12826,5   kHz

                      (Sammelanruf: 1200/1600/22/2400 UTC)

Wetterdienst:

Folgende chilenische Stationen strahlen Wetterberichte und Vorhersagen für die chilenische Pazifikküste und das Seegebiet um Kap Hoorn in spanischer und englischer Sprache aus:

in Telegrafie (CW):

0110/1110/1900 UTC: Belloto/Valparaiso (CCV)   4298/8558/12960 kHz
1430/2030 UTC: Puerto Montt (CBP2)   8694 kHz
0145/0255/0555/0855/1155/1400/
1455/1530/1755/2055/2200/2355 UTC: Magallanes (CCM)   4256 / 8510 kHz

in Sprechfunk (SSB):

0220/0520/0820/1120/1420/
1720/2020/2320 UTC: Isla Mocha (CBF44)   4143,6 / 6218,6 kHz

1430/2030 UTC: Puerto Montt (CBP2)   4143,6 kHz

1300/1400/1700/1900/2000 UTC: Islotes Evangelistas (CBF59)   5385 kHz
(für den Westteil der Magellanstraße)

1330/2130 UTC: Magallanes (CCM)   4390 / 8773 kHz

1300/1400/1700/1900/2000 UTC: Punta Dungeness (CBF67) 5385 kHz
(für den Ostteil der Magelanstraße)

Argentinien

Kurzwelle:

Ushuaia Radio		Arbeitsfrequenzen Telegrafie (CW)		
LPC	4425	8449	13065	

(Sammelanruf: 0100/0500/0900/1300/1700/2100 UTC)

Rio Gallegos Radio		Arbeitsfrequenzen Sprechfunk (SSB)	
LPG	4400,8	8765,4	kHz

Puerto Deseado Radio		Arbeitsfrequenzen Sprechfunk (SSB)	
LPO	4379,1	8787,1	kHz

Trelew Radio		Arbeitsfrequenzen Sprechfunk (SSB)	
LPZ	4434,9	8740,6	kHz

Bahia Blanca Radio		Arbeitsfrequenzen Sprechfunk (SSB)		
LPW	4372,9	6506,4	8780,9	kHz
	4419,4	6521,9		

Mar del Plata Radio		Arbeitsfrequenzen Sprechfunk (SSB)	
LPM	4388,4	8749,9	kHz

Recalada Rio de la Plata		Arbeitsfrequenzen Telegrafie (CW)	
L3V3		4239,5	kHz

Corrientes Radio		Arbeitsfrequenzen Sprechfunk (SSB)	
LPB	4428,7	8746,8	kHz

General Pacheco Radio		Arbeitsfrequenzen Telegrafie (CW)						
LPD	4262	8646	12763,5	17045,6	22419	25130,5	kHz
	4268		12988,5		22513,5		

(Sammelanruf: 2000 UTC: 4262/4268/12763,5/12988,5 kHz
und 0200/0400/2000/2200 UTC: 8646/17045,6 kHz)

```
General Pacheco Radio    Arbeitsfrequenzen Sprechfunk (SSB)

LPL        4394,6   6512,6   8759,2   13159,7   17232,9   22605,3   kHz
           4419,4            8780,9             17294,9
                             8722               17284,6
```

Wetterdienst:

Folgende Stationen strahlen Wetterberichte und Wettervorhersagen für die argentinische Küste und die atlantischen Seegebiete in spanischer und englischer Sprache aus:

in Telegrafie (CW):

```
0150/1350/1750/2050 UTC:  Comodore Rivadavia (L2X)    4304 kHz
0020/1220/1920 UTC:       Mar del Plata (L2Q)         4304 kHz
0230/0430/1330/1630/2030 UTC: Buenos Aires (L2C)      4304 kHz

0230/1630 UTC:            Buenos Aires (L2C)   8447 / 12728 / 16925,6 kHz
```

in Sprechfunk (SSB)

```
0250/0750/1150/1950 UTC:  Comodoro Rivadavia ((L3A)   6218,6 kHz
1815 UTC:                 Mar del Plata (L2T)         3860,6 kHz

0335/1135/1435/1735/2135/2335 UTC: Buenos Aires (L2F) 6218,6 / 8291,1 kHz
```

Uruguay

Kurzwelle:

Cerrito Radio   Arbeitsfrequenzen Telegrafie (CW)

```
CWA        4346     6435,5   8602     12750     16871,3   22312,5   kHz
```

(Sammelanruf: h+00 von 1000 bis 2400 UTC)

Punta Carretas Radio   Arbeitsfrequenzen Sprechfunk (SSB)

```
CWF        4357,7   6518,8   8291,1   13128,7   17260,8   22636,3   kHz
           4419,4   6521,9   8780,9   13162,8   17294,9   22658
```

Wetterdienst:

Wetterberichte und Vorsagen für die uruguayanische Atlantikküste werden in spanischer Sprache wie folgt ausgestrahlt:

```
0000 / 1400 / 1900 UTC:  Cerrito Radio       4346 kHz  (in Telegrafie )
0010 / 1410 / 1910 UTC:  Punta Carretas R.   4357,4 kHz (in Sprechfunk)
```

Brasilien

Kurzwelle:

Itajai Radio	Arbeitsfrequenzen Sprechfunk (SSB)						
PPC	4125 4143,6 4366,7 4369,8	8291 8774,7 8780,9 8784	kHz				
Rio de Janeiro Radio	Arbeitsfrequenzen Telegrafie (CW)						
PPR	4244	8492	8634	12738	16984	22352,5 22420	kHz
	(Sammelanruf: h+00 jede ungerade Stunde)						
Rio de Janeiro Radio	Arbeitsfrequenzen Sprechfunk (SSB)						
PPR	4125 4143,6 4366,7 4369,8 4382,8 4403,9 4413,2	8291,1 8774,7 8780,9 8784 8802,6 8808,8	13141,1 13162,8	17263,9 17270,1 17294,9	22658 22710,7	kHz	
Salvador Radio	Arbeitsfrequenzen Sprechfunk (SSB)						
PPA	4125 4143,6 4366,7 4382,2 4403,9	8291,1 8774,7 8780,9 8784	kHz				
Olinda Radio	Arbeitsfrequenzen Telegrafie (CW)						
PPO	4280 4298	8520,5 8548	12840 12958,5	17120 17162	kHz		
	(Sammelanruf: 0130/0530/0930/1330/1730/2130 UTC)						
Olinda Radio	Arbeitsfrequenzen Sprechfunk (SSB)						
PPO	4125 4143,6 4366,7 4369,8 4413,2	8291,1 8774,7 8780,9 8790,2 8802,6	13131,8 13162,8	17248,4	kHz		
Natal Radio	Arbeitsfrequenzen Sprechfunk (SSB)						
PPN	4125 4143,6 4366,7 4382,2	8774,7 8808,8	kHz				

Fortaleza Radio   Arbeitsfrequenzen Sprechfunk (SSB)

PPF   4125   4143,6   4366,7   4369,8   4403,9   4425,6   kHz
           8291,1   8774,7   8802,6

Manaus Radio   Arbeitsfrequenzen Sprechfunk (SSB)

PPM   4125   4143,6   4366,7   4369,8   4403,9   kHz
           8291,1   8774,7   8780,9   8808,8
           13169

Sao Luis Radio   Arbeitsfrequenzen Sprechfunk (SSB)

PPB   4125   4143,6   4366,7   4382,2   kHz
           8774,7   8790,2

Santarem Radio   Arbeitsfrequenzen Sprechfunk (SSB)

PPT   4125   4143,6   4366,7   4382,2   kHz
           8291,1   8774,7   8780,9   8790,2
           13125,6

Belem Radio   Arbeitsfrequenzen Telegrafie (CW)

PPL   4247,5   8460,5   12689   16986   kHz
           4265   8502   12979,5   17170

                         (Sammelanruf: 0030/0430/0830/1230/1630/2030 UTC)

Belem Radio   Arbeitsfrequenzen Sprechfunk (SSB)

PPL   4125   4143,6   4366,7   4369,8   4413,2   kHz
           8291,1   8774,7   8780,9   8784   8808,8
           13184,5
           17332,1

Wetterdienst:

Ausführliche Wetterberichte und Vorhersagen für die brasilianische Küste und
die atlantischen Seegebiete strahlt Rio de Janeiro Radio (PWZ) in portugiesischer und englischer Sprache aus:

in Telegrafie (CW):
0030 / 0630 / 1800 UTC: 4289 / 6435 / 8550 / 12795 / 17160 / 22530

in Funkfernschreiben (RTTY):
0130 / 1930 UTC: 6420 / 8530 / 12900 / 17122,4 / 22455 kHz

Weitere Wetterdienste in Telegrafie (CW):

0130 / 0730 / 1900 UTC: Juncao Radio (PPJ) 4251 / 8460,5 / 12689,5 kHz
0200 / 0700 / 1830 UTC: Olinda Radio (PPO) 4298 / 8520,1 / 12958,5 kHz
0130 / 0800 / 1930 UTC: Belem Radio (PPL)   4265 / 8502 / 12979,5 kHz

Surinam

Kurzwelle:

Paramaribo Radio   Arbeitsfrequenzen Telegrafie (CW)

PZN
```
4255,3 kHz
6355    kHz (0000/0600/2030 UTC)
8652,5 kHz (0000/0600/0930/1200/1730/2030 UTC)
13046   kHz (0000/0600/0930/1200/1730/2030 UTC)
16956   kHz (0930/1200/1700 UTC)
```

(Sammelanruf: jeweils zu Beginn)

Paramaribo Radio   Arbeitsfrequenzen Sprechfunk (SSB)

PZN   4379,1   8740,6   12119,4   17254,6   kHz

REPUBLIEK SURINAME

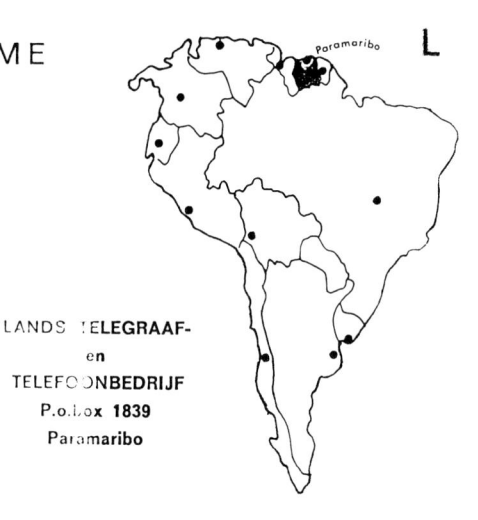

QSL

LANDS TELEGRAAF-
en
TELEFOONBEDRIJF
P.o.Box 1839
Paramaribo

Guyana

Kurzwelle:

Demerara Radio   Arbeitsfrequenzen Telegrafie (CW)

8RB
```
8449    kHz (0113/2055 UTC)
12709   kHz (0025/1255/1655 UTC)
16947,6 kHz (1730 UTC)
```

(Sammelanruf: jeweils zu Beginn)

Mittelamerika (Karibik)

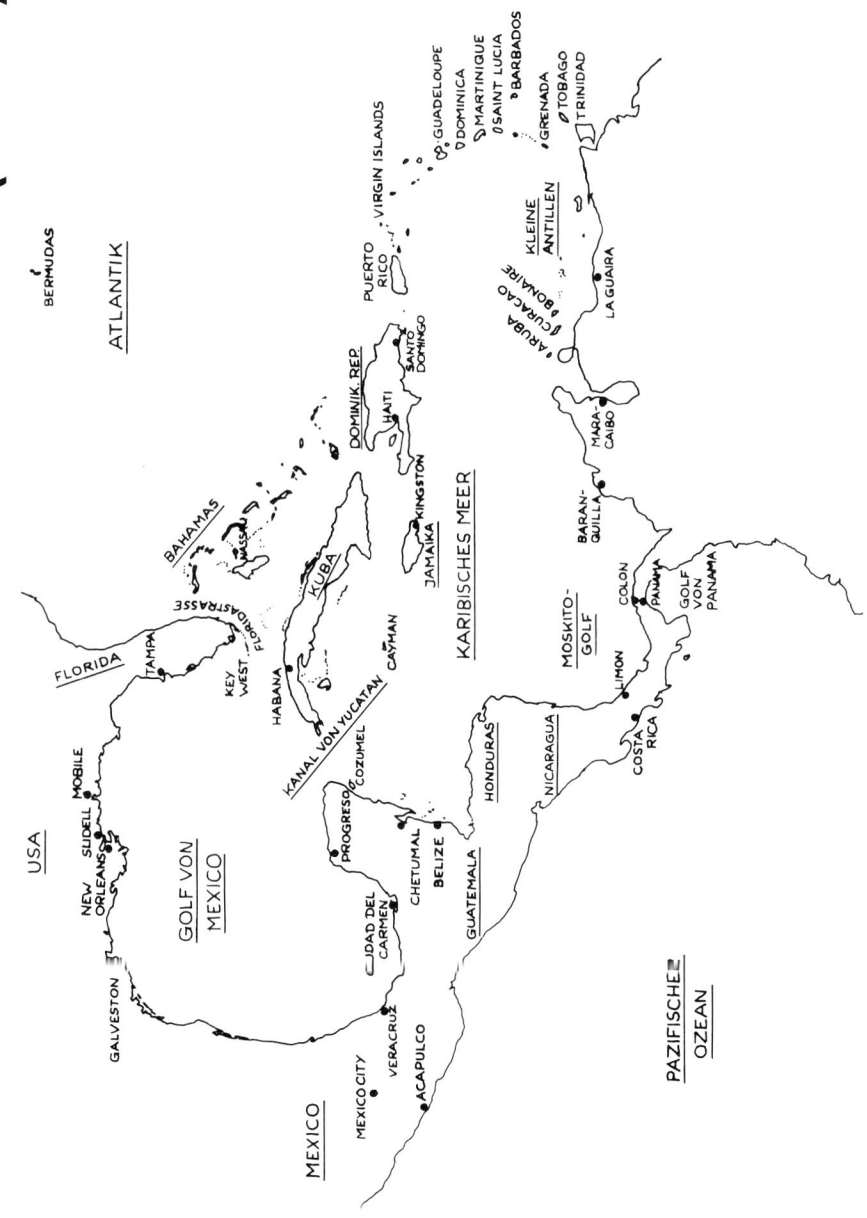

Trinidad und Tobago

Kurzwelle:

Trinidad North Post R.   Arbeitsfrequenzen Telegrafie (CW)

9YL   6470,5 kHz (2300 UTC)
                8441   kHz (0100/0600/0900/1300/1500/1730/2130 UTC)
                12885 kHz (1330/2050 UTC)
                17184,8 kHz (1200/1530 UTC)

                (Sammelanruf: jeweils zu Beginn)

Wetterdienst:

Trinidad North Post Radio bringt Wetterübersichten und Vorhersagen für das Karibische Meer, die Kleinen Antillen und die angrenzenden atlantischen Seegebiete in englischer Sprache in Telegrafie (CW) nach folgendem Sendeplan:

2300 UTC: 6470,5 kHz
1200/1530 UTC: 17184,8 kHz
1330/2050 UTC: 12885 kHz
0100/0600/0900/1300/1500/1730/2130 UTC: 8441 kHz

textel

Trinidad & Tobago External Telecommunications Company

P.O. Box 3, Port of Spain, Trinidad, West Indies. Tel: 62-54431 Telex

Barbados

Kurzwelle:

Barbados Radio   Arbeitsfrequenzen Telegrafie (CW)

8P0   6379,5 kHz (0600 UTC)
                   8449,3 kHz (0000/1000/1200/2000/2300 UTC)
                   12709   kHz (0140/1320/1720/2100 UTC)
                   16947,6 kHz (1620/1900 UTC)

                   (Sammelanruf jeweils zu Beginn)

Barbados Radio   Arbeitsfrequenzen Sprechfunk (SSB)

8P0   4376   8765,4   13138   17353,8   kHz
                           8793,3

Wetterdienst:

Barbados Radio strahlt einen Wetterdienst für die Karibik, die Antillen und angrenzende atlantische Seegebiete in Sprechfunk (SSB) in Englisch auf den Frequenzen 2733 / 2805 / 4376 / 8765,4 kHz zu folgenden Zeiten aus:

0050/0103/0503/0903/1250/1303/1650/1703/2050/2103 UTC.

Martinique

Wetterdienst:

Die Station Fort de France (FFP) strahlt ausführliche Wetterberichte und Vorhersagen für das gesamte karibische Meer, die Antillen und angrenzende atlantische Seegebiete in französischer Sprache in Telegrafie (CW) aus:

0130 / 1300 / 1333 / 2333 UTC: 4263 / 8675,2 / 12831 kHz

Virgin Islands

Kurzwelle:

St. Thomas Radio   Arbeitsfrequenzen Sprechfunk (SSB)

WAH   6515,7   6518,8   17236   17239,1   22664,2   kHz

Dominikanische Republik

Kurzwelle:

Santo Domingo Piloto   Arbeitsfrequenzen Telegrafie (CW)

HIA   4358   kHz (2100-0300 UTC)
                        8642   kHz (1300-1900 UTC)
                        13087,5 kHz (1300-0300 UTC)

                        (Sammelanruf: h+00 jede gerade Stunde)

Wetterdienst:

Santo Domingo Piloto bringt Wettermeldungen über die dominikanischen Gewässer in spanischer Sprache in Telegrafie (CW) um 0300/1700 UTC auf 4358/8642/13087,5 kHz.

Jamaika

Kurzwelle:

Kingston Radio   Arbeitsfrequenzen Telegrafie (CW)

6YI   3535   kHz (0048/0248 UTC)
                        6470,5 kHz (0018/0218 UTC)
                        8465   kHz (1318/2118 UTC)
                        13065   kHz (1218/1618 UTC)
                        16947,5 kHz

                        (Sammelanruf: jeweils zu Beginn)

Kingston Radio   Arbeitsfrequenzen Sprechfunk (SSB)

6YI   3535   4369,8   4403,9   6518,8   8753   13172,1   kHz

Kuba

Kurzwelle:

Habana Radio	Arbeitsfrequenzen Telegrafie (CW)						
CLA	4225	6337	8496	12673,5	16961	22357,5	kHz
	4235	6454	8573	12748	17165,6	22396	
			8702	12792			
				13062			
	(Sammelanruf: h+25 jede gerade Stunde)						

Habana Radio	Arbeitsfrequenzen Sprechfunk (SSB)					
CLA	4357,4	8743,7	13150,4	17310,4	22692,1	kHz
	4410,1	8759,2	13184,5	17316,6		

Habana Radio	Arbeitsfrequenzen Funkfernschreiben (RTTY)				
CLA	8717	13084	17210	22574	kHz
		13089	17215	22579	

Wetterdienst:

Die Station Casa Blanca/Habana (CLX) strahlt Wetterberichte und Vorhersagen für das karibische Meer und den Golf von Mexiko in spanischer Sprache aus:

Um 1700 UTC in Amplitudenmodulation (AM) auf 6995 kHz. Und in Telegrafie (CW) um 0845 und 1400 UTC auf 6995 kHz sowie um 2045 UTC auf 3560 kHz.

Bahamas

Kurzwelle:

Nassau Radio	Arbeitsfrequenzen Telegrafie (CW)				
C6N	4220,5	6376	8441	12752	kHz

Wetterdienst:

Nassau Radio strahlt Wettervorhersagen für die Bahamas und angrenzende Gewässer in englischer Sprache in Telegrafie (CW) um 0130 und 1330 UTC auf 6376 und 8441 kHz aus.

Bermuda

Kurzwelle:

Bermuda Radio	Arbeitsfrequenzen Telegrafie (CW)					
VRT	4277	6487,5	8449,4	12709,2	16947,6	kHz
	(Sammelanruf: fortlaufend)					
Bermuda Radio	Arbeitsfrequenzen Sprechfunk (SSB)					
VRT	4385,3	6512,6	8768,5	13159,7	17285,6	kHz
Bermuda Radio	Arbeitsfrequenzen Funkfernschreiben (RTTY)					
VRT	6503,5	8714,5	13073	17201,5	kHz	

Venezuela

Kurzwelle:

La Guaira Radio	Arbeitsfrequenzen Telegrafie (CW)				
YVG	4222	6351,5	8461	17141,6	kHz
	(Sammelanruf: h+00 stündlich)				
Puerto Ordaz Radio (Orinoco-Revierfunk)	Arbeitsfrequenzen Telegrafie (CW)				
	4322	6372,5	8453	13065	kHz
	(Sammelanruf: 0030/1430/2005 UTC: 8453 kHz)				

Niederländische Antillen

Kurzwelle:

Curacao Radio		Arbeitsfrequenzen Telegrafie (CW)				
PJC	4334	6491,5	8694	13042,5	17170,5	kHz

(Sammelanruf: h+00 jede ungerade Stunde)

Curacao Radio		Arbeitsfrequenzen Sprechfunk (SSB)			
PJC	4379,1	8725,1	13119,4	17251,5	kHz

Wetterdienst:

Curacao Radio strahlt eine Wetterübersicht und Vorhersage in englischer Sprache für das karibische Meer und angrenzende atlantische Seegebiete um 1300 UTC auf 8694/13042,5 kHz in Telegrafie (CW) aus und um 1305 UTC auf 8725,1 kHz in Sprechfunk (SSB).

NETHERLANDS ANTILLES

GOVERNMENT RADIO AND TELEGRAPH ADMINISTRATION

ARUBA-BONAIRE-CURAÇAO-ST. EUSTATIUS-ST. MAARTEN-SABA

Kolumbien – Karibikküste

Kurzwelle:

Barranquilla Radio		Arbeitsfrequenzen Telegrafie (CW)				
HKB	4277	6463,5	8700,4	13087,5	17004	kHz

(Sammelanruf: 0105/0405/1005/1205/1605/2105 UTC)

Barranquilla Radio		Arbeitsfrequenzen Sprechfunk (SSB)			
HKB	4372,9	8796,4	13107	17276,3	kHz

Panama

Kurzwelle:

Panama Intelmar R.   Arbeitsfrequenzen Telegrafie (CW)

HPP	4275	6423,5	8589	12699	16869	22454	kHz
	4338,5	6479	8508	13049,5	17027,5	22499	

(Sammelanruf: h+00 jede ungerade Stunde)

Panama Intelmar R.   Arbeitsfrequenzen Sprechfunk (SBB)

HPP	4419,4	6521,9	8774,7	13162,8	17294,9	22658	kHz
	4357,4	6509,5	8780,9	13110,1	17276,3	22602	
	4428,7		8768,5	13196,9	17298	22617,7	

Panama Intelmar R.   Arbeitsfrequenzen Funkfernschreiben (RTTY)

HPP	4353,5	6495	8709	13075	17213,5	22576,5	kHz
	5455,5		8713	13080		22582,5	

Costa Rica

Kurzwelle:

Limon Radio		Arbeitsfrequenzen Telegrafie (CW)					
TIM	4290	6380	8478	13100	16873	22336	kHz
	4297	6448	8480		17149	22546	

(Sammelanruf: h+18 jede Stunde)

El Radio	Arbeitsfrequenzen Sprechfunk (SSB)
TI02	7665 kHz

Ocean Radio	Arbeitsfrequenzen Telegrafie (CW)		
TEC	8472	13058	kHz

(Sammelanruf: 8472 kHz: 1300/1400/1800/1900/2000/2200
13058 kHz: 1600/1700 UTC   2300 UTC

Ocean Radio	Arbeitsfrequenzen Sprechfunk (SSB)		
TEC	8291,1	12429,2	kHz

Wetterdienst:

Limon Radio strahlt Wettervorhersagen für das Karibische Meer und den Golf von Mexiko in Telegrafie (CW) wie folgt aus:

0018 UTC: 4297 / 6380 / 8478 / 13100 kHz
1818 UTC: 8478 / 13100 / 16873 / 22336 kHz

Mexiko – Golfküste

Kurzwelle:

Chetumal Radio	Arbeitsfrequenzen Telegrafie (CW)				
XFP	4292	6439	8585,5	12843	kHz

(Sammelanruf: 0300 UTC: 4292 kHz und
1500/2200 UTC: 8595,5 kHz)

Chetumal Radio	Arbeitsfrequenzen Sprechfunk (SSB)				
XFP	4366,7	6506,4	8768,5	13125,6	17242,2 kHz
	4394,6	6512,6	8780,9		
	4419,4	6521,9			

Cozumel Radio	Arbeitsfrequenzen Telegrafie (CW)				
XFC	4268	6390	8580,5	12824	kHz

(Sammelanruf: 0100/2300 UTC auf 4268 kHz und
1400/1600 UTC auf 8580,5 kHz)

Cozumel Radio	Arbeitsfrequenzen Sprechfunk (SSB)				
XFC	4363,6	6512,6	8743,7	13175,2	17273,2 kHz
	4379,1	6515,7	8780,9		
	4419,4	6521,9			

Progreso Radio	Arbeitsfrequenzen Telegrafie (CW)					
XFN	4225	6358	8621	12729	17134	22511 kH

Progreso Radio	Arbeitsfrequenzen Sprechfunk (SSB)					
XFN	4366,7	6521,9	8780,9	13162,8	17282,5	22658 kH
	4419,4		8805,7	13175,2	17294,9	

Ciudad del Carmen R.	Arbeitsfrequenzen Telegrafie (CW)				
XFB	4307,5	6435	8562,5	12675	kHz

Ciudad del Carmen R.	Arbeitsfrequenzen Sprechfunk (SSB)				
XFB	4366,7	6506,4	8743,7	13125,6	kHz
	4419,4	6521,9	8780,9	13162,8	

Pajaritos Radio	Arbeitsfrequenzen Telegrafie (CW)
XFF2	4230,5 6442,5 8690,5 12790,5 17075,5 kHz

(Sammelanruf: h+30 jede gerade Stunde)

(Pajaritos verkehrt nur mit Tankschiffen, die das Pemex-Terminal anlaufen.)

Veracruz Radio	Arbeitsfrequenzen Telegrafie (CW)
XFU	4285 6367 8656 12775 kHz
	12477

(Sammelanruf: h+00 jede Stunde)

Veracruz Radio	Arbeitsfrequenzen Sprechfunk (SSB)
XFU	4394,6 8780,9 13162,8 kHz
	4419,4 8805,7

Radiomex	Arbeitsfrequenzen Telegrafie (CW)
XDA	8567 12470 16914,5 22385 kHz
	8575,5 12836 16942,5 22400
	8590,5 12855 17120,5 22471
	8626 13014,5 17140 22516

(Sammelanruf: 0230/1430/2030 UTC: 8626/12836 kHz)

Radiomex	Arbeitsfrequenzen Sprechfunk (SSB)
XDA	8780,9 13125,6 17242,2 22658 kHz
	8796,4 13162,8 17273,2 22670,4
	8805,7 13175,2 17294,9 22698,3

Wetterdienst:

Die mexikanischen Küstenfunkstationen bringen Wetterberichte und Vorhersagen in spanischer Sprache in Telegrafie (CW) wie folgt:

0400 UTC:	Chetumal Radio	4292 kHz
1500/2200 UTC:	Chetumal Radio	8595,5 kHz
0300 UTC:	Veracruz Radio	4285 kHz
1600/2100 UTC:	Veracruz Radio	8656 kHz

USA – Golf- und Atlantikküste

Kurzwelle:

Der Sprechfunkverkehr zwischen Schiffen und Teilnehmern an Land wird auf Kurzwelle von Ocean Gate Radio, New Jersey, (WOO) und Pennsuco Radio, Florida, (WOM) abgewickelt:

Ocean Gate Radio		Arbeitsfrequenzen Sprechfunk (SSB)				
WOO	4385,3 4388,4 4403,9 4422,5	8740,6 8749,9 8762,3 8796,4	13107 13128,7 13131,8 13184,5	17245,3 17291,8 17310,4 17325,9	22596 22608,4 22623,9 22704,5	kHz

(Sammelanruf: ununterbrochen auf 8749,9 / 13107 kHz)

Pennsuco Radio		Arbeitsfrequenzen Sprechfunk (SSB)				
WOM	4363,6 4391,5 4407 4425,6	8722 8731,3 8746,8 8759,2 8793,3 8811,9	13116,3 13122,5 13125,6 13144,2 13169 13190,7	17232,9 17257,7 17260,8 17263,9 17279,4	22639,4 22642,5 22661,1	kHz

(Sammelanruf: h+30 auf wechselnden Frequenzreihen)

Galveston Radio		Arbeitsfrequenzen Telegrafie (CW)					
KLC	4256 4223	6369 6338,5	8659,5 8666 8508	13038 12904,5	16939,75 16871,3	22467 22338	kHz kHz

(Sammelanruf: h+30 jede Stunde)

Galveston Radio		Arbeitsfrequenzen Funkfernschreiben (RTTY)			
KLC	4354	6502,5	8709	13095	kHz

Slidell Radio		Arbeitsfrequenzen Telegrafie (CW)					
WNU	4294 4310	6326,5 6389,65	8525 8570 8688	12826,5 12869 13011	16861,7 17117,6	22431 22458	kHz

(Sammelanruf: h+30 bzw. h+35 jede Stunde)

Slidell Radio   Arbeitsfrequenzen Funkfernschreiben (RTTY)

WNU   4171   8705,5   13072   kHz
                      8714   13080,5
                                13097
                                13099,5

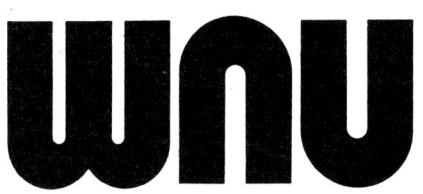

New/Orleans, Louisiana

WNU

Marine Coastal Station of **TRT**

Mobile Radio   Arbeitsfrequenzen Telegrafie (CW)

WLO   4257,5   6446   8445,5   12704,5   16968,5   22320   kHz
                      6416   8473,5   12660   17021,6
                                8514   12886,5   17172,4
                                8658   13024,9

(Sammelanruf: h+00 jede Stunde)

Mobile Radio   Arbeitsfrequenzen Sprechfunk (OSD)

WLO   4369,8   8790,2   13134,9   17356,9   22707,6   kHz
            4397,7   8805,7   13178,3
            4413,2   8808,8

Mobile Radio   Arbeitsfrequenzen Funkfernschreiben (RTTY)

WLO   4352   6499   8707   13073,5   17199,5   22563,5   kHz
            4354,5   6501,5   8709,5   13076,5   17204,5   22568,5
                                8712   13078,5   17209,5   22573,5
                                8717   13083,5   17211,5   22588
                                           13085,5   17224
                                           13098

183

Tampa Radio		Arbeitsfrequenzen Telegrafie (CW)					
WPD		6365,5	8473 8615,5	13051,5	17171,5	kHz	

(Sammelanruf: 0050/1320/1420/1720/1920/2120/2320 UTC)

Tampa Radio		Arbeitsfrequenzen Funkfernschreiben (RTTY)					
WPD	4353,5	6498	8708,5	13080	17206 17215	22570 22579	kHz

Lantana Radio		Arbeitsfrequenzen Telegrafie (CW)					
WOE		6411,35	8486	12970,5	17159,5	22503	kHz

(Sammelanruf: h+05 jede Stunde)

Baltimore Radio		Arbeitsfrequenzen Telegrafie (CW)					
WMH	4346	6351,5	8610	12952,5	17093,6	kHz	

(Sammelanruf: h+30 jede ungerade Stunde)

Tuckerton Radio		Arbeitsfrequenzen Telegrafie (CW)					
WSC	4316	6484,5	8664 8680	12879,5 13063,5	16916,5 17106,5	22418	kHz

(Sammelanruf: h+18 jede Stunde)

Chatham Radio		Arbeitsfrequenzen Telegrafie (CW)					
WCC	4331	6376	8586 8630	12847 12925,5 13033,5	16933,2 16972	22518	kHz

(Sammelanruf: h+50 jede Stunde)

Chatham Radio		Arbeitsfrequenzen Funkfernschreiben (RTTY)					
WCC	4356,5	6504,5	8715 8712,5	13081,5 13090	17207,5 17216	22571,5	kHz

Pressedienst:

Chatham Radio strahlt von 0300 bis 0500 UTC einen Pressedienst mit aktuellen Nachrichten in Telegrafie (CW) aus.

Wetterdienst:

Die Stationen der U.S. Coast Guard strahlen regelmäßig Wettermeldungen und Sturmwarnungen auf Grenzwelle 2670 kHz in Sprechfunk (SSB) aus. Ankündigungen erfolgen auf 2182 kHz.

Galveston Radio (KLC) strahlt Wettervorhersagen für den Golf von Mexiko und das Karibische Meer in Telegrafie (CW) um 0530/1130/1730/2330 UTC auf 4256/ 6369/8666/13038/16871,3 kHz aus.

Slidell Radio (WNU) strahlt Wettervorhersagen für den Golf von Mexiko, das Karibische Meer und den angrenzenden Atlantik in Telegrafie (CW) um 0430/1630 UTC auf 4310/6326,5/8570/12826,5/17117,5/22431 kHz aus.

Die Wettermeldungen von Slidell Radio kommen auch per Funkfernschreiben um 1200/1900 UTC auf 8705,5/13097 kHz.

Mobile Radio (WLO) strahlt Wettervorhersagen für den Golf von Mexiko, das Karibische Meer und den angrenzenden Atlantik in Telegrafie (CW) um 0030/1400 UTC auf 4257,5/6446/8445,5/8473,5/8658/12704,5/12886,5/13024,9/16968,5/17172,4 kHz aus.

In Sprechfunk (SSB) kommen die Wettermeldungen und Vorhersagen von Mobile Radio (WLO) für die zuvor genannten Gebiete um 0000/1200/1800 UTC auf 4369,8/8808,8/ 13178,3/17356,9/22707,6 kHz.

Und per Funkfernschreiben strahlt Mobile Radio (WLO) Wetterberichte und Vorhersagen für den Golf von Mexiko, das Karibische Meer, die angrenzenden atlantischen Seegebiete und für den westlichen Nordatlantik um 0530/1130/1730/2330 UTC auf 4352/8707/13083,5/17199,5/22588 kHz aus.

Tampa Radio (WPD) bringt Wetterberichte über den Golf von Mexiko, die Küstengewässer Floridas und Bahamas und den angrenzenden Atlantik in Telegrafie (CW) um 1430/2230 UTC auf 8615,5/13051,5 kHz sowie in Funkfernschreiben um 1400/2230 UTC auf 8708,5/13080/17215 kHz.

Für den Golf von Mexiko, das Karibische Meer und den angrenzenden Atlantik strahlt Pennsuco Radio (WOM) Wetterberichte und Vorhersagen in Sprechfunk (SSB) nach folgendem Sendeplan aus:

1230 UTC: 4363,6 / 8722 / 13116,3 / 17232,9 / 22639,4 Khz
1330 UTC: 4391,5 / 8731,3 / 13122,5 / 17257,7 / 22642,5 kHz
2230 UTC: 4407 / 8746,8 / 13125,6 / 17260,8 kHz
2330 UTC: 4425,6 / 8793,3 / 13144,2 / 17263,9 kHz

Wetterdienst der U.S. Navy

Die U.S. Navy strahlt über verschiedene Stationen umfangreiche Wetterberichte und Wettervorhersagen in Telegrafie (CW) über folgende Gebiete aus:

a) Mittelmeer, Schwarzes Meer, Rotes Meer, arktische Seegebiete
b) westlicher Nordatlantik, karibisches Meer und Golf von Mexiko
c) Nordatlantik

Station Key West / USA (NAR):

```
0600-0800 UTC:  a) + b)          5870 kHz
1000-1300 UTC:  b)               5870 kHz
1700-1800 UTC:  b) + c)          5870 / 25590 kHz
2000-2100 UTC:  Tropenwetter     5870 / 25590 kHz
2200-0100 UTC:  b) + c)          5870 / 25590 kHz
```

Station Keflavik / Island (NRK):

```
0600-0800 UTC:  a) + b)          5167 kHz
2000-2100 UTC:  Tropenwetter
2200-0100 UTC:  c)
```

Station Thurso / Großbritannien (GXH):

```
0600-0800 UTC:  a) + b)          4001 / 7504,5 kHz
1000-1300 UTC:  b) + c)          7504,5 / 12691 kHz
1700-1800 UTC:  b)               7504,5 / 12691 kHz
2000-2100 UTC:  Tropenwetter     4001 / 7504,5 kHz
2200-0100 UTC:  b) + c)          4001 / 7504,5 kHz
```

Station Rota / Spanien (AOK):

```
0600-0800 UTC:  a) + b)          5917,5 / 7705 kHz
1000-1300 UTC:  b)
1700-1800 UTC:  b) + c)
2000-2100 UTC:  Tropenwetter
2200-0100 UTC:  c)
```

Station Nea Makri / Griechenland (NGR):

```
0600-0800 UTC:  a) + b)          4623 kHz
1000-1300 UTC:  b)               4623 / 13372,5 kHz
1700-1800 UTC:  b) + c)          4623 / 13372,5 kHz
2000-2100 UTC:  Tropenwetter     4623 kHz
2200-0100 UTC:  c)               4623 kHz
```

Kanada – Atlantikküste

Grenzwelle:		Arbeitsfrequenzen Sprechfunk (SSB)
Yarmouth Radio	VAU	2182, 2538, 2582 kHz
Halifax Radio	VCS	2182, 2514, 2582 kHz
Sydney Radio	VCO	2182, 2530, 2582 kHz
Charlottetown Radio	VCA	2182, 2530, 2582 kHz
Grindstone Radio	VCN	2182, 2514, 2582 kHz
Riviere-au-Renard Radio	VCG	2182, 2514, 2582 kHz
Sept-Iles Radio	VCK	2182, 2514 kHz
Mont-Joli Radio	VCF	2182, 2582 kHz
Quebec Radio	VCC	2182, 2582 kHz
Montreal Radio	VFN	2182, 2514 kHz
Stephenville Radio	VOJ	2182, 2514, 2582 kHz
St. Lawrence Radio	VCP	2182, 2514, 2582 kHz
St. John's (Neufundld.)	VON	2182, 2514, 2538, 2582 kHz
Comfort Cove Radio	VOO	2182, 2514, 2538, 2582 kHz
St. Anthony Radio	VCM	2182, 2514, 2582 kHz
Cartwright Radio	VOK	2182, 2514, 2538, 2582 kHz
Goose Bay Radio	VFZ	2182, 2582 kHz
St. Pierre R.	TXU	2182, 2115, 2134, 2410, 2582 kHz
Killinek Radio	VAW	2182, 2514, 2582 kHz
Coral Harbour Radio	VFU	2182, 2514, 2582 kHz
Churchill Radio	VAP	2182, 2582 kHz
Kuujjuuarapik Radio	VAV	2182, 2582 kHz
Frobisher Bay Radio	VFF	2182, 2582 kHz
Resolute Radio	VFR	2182, 2582 kHz
Coppermine Radio	VFU6	2182 kHz
Cambridge Bay Radio	VFC	2182, 2558 kHz
Inuvik Radio	VFA	2182, 2558 kHz

Kurzwelle:

Halifax Radio		Arbeitsfrequenzen Telegrafie (CW)					
VCS	4285	6491,5	8440	12874	16948,5	22387	kHz

(Sammelanruf: h+00 jede ungerade Stunde)

Halifax Radio		Arbeitsfrequenzen Sprechfunk (SSB)				
VCS	4410,1	6518,8	8787,1	13138	17242,2	kHz

Halifax Radio		Arbeitsfrequenzen Funkfernschreiben (RTTY)					
VCS	4353	6497,5	8716,5	13090,5	17212,5	22590	kHz

Arbeitsfrequenzen Sprechfunk (SSB)

Cartwright Radio	VOK	4376 kHz
Goose Bay Radio	VFZ	4379,1 kHz
Killinek Radio	VAW	4376 kHz
Coral Harbour Radio	VFU	4376 kHz
Churchill Radio	VAP	4376 kHz
Frobisher Bay Radio	VFF	4376 / 6512,6 / 8753 / 13100,8 kHz
Resolute Radio	VFR	4376 / 8793,3 kHz
Coppermine Radio	VFU6	4363,6 / 5803 kHz
Cambridge Bay Radio	VFC	4363,6 / 5803 kHz
Inuvik Radio	VFA	4363,6 / 5803 kHz

Arbeitsfrequenzen Telegrafie (CW)

Churchill Radio	VAP	6335,5 kHz
Frobisher Bay Radio	VFF	4236,5 / 6335,5 / 8443 / 12671 kHz
Resolute Radio	VFR	6438 kHz
Cambrigde Bay Radio	VFC	6351,5 kHz
Inuvik Radio	VFA	6335,5 / 12671 kHz

Wetterdienst:

Die Station Halifax CFH bringt ausführliche Wetterberichte, Vorhersagen, Sturmwarnungen und Eisberichte für den westlichen Nordatlantik und Karibik/Golf von Mexiko.

Telegrafie (CW):
0100/0530/1300/1730 UTC: 4225 / 6430 / 8697 / 12726 / 16926,5 kHz

Funkfernschreiben (RTTY):
0200/0327/0424/0532/1033/1132/1624 UTC: 4271 / 6330 / 10536 / 13510 kHz

Halifax Radio VCS strahlt Wetterberichte, Vorhersagen und Sturmwarnungen für den westlichen Nordatlantik in Englisch wie folgt aus:

Sprechfunk (SSB):
0205/0303/0745/0805/1550/1605/2110/2205 UTC: 4410,1 / 8787,1 / 13138 KHZ

Telegrafie (CW):
1530/2030 UTC: 6491,5 / 8440 / 12874 / 16948,5 / 22387 kHz

Funkfernschreiben (RTTY):
0220 UTC: 4353 kHz   1230/2100 UTC: 8716,5 kHz

Für die Seegebiete der kanadischen Northwest Territories werden Wettervorhersagen und Eisberichte wie folgt ausgestrahlt:

Frobisher Bay Radio (VFF):
1400/2300 UTC: 6335,5 kHz in Telegrafie (CW)
1340/2240 UTC: 4376 kHz in Sprechfunk (SSB)

Resolute Radio (VFR):
0120/1320 UTC: 6438 kHz in Telegrafie (CW)
0150/1305 UTC: 4376 kHz in Sprechfunk (SSB)

Coppermine Radio (VFU6):   0435/1635 UTC:
Cambridge Bay Radio (VFC):   0405/1605 UTC: jeweils auf 4363,6 kHz
Inuvik Radio (VFA):   0305/1505 UTC: in Sprechfunk (SSB)

CANADIAN

COAST

GUARD

Nordatlantik – Eismeldedienst

Verschiedene Küstenfunkstellen und andere Funkstationen arbeiten für die International Ice Patrol und informieren regelmäßig über die Eisverhältnisse im Nordatlantik.

Hier die wichtigsten Stationen, Frequenzen und Hinweise auf Sendezeiten:
(Wenn nicht anders angegeben: in Telegrafie (CW))

Boston Radio (NIK):
0050 UTC: 5320 / 8502 / 12750 kHz
1250 UTC: 8502 / 12750 kHz

Halifax Radio (CFH):
0130 UTC: 4255 / 6430 / 8697 kHz
1330 UTC: 6430 / 8697 / 12726 kHz

U.S. Navy Norfolk (NAM):
0800/1500/1600/2100 UTC: 8090 / 12135 / 16180 kHz

U.S. Navy Thurso (GXH):
0800/1500/1600/2100 UTC: 3724 / 7504,5 / 12691 kHz

U.S. Navy Keflavik (NRK):
2100 UTC: 5167 kHz

Die Stationen Boston und Portsmouth stehen für Eismeldungen zur Verfügung:

U. S. Coast Guard Boston (NMF/NIK):

Arbeitsfrequenzen Telegrafie (CW):   8459 / 12783 kHz
                Sprechfunk (SSB):   6506,4 kHz
                Funkfernschreiben: 4355,5 / 6500 / 8710,5 / 13083 / 17203 kHz

U. S. Coast Guard Portsmouth (NMN):

Arbeitsfrequenzen Telegrafie (CW):   8465 / 12718,5 / 16976 kHz
                Sprechfunk (SSB):   4428,7 / 6506,4 / 8765,4 / 13113,2 kHz
                Funkfernschreiben: 4351,5 / 6496 / 8718 / 17210,5 kHz

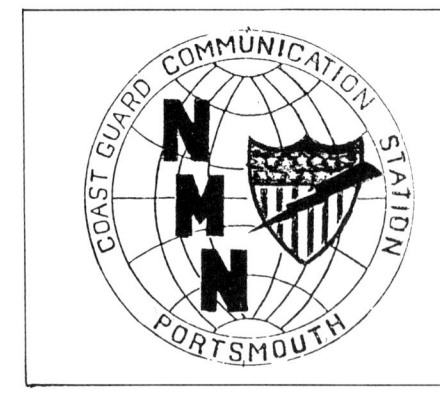

C.G.
N M N

73'S,

S. F. BINKLEY, USCG, RMCM
COMMUNICATIONS OFFICER

Seefunk-Frequenzliste

Diese nach Frequenzen geordnete Liste gibt einen Überblick über alle Seefunk-Frequenzbereiche von 1,6 bis 30 MHz, schließt also die Grenzwelle und sämtliche Kurzwellen-Seefunkbänder ein.

Der Vorteil dieser Frequenzliste liegt darin, daß man beim Empfang einer unbekannten Station sehr schnell und sicher feststellen kann, um welche Funkstation es sich handeln kann.

Die erste Spalte gibt die Frequenz in Kilohertz (kHz) an.

Die zweite Spalte nennt das Rufzeichen der Station.

In der dritten Spalte ist die Station benannt, wobei der Zusatz "Radio" mit R. abgekürzt ist. Hier werden auch allgemeine Frequenzzuteilungen angegeben, z.B. "Schiffe", wenn es sich um eine Arbeitsfrequenz für Seefunkstellen handelt, oder Sie lesen den Hinweis "Anruffrequenz" etc.

Bei den Stationsnamen werden - speziell für Marine-Küstenfunkstellen - Abkürzungen angewendet, die im Kapitel über Abkürzungen erläutert sind. Einige Beispiele: USN = U.S. Navy, USCG = amerikanische Küstenwache, RN = Royal Navy (Großbritannien), usw.

Die Schreibweise richtet sich vorzugsweise nach den international üblichen Gepflogenheiten.

In der 4. Spalte finden Sie die Bezeichnung des Landes, in dem die betreffende Küstenfunkstelle ihren Standort hat. Hier werden die ITU-Landesabkürzungen benutzt, die weiter hinten im Buch aufgelistet und erklärt sind.

Die 5. Spalte gibt Auskunft über die Betriebsart. Wir haben uns hier für eine vereinfachte Einteilung entschieden:

       CW   Morsetelegrafie (A1A, A2A)

       SSB   Sprechfunk / Einseitenbandtelefonie (J3E, R3E)
                    (Seitenband im Seefunkdienst: immer USB)

       RTTY   Standard-Funkfernschreiben (F1B), ggf. mit Angabe von
                    Geschwindigkeit (Baud), Shift und evtl. Shiftlage

       SITOR   fehlerkorrigierendes Funkfernschreibverfahren für
                    den Seefunkdienst

       FAX   Faksimile-Ausstrahlung

Die 6. und letzte Spalte ist für zusätzliche Informationen vorgesehen.

Der Hinweis "QSX ... kHz" nennt die Duplex-Gegenfrequenz (Sendefrequenz der Seefunkstelle bzw. Empfangsfrequenz der Küstenfunkstelle).

Frequenzliste: Grenzwellenbereich

Frequenz	Rufz.	Station	Land	Betriebsart	Bemerkungen
1609		Schiffe	D	CW	
1615	GKR	Wick R.	G	CW	QSX 1623 2042 kHz
1621		Schiffe	D	CW	
1640	TFA	Reykjavik R.	ISL	SSB	
	TFM	Neskaupstadur R.	ISL	SSB	
1643	IQA	Augusta R.	I	SSB	
1645	LGF	Rogaland R.	NOR	SITOR	QSX 3148 kHz
1649.5	OSA	Antwerpen R.	BEL	SSB	
1650	LZL	Bourgas R.	BUL	SSB	
	SAH	Haernoesand R.	S	SSB	QSX 2216 kHz
1652.5	OSA	Antwerpen R.	BEL	SSB	
1657.5		Fischerei-Schiffe	D	CW/SSB	
1663.5	CUG	S.Miguel R.	AZR	SSB	
	CUB	Madeira R.	MDR	SSB	
1665	DBBR	Feuerschiff Elbe-1	D	SSB	
1667	ICB	Genova R.	I	SSB	
1671.15	GKR	Wick R.	G	SITOR	QSX 2510.7 kHz
1672	GKR	Wick R.	G	SITOR	QSX 2496.8 kHz
1673	FFU	Brest-le Conquet R.	F	SSB	
	TFT	Hornafjoerdur R.	ISL	SSB	
1678	EAC	Tarifa R.	E	SSB	QSX 2083 kHz
1680	SUK	Kosseir R.	EGY	SSB	
	SVN	Athinai R.	GRC	SSB	
		Venezia R.	I	SSB	
1687	OXZ	Lyngby R.	DNK	SSB	QSX 2049 2056 kHz
	FFO	Saint Nazaire R.	F	SSB	
1690	EAV	Cabo de la Nao R.	E	SSB	QSX 2013 kHz
1694	FFB	Boulogne-sur Mer-R.	F	SSB	
	LGA	Alesund R.	NOR	SSB	QSX 2541 kHz
	LGP	Bodoe R.	NOR	SSB	QSX 2541 kHz
	LGS	Svalbard R.	NOR	SSB	QSX 2541 kHz
1696	SVK	Kerkyra R.	GRC	SSB	
1698	EAF	Cabo Finisterre R.	E	SSB	QSX 2083 kHz
1700		Chipiona R.	E	SSB	QSX 2013 kHz
1701	OXP	Skagen R.	DNK	SSB	QSX 1988 kHz
1704		Cabo Machichaco R.	E	SSB	QSX 2083 kHz
1705	OSA	Antwerpen R.	BEL	SSB	
	IPP	Palermo R.	I	SSB	
1706	GKR	Wick R.	G	SSB	
	GLD	Landsend R.	G	SSB	
1708	OSA	Antwerpen R.	BEL	SSB	
	OXJ	Torshavn R. Faroe I	DNK	SSB	QSX 2069 kHz
	OHG	Helsinki R.	FNL	SSB	QSX 2484 kHz
1713	OXB	Blavand R.	DNK	SSB	QSX 2059 2056 kHz
1715		Crotone R.	I	SSB	
	TFV	Vestmannaeyjar R.	ISL	SSB	
1719	Y5D	Ruegen R.	DDR	SSB	QSX 2550 2191 kHz
1720	EAT	Tenerife R.	CNR	SSB	
1722	FFO	Saint Nazaire R.	F	SSB	
	IDC	Cagliari R.	I	SSB	
	LGA	Alesund R.	NOR	SSB	QSX 2442 kHz

1722	LGI	Hammerfest R.	NOR	SSB	QSX 2442 kHz
	LMJ	Jan Mayen R.	NOR	SSB	QSX 2442 kHz
1726	GUD	Jersey R.	G	SSB	
1729	LGQ	Rogaland R.	NOR	SSB	QSX 2449 kHz
	LGV	Vardoe R.	NOR	SSB	QSX 2449 kHz
	LJN	Ny Alesund R.	NOR	SSB	QSX 2449 kHz
1730		Arrecife R.	CNR	SSB	QSX 2013 kHz
		Barcelona R.	E	SSB	QSX 2083 kHz
1735	7TO	Oran R.	ALG	SSB	
1736	LGH	Harstad R.	NOR	SSB	QSX 2456 kHz
	LGS	Svalbard R.	NOR	SSB	QSX 2456 kHz
	LGT	Tjoeme R.	NOR	SSB	QSX 2456 kHz
	LML	Isfjord R.	NOR	SSB	
1738	EAC	Tarifa R.	E	SSB	
1740	EAB	Bagur R.	E	SSB	QSX 2122 kHz
	YUR	Rijeka R.	YUG	SSB	
1742	SVH	Iraklion R.	GRC	SSB	
1743	7TB	Annaba R.	ALG	SSB	
	CND3	Safi R.	MRC	SSB	
	LFO	Oerlandet R.	NOR	SSB	QSX 2463 kHz
	LGI	Hammerfest R.	NOR	SSB	QSX 2463 kHz
	LGN	Bergen R.	NOR	SSB	QSX 2463 kHz
1745	DHJ58	GNY Flensburg	D	CW	
1748	EAR	La Coruna R.	E	SSB	QSX 2122 kHz
1750	LZW	Varna R.	BUL	SSB	
	EAL	Las Palmas R.	CNR	SSB	QSX 2122 kHz
	LGH	Harstad R.	NOR	SSB	QSX 2470 kHz
	LGZ	Farsund R.	NOR	SSB	QSX 2470 kHz
1757	LGD	Roervik R.	NOR	SSB	QSX 2576 kHz
	LGL	Floroe R.	NOR	SSB	QSX 2576 kHz
	LJB	Bjoernoeya R.	NOR	SSB	QSX 2576 kHz
	SPO	Szczecin R.	POL	SSB	
1757.5	EAS	Cabo Penas R.	E	SSB	QSX 2013 kHz
1760	TAN6	Samsun R.	TUR	SSB	
1764	PCG	Scheveningen R.	HOL	SSB	QSX 2030 kHz
1771	FFB	Boulogne-sur-Mer R.	F	SSB	
	IPB	Bari R.	I	SSB	
	SDJ	Stockholm R.	S	SSB	QSX 2477 kHz
	3VM	Mahdia R.	TUN	SSB	
1778	OXJ	Torshavn R. Faroe I	DNK	SSB	QSX 2069 kHz
	SDJ	Stockholm R.	S	SSB	QSX 1974 kHz
1780	EAT	Tenerife R.	CNR	SSB	QSX 3283 kHz
1785	SAG	Goeteborg R.	S	SSB	QSX 2037 kHz
1792	7TA	Alger R.	ALG	SSB	
	GGG	Cullercoats R.	G	SSB	
	GHD	Hebrides R.	G	SSB	
	GKR	Wick R.	G	SSB	
	GKZ	Humber R.	G	SSB	
	GND	Stonehaven R.	G	SSB	
	GNE	Oban R.	G	SSB	
	GNF	Northforeland R.	G	SSB	
	GPK	Portpatrick R.	G	SSB	
1799	DAN	Norddeich R.	D	SSB	QSX 2491 kHz
1800	SVL	Limnos R.	GRC	SSB	
1803	LGI	Hammerfest R.	NOR	SSB	QSX 2046 kHz
1806	FFU	Brest-le-Conquet R.	F	SSB	QSX 2083 kHz
	IZN	Porto Torres R.	I	SSB	
1810...1850 kHz AMATEURFUNKDIENST			AAA	CW	

1813	OXB	Blavant R.	DNK	SSB	QSX 2076 kHz	
1817	OSU	Oostende R.	BEL	SSB		
1818	SPC	Gdynia R.	POL	SSB		
1820	OSU	Oostende R.	BEL	SSB		
	FFC	Bordeaux-Arcachon R.	F	SSB		
	SVX	Chios R.	GRC	SSB		
	3VT	Tunis R.	TUN	SSB		
1824	SVR	Rhodos R.	GRC	SSB		
1827	GKR	Wick R.	G	SSB		
	EJK	Valentia R.	IRL	SSB		
1830.5	DHJ59	GNY Wilhelmshaven	D	CW	NAWS G23B	
1831	OSN41	BNY Oostende	BEL	CW		
1834	TKM	Grasse R.	F	SSB		
	GNI	Nitron R.	G	SSB		
1838	GCC	Cullercoats R.	G	SSB		
1841	GLD	Landsend R.	G	SSB		
	EJM	Malin Head R.	IRL	SSB		
1848	GNF	Northforeland R.	G	SSB		
		Trapani R.	I	SSB		
1849	SUK	Kosseir R.	EGY	SSB		
1850	TAM7	Canakkale R.	TUR	SSB		
	TAN2	Izmir R.	TUR	SSB		
1852	OFH	Mariehamn R.	FNL	SSB		
1855		S.Benedetto-Tronto R.	I	SSB		
1856	GND	Stonehaven R.	G	SSB		
1862	FFC	Bordeaux-Arcachon R.	F	SSB		
	OFU	Kotka R.	FNL	SSB	QSX 1967 kHz	
	OFW	Vaasa R.	FNL	SSB	QSX 2002 kHz	
	PCH	Scheveningen R.	HOL	SSB	QSX 2160 kHz	
	TFT	Hornafjoerdur R.	ISL	SSB		
	TFX	Siglufjoerdur R.	ISL	SSB		
	TFZ	Isafjoerdur R.	ISL	SSB		
1863		Lisboa Pilot	POR	SSB	QSX 2037 kHz	
1866		Cabo Gata R.	E	SSB	QSX 2122 kHz	
	GHD	Hebrides R.	G	SSB		
1869	GKZ	Humber R.	G	SSB		
1876	FFU	Brest-le-Conquet R.	F	SSB		
	OFH	Mariehamn R.	FNL	FAX		
	OFI	Hanko R.	FNL	SSB	QSX 2016 kHz	
		Lampedusa R.	I	SSB		
	TFA	Reykjavik R.	ISL	SSB		
1879	SVN	Athinai R.	GRC	SSB		
1883	DAO	Kiel R.	D	SSB	QSX 2569 kHz	
	GPK	Portpatrick R.	G	SSB		
		Mazara del Vallo R.	I	SSB		
	TFX	Siglufjoerdur R.	ISL	SSB		
1888	IPD	Civitavecchia R.	I	SSB		
1890	PCG	Scheveningen R.	HOL	SSB	QSX 2049 2053 kHz	
1901	OSA	Antwerpen R.	BEL	SSB		
1904	OSA	Antwerpen R.	BEL	SSB		
	SAG	Goeteborg R.	S	SSB	QSX 2222 kHz	
1905	OSU	Oostende R.	BEL	SSB		
1906	FFM	Marseille R.	F	SSB		
1908	OSU	Oostende R.	BEL	SSB		
1911	7TB	Annaba R.	ALG	SSB		
	DAN	Norddeich R.	D	SSB	QSX 2541 kHz	
	CND	Agadir R.	MRC	SSB		
	CNW	Tanger R.	MRC	SSB		

1918	DAO	Kiel R.	D	SSB	QSX 1627 3161 kHz
1919.5	PCH85	Scheveningen R.	HOL	SITOR	QSX 1972.5 kHz
1925	IPL	Livorno R.	I	SSB	
1939	FFM	Marseille R.	F	SSB	
	PCG	Scheveningen R.	HOL	SSB	QSX 2513 kHz
1946	GND	Stonehaven R.	G	SSB	
1953		Schiffe	AAA	SSB	
1960		Schiffe	AAA	SSB	
1967		Schiffe	AAA	SSB	
1974		Schiffe	AAA	SSB	
1981		Schiffe	AAA	SSB	
1988		Schiffe	AAA	SSB	
1995		Schiffe	AAA	SSB	
2002		Schiffe	AAA	SSB	
2009		Schiffe	AAA	SSB	
2016		Schiffe	AAA	SSB	
2023		Schiffe	AAA	SSB	
2030		Schiffe	AAA	SSB	
2037		Schiffe	AAA	SSB	
2042		Schiffe	AAA	SSB	
2049		Schiffe	AAA	SSB	
2056		Schiffe	AAA	SSB	
2057	OXI	Godthaab R.	GRL	SSB	
2063	FUB	FNY Paris	F	RTTY (50-850L)	
2069		Schiffe	AAA	SSB	
2072	VTG3	IN Bombay	IND	CW	
2076		Schiffe	AAA	SSB	
2083		Schiffe	AAA	SSB	
2087	OSU	Oostende R.	BEL	SSB	
2090		Schiffe	AAA	SSB	
	OSU	Oostende R.	BEL	SSB	
2097		Schiffe	AAA	SSB	
2104		Schiffe	AAA	SSB	
2111		Schiffe	AAA	SSB	
2112	LZW	Varna R.	BUL	SSB	
2116	OXI	Godthaab R.	GRL	SSB	
2118		Schiffe	AAA	SSB	
2122		SwAF Stockholm	S	RTTY (50-170)	
2125		Schiffe	AAB	SSB	
2129	OXF	Julianehaab R.	GRL	SSB	
2132		Schiffe	AAB	SSB	
	IDC	Cagliari R.	I	SSB	
2139		Schiffe	AAA	SSB	
2146		Schiffe	AAA	SSB	
2152		Schiffe	AAA	CCD	
2155	IGJ	ItNY Augusta	I	SSB	
2160		Schiffe	AAA	SSB	
2167		Schiffe	AAA	SSB	
2170.5		Anruffrequenz	AAA	SSB	
2182		NOT- und ANRUFFREQUENZ	AAA	SSB	
2191		Anruffrequenz	AAA	SSB	
	SPC	Gydnia R.	POL	SSB	
	SPO	Szczecin R.	POL	SSB	
	SPS	Witowo R.	POL	SSB	
	YUR	Rijeka R.	YUG	SSB	
	YUS	Split R.	YUG	SSB	

2191	YUW	Bar R.	YUG	SSB
	YUX	Dubrovnik R.	YUG	SSB
2200	3VB	Bizerte R.	TUN	SSB
	3VS	Sfax R.	TUN	SSB
2205	LBA2	RNoN Stavanger	NOR	CW
2208	LBA2	RNoN Stavanger	NOR	RTTY
2210	OZM	Godhavn R.	GRL	SSB
	3VB	Bizerte R.	TUN	SSB
2211		Mazara del Vallo R.	I	SSB
	EJK	Valentia R.	IRL	SSB
2221	YUS	Split R.	YUG	SSB
	YUX	Dubrovnik R.	YUG	SSB
2225	OZA	Frederikshaab R.	GRL	SSB
2245	ICS	ItNY La Spezia	I	SSB
	ICT	ItNY Taranto	I	SSB
	IGJ	ItNY Augusta	I	SSB
2246.5	EHD	GC Madrid	E	RTTY (50-500L)
2250	OZL	Angmagssalik R.	GRL	SSB
2253	OSU	Oostende R.	BEL	SSB
2256	OSU	Oostende R.	BEL	SSB
2265	OXF	Julianehaab R.	GRL	SSB
	OYG	Mesters Vig R.	GRL	SSB
	OYR	Egedesminde R.	GRL	SSB
2282	ZAC	Shengjin R.	ALB	SSB
	ZAD	Durres R.	ALB	SSB
	ZAS	Sarande R.	ALB	SSB
	ZAV	Vlore R.	ALB	SSB
2291	IDQ	ItNY Roma	I	CW
2292	MTO	RN Rosyth	G	CW
2295	VTP3	IN Vizagapatam	IND	CW
2298.5		Schiffe	D	SSB
2301		Fischerei-Schiffe	D	SSB
2304	OYR	Egedesminde R.	GRL	SSB
2321	C7R	OWS ROMEO	WMO	SSB
2323.5		Schiffe	D	SSB
2326		Schiffe	D	SSB
2336		Eisbrecher	FNL	SSB
2357.5	OUA23	RDNY Stevns	DNK	CW
2358.5		Schiffe	D	SSB
2361		Schiffe	D	SSB
2373	OSU	Oostende R.	BEL	SSB
2376	OSU	Oostende R.	BEL	SSB
2381	IUU21	POL Roma	I	CW
2393.5		Schiffe	D	SSB
2394	7TB	Annaba R.	ALG	SSB
2396		Fischerei-Schiffe	D	SSB
2400	ZAC	Shengjin R.	ALB	SSB
	ZAS	Sarande R.	ALB	SSB
	ZAV	Vlore R.	ALB	SSB
	OYH	Sukkertoppen R.	GRL	SSB
2413.5		Schiffe	D	SSB
2416		Schiffe	D	SSB
2418		Eisbrecher	FNL	SSB
2418.5		Schiffe	D	SSB
2421		Schiffe	D	SSB
2433.5		Schiffe	D	SSB
2436		Fischerei-Schiffe	D	SSB
	IDQ	ItNY Roma	I	RTTY (75-850L)

```
2439.5   PBC32   RNN Goeree          HOL   RTTY (75-850L)
2442             Schiffe             AAA   SSB
2449             Schiffe             AAA   SSB
2456             Schiffe             AAA   SSB
         IER20   GUARFI Roma         I     RTTY (50-850L)
2457.5   AQP2    PN Karachi          PAK   CW
2463             Schiffe             AAA   SSB
2470             Schiffe             AAA   SSB
         FUC     FNY Cherbourg       F     CW
2477             Schiffe             AAA   SSB
2481     OSU     Oostende R.         BEL   SSB
2484             Schiffe             AAA   SSB
         OSU     Oostende R.         BEL   SSB
2488             Schiffe             D     SSB
2490     5AH     AIR Benina          LBY   SSB
```

BELGIE
*REGIE VAN TELEGRAFIE
EN TELEFONIE*

BELGIQUE
*REGIE DES TELEGRAPHES
ET DES TELEPHONES*

GEWEST VAN DE RADIO MARITIEME DIENSTEN
OOSTENDE

OST - OSU

«OOSTENDERADIO»

KUSTSTATION   *STATION COTIERE*

Frequenz	Rufz.	Station	Land	Betriebsart	Bemerkungen
2506		Schiffe	AAA	SSB	
2513		Schiffe	AAA	SSB	
	5AB	Benghazi R.	LBY	SSB	QSX 2716 kHz
2516	MEG	RAF Rheindahlen	D	RTTY (50-850L)	
2520		Schiffe	AAA	SSB	
2524	IUU51	POL Roma	I	CW	
2525	ZAD	Durres R.	ALB	CW/SSB	
2527		Schiffe	AAA	SSB	
2533	FDI	FAF Aix-les-Milles	F	CW	
2534		Schiffe	AAA	SSB	
2541		Schiffe	AAA	SSB	
2548		Schiffe	AAA	SSB	
2552		Schiffe	AAA	SSB	
2557.5	UDK2	Murmansk R.	URS	CW	
2562		Schiffe	AAA	SSB	
2569		Schiffe	AAA	SSB	
2572.5	CTU5	PNY Monsanto	POR	RTTY (75-850L)	
2576		Schiffe	AAA	SSB	
	SUH	Alexandria R.	EGY	SSB	
2579	IPB	Bari R.	I	SSB	
2580	UJY	Kaliningrad R.	URS	CW/SSB	
2581	CUL	Lisboa R.	POR	SSB	
2581.5	PBC92	RNN Goeree	HOL	CW/RTTY	
2585	YUR	Rijeka R.	YUG	SSB	
2586	7TO	Oran R.	ALG	SSB	
	OYE	Roenne R.	DNK	SSB	QSX 1995 kHz
		Cabo Machichaco R.	E	SSB	
	CNP	Casablanca R.	MRC	SSB	
2590	EJK	Valentia R.	IRL	SSB	
	SVN	Athinai R.	GRC	SSB	
	UFM3	Nevelsk R.	URS	CW	
2591	IPL	Livorno R.	I	SSB	
2593	OXB	Blavand R.	DNK	SSB	QSX 3245 kHz
	EJM	Malin Head R.	IRL	SSB	
	CND	Agadir R.	MRC	SSB	
2595	UXN	Arkhangelsk R.	URS	SSB	
2596	EAR	La Coruna R.	E	SSB	
2598	ZDK	Gibraltar R.	GIB	SSB	
	V..	Kanada CG	CAN	SSB	
2600	PCG	Scheveningen R.	HOL	SSB	QSX 1995 kHz
		Mazara del Vallo R.	I	SSB	
	TFX	Siglufjoerdur R.	ISL	SSB	
2604	GKR	Wick R.	G	SSB	
2605	OUJ22	NATO Aarhus	DNK	RTTY (50-850)	
2607	FUO	FNY Toulon	F	CW	
	GPK	Portpatrick R.	G	SSB	
	SVK	Kerkyra R.	GRC	SSB	
2610	EAC	Tarifa R.	E	SSB	QSX 3290 kHz
2614	DAN	Norddeich R.	D	CW/SSB	QSX 2023 2049 kHz
	EJM	Valentia R.	IRL	SSB	
2615	YUW	Bar R.	YUG	SSB	

2615	YUX	Dubrovnik R.	YUG	SSB		
2618.5	GFE25	METEO Bracknell	G	FAX		
2624	SVR	Rhodos R.	GRC	SSB		
	IQX	Trieste R.	I	SSB		
2625	GKR	Wick R.	G	SSB		
	9HD	Malta R.	MLT	SSB		
2628	FFM	Marseille R.	F	SSB		
	GNI	Niton R.	G	SSB		
	IQA	Augusta R.	I	SSB		
	TFV	Vestmannaeyjar R.	ISL	SSB		
2629	TAM4	Iskenderun R.	TUR	SSB		
2635	IQH	Napoli R.	I	SSB		
	CND3	Safia R.	MRC	SSB		
	CNW	Tanger R.	MRC	SSB		
	LFO	Oerlandet R.	NOR	SSB	QSX 2118 kHz
	LGH	Harstad R.	NOR	SSB	QSX 2118 kHz
	LGZ	Farsund R.	NOR	SSB	QSX 2118 kHz
2638	LZL	Bourgas R.	BUL	SSB		
2639	SPS	Witowo R.	POL	SSB		
2642	ICB	Genova R.	I	SSB		
	LGP	Bodoe R.	NOR	SSB	QSX 2125 kHz
	LGV	Vardoe R.	NOR	SSB	QSX 2125 kHz
	LGZ	Farsund R.	NOR	SSB	QSX 2125 kHz
2646	OFI	Hanko R.	FNL	SSB		
2649	EAS	Cabo Penas R.	E	SSB		
	TKM	Grasse R.	F	SSB		
	OFI	Hanko R.	FNL	SSB	QSX 1967 kHz
	4XO	Haifa R.	ISR	SSB		
	LGH	Harstad R.	NOR	SSB	QSX 2132 kHz
	LGL	Floroe R.	NOR	SSB	QSX 2132 kHz
	LGT	Tjoeme R.	NOR	SSB	QSX 2132 kHz
2656	IPA	Ancona R.	I	SSB		
	4XA	Elat R.	ISR	SSB		
	LGP	Bodoe R.	NOR	SSB	QSX 2139 kHz
	LGQ	Rogaland R.	NOR	SSB	QSX 2139 kHz
	LGV	Vardoe R.	NOR	SSB	QSX 2139 kHz
2657	CTH	PNY Horta	AZR	SSB		
	CTQ	PNY Funchal	MDR	SSB		
	CTC	PNY Cascais	POR	SSB		
	CTS	PNY Sagres	POR	SSB		
2662	YQI	Constanta R.	ROU	CW		
	YKO	Tartous R.	SYR	SSB		
2663		Crotone R.	I	SSB		
	CNP	Casablanca R.	MRC	SSB		
	LGA	Alesund R.	NOR	SSB	QSX 1632.5 kHz
	LGH	Harstad R.	NOR	SSB	QSX 1632.5 kHz
	LGT	Tjoeme R.	NOR	SSB	QSX 1632.5 kHz
2665	Y5D	Ruegen R.	DDR	SSB	QSX 1960 kHz
2666	UMV	Murmansk R.	URS	SSB		
2667	GHD	Hebrides R.	G	SSB		
2670	5BA	Cyprus R.	CYP	SSB		
	LGD	Roervik R.	NOR	SSB	QSX 2090 kHz
	LGN	Bergen R.	NOR	SSB	QSX 2090 kHz
	LGV	Vardoe R.	NOR	SSB	QSX 2090 kHz
	3VT	Tunis R.	TUN	SSB		
	TAN	Istanbul R.	TUR	SSB		
	TAN5	Zonguldak R.	TUR	SSB		
	NMF	USCG Boston	USA	SSB		

2670	NMR	USCG San Juan	PTR	SSB	
2677		CROSS ...	F	SSB	
2679		Cabo de Gata R.	E	SSB	
2680.5	DHJ59	GNY Wilhelmshaven	D	CW	
2682	9HA	AIR Luqa	MLT	RTTY (50-600L)	
2683	IDC	Cagliari R.	I	SSB	
2684	GKZ	Humber R.	G	SSB	
2685	YUS	Split R.	YUG	SSB	
2691	7TA	Alger R.	ALG	SSB	
	DHJ51	METEO Grengel	D	RTTY (50-425H)	
	FFU	Brest-le-Conquet R.	F	SSB	
	GND	Stonehaven R.	G	SSB	
2693	TAM6	Antalya R.	TUR	SSB	
2694	CUL	Lisboa R.	POR	SSB	
2695	LGA	Alesund R.	NOR	SSB	QSX 1657.5 kHz
	LGI	Hammerfest R.	NOR	SSB	QSX 1657.5 kHz
	LGP	Bodoe R.	NOR	SSB	QSX 1657.5 kHz
		Rogaland R.	NOR	SSB	QSX 1657.5 kHz
	URL	Sevastopol R.	URS	SSB	
2696.7	GLD	Landsend R.	G	SITOR	QSX 2497.8 kHz
2698	GNF	Northforeland R.	G	SSB	
2699.5	FUX	FNY Saint Denis	REU	CW	
2700	5BA	Cyprus R.	CYP	SSB	
		Guetaria R.	E	SSB	
	TFM	Neskaupstadur R.	ISL	SSB	
2703.5	YRB	AIR Bucuresti	ROU	CW	
	YRT	AIR Timisoara	ROU	CW	
2705	OFH	Mariehamn R.	FNL	SSB	
	GKR	Wick R.	G	SSB	
2707		Barcelona R.	E	SSB	QSX 3290 kHz
2710	AOS9	USN Rota	E	SSB	
2714	EAB	Bagur R.	E	SSB	QSX 3283 kHz
2719	7TO	Oran R.	ALG	SSB	
	GCC	Cullercoats R.	G	SSB	
	GLD	Landsend R.	G	SSB	
	SPS	Witowo R.	POL	SSB	
	3VS	Sfax R.	TUN	SSB	
2720	EBB	SNY Ferrol Caudillo	E	CW	
	EBC	SNY Cadiz	E	CW	
2722	ICB	Genova R.	I	SSB	
2724	TFZ	Isafjoerdur R.	ISL	SSB	
2726	FFU	Brest-le-Conquet R.	F	SSB	
	SPC	Gydnia R.	POL	SSB	QSX 2090 kHz
2727	DAN	Norddeich R.	D	SITOR	QSX 2538 kHz
	EBD	SNY Cartagena	E	CW	
2730	ZAD	Durres R.	ALB	SSB	
	SVL	Limnos R.	GRC	SSB	
2733	GNF	Northforeland R.			
	SAH	Haernoesand R.	S	SSB	QSX 2216 kHz
2740	OXP	Skagen R.	DNK	SSB	QSX 3259 kHz
	FFO	Saint Nazaire R.	F	SSB	
2742	CUG	S.Miguel R.	AZR	SSB	
2747	FFB	Boulogne-sur-Mer R.	F	SSB	
		Eisbrecher & Lotsen	FNL	SSB	
	IER20	GUARFI Roma	I	RTTY (50-850L)	
	IER24	GUARFI Trento	I	RTTY (50-850L)	
2748	MKG	RAF London	G	RTTY (50)	
	YQI	Constanta R.	ROU	SSB	

2750	LZL	Bourgas R.	BUL	SSB		
2751	GKR	Wick R.	G	SSB		
2752	YUW	Bar R.	YUG	SSB		
2754	SDJ	Stockholm R.	S	SSB	QSX 2206 kHz	
2760	TAN2	Izmir R.	TUR	SSB		
	TAN6	Samsun R.	TUR	SSB		
	TAO2	Trabzon R.	TUR	SSB		
2761	OSU	Oostende R.	BEL	SSB		
	TFA	Reykjavik R.	ISL	SSB		
2767	MGJ	RN Faslane	G	CW		
2768	SVN	Athinai R.	GRC	SSB		
	SAE	Tingstaede R.	S	SSB	QSX 3289 kHz	
	A7D	Doha R.	QAT	SSB		
2770	LZW	Varna R.	BUL	SSB		
	AME3	SNY Madrid	E	CW		
2771	YUR	Rijeka R.	YUG	SSB		
2775	DAO	Kiel R.	D	SSB	QSX 2146 2049 kHz	
	7TA	Alger R.	ALG	SSB		
	FFC	Bordeaux-Arcachon R.	F	SSB		
2781	CUL	Lisboa R.	POR	SSB		
2782	GLD	Landsend R.	G	SSB		
2787.5	AME3	SNY Madrid	E	RTTY (75-850L)		
2789	IDF	Messina R.	I	SSB		
	SAA	Karlskrona R.	S	SSB	QSX 3185 kHz	
2792	ZDK	Gibraltar R.	GIB	SSB		
2799	DAN	Norddeich R.	D	SSB	QSX 2153 kHz	
	EAV	Cabo de la Nao R.	E	SSB	QSX 3231 kHz	
	SVH	Iraklion R.	GRC	SSB		
2800	4XZ	IsNY Haifa	ISR	CW		
2803	OFW	Vaasa R.	FNL	SSB	QSX 2002 kHz	
2805	UBN	Jdanov R.	URS	SSB		
2806	EAF	Cabo Finisterre R.	E	SSB		
2808	EBA	SNY Madrid	E	RTTY (50-850)		
2810	OHG	Helsinki R.	FNL	SSB		
	GNI	Niton R.	G	SSB		
2812	EBA	SNY Madrid	E	RTTY (75-850)		
2812.2	GYA	RN London	G	CW		
2813.8	GYA	RN London	G	RTTY/FAX		
2814	OSU	Oostende R.	BEL	SSB		
	EBA	SNY Madrid	E	CW		
2815		METEO Moskva	URS	FAX		
2815.5	OST	Oostende R.	BEL	SITOR	QSX 1971.5 kHz	
2817	OSU	Oostende R.	BEL	SSB		
	SUH	Alexandria R.	EGY	CW		
2820	EAL	Las Palmas R.	CNR	SSB	QSX 3290 kHz	
	EBB	SNY Ferrol Caudillo	E	RTTY (50-850)		
	TAM5	Mersin R.	TUR	SSB		
	TAM6	Antalya R.	TUR	SSB		
2822	DHN37	METEO Grengel	D	RTTY (50-850H)		
	5AF	AIR Tripoli	LBY	RTTY (50-425)		
2824	PCH	Scheveningen R.	HOL	SSB	QSX 2520 kHz	
2825	SUC	AIR Cairo	EGY	RTTY (50-425H)		
2825.2	GYU	RN Gibraltar	GIB	CW		
2826.8	GYU	RN Gibraltar	GIB	RTTY		
2828	GCC	Cullercoats R.	G	SSB		
2830	SVK	Kerkyra R.	GRC	SSB		
2831	SPO	Szczecin R.	POL	SSB		
2832.7	GKR	Wick R.	G	SITOR	QSX 2494.7 kHz	

2836	AOS9	USN Rota	E	CW	
2840	FSB51	IP Paris	F	SITOR	
2840.6	GKR	Wick R.	G	SSB	
2842		Chipiona R.	E	SSB	QSX 3231 kHz
2843	CUB	Madeira R.	MDR	SSB	
2845	FVA80	GEND Rosny-sur-Bois	F	CW	
2847	A9M	METEO Bahrain	BHR	RTTY (50-425)	
2848	DAN	Norddeich R.	D	CW/SSB	QSX 3161 kHz
	EBA	SNY Madrid	E	RTTY (50-850)	

Blick in die Einsatzzentrale/Seenotleitung Bremen der Deutschen Gesellschaft zur Rettung Schiffbrüchiger. (Foto: DGzRS)

Frequenzliste: 4-MHz-Bereich

Frequenz	Rufz.	Station	Land	Betriebsart	Bemerkungen
4063....4143.6		Schiffe	AAA	SSB	(26 Kanäle)
4143.6		Schiffe u. Küstenfkst.	AAA	SSB	
4146.6..4162.5		Schiffe	AAA	Breitband-Telegrafie, ...	
4162.5..4166		Ozeanografische Daten	AAA		
4166....4170		Schiffe	AAA	Breitband-Telegrafie, ...	
4170....4177.2		Schiffe	AAA	RTTY gepaart (14 Kanäle)	
4177.2..4179.7		Schiffe	AAA	RTTY ungepaart(5 Kanäle)	
4179.7..4187.2		Schiffe	AAA	CW	Anrufkanäle
4187.2..4188		Schiffe	AAA	J2D	Selektivruf
4188....4219.4		Schiffe	AAA	CW	Arbeitskanäle
4219.4	5OW4	Lagos R.	NIG	CW	
4220	LZW2	Varna R.	BUL	CW	
	YIR	Basrah R.	IRQ	CW	
4220.5	C6N	Nassau R.	BAH	CW	
	DAF	Norddeich R.	D	CW/SITOR	
4221	ODR9	Beirut R.	LBN	CW	
4222.2	ZRQ2	SAN Capetown	AFS	CW	
	GYU	RN Gibraltar	GIB	CW	
4223	SVD2	Athinai R.	GRC	CW	
	KLC	Galveston R.	USA	CW	
4223.5	9HD	Malta R.	MLT	CW	
4225	LPC43	Ushuaia R.	ARG	CW	
	CLA3	Habana R.	CUB	CW	
	JCT	Choshi R.	J	CW	
	XFM	Manzanillo R.	MEX	CW	
	XFN	Progreso R.	MEX	CW	
4226	FFD	Saint Denis R.	REU	CW	
4226.5	SXA	HNY Spata Attikis	GRC	CW	
	STP	Pt.Sudan R.	SDN	CW	
4227.5	AME3	SNY Madrid	E	CW	
4228	9MG6	Penang R.	MLA	CW	
	KFS	San Francisco R.	USA	CW	
4228.5	VII	Thursday I R.	AUS	CW	
	VIM	Melbourne R.	AUS	CW	
4229	VIP7	Perth R.	AUS	CW	
	UNM2	Klaipeda R.	URS	CW	
4230	PBC94	KNM Oucrea	HOL	CW/RTTY	
	UFB	Odessa R.	URS	CW	
	4WD3	Hodeidah R.	YEM	CW	
4230.5	VIB	Brisbane R.	AUS	CW	
	XFF2	Pajaritos R.	MEX	CW	
4231	PPJ	Juncao R.	B	CW	
	A7D	Doha R.	QAT	CW	
	CCV6	CN Belloto	CHL	FAX	
4232	HWN	FNY Paris	F	CW	
4232.5	VPS8	C.d'Aguilar R.	HKG	CW	
	5RS	Tamatave R.	MDG	CW	
4233	A4M	Muscat R.	OMA	CW	
4233.5	Y5M	Ruegen R.	DDR	CW	
4235	NKW	USN Diego Garcia	BIO	FAX	
	VAI	Vancouver R.	CAN	CW	

4235	CLA2	Habana R.	CUB	CW
	ICB	Genova R.	I	CW
	HLP	Busan R.	KOR	CW
4235.5	EDF	Aranjuez R.	E	CW
4236	CTV4	PNY Monsanto	POR	CW/RTTY/FAX
	UDH	Riga R.	URS	CW
4236.5	VFF	Frobisher R.	CAN	CW
4238	VTP4	IN Vizagapatam	IND	CW
	PKD	Surabaja R.	INS	CW
	PKN	Balikpapan R.	INS	CW
	PKR	Semarang R.	INS	CW
	4XO	Haifa R.	ISR	CW
	WCC	Catham R. MA	USA	CW
4239	9MB2	NAVY Penang	MLA	CW
4239.4	SVB2	Athinai R.	GRC	CW
	L3V3	Recalada Rio d.l.Plata	ARG	CW
4240	XSE	Qinhuangdao R.	CHN	CW
	Y5M	Ruegen R.	DDR	CW
	HPN60	Canal R.	PNR	CW
4241	AOS9	USN Rota	E	CW
	5AL	Tobruk R.	LBY	CW
	LGW	Rogaland R.	NOR	CW
	UKA	Vladivostok R.	URS	CW
4241.5	4XZ	IsNY Haifa	ISR	CW
4242.5	ZSD43	Durban R.	AFS	CW
	Y5M	Ruegen R.	DDR	CW
4244	PPR	Rio de Janeiro R.	B	CW
	DAL	Norddeich R.	D	CW
	3CA4	Mbini R.	GNE	CW
4245	VIS53	Sydney R.	AUS	CW
	UFN	Novorossijsk R.	URS	CW
	NMA	USCG Miami	USA	RTTY (75-850)
4246.2	ZRH2	SAN Capetown	AFS	CW
	GYA	RN London	G	CW
4247	P2R	Rabaul R.	PNG	CW
	OBC3	Callao R.	PRU	CW
	KPH	San Francisco R.	USA	CW
4247.5	PPL	Belem R.	B	CW
4247.8	GZZ2	RN London	G	RTTY/FAX
4250	LZW22	Varna R.	BUL	CW
	PCH20	Scheveningen R.	HOL	CW/SITOR QSX 4178 kHz
	XFL	Mazatlan R.	MEX	CW
	ZLP2	RNZN Irirangi	NZL	CW
4251	PPJ	Juncao R.	B	CW
4251.5	GKC2	Portishead R.	G	CW
4253	TAH	Istanbul R.	TUR	CW
4253.5	HZG	Dammam R.	ARS	CW
4255	CFH	CF Halifax	CAN	CW
4255.3	PZN25	Paramaribo R.	SUR	CW
4255.6	VIR	Rockhampton R.	AUS	CW
	VIT	Townsville R.	AUS	CW
4256	CCM	CN Magallanes	CHL	CW
	GKD2	Portishead R.	G	CW
	KLC	Galveston R. TX	USA	CW
4257	WLO	Mobile R. AL	USA	CW
4259	HEB	Bern R.	SUI	CW
4260	Y5M	Ruegen R.	DDR	CW
	ZLO2	RNZN Irirangi	NZL	CW

4260	OBF4	Mollendo R.	PRU	CW
	TBA2	TuNY Izmir	TUR	CW
	UDK2	Murmansk R.	URS	CW
	UJO5	Izmail R.	URS	CW
4261	ZSC45	Capetown R.	AFS	CW
	EBA	SNY Madrid	E	CW
4262	LPD62	Gen.Pacheco R.	ARG	CW
	LZL2	Bourgas R.	BUL	CW
	J2A4	Djibouti R.	DJI	CW
	DZW	Manila R.	PHL	CW
	SAG2	Goeteborg R.	S	CW
4263	FFP2	Ft. de France R.	MRT	CW
4265	PPL	Belem R.	B	CW
	CCS	CN Santiago	CHL	FAX
	DAM	Norddeich R.	D	CW
	Y5M	Ruegen R.	DDR	CW
	UBN	Jdanov R.	URS	CW
4267.9	GKG2	Portishead R.	G	CW
4268	LPD68	Gen.Pacheco R.	ARG	CW
	CKN	CF Vancouver	CAN	CW/FAX
	VTG4	IN Bombay	IND	CW
	XFC	Cozumel R.	MEX	CW
	DZE	Mandaluyong R.	PHL	CW
	TCR	Tophane Kulesi R.	TUR	CW
4268.6	SAB23	Goeteborg R.	S	SITOR QSX 4178.5 kHz
4269.5	EDZ	Aranjuez R.	E	CW
4271	CFH	CF Halifax	CAN	RTTY (75-850L)/FAX
	XSG	Shanghai R.	CHN	CW
	UBE2	Petropavlovsk/Kam. R.	URS	CW
4272	OFJ4	Helsinki R.	FNL	CW
	SPH22	Gdynia R.	POL	CW
4272.5	VIA	Adelaide R.	AUS	CW
	VID	Darwin R.	AUS	CW
4273	HLF	Seoul R.	KOR	CW
	OBZ3	Chimbote R.	PRU	CW
4274	LPD74	Gen.Pacheco R.	ARG	CW
	GKB2	Portishead R.	G	CW
	DZF	Manila R.	PHL	CW
	KFS	San Francisco R.	USA	CW
	WPD	Tampa R. FL	USA	CW
4275	TBA5	TuNY Izmir	TUR	CW
	HPP	Panama R.	PNR	CW
	UFN	Novorossijsk R.	URS	CW/RTTY (50-170H)
4276	JNA	Tokyo R.	J	CW
4277	VRT	Bermuda R.	BER	CW
	HKB	Barranquilla R.	CLM	CW
	ZLB2	Awarua R.	NZL	CW
	UJO5	Izmial R.	URS	CW
4278	HZG	Dammam R.	ARS	CW
	DZP	Novaliches R.	PHL	CW
	CTP93	NATO Palhais	POR	CW
4279	AME3	SNY Madrid	E	RTTY (75-850L)
4280	PPO	Olinda R.	B	CW
	XSO	Wenzhou R.	CHN	CW
	PBC34	RNN Goere	HOL	RTTY (75-850L)
	IDQ2	ItNY Roma	I	CW
4282	LZL2	Bourgas R.	BUL	CW
	DZE	Mandaluyong R.	PHL	CW

4283	ZSJ2	SAN Capetown	AFS	CW
	XSV	Tianjin R.	CHN	CW
	CQL	Principe R.	STP	CW
	UKW3	Korsakov R.	URS	CW
	UQK	Riga R.	URS	CW
4284	A9M	Bahrain R.	BHR	CW
	DZR	Manila R.	PHL	CW
4285	VCS	Halifax R.	CAN	CW
	XFU	Veracruz R.	MEX	CW
	UAH	Tallin R.	URS	CW
	UFL	Vladivostok R.	URS	CW
4286	VHP2	RAN Canberra	AUS	CW
	VIX2	RAN Canberra	AUS	CW
	GKA2	Portishead R.	G	CW
	VWC	Calcutta R.	IND	CW
	DZD	Antipolo R.	PHL	CW
4286.9	5RS	Tamatave R.	MDG	CW
4287	FJY4	St.Paul R.	AMS	CW
4288	7TA2	Alger R.	ALG	CW
	XSQ5	Guangzhou R.	CHN	CW
	DZZ	Manila R.	PHL	CW
4289	PWZ	BN Rio de Janeiro	B	CW
	4XZ	IsNY Haifa	ISR	CW
	C9L4	Beira R.	MOZ	CW
	C9L6	Mocambique R.	MOZ	CW
4290	XSG22	Shanghai R.	CHN	CW
	TIM	Limon R.	CTR	CW
	DZO	Manila R.	PHL	CW
4290.5	OST22	Oostende R.	BEL	CW
4291	ZSC46	Capetown R.	AFS	CW
	OBY2	Paita R.	PRU	CW
4292	CUG32	Sao Miguel R.	AZR	CW
	XYR6	Rangoon R.	BRM	CW
	D4D	Praia R.	CPV	CW
	IAR24	Roma R.	I	CW
	EQA	Abadan R.	IRN	CW
	EQG	Ghosbeh R.	IRN	CW
	EQI	Abbas R.	IRN	CW
	EQK	Khoramshahr R.	IRN	CW
	EQR	Lavan R.	IRN	CW
	XFA	Acapulco R.	MEX	CW
	XFP	Chetumal R.	MEX	CW
	CUL4	Lisboa R.	POR	CW
	WOE	Lantana R.	USA	CW
4292.5	OMP2	Praha R.	TCH	CW
4294	SXA34	HNY Spata Attikis	GRC	CW
	DZG	Las Pinas R.	PHL	CW
	WNU31	Slidell R.	USA	CW
4295	XSJ	Zhanjiang R.	CHN	CW
	PKB	Belawan R.	INS	CW
	PKC	Palembang R.	INS	CW
	PKE	Amboina R.	INS	CW
	6VA3	Dakar R.	SEN	CW
	UHK	Batumi R.	URS	CW
4296	AME3	SNY Madrid	E	RTTY (75-850L)
	IQX	Trieste R.	I	CW
	DZK	Bulacan R.	PHL	CW
4297	TIM	Limon R.	CTR	CW

4298	NOJ	USCG Kodiak	ALS	FAX
	PPO	Olinda R.	B	CW
	OST2	Oostende R.	BEL	CW
	CCV	CN Valparaiso	CHL	CW
	JMC4	METEO Tokyo	J	CW
	FJA41	Mahina R.	OCE	CW
4299.5	SAB2	Goeteborg R.	S	CW
4300	RSGV	Petroizavodsk R.	URS	CW
4300.2	GYC2	RN London	G	CW
4301	VWM	Madras R.	IND	CW
4302	ZAC	Shengjin R.	ALB	CW
	ZAD	Durres R.	ALB	CW
	ZAS	Sarande R.	ALB	CW
	ZAV	Vlore R.	ALB	CW
	A9M	Bahrain R.	BHR	CW
4303	OXZ	Lyngby R.	DNK	CW
4304	L2C	Buenos Aires R.	ARG	CW
	L2Q	Mar del Plata R.	ARG	CW
	L2X	Comodoro Rivadavia R.	ARG	CW
4305	XSZ	Dalian R.	CHN	CW
	CTU4	PNY Monsanto	POR	RTTY (75-850L)
4306	SPE21	Szczecin R.	POL	CW
4307	UMV	Murmansk R.	URS	CW
4308	HLG	Seoul R.	KOR	CW
	CTU4	PNY Monsanto	POR	CW
4308.5	HZY	Ras Tanura R.	ARS	CW
	DAN	Norddeich R.	D	CW
4309	HZG	Dammam R.	ARS	CW
4310	MTI	RN Plymouth	G	CW
	DYP	Cebu R.	PHL	CW
	WNU41	Slidell R.	USA	CW
4311.2	AME3	SNY Madrid	E	CW
4313	FUG3	FNY La Regine	F	CW
	9VG33	Singapore R.	SNG	CW
4314	LZW23	Varna R.	BUL	CW
4314.5	GKH2	Portishead R.	G	CW
4314.7	DXR	Manila R.	PHL	CW
4314.9	GKN2	Portishead R.	G	CW
4315	URD	Leningrad R.	URS	CW
	XVG22	Haiphong R.	VTN	CW
4316	GKM2	Portishead R.	G	CW
	VWB	Bombay R.	IND	CW
	JMC	Tokyo R.	J	CW/FAX
	DYV	Iloilo R.	PHL	CW
4316.9	GKO2	Portishead R.	G	CW
4317	ZSC33	Capetown R.	AFS	CW
4317.5	EBD4	SNY Cartagena	E	CW/RTTY (75-850)
	GKI2	Portishead R.	G	CW
4318	DZU	Pasig R.	PHL	CW
4319	XSG	Shanghai R.	CHN	CW
	OXZ21	Lyngby R.	DNK	CW
	SPH23	Gdynia R.	POL	CW
4320	IAR4	Roma R.	I	CW
4322	CBM2	Punta Arenas R.	CHL	CW
	9VG54	Singapore R.	SNG	CW
	WPA	Port Arthur R. TX	USA	CW
	YVM	Pto.Ordaz R.	VEN	CW
4323	VIC	Carnarvon R.	AUS	CW

4323.6	VIE	Esperance R.	AUS	CW	
	VIO	Broome R.	AUS	CW	
	YQI	Constanta R.	ROU	CW	
4324	DZH	Manila R.	PHL	CW	
4325	HKC	Buenaventura R.	CLM	CW	
	FUE	FNY Brest	F	RTTY (50-850)	
	LFW	Rogaland R.	NOR	CW	
	AQP3	PN Karachi	PAK	CW	
4326.5	GKJ2	Portishead R.	G	CW	
	JYO	Aqaba R.	JOR	CW	
4327	SVF2	Athinai R.	GRC	CW	
4328	FFL2	Saint Lys R.	F	CW	
	JOS	Nagasaki R.	J	CW	
	DZM	Bulacan R.	PHL	CW	
4330	DJZ	Manila R.	PHL	CW	
4331	SPE22	Szczecin R.	POL	CW	
	WCC	Chatham R.	USA	CW	
4332.5	JCK	Kobe R.	J	CW	
4334	LSA2	Boca R.	ARG	CW	
	PJC	Curacao R.	ATN	CW	
	XST	Qingdao R.	CHN	CW	
	FUE3	FNY Brest	F	RTTY (75-850)	
	FUX	FNY St.Denis	REU	CW	
4336	GKK2	Portishead R.	G	CW	
	DZI	Bacoor R.	PHL	CW	
	OKLA	METEO Praha	TCH	RTTY (50-425)	
4337	3CA5	Banapa R.	GNE	CW	
	9MG6	Penang R.	MLA	CW	
	SPH21	Gydnia R.	POL	CW	
4338	HWU	FNY Le Blanc	F	RTTY (50-850)	
	DYM	Cebu R.	PHL	CW	
4340	XSQ	Guangzhou R.	CHN	CW	
4342	LZL	Bourgas R.	BUL	CW	
	XUK4	Kompong Som Ville R.	CBG	CW	
	EBD	SNY Cartagena	E	CW	
4342.5	IRM2	CIRM Roma R.	I	CW	
4342.6	WSL	Amagansett R.	USA	CW	
4343	XSL	Fuzhou R.	CHN	CW	
	TUA3	Abidjan R.	CTI	CW	
	SVA2	Athinai R.	GRC	CW	
	UNM2	Klaipeda R.	URS	CW	
	YJM4	Pt.Vila R.	VUT	CW	
4344.5	GKS2	Portishead R.	G	SITOR	QSX 4177.5 kHz
	OMP	Praha R.	TCH	CW	
4345	UFM3	Nevelsk R.	URS	CW	
4346	CWA	Cerrito R.	URG	CW	
	NMC	USCG San Francisco	USA	CW/FAX	
	WMH	Baltimore R.	USA	CW	
	YUR2	Rijeka R.	YUG	CW	
4347.5	5BA	Cyprus R.	CYP	CW	
4349	CBV	Valparaiso R.	CHL	CW	
	EAD	Aranjuez R.	E	CW	
	EQM	Bushehr R.	IRN	CW	
	EQN	Khomeini R.	IRN	CW	
	EQQ	Khark I R.	IRN	CW	
	JCS	Choshi R.	J	CW	
	S7Q	Seychelles R.	SEY	CW	
	UXN	Arkhangelsk R.	URS	CW	

4349	KLB	Seattle R.	USA	CW		
4350	TBB2	TuNY Ankara	TUR	CW		
4350.0	A9M	Bahrain R.	BHR	CW/SITOR	QSX 4170.5 kHz	
	DCN	Norddeich R.	D	SITOR		
	IAR	Roma R.	I	SITOR		
	9VG74	Singapore R.	SNG	SITOR		
	UAH	Tallin R.	URS	RTTY		
4350.5	OXZ	Lyngby R.	DNK	SITOR	QSX 4171.0 kHz	
	GKE2	Portishead R.	G	CW/SITOR		
	ZLW	Wellington R.	NZL	SITOR		
	WNU	Slidell R.	USA	SITOR		
4351	YKM5	Baniyas R.	SYR	CW		
4351.0	ZUD72	Durban R.	AFS	SITOR	QSX 4171.5 kHz	
	OST26	Oostende R.	BEL	SITOR		
	LGW2	Rogaland R.	NOR	CW/SITOR		
	SPA25	Gydnia R.	POL	RTTY		
	UBN	Jdanov R.	URS	RTTY		
	URD	Leningrad R.	URS	RTTY		
	KFS	San Francisco R.	USA	SITOR		
4351.5	PCH25	Scheveningen R.	HOL	SITOR	QSX 4172.0 kHz	
	ZLW	Wellington R.	NZL	SITOR		
	UQB	Kholmsk R.	URS	RTTY		
	NMO	USCG Honululu	HWA	SITOR		
	NMN	USCG Portsmouth	USA	SITOR		
4352.0	HZG	Dammam R.	ARS	SITOR	QSX 4172.5 kHz	
	DCM	Norddeich R.	D	SITOR		
	FFT21	Saint Lys R.	F	SITOR		
	UBE2	Petropavlovsk/Kam. R.	URS	RTTY		
	UMV	Murmansk R.	URS	RTTY (50-170)		
	WLO	Mobile R.	USA	SITOR/CW		
4352.5	VIP31	Perth R.	AUS	SITOR	QSX 4173.0 kHz	
	OFA	Helsinki R.	FNL	SITOR		
	SVS2	Athinai R.	GRC	SITOR		
	LGW3	Rogaland R.	NOR	CW/SITOR		
	HEC14	Bern R.	SUI	CW/SITOR		
	UPB	Providenia Bukhta R.	URS	RTTY		
4353.0	VCS	Halifax R.	CAN	SITOR	QSX 4173.5 kHz	
	DCL	Norddeich R.	D	SITOR		
4353.5	FFT22	Saint Lys R.	F	SITOR	QSX 4174.0 kHz	
	GKP2	Portishead R.	G	CW/SITOR		
4354.0	VAI	Vancouver R.	CAN	SITOR	QSX 4174.5 kHz	
	9MG	Penang R.	MLA	RTTY		
	LGW4	Rogaland R.	NOR	SITOR		
	9VG75	Singapore R.	SNG	SITOR		
4354.5	VIP37	Perth R.	AUS	SITOR	QSX 4175.0 kHz	
	OFA	Helsinki R.	FNL	SITOR		
	WLO	Mobile R.	USA	SITOR		
4355.0	PCH26	Scheveningen R.	HOL	SITOR	QSX 4175.5 kHz	
4355.5	OST27	Oostende R.	BEL	SITOR	QSX 4176.0 kHz	
	OXZ	Lyngby R.	DNK	CW/SITOR		
	NRV	USCG Guam	GUM	SITOR		
	HEC24	Bern R.	SUI	SITOR		
	NMC	USCG San Francisco	USA	SITOR		
	NMF	USCG Boston	USA	SITOR		
4356.0	DCF	Norddeich R.	D	SITOR	QSX 4176.5 kHz	
	GKY2	Portishead R.	G	SITOR		
	SVU2	Athinai R.	GRC	SITOR	QSX 4176.5 kHz	
	3AC	Monaco R.	MCO	SITOR		

4356.0	9MG13	Penang R.		MLA	RTTY	
	SPA26	Gdynia R.		POL	RTTY	
	KPH	San Francisco R.		USA	CW/SITOR	
4356.5	VIS61	Sydney R.		AUS	SITOR	QSX 4177.0 kHz
	GKQ2	Portishead R.		G	SITOR	
	ICB	Genova R.		I	SITOR	
	SAB214	Goeteborg R.		S	SITOR	
	WCC	Chatham R.		USA	SITOR	
4357.0		Küstenfunkstellen		AAA	J2D	Selektivruf
4357.4	CBM2	Punta Arenas R.		CHL	SSB	QSX 4063.0 kHz
	DAP	Norddeich R.		D	SSB	
	OXZ	Lyngby R.		DNK	SSB	
	HLS	Seoul R.		KOR	SSB	
	ZSV8	Walvis Bay R.		NMB	SSB	
	LGN2	Rogaland R.		NOR	SSB	
	SAG	Goeteborg R.		S	SSB	
	5WA	Apia, R.		SMO	SSB	
	HSA8	Bangkok R.		THA	SSB	
	TAN2	Izmir R.		TUR	SSB	
	CWF	Punta Carretas R.		URG	SS	
	UDH	Riga R.		URS	SSB	
	UFL	Vladivostok R.		URS	SSB	
4357.4	UPB	Providenia Bukhta R.		URS	SSB	
	UXN	Arkhangelsk R.		URS	SSB	
	KMI	Pt.Reyes R. CA		USA	SSB	
4358	HIA	Santo Domingo Pilot R.		DOM	CW	
4360.5	ZAD	Durres R.		ALB	SSB	QSX 4066.1 kHz
	LPY44	Pto. San Julian R.		ARG	SSB	
	GKT22	Portishead R.		G	SSB	
	IAR	Roma R.		I	SSB	
	EQN	Khomeini R.		IRN	SSB	
	SPC23	Gdynia R.		POL	SSB	
	UMV	Murmansk R.		URS	SSB	
4363.6	ZSQ22	Pt.Elizabeth R.		AFS	SSB	QSX 4069.2 kHz
	LPP43	Posadas R.		ARG	SSB	
	A9M	Bahrain R.		BHR	SSB	
	VFA	Inuvik R.		CAN	SSB	
	VFC	Cambridge Bay R.		CAN	SSB	
	VFU6	Coppermine R.		CAN	SSB	
	ETC	Assab R.		ETH	SSB	
	YIR	Basrah R.		IRQ	SSB	
	3AC4	Monaco R.		MCO	SSB	
	XFC	Comuzel R.		MEX	SSB	
	9HD	Malta R.		MLT	SSB	
	LGN3	Rogaland R.		NOR	SSB	
	WOM	Miami High Seas R.		USA	SSB	
4366.7	VIB	Brisbane R.		AUS	SSB	QSX 4072.3 kHz
	VIM	Melbourne R.		AUS	SSB	
	VIP	Perth R.		AUS	SSB	
	VIT	Townsville R.		AUS	SSB	
	PPA..PPV	Alle Küstenfunkstellen	B		SSB	
	CBM2	Pta.Arenas R.		CHL	SSB	
	FFL21	Saint Lys R.		F	SSB	
	4XO	Haifa R.		ISR	SSB	
	XF..	viele Küstenfunkstellen		MEX	SSB	
	FJP4	Noumea R.		NCL	SSB	
	A4M	Muscat R.		OMA	SSB	QSX 4072.3 kHz
	SPR2	Szczecin R.		POL	SSB	

4366.7	FFD21	Saint Denis R.	REU	SSB	
	6VA	Dakar R.	SEN	SSB	
4369.8	ZSC25	Capetown R.	AFS	SSB	QSX 4075.4 kHz
	VIS	Sydney R.	AUS	SSB	
	PPO	Olinda R.	B	SSB	
	PPR	Rio de Janeiro R.	B	SSB	
	Y5P	Ruegen R.	DDR	SSB	
	FFL23	Saint Lys R.	F	SSB	
	C5G	Banjul R.	GMB	SSB	
	PCG21	Scheveningen R.	HOL	SSB	
	EQM	Bushehr R.	IRN	SSB	
	9VG60	Singapore R.	SNG	SSB	
	UFN	Novorossijsk R.	URS	SSB	
	UNM2	Klaipeda R.	URS	SSB	
	WLC	Rogers Cy R.	USA	SSB	
	WLO	Mobile R. AL	USA	SSB	
4372.9	ZAV	Vlore R.	ALB	SSB	QSX 4078.5 kHz
	LPW45	Bahia Blanca R.	ARG	SSB	
	HZG	Dammam R.	ARS	SSB	
	HKB	Barranquilla R.	CLM	SSB	
	HKC	Buenaventura R.	CLM	SSB	
	5BA22	Cyprus R.	CYP	SSB	
	EHY	Pozuelo del Rey R.	E	SSB	
	3DP	Suva R.	FJI	SSB	
	OHG2	Helsinki R.	FNL	SSB	
	GKT26	Portishead R.	G	SSB	
	TFA	Reykjavik R.	ISL	SSB	
	TFT	Hornafjoerdur R.	ISL	SSB	
	5RS	Tamatave R.	MDG	SSB	
	SPC22	Gdynia R.	POL	SSB	
4376.0	ZSD37	Durban R.	AFS	SSB	QSX 4081.6 kHz
	LPX27	Comodoro Rivadavia R.	ARG	SSB	
	8PO	Barbados R.	BRB	SSB	
	VAP	Churchill R.	CAN	SSB	
	VAW	Killinek R.	CAN	SSB	
	VFF	Frobisher R.	CAN	SSB	
	VFR	Resolute R.	CAN	SSB	
	VFU	Coral Harbour R.	CAN	SSB	
	VOK	Cartwright R.	CAN	SSB	
	EHY	Pozuelo del Rey R.	CAN	SSB	
	PCG24	Scheveningen R.	HOL	SSB	
	EQA	Abadan R.	IRN	SSB	
	JDO	Tokyo R.	J	SSB	
	5ZF	Mombasa R.	KEN	SSB	
	LGN4	Rogaland R.	NOR	SSB	
	OBF3	Mollendo R.	PRU	SSB	
	9VG61	Singapore R.	SNG	SSB	
	TAM7	Canakkale R.	TUR	SSB	
4378	CCS	CN Santiago	CHL	RTTY (50)/FAX	
4379.1	LP044	Pto.Deseado R.	ARG	SSB	QSX 4084.7 kHz
	PJC	Curacao R.	ATN	SSB	
	OSU24	Oostende R.	BEL	SSB	
	VFZ	Goose Bay R.	CAN	SSB	
	ICB	Genova R.	I	SSB	
	PKD	Surabaja R.	INS	SSB	
	PKE	Amboina R.	INS	SSB	
	EQK	Khoramshahr R.	IRN	SSB	QSX 4084.7 kHz
	XFC	Cozumel R.	MEX	SSB	

4379.1	ZLW	Wellington R.	NZL	SSB	
	SPO2	Szczecin R.	POL	SSB	
	HEB14	Bern R.	SUI	SSB	
	PZN	Paramaribo R.	SUR	SSB	
	YUR	Rijeka R.	YUG	SSB	
4382.2	HZG	Dammam R.	ARS	SSB	QSX 4087.8 kHz
	PPR	Rio de Janeiro R.	B	SSB	
	PPS	Santos R.	B	SSB	
	ICB	Genova R.	I	SSB	
	LGN5	Rogaland R.	NOR	SSB	
	A7D	Doha R.	QAT	SSB	
	TAM6	Antalya R.	TUR	SSB	
	WBL	Buffalo R. NY	USA	SSB	
	WMI	Lorain R. OH	USA	SSB	
4385.3	7TA13	Alger R.	ALG	SSB	QSX 4090.9 kHz
	LPC27	Ushuaia R.	ARG	SSB	
	LPZ27	Trelew R.	ARG	SSB	
	VRT	Bermuda R.	BER	SSB	
	VAI	Vancouver R.	CAN	SSB	
	Y5P	Ruegen R.	DDR	SSB	
	GKT20	Portishead R.	G	SSB	
	PCG23	Scheveningen R.	HOL	SSB	
	4X0	Haifa R.	ISR	SSB	
	9HD	Malta R.	MLT	SSB	
	S7Q	Seychelles R.	SEY	SSB	
	WOO	Ocean Gate R. N.Jersey	USA	SSB	
4388.4	FJY4	St.Paul R.	AMS	SSB	QSX 4094.0 kHz
	LPM51	Mar del Plata R.	ARG	SSB	
	OSU21	Oostende R.	BEL	SSB	
	EHY	Pozuelo del Rey R.	E	SSB	
	VPS	C.dAguilar R.	HKG	SSB	
	PKA	Sabang R.	INS	SSB	
	PKG	Banjarmasin R.	INS	SSB	
	T3K	Tarawa R.	KIR	SSB	
	TAN5	Zonguldak R.	TUR	SSB	
	WOO	Ocean Gate R. N.Jersey	USA	SSB	
4390	FUO	FNY Toulon	F	CW	
4391.5	DAK	Norddeich R.	D	SSB	QSX 4097.1 kHz
	IAR	Roma R.	I	SSB	
	VWB	Bombay R.	IND	SSB	
	YIR	Basrah R.	IRQ	SSB	
	UFB	Odessa R.	URS	SSB	
	WOM	Miami High Seas R.	USA	SSB	
	7OA	Aden R.	YMS	SSB	
4394.6	D3E	Luanda R.	AGL	SSB	QSX 4100.2 kHz
	7TA14	Alger R.	ALG	SSB	
	LPL33	Gen.Pacheco R.	ARG	SSB	
	A9M	Bahrain R.	BHR	SSB	
	VCS	Halifax R.	CAN	SSB	
	DAH	Norddeich R.	D	SSB	
	OHG2	Helsinki R.	FNL	SSB	
	J5M	Bissau R.	GNB	SSB	
	PKT	Dili R.	INS	SSB	
	3AC5	Monaco R.	MCO	SSB	
	XF..	viele Küstenfunkstellen	MEX	SSB	
	CUL	Lisboa R.	POR	SSB	
	UBN	Jdanov R.	URS	SSB	
	UJO	Izmail R.	URS	SSB	QSX 4100.2 kHz

4394.6	XVR4	Vungtau R.	VTN	SSB	
4397.7	5BA24	Cyprus R.	CYP	SSB	QSX 4103.3 kHz
	DAJ	Norddeich R.	D	SSB	
	OHG2	Helsinki R.	FNL	SSB	
	PKC	Palembang R.	INS	SSB	
	TFA	Reykjavik R.	ISL	SSB	
	TFT	Hornafjoerdur R.	ISL	SSB	
	TFX	Siglufjoerdur R.	ISL	SSB	
	OBC3	Callao R.	PRU	SSB	
	OBF4	Mollendo R.	PRU	SSB	
	ZHH	St.Helena R.	SHN	SSB	
	URD	Leningrad R.	URS	SSB	
	WLO	Mobile R.	USA	SSB	
4400.8	LPG44	Rio Gallegos R.	ARG	SSB	QSX 4106.4 kHz
	VIB	Brisbane R.	AUS	SSB	
	VID	Darwin R.	AUS	SSB	
	VIP	Perth R.	AUS	SSB	
	OXZ	Lyngby R.	DNK	SSB	
	SVN22	Athinai R.	GRC	SSB	
	9MG8	Penang R.	MLA	SSB	
	LGN6	Rogaland R.	NOR	SSB	
4403.9	PPA	Salvador R.	B	SSB	QSX 4109.5 kHz
	PPR	Rio de Janeiro R.	B	SSB	
	EAL	Las Palmas R.	CNR	SSB	
	FFL22	Saint Lys R.	F	SSB	
	EQI	Abbas R.	IRN	SSB	
	TFT	Hornafjoerdur R.	ISL	SSB	
	6YI	Kingston R.	JMC	SSB	
	3BB	Port Louis Harbour R.	MAU	SSB	
	FJA	Mahina R.	OCE	SSB	
	KMI	Pt.Reyes R. CA	USA	SSB	
	WOO	Ocean Gate R. N.Jersey	USA	SSB	
4407.0	LPA44	Rio Grande R.	ARG	SSB	QSX 4112.6 kHz
	VIM	Melbourne R.	AUS	SSB	
	VIS	Sydney R.	AUS	SSB	
	OSU27	Oostende R.	BEL	SSB	
	OFI	Hanko R.	FNL	SSB	
	OHG2	Helsinki R.	FNL	SSB	
	VPS	C.d'Aguilar R.	HKG	SSB	
	P2M	Pt.Moresby R.	PNG	SSB	
	TAH	Istanbul R.	TUR	SSB	
	KMI	Pt.Reyes R.	USA	SSB	
	WMI	Lorain R.	USA	SSB	
	WOM	Miami High Seas R.	USA	SSB	
4410.1	LPM44	Mar del Plata R.	ARG	SSB	QSX 4115.7 kHz
	VCS	Halifax R.	CAN	SSB	
	D4A	Sao Vicente R.	CPV	SSB	
	CLA60	Habana R.	CUB	SSB	
	J2A	Djibouti R.	DJI	SSB	
	OXZ	Lyngby R.	DNK	SSB	
	SUH	Alexandria R.	EGY	SSB	
	PKM	Bitung R.	INS	SSB	
	4XO	Haifa R.	ISR	SSB	
	FFD22	Saint Denis R.	REU	SSB	
	WBL	Buffalo R. NY	USA	SSB	
	WGK	St.Louis R. MO	USA	SSB	
	WMI	Lorain R. OH	USA	SSB	
4413.2	VIA	Adelaide R.	AUS	SSB	QSX 4118.8 kHz

4413.2	VID	Darwin R.	AUS	SSB	
	VIT	Townsville R.	AUS	SSB	
	PPJ	Juncao R.	B	SSB	
	PPL	Belem R.	B	SSB	
	PPO	Olinda R.	B	SSB	
	PPR	Rio de Janeiro R.	B	SSB	
	CBV	Valparaiso R.	CHL	SSB	
	TUA	Abidjan R.	CTI	SSB	
	FFL24	Saint Lys R.	F	SSB	
	PCG22	Scheveningen R.	HOL	SSB	
	TFA	Reykjavik R.	ISL	SSB	
	TFT	Hornafjoerdur R.	ISL	SSB	
	HLS	Seoul R.	KOR	SSB	
	5AT	Tripoli R.	LBY	SSB	
	WLO	Mobile R.	USA	SSB	
	YUR	Rijeka R.	YUG	SSB	
4416.3	LZW	Varna R.	BUL	SSB	QSX 4121.9 kHz
	IAR	Roma R.	I	SSB	
	EQR	Lavan R.	IRN	SSB	
	SAG	Goeteborg R.	S	SSB	
	SAH	Haernoesand R.	S	SSB	
	TAM4	Iskenderun R.	TUR	SSB	
	TAN6	Samsun R.	TUR	SSB	
4419.4		WELTWEITE ANRUFFREQUENZ	AAA	SSB	QSX 4125.0 kHz
4422.5	OSU22	Oostende R.	BEL	SSB	QSX 4128.1 kHz
	OFI	Hanko R.	FNL	SSB	
	OHG2	Helsinki R.	FNL	SSB	
	PKR	Semarang R.	INS	SSB	
	YIR	Basrah R.	IRQ	SSB	
	UAT	Moskva R.	URS	SSB	
	WOO	Ocean Gate R. N.Jersey	USA	SSB	
4425.6	PPF	Fortaleza R.	B	SSB	
	DAI	Norddeich R.	D	SSB	
	IAR	Roma R.	I	SSB	
	PKN7	Bontang R.	INS	SSB	
	4XO	Haifa R.	ISR	SSB	
	9HD	Malta R.	MLT	SSB	
	SPC21	Gdynia R.	POL	SSB	
	WOM	Miami High Seas R.	USA	SSB	
4428.7	7TA15	Alger R.	ALG	SSB	QSX 4134.3 kHz
	NOJ	USCG Kodiak	ALS	SSB	
	LPB5	Corrientes R.	ARG	SSB	
	VIA..VIT	Alle Küstenfunkstellen	AUS	SSB	
	OXZ	Lyngby R.	DNK	SSB	
	SVN24	Athinai R.	GRC	SSB	
	NMO	USCG Honululu	HWA	SSB	
	LGN9	Rogaland R.	NOR	SSB	
	SAG	Goeteborg R.	S	SSB	
	SAH	Haernoesand R.	S	SSB	
	HEB24	Bern R.	SUI	SSB	
	NMC	USCG San Francisco	USA	SSB	
	NMG	USCG New Orleans LA	USA	SSB	
	NMN	USCG Portsmouth R. VA	USA	SSB	
4431.8	OSU23	Oostende R.	BEL	SSB	QSX 4137.4 kHz
	CBV	Valparaiso R.	CHL	SSB	
	OXZ	Lyngby R.	DNK	SSB	
	JBO	Tokyo R.	J	SSB	QSX 4137.4 kHz
	9KK	Kuwait R.	KWT	SSB	

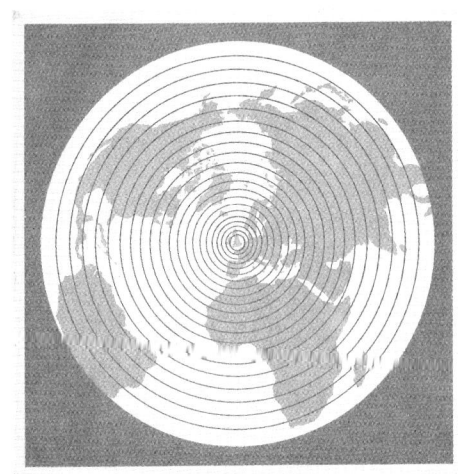

4431.8	9MG21	Penang R.		MLA	SSB	
	WWD	La Jolla R. CA		USA	SSB	
4434.9	7TA16	Alger R.		ALG	SSB	QSX 4140.5 kHz
	LPL44	Gen.Pacheco R.		ARG	SSB	
	LPZ28	Trelew R.		ARG	SSB	
	CUG	S.Miguel R.		AZR	SSB	
	5BA26	Cyprus R.		CYP	SSB	
	GKV26	Portishead R.		G	SSB	
	J5M	Bissau R.		GNB	SSB	
	JBO	Tokyo R.		J	SSB	
	ODR5	Beirut R.		LBN	SSB	
	CUB	Madeira R.		MDR	SSB	
	LGN21	Rogaland R.		NOR	SSB	
	CTV	PNY Monsanto		POR	SSB	

International and Maritime Telecommunication Services

ALDER HOUSE ALDERSGATE STREET LONDON EC1A 1AL

7 JAN 19 81

With reference to your report regarding a radio transmission on approximately *1695*Mhz/metres at *1105* hours on *3-1*-1981

The transmission was from a station of the British Post Office operating in the ~~International Telephone~~/Maritime Telephone/ ~~Phototelegraph Public~~ Service.

Owing to the large number of such transmissions, exact identification is not possible.

The transmissions are normally single or independent sideband with partial suppression of the carrier. The 'Condition B' referred to in our test tape is for the guidance of our official correspondents only.

Further reports are not required should you hear similar transmissions in the future.

Thanking you for your interest,

Yours faithfully,

Post Office
Telecommunications
PG 278

for Director

215

Frequenzliste: 6-MHz-Bereich

```
Frequenz     Rufz.     Station                Land   Betriebsart   Bemerkungen
---------------------------------------------------------------------------------

6200....6218.6         Schiffe                AAA    SSB           (6 Kanäle)
6218.6                 Schiffe u. Küstenfkst. AAA    SSB
6221.6                 Schiffe u. Küstenfkst. AAA    SSB
6224.6..6244.5         Schiffe                AAA    Breitbandtelegrafie, ...
6244.5..6248           Ozeanografische Daten  AAA
6248....6256           Schiffe                AAA    Breitbandtelegrafie, ...
6256....6267.7         Schiffe                AAA    RTTY gepaart   (23 Kanäle)
6267.7..6269.7         Schiffe                AAA    RTTY ungepaart (4 Kanäle)
6269.7..6280.8         Schiffe                AAA    CW             Anrufkanäle
6280.8..6282           Schiffe                AAA    J2D            Selektivruf
6282....6325.4         Schiffe                AAA    CW             Arbeitskanäle
6325.7       ZRH3      SAN Capetown           AFS    CW
6326.5       PKN       Balikpapan R.          ISN    CW
             PKR       Semarang R.            INS    CW
             PKY5      Merauke R.             INS    CW
             WNU32     Slidell R.             USA    CW
6328.5       OST32     Oostende R.            BEL    CW
6330         CFH       CF Halifax             CAN    RTTY (75-850)/FAX
             EDF2      Aranjuez R.            E      CW
             YIR       Basrah R.              IRQ    CW
             FJP6      Noumea R.              NCL    CW
6331.5       CTH47     PNY Horta              AZR    RTTY (75-850)
             UMV       Murmansk R.            URS    CW
6333.5       VII       Thursday I R.          AUS    CW
             VIM       Melbourne R.           AUS    CW
             VIR       Rockhampton R.         AUS    CW
             XSZ       Dalian R.              CHN    CW
             9HD       Malta R.               MLT    CW
6334.7       CTH47     PNY Horta              AZR    CW
6335.5       VFA       Inuvik R.              CAN    CW
             VFF       Frobisher R.           CAN    CW
             DZI       Bacoor R.              PHL    CW
6336         LZW3      Varna R.               BUL    CW
6336.7       ZRQ3      SAN Capetown           AFS    CW
6337         CBV       Valparaiso R.          CHL    CW
             EDG2      Aranjuez R.            E      CW
             PKG       Banjarmasin R.         INS    CW
             PKO       Tarakan R.             INS    CW
             PKY4      Sorong R.              INS    CW
6337.5       CLA5      Habana R.              CUB    CW
6338.5       DYM       Cebu R.                PHL    CW
             KLC       Galveston R.           USA    CW
6340.5       ETC       Assab R.               ETH    CW
             9VG9      Singapore R.           SNG    CW
6341.5       UFB       Odessa R.              URS    CW
6342         LZL3      Bourgas R.             BUL    CW
             GKK3      Portishead R.          G      CW
6343         Y5M       Ruegen R.              DDR    CW
6344         SVB3      Athinai R.             GRC    CW
             TFA6      Reykjavik R.           ISL    CW
             HLF       Seoul R.               KOR    CW
```

6344	YJM6	Pt.Vila R.	VUT	CW
6348	J2A6	Djibouti R.	DJI	CW
	HWN	FNY Paris	F	CW
	5RS	Tamatave R.	MDG	CW
	KFS	San Francisco R.	USA	CW
6351	OBF4	Mollendo R.	PRU	CW
6351.5	VIB	Brisbane R.	AUS	CW
	VFC	Cambridge Bay R.	CAN	CW
	3BM3	Meteo Bigara	MAU	CW
	9MG10	Penang R.	MLA	CW
	P2M	Pt.Moresby R.	PNG	CW
	CTV6	PNY Monsanto	POR	CW
	WMH	Baltimore R.	USA	CW
	YVG	La Guaira R.	VEN	CW
6352	FUG3	FNY La Regine	F	CW
6353	UFB	Odessa R.	URS	RTTY (50-170H)
6354	XFM	Manzanillo R.	MEX	CW
	URD	Leningrad R.	URS	CW
6355	OFJ6	Helsinki R.	FNL	CW
	PKC4	Panjang R.	INS	CW
	PKP2	Telukbayur R.	INS	CW
	PKS	Pontianak R.	INS	CW
	PZN2	Paramaribo R.	SUR	CW
	UBN	Jdanov R.	URS	CW/RTTY (50-170H)
6357.1	AME3	SNY Madrid	E	RTTY (75-850L)
6358	XFN	Progreso R.	MEX	CW
6358.5	Y5M	Ruegen R.	DDR	CW
	PBC36	RNN Goeree	HOL	RTTY (75-850L)
6360	OBC3	Callao R.	PRU	CW
6361	KUQ	Pago Pago R.	SMA	CW
6362	EQA	Abadan R.	IRN	CW
	EQG	Ghosbeh R.	IRN	CW
	EQK	Khoramshahr R.	IRN	CW
	EQR	Lavan R.	IRN	CW
	FUX	FNY Saint Denis	REU	CW
6363.5	DAF	Norddeich R.	D	CW/SITOR
6364.5	HZG	Dammam R.	ARS	CW
6365	IRM4	CIRM Roma R.	I	CW
	UKS3	Magadan R.	URS	CW
6365.5	FUE	FNY Brest	F	RTTY (50-850)
	KFS	San Francisco R.	USA	CW
	WPD	Tampa R.	USA	CW
6368.9	GKA9	Portishead R.	G	CW
6369	D3E41	Luanda R.	AGL	CW
	XST	Qingdao R.	CHN	CW
	UFJ	Rostov R.	URS	CW
	KLC	Galveston R.	USA	CW
6370	XSH	Basuo R.	CHN	CW
	UBE2	Petropavlovsk/Kam. R.	URS	CW
	UEK	Feodosia R.	URS	CW
6372	ZSD44	Durban R.	AFS	CW
6372.5	CCT	CN Talcahuano	CHL	CW
	GYU	RN Gibraltar	GIB	CW
	SAG3	Goeteborg R.	S	CW
	YVM	Pto.Ordaz R.	VEN	CW
6376	C6N	Nassau R.	BAH	CW
	SPE32	Szczecin R.	POL	CW
	TBO3	TuNY Izmir	TUR	CW

6376	WCC	Chatham R.	USA	CW
6377	OBZ3	Chimbote R.	PRU	CW
6377.5	AME3	SNY Madrid	E	CW
6379.5	ZSC21	Capetown R.	AFS	CW
	8PO	Barbados R.	BRB	CW
	GKB3	Portishead R.	G	CW
	4XZ	IsNY Haifa	ISR	CW
	UBN	Jdanov R.	URS	CW
6380	TIM	Limon R.	CTR	CW
	UQB	Kholmsk R.	URS	CW
6382	XSQ6	Guangzhou R.	CHN	CW
6382.5	EAD2	Aranjuez R.	E	CW
6383	TYA3	Cotonu R.	BEN	CW
	3XC2	Conakry R.	GUI	CW
	3XO27	Kamsar R.	GUI	CW
	SPH31	Gdynia R.	POL	CW
	6VA4	Dakar R.	SEN	CW
	URL	Sevastopol R.	URS	CW
	NMC	USCG San Francisco	USA	CW
6384	SXA	HNY Spata Attikis	GRC	CW
6385	UFL	Vladivostok R.	URS	CW
6386.5	ZSJ3	SAN Capetown	AFS	CW
	HKC2	Buenaventura R.	CLM	CW
	VTF3	IN Bombay	IND	CW
	VTO3	IN Vizagapatam	IND	CW
	UJO5	Izmail R.	URS	CW
6387	HZG	Dammam R.	ARS	CW
6388	EBA	SNY Madrid	E	CW/RTTY (50-170)
6389	FUF	FNY Fort de France	MRT	CW
	CTP94	NATO Palhais	POR	CW
6389.6	WNU42	Slidell R.	USA	CW
6390	XSQ	Guangzhou R.	CHN	CW
	XFC	Cozumel R.	MEX	CW
	AQP	PN Karachi	PAK	CW
	UPB	Providenia Bukhta R.	URS	CW
6390.3	IDQ3	ItNY Roma	I	CW
6391.5	OSN56	BNY Oostende	BEL	CW
6393.5	LPC63	Ushuaia R.	ARG	CW
	CUG33	S.Miguel R.	AZR	CW
	ZLB3	Awarua R.	NZL	CW
	DZW	Manila R.	PHL	CW
	CUL6	Lisboa R.	POR	CW
6395	TBA3	TuNY Izmir	TUR	CW
	UHK	Batumi R.	URS	CW
6395.9	GKN3	Portishead R.	G	CW/FAX
6397	GKM3	Portishead R.	G	CW
	JMC3	METEO Tokyo	J	CW
6397.9	GKO3	Portishead R.	G	CW
6398	SPH32	Gdynia R.	POL	CW
6399	AME3	SNY Madrid	E	RTTY (75-850) 32RG
6400	EDZ2	Aranjuez R.	E	CW
	UMV	Murmansk R.	URS	CW
6400.5	XSR	Haikou R.	CHN	CW
6402	GKS3	Portishead R.	G	SITOR
6404	LPD44	Gen.Pacheco R.	ARG	CW
	PCH30	Scheveningen R.	HOL	CW/SITOR
6405	LZW32	Varna R.	BUL	CW
	CCP	CN Pto.Montt	CHN	CW

6405	UAH	Tallin R.	URS	CW
	UFN	Novorossijsk R.	URS	CW
6407.5	VIC	Carnarvon R.	AUS	CW
	VIE	Esperance R.	AUS	CW
	VIO	Broome R.	AUS	CW
	VIP2	Perth R.	AUS	CW
	XSL	Funzhou R.	CHN	CW
	GKC3	Portishead R.	G	CW
6408	DZA	Mandaluyong R.	PHL	CW
6408.5	EBA	SNY Madrid	E	CW
6409.5	IAR6	Roma R.	I	CW
6410	UDH	Riga R.	URS	CW
	UHK	Batumi R.	URS	CW
6410.6	KLB	Seattle R.	USA	CW
6411	LPD41	Gen.Pacheco R.	ARG	CW
	OST3	Oostende R.	BEL	CW
	SVD3	Athinai R.	GRC	CW
	5OW6	Lagos R.	NIG	CW
	DZF	Manila R.	PHL	CW
	9LL	Freetown R.	SRL	CW
6411.3	WOE	Lantana R.	USA	CW
6412	9VG55	Singapore R.	SNG	CW
6413.7	GYC3	RN London	G	CW
6414.5	XSG	Shanghai R.	CHN	CW
	XFA	Acapulco R.	MEX	CW
6415	7TA4	Alger R.	ALG	CW
6416	UJQ	Kiev R.	URS	CW
6417	DZP	Novaliches R.	PHL	CW
6418	CCS	CN Santiago	CHL	CW/FAX
	CCV6	CN Belloto	CHL	FAX
	IAR26	Roma R.	I	CW
	IQX	Trieste R.	I	CW
	VTP5	IN Vizagapatam	IND	CW
	WSL	Amagansett R.	USA	CW
6420	PWZ	BN Rio de Janeiro	B	CW
	IRM5	CIRM Roma R.	I	CW
6421.5	FFL3	Saint Lys R.	F	CW
	YUZ2	Rijeka R.	YUG	CW
6422	EBB	SNY Ferrol d. Caudillo	E	CW
	EBC	SNY Cadiz	E	CW
6423	ZSC47	Capetown R.	AFS	CW
	LZL3	Bourgas R.	BUL	CW
	HPP	Panama R.	PNR	CW
	DZE	Mandaluyong R.	PHL	CW
6425	SUP	Port Said R.	EGY	CW
	OFJ62	Helsinki R.	FNL	CW
	ICB	Genova R.	I	CW
	EQM	Bushehr R.	IRN	CW
	EQN	Khomeini R.	IRN	CW
	EQQ	Khark I R.	IRN	CW
	URD	Leningrad R.	URS	CW
6427	UNM2	Klaipeda R.	URS	CW
6428.5	VHP3	RAN Canberra	AUS	CW
	VIX3	RAN Canberra	AUS	CW
	Y5M	Ruegen R.	DDR	CW
	GKD3	Portishead R.	G	CW
	PKM	Bitung R.	INS	CW
	NPG	USN San Francisco	USA	CW

6429	DZD	Antipolo R.	PHL	CW
6430	CFH	CF Halifax	CAN	CW
	4XO	Haifa R.	ISR	CW
	UKA	Vladivostok R.	URS	CW
6430.4	5RS	Tamatave R.	MDG	CW
6432	LGU	Rogaland R.	NOR	CW
	DZZ	Manila R.	PHL	CW
6434	ZAD	Durres R.	ALB	CW
	ZAS	Sarande R.	ALB	CW
6434.7	GYA	RN London	G	CW
6435	PWZ	BN Rio de Janeiro	B	CW
	CLQ	Cojimar R.	CUB	CW
	DZO	Manila R.	PHL	CW
6435.5	DAN	Norddeich R.	D	CW
	CWA	Cerrito R.	URG	CW
6436	OBY2	Paita R.	PRU	CW
6436.3	WPA	Pt.Arthur R. TX	USA	CW
	GYD3	RN London	G	FAX
6438	VFR	Resolute R.	CAN	CW
6439	OXZ31	Lyngby R.	DNK	CW
	XFP	Chetumal R.	MEX	CW
	UKK3	Nakhodka R.	URS	CW
6440	OMP	Praha R.	TCH	CW
6441	DZG	Las Pinas R.	PHL	CW
6442	XSE	Qinhuangdao R.	CHN	CW
	XFS3	Tampico R.	MEX	CW
	XFU	Veracruz R.	MEX	CW
	XFF2	Pajaritos R.	MEX	CW
6443	RJFY	Leningrad R.	URS	CW
6444	DZK	Bulacan R.	PHL	CW
6444.5	SVF	Athinai R.	GRC	CW
6445	UFL	Vladivostok R.	URS	CW
6446	MTO	RN Rosyth	G	CW
	DZR	Manila R.	PHL	CW
	WLO	Mobile R.	USA	CW
6446.7	OXZ3	Lyngby R.	DNK	CW
6447	UFB	Odessa R.	URS	CW
6448	LZW33	Varna R.	BUL	CW
6449.5	XSO	Wenzhou R.	CHN	CW
	Y5M	Ruegen R.	DDR	CW
6451	HLG	Seoul R.	KOR	CW
6451.5	SAB3	Goeteborg R.	S	CW
6453	DZJ	Manila R.	PHL	CW
6454	XSG24	Shanghai R.	CHN	CW
	CLA4	Habana R.	CUB	CW
6455	UDK2	Murmansk R.	URS	CW
6456.5	DAL	Norddeich R.	D	CW
	PKN7	Bontang R.	INS	CW
	PKR6	Cilacap R.	INS	CW
6457.5	JOR	Nagasaki R.	J	CW
6459	SPE31	Szczecin R.	POL	CW
6460	LSA3	Boca R.	ARG	CW
	SAB33	Goeteborg R.	S	SITOR	QSX 6269.5 kHz
	UKA	Vladivostok R.	URS	CW
6461	XSQ	Guangzhou R.	CHN	CW
6462	FUM	FNY Papeete	OCE	CW
6463.5	VIA	Adelaide R.	AUS	CW
	VIT	Townsville R.	AUS	CW

6463.5	3SB	Datong R.	CHN	CW
	HKB	Barranquilla R.	CLM	CW
6446	VIS3	Sydney R.	AUS	CW
6465	UJY	Kaliningrad R.	URS	CW
6466	HZG	Dammam R.	ARS	CW
	Y5M	Ruegen R.	DDR	CW
	IER20	GUARFI Roma	I	RTTY (50-850L)
6467	ZSC36	Capetown R.	AFS	CW
	VTG5	IN Bombay	IND	CW
	JCS	Choshi R.	J	CW
	LFU	Rogaland R.	NOR	CW
	HPN60	Canal R.	PNR	CW
6468	DZN	Navotas R.	PHL	CW
6469.3	GKG3	Portishead R.	G	CW
6470	JCX	Naha R.	J	CW
	UXN	Arkhangelsk R.	URS	CW
6470.5	4XO	Haifa R.	ISR	CW
	6YI	Kingston R.	JMC	CW
	9MG10	Penang R.	MLA	CW
	9YL	North Post R.	TRD	CW
6470.8	GKH3	Portishead R.	G	CW
6471	SXA24	HNY Spata Attikis	GRC	CW
	DXR	Manila R.	PHL	CW
6472.3	GKI3	Portishead R.	G	CW
6473.5	YQI3	Constanta R.	ROU	CW
6474	DYV	Iloilo R.	PHL	CW
	OBC3	Callao R.	PRU	CW
	OBF4	Mollendo R.	PRU	CW
	OBT2	Talara R.	PRU	CW
	OBY2	Paita R.	PRU	CW
6475	UNM2	Klapeida R.	URS	CW
6475.5	DAM	Norddeich R.	D	CW
6477	DZU	Pasig R.	PHL	CW
6477.5	XSF	Lienyunkang R.	CHN	CW
	GKJ3	Portishead R.	G	CW
	UBN	Jdanov R.	URS	CW
	KPH	San Francisco R.	USA	CW
6478	ZSC34	Capetown R.	AFS	CW
	DYH	Cebu R.	PHL	CW
6478.5	9MB3	NAVY Penang	MLA	CW
6478.7	SVA	Athinai R.	GRC	CW
0102	UOR	Kholmsk R.	URS	CW
6484	LZL	Bourgas R.	BUL	CW
	XSV	Tianjin R.	CHN	CW
	XFL	Mazatlan R.	MEX	CW
6485	JCU	Choshi R.	J	CW
	UAH	Tallin R.	URS	CW
6486	DZH	Manila R.	PHL	CW
6487.5	VRT	Bermuda R.	BER	CW
6488	D4A	Sao Vincente R.	CPV	CW
6489	OBK3	San Juan R.	PRU	CW
6490	FUE3	FNY Brest	F	RTTY (75-850L)
6491.5	PJC	Curacao R.	ATN	CW
	VCS	Halifax R.	CAN	CW
	PKC	Palembang R.	INS	CW
	PKC3	Jambi R.	INS	CW
	PKD5	Benoco R.	INS	CW
	PKZ2	Cirebon R.	INS	CW

6491.5	JOS	Nagasaki R.	J	CW		
	TAH	Istanbul R.	TUR	CW		
	9PA	Banana R.	ZAI	CW		
6492	DZM	Bulacan R.	PHL	CW		
6493	VAI	Vancouver R.	CAN	CW		
	VFF	Frobisher Bay R.	CAN	CW		
	URB2	Klaipeda R.	URS	CW		
6493.2	YIR	Basrah R.	IRQ	CW		
6494.5	9MG14	Penang R.	MLA	RTTY	QSX 6256.5 kHz	
	SAB301	Goeteborg R.	S	SITOR		
6495.0	ZUD73	Durban R.	AFS	SITOR	QSX 6257.0 kHz	
	GKE3	Portishead R.	G	SITOR/CW		
	ZLW	Wellington R.	NZL	SITOR		
	WNU	Slidell R.	USA	SITOR		
6495.5	OST36	Oostende R.	BEL	SITOR	QSX 6257.5 kHz	
	SPA35	Gdynia R.	POL	RTTY		
	UBN	Jdanov R.	URS	CW/RTTY		
	KFS	San Francisco R.	USA	SITOR		
6496.0	DCN	Norddeich R.	D	SITOR	QSX 6258.0 kHz	
	NMO	USCG Honululu	HWA	SITOR		
	IAR	Roma R.	I	SITOR		
	UDH	Riga R.	URS	CW/RTTY		
	ZLW	Wellington R.	NZL	SITOR		
	NMN	USCG Portsmouth VA	USA	SITOR		
6496.5	PCH35	Scheveningen R.	HOL	SITOR	QSX 6258.5 kHz	
	UAT	Moskva R.	URS	CW/RTTY		
6497.0	VIP32	Perth R.	AUS	SITOR	QSX 6259.0 kHz	
	OFA	Helsinki R.	FNL	RTTY		
6497.5	VCS	Halifax R.	CAN	SITOR	QSX 6259.5 kHz	
	DCM	Norddeich R.	D	SITOR		
	3AC	Monaco R.	MCO	SITOR		
	UPB	Providenia Bukhta R.	URS	RTTY		
6498.0	LGU2	Rogaland R.	NOR	SITOR/CW	QSX 6260.0 kHz	
	UAH	Tallin R.	URS	RTTY		
	UBN	Jdanov R.	URS	RTTY		
6498.5	HZG	Dammam R.	ARS	SITOR	QSX 6260.5 kHz	
	OXZ	Lyngby R.	DNK	CW/SITOR		
	9MG	Penang R.	MLA	RTTY		
6499.0	VIP38	Perth R.	AUS	SITOR	QSX 6261.0 kHz	
	UAT	Moskva R.	URS	CW/SITOR		
	UDH	Riga R.	URS	RTTY (50-170H)		
	WLO	Mobile R.	USA	SITOR		
6499.5	GKY3	Portishead R.	G	SITOR	QSX 6261.5 kHz	
	SVS3	Athinai R.	GRC	SITOR		
	UQB	Kholmsk R.	URS	RTTY		
	URD	Leningrad R.	URS	RTTY		
6500	HSZ	NAVY Bangkok	THA	CW		
	RMP	RuNY Kaliningrad	URS	CW		
6500.0	GKP3	Portishead R.	G	SITOR	QSX 6262.0 kHz	
	NRV	USCG Guam	GUM	SITOR		
	NMF	USCG Boston MA	USA	SITOR		
	UFN	Novorossijsk R.	URS	CW/RTTY		
	UXN	Archangelsk R.	URS	CW/RTTY		
6500.5	DCL	Norddeich R.	D	SITOR	QSX 6262.5 kHz	
	KPH	San Francisco R.	USA	SITOR		
6501.0	VIS63	Sydney R.	AUS	SITOR	QSX 6263.0 kHz	
	FFT31	Saint Lys R.	F	SITOR		
	3AC	Monaco R.	MCO	SITOR		

6501.0	9VG76	Singapore R.	SNG	SITOR		
6501.5	OXZ	Lyngby R.	DNK	SITOR	QSX 6263.5 kHz	
	WLO	Mobile R.	USA	CW/SITOR		
6502	C9C2	NAVY Maputo	MOZ	CW		
	TBB6	TuN Ankara	TUR	CW		
6502.0	SVU3	Athinai R.	GRC	CW/SITOR	QSX 6264.0 kHz	
6502.5	OST37	Oostende R.	BEL	SITOR	QSX 6264.5 kHz	
	KLC	Galveston R.	USA	SITOR		
6503.0	OFA	Helsinki R.	FNL	RTTY	QSX 6265.0 kHz	
	VPS28	C.d'Aguilar R.	HKG	SITOR		
	SPA36	Gdynia R.	POL	RTTY		
6503.5	VRT	Bermuda R.	BER	RTTY	QSX 6265.5 kHz	
	WNU	Slidell R.	USA	SITOR		
6504.0	ZUD75	Durban R.	AFS	SITOR	QSX 6266.0 kHz	
	PCH36	Scheveningen R.	HOL	SITOR		
	9VG77	Singapore R.	SNG	SITOR		
	NMC	USCG San Francisco	USA	SITOR		
6504.5	LGU3	Rogaland R.	NOR	CW/SITOR	QSX 6266.5 kHz	
	WCC	Chatham R.	USA	CW/SITOR		
6505.0	GKQ3	Portishead R.	G	CW/SITOR	QSX 6267.0 kHz	
6505.5	DCF	Norddeich R.	D	SITOR	QSX 6267.5 kHz	
6505.5	LGB	Rogaland R.	NOR	SITOR/CW		
6506		Küstenfunkstellen	AAA	J2D	Selektivruf	
6506.4	7TA17	Alger R.	ALG	SSB	QSX 6200.0 kHz	
	NOJ	USCG Kodiak	ALS	SSB		
	LPW35	Bahia Blanca R.	ARG	SSB		
	HZG	Dammam R.	ARS	SSB		
	CBM2	Pta.Arenas R.	CHL	SSB		
	CBV	Valparaiso R.	CHL	SSB		
	DAJ	Norddeich R.	D	SSB		
	NRV	USCG Guam	GUM	SSB		
	NMO	USCG Honululu	HWA	SSB		
	YIR	Basrah R.	IRQ	SSB		
	TFA	Reykjavik R.	ISL	SSB		
	5AT	Tripoli R.	LBY	SSB		
	XFP	Chetumal R.	MEX	SSB		
	9HD	Malta R.	MLT	SSB		
	ZLW	Wellington R.	NZL	SSB		
	UFB	Odessa R.	URS	SSB		
	NMA	USCG Miami	USA	SSB		
	NMC	USCG San Francisco	USA	SSB		
	NMF	USCG Boston	USA	SSB		
	NMG	USCG New Orleans	USA	SSB		
	NMN	USCG Portsmouth	USA	SSB		
6509.1	ZSD51	Durban R.	AFS	SSB	QSX 6202.1 kHz	
	OSU31	Oostende R.	BEL	SSB		
	PCG31	Scheveningen R.	HOL	SSB		
	IAR	Roma R.	I	SSB		
	HLS	Seoul R.	KOR	SSB		
	3AC6	Monaco R.	MCO	SSB		
	SPC31	Gdynia R.	POL	SSB		
	CUL	Lisboa R.	POR	SSB		
	9VG62	Singapore R.	SNG	SSB		
	TAN2	Izmir R.	TUR	SSB		
	UAT	Moskva R.	URS	SSB		
	YUR	Rijeka R.	YUG	SSB		
6512.6	7TA18	Alger R.	ALG	SSB	QSX 6206.2 kHz	
	LPL30	Gen.Pacheco R.	ARG	SSB		

```
6512.6   HZG      Dammam R.                      ARS   SSB
         VIA..VIT Alle Küstenfunkstellen         AUS   SSB
         VRT      Bermuda R.                     BER   SSB
         VFF      Frobisher R.                   CAN   SSB
         5BA34    Cyprus R.                      CYP   SSB
         OXZ      Lyngby R                       DNK   SSB
         SVN32    Ahtinai R.                     GRC   SSB
         VPS      C.d'Aguilar R.                 HKG   SSB
         YIR      Basrah R.                      IRQ   SSB
         TFA      Reykjavik R.                   ISL   SSB
         4XO      Haifa R.                       ISR   SSB
         XFC      Cozumel R.                     MEX   SSB           QSX 6206.2 kHz
         XFN      Progreso R.                    MEX   SSB
         LGN30    Rogaland R.                    NOR   SSB
         SAG      Goeteborg R.                   S     SSB
         5WA      Apia R.                        SMO   SSB
         UFB      Odessa R.                      URS   SSB
         UFL      Vladivostok R.                 URS   SSB
6515.7   LZW      Varna R.                       BUL   SSB           QSX 6209.3 kHz
         CBM2     Pta.Arenas R.                  CHL   SSB
         EHY      Pozuelo del Rey R.             E     SSB
         VPS      C.d'Aguilar R.                 HKG   SSB
         IAR      Roma R.                        I     SSB
         PKK      Kupang R.                      INS   SSB
         PKR      Semarang R.                    INS   SSB
         EQA      Abadan R.                      IRN   SSB
         EQK      Khoramshahr R.                 IRN   SSB
         4XO      Haifa R.                       ISR   SSB
         5RS      Tamatave R.                    MDG   SSB
         XFF      Coatzacoalcos R.               MEX   SSB
         P2M      Pt.Moresby R.                  PNG   SSB
         SPO3     Szczecin R.                    POL   SSB
         OBF4     Mollendo R.                    PRU   SSB
         WAH      St.Thomas R.                   VIR   SSB
6518.8   7TA19    Alger R.                       ALG   SSB           QSX 6212.4 kHz
         VAI      Vancouver R.                   CAN   SSB
         VCS      Halifax R.                     CAN   SSB
         OXZ      Lyngby R.                      DNK   SSB
         SUH      Alexandria R.                  EGY   SSB
         ETC2     Assab R.                       ETH   SSB
         PKO      Tarakan R.                     INS   SSB
         YIR      Basrah R.                      IRQ   SSB
         HLS      Seoul R.                       KOR   SSB
         5RS      Tamatave R.                    MDG   SSB
         LGN31    Rogaland R.                    NOR   SSB
         OBC3     Callao R.                      PRU   SSB
         SAG      Goeteborg R.                   S     SSB
         HSA20    Bangkok R.                     THA   SSB
         CWF      Punta Carretas R.              URG   SSB
         UBN      Jdanov R.                      URS   SSB
         WAH      St.Thomas R.                   VIR   SSB
         YUR      Rijeka R.                      YUG   SSB
6521.9            WELTWEITE ANRUFFREQUENZ        AAA   SSB           QSX 6215.5 kHz
```

Frequenzliste: 8-MHz-Bereich

```
Frequenz   Rufz.    Station                  Land  Betriebsart  Bemerkungen
-------------------------------------------------------------------------------

8195....8291.1      Schiffe                  AAA   SSB          (31 Kanäle)
8291.1              Schiffe u. Küstenfkst.   AAA   SSB
8294.2              Schiffe u. Küstenfkst.   AAA   SSB
8297.3..8300        Schiffe                  AAA   RTTY ungepaart (5 Kanäle)
8300....8328        Schiffe                  AAA   Breitband-Telegrafie, ...
8328....8331.5      Ozeanografische Daten    AAA
8331.5..8343.5      Schiffe                  AAA   Breitband-Telegrafie, ...
8343.5..8357.2      Schiffe                  AAA   RTTY gepaart (27 Kanäle)
8357.5              Schiffe                  AAA   RTTY ungepaart
8357.7..8359.7      Schiffe                  AAA   CW           Arbeitskanäle
8359.7..8374.4      Schiffe                  AAA   CW           Anrufkanäle
8374.4..8376        Schiffe                  AAA   J2D          Selektivruf
8376....8435.4      Schiffe                  AAA   CW           Arbeitskanäle
8436       UCO      Ialta R.                 URS   CW
8437       7TA6     Alger R.                 ALG   CW
           OFJ8     Helsinki R.              FNL   CW
           PKC      Palembang R.             INS   CW
           PKN      Balikpapan R.            INS   CW
           PKY2     Biak R.                  INS   CW
           4XZ      IsNY Haifa               ISR   CW
           JOS      Nagasaki R.              J     CW
8439       DAB      Norddeich R.             D     CW
           DFH43    HA Frankfurt             D     CW
           PBC38    RNN Goeree               HOL   RTTY (75-850L)
8440       VCS      Halifax R.               CAN   CW
           YIR      Basrah R.                IRQ   CW
8440.6     UAT      Moskva R.                URS   CW
8441       C6N      Nassau R.                BAH   CW
           XYR7     Rangoon R.               BRM   CW
           C5G      Banjul R.                GMB   CW
           9YL      North Post R.            TRD   CW
8441.4     5ZF2     Mombasa R.               KEN   CW
           9HD      Malta R.                 MLT   CW
           7OA      Aden R.                  YMS   CW
8443       VFF      Frobisher R.             CAN   CW
           Y5M      Ruegen R.                DDR   CW/RTTY (50)
8444.5     KFS      San Francisco R. CA      USA   CW
8445       PKK      Kupang R.                INS   CW
           PKO      Turukan R.               INS   CW
           A4M      Muscat R.                OMA   CW
           S7Q      Seychelles R.            SEY   CW
           TCR      Tophane Kulesi R.        TUR   CW
           XSX      Keelung R.               TWN   CW
           YUR4     Rijeka R.                YUG   CW
           9PA      Banana R.                ZAI   CW
8445.5     WLO      Mobile R. AL             USA   CW
8446       UFM3     Nevelsk R.               URS   CW
           UQK      Riga R.                  URS   CW
8447       L2C      Buenos Aires R.          ARG   CW
           AME3     SNY Madrid               E     CW
8448       A9M      Bahrain R.               BHR   CW
```

8449	LPC78	Ushuaia R.	ARG	CW
	8P0	Barbados R.	BRB	CW
	ZKR	Rarotonga R.	CKH	CW
	TJC7	Douala R.	CME	CW
	8RB	Demerara R.	GUY	CW
8449.4	VRT	Bermuda R.	BER	CW
8450	5AB	Benghazi R.	LBY	CW
8451	XSG4	Shanghai R.	CHN	CW
	UBF2	Leningrad R.	URS	CW
8452	VIS35	Sydney R.	AUS	CW
8453	VAI	Vancouver R.	CAN	CW
	TNA8	Pnt.Noire R.	COG	CW
	HWN	FNY Paris	F	CW
	YVM	Pto.Ordaz R.	VEN	CW
8454	A9M	Bahrain R.	BHR	CW
8454.6	SVG4	Athinai R.	GRC	CW
8455	XSQ	Guangzhou R.	CHN	CW
8456	ROT	Moskva R.	URS	CW
8457	LSA4	Boca R.	ARG	CW
	EDG3	Aranjuez R.	E	CW
	OFJ82	Helsinki R.	FNL	CW
	PKG	Banjarmasin R.	INS	CW
	PKP	Dumai R.	INS	CW
	PKY5	Merauke R.	INS	CW
	NMA	USCG Miami FL	USA	RTTY (75-850)
8458	AME3	SNY Madrid	E	RTTY (75-850L)
8459	NOJ	USCG Kodiak	ALS	FAX
	YQI4	Constanta R.	ROU	CW
8460	PPJ	Juncao R.	B	CW
	LZW4	Varna R.	BUL	CW
8460.5	PPL	Belem R.	B	CW
	UJY	Kaliningrad R.	URS	RTTY (50)
8461	ZSC42	Capetown R.	AFS	CW
	CUG	S.Miguel R.	AZR	CW
	PKD	Surabaya R.	INS	CW
	PKR	Semarang R.	INS	CW
	PKY4	Sorong R.	INS	CW
	CUB	Madeira R.	MDR	CW
	FJA8	Mahina R.	OCE	CW
	YVG	La Guaira R.	VEN	CW
8463	CKN	CF Vancouver	CAN	CW
	Y5M	Ruegen R.	DDR	CW/RTTY/FAX
	JOU	Nagasaki R.	J	CW
		METEO Amderma	URS	FAX
8464	TUA4	Abidjan R.	CTI	CW
8465	5BA	Cyprus R.	CYP	CW
	AME3	SNY Madrid	E	RTTY (75-850L)
	6YI	Kingston R.	JMC	CW
	5RS8	Tamatave R.	MDG	CW
	OBC3	Callao R.	PRU	CW
	NMN	USCG Portsmouth VA	USA	CW
8466	HSC62	Bangkok Port	THA	CW
	UJY	Kaliningrad R.	URS	CW
8467.5	JJC	Tokyo R.	J	CW/FAX
8468.5	FFD28	Saint Denis R.	REU	CW
8469	D4A6	Sao Vicente R.	CPV	CW
	D4D	Praia R.	CPV	CW
	EQA	Abadan R.	IRN	CW

8469	EQG	Ghosbeh R.	IRN	CW
	EQI	Abbas R.	IRN	CW
	EQK	Khoramshahr R.	IRN	CW
	EQR	Lavan R.	IRN	CW
	XXG	Macau R.	MAC	CW
	CUL8	Lisboa R.	POR	CW
8469.2	ZRQ4	SAN Capetown	AFS	CW
8470	XFL	Mazatlan R.	MEX	CW
	XVG9	Haiphong R.	VTN	CW
8471	NMR	USCG San Juan	PTR	CW
8472	LZL	Bourgas R.	BUL	CW
	SUP4	Port Said R.	EGY	CW
8473	3SB	Datong R.	CHN	CW
	4PB	Colombo R.	CLN	CW
	A7D	Doha R.	QAT	CW
	EDF3	Aranjuez R.	E	CW
	PKE	Amboina R.	INS	CW
	PKS	Pontianak R.	INS	CW
	HLG	Seoul R.	KOR	CW
	UNM2	Klapeida R.	URS	CW
8473.5	WLO	Mobile R. AL	USA	CW
8474	HCG	Guayaquil R.	EQA	CW
8475.5	FUX	FNY St.Denis	REU	CW
8476	HC..	6 Küstenfkst.	EQA	CW
	9VG56	Singapore R.	SNG	CW
	OMC	Bratislava R.	TCH	CW
	UAH	Tallin R.	URS	CW
8477	FUB3	FNY Paris	F	CW/RTTY
8478	VHP4	RAN Canberra	AUS	CW
	VIX4	RAN Canberra	AUS	CW
	OST4	Oostende R.	BEL	CW
	CBV	Valparaiso R.	CHL	CW
	TIM	Limon R.	CTR	CW
8479	JCU	Choshi R.	J	CW
	FUF	FNY Ft. de France	MRT	CW
8480	HZY	Ras Tanura R.	ARS	CW
	XUK3	Kompong-Som-Ville R.	CBG	CW
	TIM	Limon R.	CTR	CW
	5AL	Tobruk R.	LBY	CW
8482	SPH41	Gdynia R.	POL	CW
	OMP	Praha R.	TCH	CW
8483.5	DAN	Norddeich R.	D	CW
8484	XSE	Qinhuangdao R.	CHN	CW
	HLF	Seoul R.	KOR	CW
8484.5	HZG	Dammam R.	ARS	CW
8485	4XO	Haifa R.	ISR	CW
	UFN	Novorossijsk R.	URS	CW/RTTY (50-170)
8486	FUE3	FNY Brest	F	RTTY (75-850)
	IDQ4	ItNY Roma	I	CW
	WOE	Lantana R. FL	USA	CW
8487	VID	Darwin R.	AUS	CW
	XSG26	Shanghai R.	CHN	CW
8490	XSQ4	Guangzhou R.	CHN	CW
	AQP5	PN Karachi	PAK	CW
	CUL7	Lisboa R.	POR	CW
	OBF4	Mollendo R.	PRU	CW
	NMF	USCG Boston MA	USA	SITOR/FEC
8492	PPR	Rio de Janeiro R.	B	CW

8492	JNA	Tokyo R.	J	CW	
	9MG2	Penang R.	MLA	CW	
	TBA	TuNY Izmir	TUR	CW	
8493.2	GYA	RN London	G	CW	
8494	NUD	USN Adak	ALS	FAX	
8494.8	GZZ40	RN London	G	FAX	
8496	CLA20	Habana R.	CUB	CW	
8496.5	GKS4	Portishead R.	G	CW/SITOR	QSX 8297.6 kHz
8497	HLJ	Seoul R.	KOR	CW	
8498	SAG4	Goeteborg R.	S	CW	
8500	VTH	IN Bombay	IND	RTTY (50-850)	
8502	ZSC37	Capetown R.	AFS	CW	
	PPL	Belem R.	B	CW	
	XSG	Shanghai R.	CHN	CW	
	IQX	Trieste R.	I	CW	
	NIK	USCG Boston MA	USA	CW/SITOR/FAX	
	YJM8	Pt.Vila R.	VUT	CW	
8504	ZLB4	Awarua R.	NZL	CW	
8505	XFK	La Paz R.	MEX	CW	
8506	AOK	USN Rota	E	FAX	
	NPO	USN S.Miguel	PHL	CW	
	XSX	Keelung R.	TWN	CW	
	UDH	Riga R.	URS	CW	
8508	KLC	ITT Galveston R. TX	USA	CW	
8510	CCM	CN Magallanes	CHL	CW	
	FFS4	Saint Lys R.	F	CW	
	VWV	Vizagapatam R.	IND	CW	
	UKK3	Nakhodka R.	URS	CW	
8511.9	DAL	Norddeich R.	D	CW	
8514	LPD85	Gen.Pacheco R.	ARG	CW	
	XSQ	Guangzhou R.	CHN	CW	
	PBC98	RNN Goeree	HOL	CW/RTTY	
	VWB	Bombay R.	IND	CW	
	XFA	Acapulco R.	MEX	CW	
	WLO	Mobile R.	USA	CW	
	WSL	Amagansett R. NY	USA	CW	
8515	5AT	Tripoli R.	LBY	CW	
	P2R	Rabaul R.	PNG	CW	
	UFL	Vladivostok R.	URS	CW	
	UMV	Murmansk R.	URS	CW	
8516	GKC4	Portishead R.	G	CW	
8518	4XZ	IsNY Haifa	ISR	CW	
	ELC	Monrovia R.	LBR	CW	
8520.5	PPO	Olinda R.	B	CW	
8521	VIS26	Sydney R.	AUS	CW	
8522	9WW20	Kuching R.	MLA	CW	
8522.5	FFL4	Saint Lys R.	F	CW	
8523.4	JOR	Nagasaki R.	J	CW	
8524	DZW	Manila R.	PHL	CW	
8525	9KK6	Kuwait R.	KWT	CW	
	WNU33	Slidell R. LA	USA	CW	
8526	LPD52	Gen.Pacheco R.	ARG	CW	
	VWC	Calcutta R.	IND	CW	
	JMC4	METEO Tokyo	J	CW	
	CTW8	PNY Monsanto	POR	CW/RTTY (75-850)/FAX	
8527	OBY2	Paita R.	PRU	CW	
8527.5	LFN	Rogaland R.	NOR	CW	
8528.5	EBA	SNY Madrid	E	CW/RTTY (50-170)	

```
8528.5   UFB      Odessa R.                URS   CW
8530     PWZ33    BN Rio de Janeiro        B     RTTY (50-850)
         SVJ4     Athinai R.               GRC   CW
         IAR28    Roma R.                  I     CW
         9VG25    Singapore R.             SNG   CW
8532     LZW42    Varna R.                 BUL   CW
8534     3VP7     La Skhirra R.            TUN   CW
8535     UTA      Tallin R.                URS   CW
8536.5   SVF4     Athinai R.               GRC   CW
8538     FUF      FNY Ft.de France         MRT   CW
8539     VPS35    C.d'Aguilar R.           HKG   CW
8540     OBT2     Talara R.                PRU   CW
         UBN      Jdanov R.                URS   CW/RTTY (50-170)
8542     PKI      Jakarta R.               INS   CW
8545     DZF      Manila R.                PHL   CW
         UQK      Riga R.                  URS   CW
8546     XST      Qingdao R.               CHN   CW
         GKA4     Portishead R.            G     CW
         OBC3     Callao R.                PRU   CW
         OBT2     Talara R.                PRU   CW
         XSY      Hualien R.               TWN   CW
8546.1   KLB      Seattle R. WA            USA   CW
8547.5   JFA      Matsudo R.               J     CW
8548     PPO      Olinda R.                B     CW
         9PA      Banana R.                ZAI   CW
8549     UXN      Arkhangelsk R.           URS   CW/RTTY (50-170)
8550     PWZ33    BN Rio de Janeiro        B     CW
         FFT4     Saint Lys R.             F     CW
         OBK3     San Juan R.              PRU   CW
         WPA      Port Arthur R. TX        USA   CW
8551.5   CTP95    NATO Palhais             POR   CW
8552     GKK4     Portishead R.            G     CW
8554     JCX      Naha R.                  J     CW
         3BA4     Mauritius R.             MAU   CW
         FUF      FNY Ft.de France R.      MRT   CW
8556     DZP      Novaliches R.            PHL   CW
         SAB44    Goeteborg R.             S     SITOR       QSX 8299.6 kHz
8556.5   HZG      Dammam R.                ARS   CW
8557     SPE41    Szczecin R.              POL   CW
8558     VSL1     Seria R.                 BRU   CW
         CCV      CN Valparaiso R.         CHL   CW
8558.4   KFS      San Francisco R. CA      USA   CW
8559.5   GKB4     Portishead R.            G     CW
8562     PCH40    Scheveningen R.          HOL   CW
8564     LJL1     Douryaa R.               DUL   OW
         DZE      Mandaluyong R.           PHL   CW
8565     D3E51    Luanda R.                AGL   CW
         FUB3     FNY Paris                F     RTTY (50-850L)
         UAT      Moskva R.                URS   CW
         UKA      Vladivostok R.           URS   CW
8566     ZSJ4     SAN Capetown             AFS   CW
         VTF4     IN Bombay                IND   CW
         VTO4     IN Vizagapatam           IND   CW
8567     XDA      Mexico R.                MEX   CW
8568     FUV      FNY Djibouti             DJI   CW
         DZR      Manila R.                PHL   CW
8568.5   XFM      Manzanillo R.            MEX   CW
8569     GKD4     Portishead R.            G     CW
```

229

8570	NRV	USCG Guam	GUM	CW
	UPB	Providenia Bukhta R.	URS	CW
	WNU43	Slidell R. LA	USA	CW
	XVT	Danang R.	VTN	CW
8571	UFN	Novorossjisk R.	URS	CW
8572	5TA	Nouadhibou R.	MTN	CW
	TBA7	TuNY Izmir	TUR	CW
8573	CLA21	Habana R.	CUB	CW
	UKW3	Korsakow R.	URS	CW
8573.5	HSA4	Bangkok R.	THA	CW
8573.9	5RS	Tamatave R.	MDG	CW
8574	HKC2	Buenaventura R.	CLM	CW
	LGB	Rogaland R.	NOR	CW
	DZD	Antipolo R.	PHL	CW
	NMC	USCG San Francisco	USA	CW
8575	URD	Leningrad R.	URS	CW/RTTY (50-170)
8575.5	XDA	Mexico R.	MEX	CW
8576	DZZ	Manila R.	PHL	CW
8576.5	ZSD45	Durban R.	AFS	CW
8577	HLO	Seoul R.	KOR	CW
8578	SUH3	Alexandria R.	EGY	CW
8580	DZO	Manila R.	PHL	CW
	URL	Sevastopol R.	URS	CW
8580.5	GKN4	Portishead R.	G	CW/FAX
	XFC	Cozumel R.	MEX	CW
8581.6	GKM4	Portishead R.	G	CW
8582	XSN	Ningpo R.	CHN	CW
	HNT	Basrah R.	IRQ	CW
	XSW	Kaohsiung R.	TWN	CW
	KLB	Seattle R. WA	USA	CW
8582.5	GKO4	Portishead R.	G	CW
8584	Y5M	Ruegen R.	DDR	CW
	VPS36	C.d'Aguilar R.	HKG	CW
	DZN	Navotas R.	PHL	CW
8585	KUQ	Pago Pago R.	SMA	CW
8586	UJO5	Izmail R.	URS	CW
	WCC	Chatham R.	USA	CW
8588	DZG	Las Pinas R.	PHL	CW
	4WD3	Hodeidah R.	YEM	CW
8589	HPP	Panama R.	PNR	CW
8590	FUE3	FNY Brest	F	RTTY (75-850L)
	RRE31	TASS Moskva	URS	RTTY (50-425L)
	UOP	Tuapse R.	URS	CW
	XVS8	Ho Chi Minh Ville R.	VTN	CW
8590.5	XDA	Mexico R.	MEX	CW
8591.5	GKG4	Portishead R.	G	CW
8592	VTK	IN Tuticorin	IND	CW
	DZK	Bulacan R.	PHL	CW
8593	UFB	Odessa R.	URS	CW
8594	PWH3	BN Trinidade	B	CW
	CCS	CN Santiago	CHL	CW
	CCV6	CN Belloto	CHL	FAX
8595	UFL	Vladivostok R.	URS	CW/RTTY (50)
8595.5	9MG2	Penang R.	MLA	CW
	XFP	Chetumal R.	MEX	CW
8597	CKN	CF Vancouver	CAN	CW
8597.5	VIP3	Perth R.	AUS	CW
8598	XSL	Fuzhou R.	CHN	CW

8598	OXZ4	Lyngby R.	DNK	CW	
8598.3	ZLO4	RNZN Irirangi	NZL	CW	
8600	XSV	Tianjin R.	CHN	CW	
	ELH	Harbel R.	LBR	CW	
	URD	Leningrad R.	URS	CW/RTTY (50-170)	
8601.5	HEB	Bern R.	SUI	CW	
8602	CCS	CN Santiago	CHL	CW/FAX	
	CWA	Cerrito R.	URG	CW	
8603	UXN	Arkhangelsk R.	URS	CW	
8604	GKH4	Portishead R.	G	CW	
	DZJ	Manila R.	PHL	CW	
8604.2	ZRH4	SAN Capetown	AFS	CW	
8605	USW2	Kaliningrad R.	URS	CW	
8605.8	ZRH4	SAN Capetown	AFS	RTTY (50-850)	
8606	GKI4	Portishead R.	G	CW	
	ELZ	Cape Palmas R.	LBR	CW	
8607	LZW43	Varna R.	BUL	CW	
	HPN60	Canal R.	PNR	CW	
	UBN	Jdanov R.	URS	CW/RTTY (50-170H)	
8608	DZA	Mandaluyong R.	PHL	CW	
8608.5	Y5M	Ruegen R.	DDR	CW	
8609	CLJ	Caibarien R.	CUB	CW	
8609.5	9VG73	Singapore R.	SNG	CW	
8610	UXN	Arkhangelsk R.	URS	CW	
	WMH	Baltimore R. MD	USA	CW	
8611.5	TAH	Istanbul R.	TUR	CW	
8613.2	GYC4	RN London	G	CW	
8614	URL	Sevastopol R.	URS	CW	
8615	DXF	Davao R.	PHL	CW	
8615.5	WPD	Tampa R.	USA	CW	
8616	HAR	Budapest R.	HNG	CW	
8617	XSV	Tianjin R.	CHN	CW	
8618	EDZ4	Aranjuez R.	E	CW	
	ETC	Assab R.	ETH	CW	
	KPH	San Francisco R.	USA	CW	
8619	VRN35	C.d'Aguilar R.	HKG	CW	
8620	DYP	Cebu R.	PHL	CW	
	UBN	Jdanov R.	URS	CW	
	UMV	Murmansk R.	URS	RTTY (50-170H)	
8621	XFN	Progreso R.	MEX	CW	
8622	XSF	Lienyunkang R.	CHN	CW	
	PCH41	Scheveningen R.	HOL	CW	
8624	XSQ4	Guangzhou R.	CHN	CW	
8625	ZLP4	RNZN Irirangi	NZL	CW	
	FUM	FNY Papeete	OCE	CW	
	YKM7	Lattaquia R.	SYR	CW	
8625.2	GYU	RN Gibraltar	GIB	CW	
8626	OXZ	Lyngby R.	DNK	CW	
	PKC2	Plaju R.	INS	CW	
	XDA	Mexico R.	MEX	CW	
8627.5	OMP4	Praha R.	TCH	CW	
8628	DXR	Manila R.	PHL	CW	
8628.5	NOJ	USCG Kodiak	ALS	CW	
8630	VWB	Bombay R.	IND	CW	
	9MB4	NAVY Penang	MLA	CW	
	WCC	Chatham R. MA	USA	CW	
8632	DYV	Iloilo R.	PHL	CW	
	XSW	Kaohsiung R.	TWN	CW	

8634	PPR	Rio de Janeiro	B	CW
	FUO	FNY Toulon	F	RTTY (75-850L)
	VTG6	IN Bombay	IND	CW
	SPH42	Gdynia R.	POL	CW
	CQK	Sao Tome R.	STP	CW
	CQL	Principe R.	STP	CW
8635	UJQ	Kiev R.	URS	CW/RTTY (50)
8636	HLW	Seoul R.	KOR	CW
	DZU	Pasig R.	PHL	CW
8638.5	DAM	Norddeich R.	D	CW
8642	D4A7	Sao Vicente R.	CPV	CW
	HIA	Santo Domingo Pilot	DOM	CW
	CTV8	PNY Monsanto	POR	CW
	KPH	San Francisco R.	USA	CW
8646	LPD86	Gen.Pacheco R.	ARG	CW
	VTP6	IN Vizagapatam	IND	CW
	FUJ	FNY Noumea	NCL	CW
	SAB4	Goeteborg R.	S	CW
8647.5	JDC	Choshi R.	J	CW
8648	DHJ59	GNY Wilhelmshaven	D	CW
	DZH	Manila R.	PHL	CW
8649.5	ICB	Genova R.	I	CW
8650	NMO	USCG Honululu	HWA	CW
	SPE42	Szczecin R.	POL	CW
	OBC3	Callao R.	PRU	CW
8651	HZG	Dammam R.	ARS	CW
8652	OST42	Oostende R.	BEL	CW
	STP	Pt.Sudan R.	SDN	CW
8652.5	PZN3	Paramaribo R.	SUR	CW
8653.6	JCS	Choshi R.	J	CW
8654.4	PCH42	Scheveningen R.	HOL	CW/SITOR
8656	IAR38	Roma R.	I	CW
	XFU	Veracruz R.	MEX	CW
	DZM	Bulacan R.	PHL	CW
8658	S3E	Khulna R.	BGD	CW
	ASK	Karachi R.	PAK	CW
	WLO	Mobile R. AL	USA	CW
8659	SXA4	HNY Spata Attikis	GRC	CW
8659.5	KLC	Galveston R. TX	USA	CW
8660	Y5M	Ruegen R.	DDR	CW/RTTY
	DZJ	Manila R.	PHL	CW
8660.5	UJQ7	Kiev R.	URS	CW
8662	TAH	Istanbul R.	TUR	CW
8663	UFN	Novorossijsk R.	URS	CW/RTTY (50-170)
8665	XSG3	Shanghai R.	CHN	CW
8666	FUG	FNY La Regine	F	CW
	KLC	Galveston R.	USA	CW
8666.4	SPH43	Gdynia R.	POL	CW
8667	YKM5	Baniyas R.	SYR	CW
8668	YIR	Basrah R.	IRQ	CW
8670	IAR8	Roma R.	I	CW
8672	DZI	Bacoor R.	PHL	CW
8672.5	DAF	Norddeich R.	D	CW/SITOR
8674.4	VWM	Madras R.	IND	CW
	ZPL	Asuncion R.	PRG	CW
8675	UQB	Kholmsk R.	URS	CW
8675.2	FFP3	Ft. de France R.	MRT	CW
8676	DYM	Cebu R.	PHL	CW

8676	STP	Pt.Sudan R.	SDN	CW
8677.5	URD	Leningrad R.	URS	CW/RTTY (50-170H)
8678	XSZ	Dalian R.	CHN	CW
	ZLP4	RNZN Irirangi	NZL	CW
	SPH44	Gdynia R.	POL	CW
8679	IQX	Trieste R.	I	CW
8680	XUK3	Kompong Som Ville R.	CBG	CW
	UQB	Kholmsk R.	URS	CW
	WSC	Tuckerton R. NJ	USA	CW
8681	SVI4	Athinai R.	GRC	CW
8682	CCS	CN Santiago	CHL	FAX/CW/RTTY
	CCV6	CN Belloto	CHL	FAX
	J2A8	Djibouti R.	DJI	CW
	EAD3	Aranjuez R.	E	CW
	NMC	USCG San Francisco	USA	CW/FAX
8683.5	LFB2	Rogaland R.	NOR	CW/SITOR
8684	LZL	Bourgas R.	BUL	CW
	GKJ4	Portishead R.	G	CW
8685.7	IRM6	CIRM Roma R.	I	CW
8686	PKA	Sabang R.	INS	CW
	PKB	Belawan R.	INS	CW
	PKF	Makassar R.	INS	CW
	JCT	Choshi R.	J	CW
	CNP	Casablanca R.	MRC	CW
	C2N	Nauru R.	NRU	CW
	HSA2	Bangkok R.	THA	CW
	WMH	RCA Baltimore R.	USA	CW
8687	SVA4	Athinai R.	GRC	CW
8687.6	URD	Leningrad R.	URS	CW
8688	9VG36	Singapore R.	SNG	CW
	WNU53	Slidell R. LA	USA	CW
8688.5	ZSC6	Capetown R.	AFS	CW
8690	FJY4	St.Paul R.	AMS	CW
	3DP	Suva R.	FJI	CW
	TFA8	Reykjavik R.	ISL	CW
	XFF2	Pajaritos R.	MEX	CW
	XFQ3	Salina Cruz R.	MEX	CW
	6VA5	Dakar R.	SEN	CW
	UMV	Murmansk R.	URS	CW
8692.5	SVD4	Athinai R.	GRC	CW
8694	D3E52	Luanda R.	AGL	CW
	PJC	Curacao R.	ATN	CW
	S3D	Chittagong R.	BGD	CW
	CBP2	Pto.Montt R.	CHL	CW
	XSZ	Dalian R.	CHN	CW
	PKM	Bitung R.	INS	CW
	PNK	Jayapura R.	INS	CW
	4XO	Haifa R.	ISR	CW
8695	UHK	Batumi R.	URS	CW/RTTY (50-170)
8696	ZAD2	Durres R.	ALB	CW
	CBM2	Pta.Arenas R.	CHL	CW
	Y5M	Ruegen R.	DDR	CW
8697	CFH	CF Halifax	CAN	CW
8698	XSC	Fangshan R.	CHN	CW
	EQM	Bushehr R.	IRN	CW
	EQN	Khomeini R.	IRN	CW
	9MG2	Penang R.	MLA	CW
	C9L4	Beira R.	MOZ	CW

8698	C9L6	Mocambique R.	MOZ	CW	
	FJP8	Noumea R.	NCL	CW	
	5OW8	Lagos R.	NIG	CW	
	UDK2	Murmansk R.	URS	CW	
8700	CTU28	PNY Monsanto	POR	RTTY (75-850L)	
	XSY	Hualien R.	TWN	CW	
	YUR3	Rijeka R.	YUG	CW	
8700.4	HKB	Barranquilla R.	CLM	CW	
8701	UNM2	Klapeida R.	URS	CW	
8702	LST9	YPF Buenos Aires R.	ARG	CW	
	OSN48	BNY Oostende	BEL	CW	
	CLA22	Habana R.	CUB	CW	
	ODR3	Beirut R.	LBN	CW	
8703	CTU28	PNY Monsanto	POR	CW	
	UXN	Arkhangelsk R.	URS	RTTY (50-170H)	
8704	SVB4	Athinai R.	GRC	CW	
8705.0	DCN	Norddeich R.	D	SITOR	QSX 8344.0 kHz
	9MG15	Penang R.	MLA	RTTY	
8705.5	GKE4	Portishead R.	G	CW/SITOR	QSX 8344.5 kHz
	ZLW	Wellington R.	NZL	SITOR	
	WNU	Slidell R. LA	USA	SITOR	
8706	3CA7	Banapa R.	GNE	CW	
8706.0	ZUD79	Durban R.	AFS	CW/SITOR	QSX 8345.0 kHz
	OST46	Oostende R.	BEL	SITOR	
	SPA45	Gdynia R.	POL	RTTY	
	KFS	San Francisco R.	USA	SITOR	
8706.5	DCM	Norddeich R.	D	SITOR	QSX 8345.5 kHz
	IAR	Roma R.	I	SITOR	
	ZLW	Wellington R.	NZL	SITOR	
8707.0	HZG	Dammam R.	ARS	SITOR	QSX 8346.0 kHz
	J2A	Djibouti R.	DJI	RTTY	
	LGB2	Rogaland R.	NOR	CW/SITOR	
	WLO	Mobile R.	USA	SITOR	
8707.5	VIP33	Perth R.	AUS	SITOR	QSX 8346.5 kHz
	OFA	Helsinki R.	FNL	SITOR	
	UAT	Moskva R.	URS	CW/RTTY	
	UFB	Odessa R.	URS	SITOR	
8708.0	SAB407	Goeteborg R.	S	SITOR	QSX 8347.0 kHz
8708.5	FFT41	Saint Lys R.	F	SITOR	QSX 8347.5 kHz
	WPD	Tampa R. FL	USA	SITOR	
8709.0	9VG78	Singapore R.	SNG	CW/SITOR	QSX 8348.0 kHz
	HEC18	Bern R.	SUI	SITOR/CW	
	HPP	Panama R.	PNR	SITOR	
	UFB	Odessa R.	URS	RTTY (50-170)	
	KLC	Galveston R.	USA	SITOR	
8709.5	VIP39	Perth R.	AUS	SITOR	QSX 8348.5 kHz
	OXZ	Lyngby R.	DNK	SITOR	
	UQB	Kholmsk R.	URS	RTTY	
8710	OBT2	Talara R.	PRU	CW	
	9LL	Freetown R.	SRL	CW	
8710.0	SVS4	Athinai R.	GRC	SITOR	QSX 8349.0 kHz
	VPS38	C.d'Aguilar R.	HKG	SITOR	
		Seoul R.	KOR	RTTY	
	URD	Leningrad R.	URS	SITOR	
8710.5	VIS84	Sydney R.	AUS	SITOR	QSX 8349.5 kHz
	OST47	Oostende R.	BEL	SITOR	
	NRV	USCG Guam	GUM	RTTY	
	UAH	Tallin R.	URS	CW/SITOR	

8710.5	NMF	USCG Boston	USA	SITOR		
8711.0	GKP4	Portishead R.	G	CW/SITOR	QSX 8350.0 kHz	
	UBN	Jdanov R.	URS	RTTY		
	KPH	San Francisco R.	USA	CW/SITOR		
8711.5	VIS65	Sydney R.	AUS	CW/SITOR	QSX 8350.5 kHz	
	UXN	Archangelsk R.	URS	CW/RTTY		
8712.0	DCL	Norddeich R.	D	SITOR	QSX 8351.0 kHz	
	3AC	Monaco R.	MCO	SITOR		
	WLO	Mobile R.	USA	CW/SITOR		
8712.5	FFT42	Saint Lys R.	F	SITOR	QSX 8351.5 kHz	
	SVU4	Athinai R.	GRC	CW/SITOR		
	WCC	Chatham R. MA	USA	SITOR		
8713.0	VPS39	C.dAguilar R.	HKG	SITOR	QSX 8352.0 kHz	
	PCH45	Scheveningen R.	HOL	SITOR	QSX 8352.0 kHz	
	9VG92	Singapore R.	SNG	SITOR		
8713.5	FFT43	Saint Lys R.	F	SITOR	QSX 8352.5 kHz	
	OFA	Helsinki R.	FNL	SITOR		
8714.0	ZUD80	Durban R.	AFS	CW/SITOR	QSX 8353.0 kHz	
	GKY4	Portishead R.	G	SITOR		
	HEC28	Bern R.	SUI	SITOR		
	WNU	Slidell R.	USA	SITOR		
8714.5	VRT	Bermuda R.	BER	RTTY	QSX 8353.5 kHz	
	ICB	Genova R.	I	SITOR		
	GKL4	Portishead R.	G	SITOR		
	NMC	USCG San Francisco	USA	SITOR		
8715	EPD	AIR Tehran	IRN	FAX		
8715.0	3AC	Monaco R.	MCO	SITOR	QSX 8354.0 kHz	
	LGB3	Rogaland R.	NOR	SITOR		
	9VG79	Singapore R.	SNG	SITOR		
	WCC	Catham R.	USA	CW/SITOR		
8715.5	OXZ	Lyngby R.	DNK	SITOR	QSX 8354.5 kHz	
	A7D	Doha R.	QAT	SITOR		
8716.0	BAL2	PTT Beijing	CHN	RTTY (50-425H)		
	A9M	Bahrain R.	BHR	CW/SITOR	QSX 8355.0 kHz	
	DCF	Norddeich R.	D	SITOR		
	SPA46	Gdynia R.	POL	RTYY		
8716.5	VCS	Halifax R.	CAN	SITOR	QSX 8355.5 kHz	
	SAB424	Goeteborg R.	S	SITOR		
	XSX	Keelung R.	TWN	SITOR		
	UJQ	Kiev R.	URS	RTTY		
8717.0	PCH46	Scheveningen R.	HOL	SITOR	QSX 8356.0 kHz	
	WLO	Mobile R.	USA	CW/SITOR		
8717.5	EAD	Aranjuez R.	E	CW/SITOR	QSX 8356.5 kHz	
	HEC38	Bern R.	SUI	SITOR		
8718.0	GKQ4	Portishead R.	G	CW/SITOR	QSX 8357.0 kHz	
	NMO	USCG Honululu	HWA	SITOR		
	NMN	USCG Portsmouth	USA	SITOR		
8718.5		Küstenfunkstellen	AAA	J2D	Selektivruf	
8718.9	A9M	Bahrain R.	BHR	SSB	QSX 8195.0 kHz	
	CBM2	Pta.Arenas R.	CHL	SSB		
	CBV	Valparaiso R.	CHL	SSB		
	4XO	Haifa R.	ISR	SSB		
	9MG9	Penang R.	MLA	SSB		
	ZSV9	Walvis Bay R.	NMB	SSB		
	SAG	Goeteborg R.	S	SSB		
8721	PPE	Rio de Janeiro R.	B	CW		
8722.0	D3E	Luanda R.	AGL	SSB	QSX 8198.1 kHz	
	7TA20	Alger R.	ALG	SSB		

8722.0	LPL51	Gen.Pacheco R.	ARG	SSB	
	VIS	Sydney R.	AUS	SSB	
	Y5P	Ruegen R.	DDR	SSB	
	OHG2	Helsinki R.	FNL	SSB	
	GKT42	Portishead R.	G	SSB	
	J5M	Bissau R.	GNB	SSB	
	CUL	Lisboa R.	POR	SSB	
	WOM	Miami High Seas R.	USA	SSB	
8725.1	ZSQ23	Pt.Elisabeth R.	AFS	SSB	QSX 8201.2 kHz
	PJC	Curacao R.	ATN	SSB	
	OSU46	Oostende R.	BEL	SSB	
	HLS	Seoul R.	KOR	SSB	
	9HD	Malta R.	MLT	SSB	
	SAG	Goeteborg R.	S	SSB	
	6VA	Dakar R.	SEN	SSB	QSX 8201.2 kHz
	TAM5	Mersin R.	TUR	SSB	
	UAT	Moskva R.	URS	SSB	
8728	JYO	Aqaba R.	JOR	CW	
8728.2	EHY	Pozuelo del Rey R.	E	SSB	
	OHG2	Helsinki R.	FNL	SSB	
	3AC8	Monaco R.	MCO	SSB	
	SPC43	Gdynia R.	POL	SSB	
	OBC3	Callao R.	PRU	SSB	
	9VG63	Singapore R.	SNG	SSB	
	9LL	Freetown R.	SRL	SSB	
	KMI	Pt.Reyes R. CA	USA	SSB	
8731.3	ZSC26	Capetown R.	AFS	SSB	QSX 8207.4 kHz
	ZAD	Durres R.	ALB	SSB	
	OSU43	Oostende R.	BEL	SSB	
	ETC	Assab R.	ETH	SSB	
	OHG2	Helsinki R.	FNL	SSB	
	VPS	C.d'Aguilar R.	HKG	SSB	
	PCG42	Scheveningen R.	HOL	SSB	
	EQI	Abbas R.	IRN	SSB	
	TFA	Reykjavik R.	ISL	SSB	
	4XO	Haifa R.	ISR	SSB	
	FJP9	Noumea R.	NCL	SSB	
	P2M	Pt.Moresby R.	PNG	SSB	
	P2R	Rabaul R.	PNG	SSB	
	UAT	Moskva R.	URS	SSB	
	UFL	Vladivostok R.	URS	SSB	
8734	LPD87	Gen.Pacheco R.	ARG	CW	
8734.4	VIP	Perth R.	AUS	SSB	QSX 8210.5 kHz
	OSU44	Oostende R.	BEL	SSB	
	S3D	Chittagong R.	BGD	SSB	
	A9M	Bahrain R.	BHR	SSB	
	SVN42	Athinai R.	GRC	SSB	
	PCG43	Scheveningen R.	HOL	SSB	
	ICB	Genova R.	I	SSB	
	SPC44	Gdynia R.	POL	SSB	
	KUQ	Pago Pago R.	SMA	SSB	
	UBN	Jdanov R.	URS	SSB	
8737.5	VAI	Vancouver R.	CAN	SSB	QSX 8213.6 kHz
	5BA42	Cyprus R.	CYP	SSB	
	TFA	Reykjavik R.	ISL	SSB	
	5RS	Tamatave R.	MDG	SSB	
	9HD	Malta R.	MLT	SSB	
	ZLWE	Wellington R.	NZL	SSB	

8737.5	ZHH	St.Helena R.	SHN	SSB		
	URD	Leningrad R.	URS	SSB		
8740.6	ZSD38	Durban R.	AFS	SSB	QSX 8216.7 kHz	
	LPZ87	Trelew R.	ARG	SSB		
	HZG	Dammam R.	ARS	SSB		
	ZBI	Ascension R.	ASC	SSB		
	4PB	Colombo R.	CLN	SSB		
	OXZ	Lyngby R.	DNK	SSB		
	LFL4	Rogaland R.	NOR	SSB		
	PZN	Paramaribo R.	SUR	SSB		
	WOO	Ocean Gate R. N.Jersey	USA	SSB		
8743.7	7TA21	Alger R.	ALG	SSB	QSX 8219.8 kHz	
	CBM2	Pta.Arenas R.	CHL	SSB		
	CLA64	Habana R.	CUB	SSB		
	OHG2	Helsinki R.	FNL	SSB	QSX 8219.8 kHz	
	SVN44	Athinai R.	GRC	SSB		
	9KK	Kuwait R.	KWT	SSB		
	3AC9	Monaco R.	MCO	SSB		
	XFA	Acapulco R.	MEX	SSB		
	XFB	Ciudad-Carmen R.	MEX	SSB		
	XFC	Cozumel R.	MEX	SSB		
	LFL5	Rogaland R.	NOR	SSB		
	KMI	Pt.Reyes R. CA	USA	SSB		
8745	5AB	Benghazi R.	LBY	CW		
8746.8	LPB9	Corrientes R.	ARG	SSB	QSX 8222.9 kHz	
	EHY	Pozuelo del Rey R.	E	SSB		
	3DP	Suva R.	FJI	SSB		
	PKB	Belawan R.	INS	SSB		
	PKN	Balikpapan R.	INS	SSB		
	EQM	Bushehr R.	IRN	SSB		
	JBO	Tokyo R.	J	SSB		
	LFL6	Rogaland R.	NOR	SSB		
	SPO4	Szczecin R.	POL	SSB		
	TAM7	Canakkale R.	TUR	SSB		
	WOM	Miami High Seas R.	USA	SSB		
	YUR	Rijeka R.	YUG	SSB		
8749.9	LPM97	Mar del Plata R.	ARG	SSB	QSX 8226.0 kHz	
	HZG	Dammam R.	ARS	SSB		
	VIB	Brisbane R.	AUS	SSB		
	VID	Darwin R.	AUS	SSB		
	VIM	Melbourne R.	AUS	SSB		
	VIP	Perth R.	AUS	SSB		
	VPS	Cape d'Aguilar R.	HKG	SSB		
	LFL7	Rogaland R.	NOR	SSB		
	OBF4	Mollendo R.	PRU	SSB		
	TAH	Istanbul R.	TUR	SSB		
	WOO	Ocean Gate R. N.Jersey	USA	SSB		
8753.0	LPC34	Ushuaia R.	ARG	SSB	QSX 8229.1 kHz	
	OSU49	Oostende R.	BEL	SSB		
	VFF	Frobisher R.	CAN	SSB		
	PKI	Jakarta R.	INS	SSB		
	4XO	Haifa R.	ISR	SSB		
	JBO	Tokyo R.	J	SSB		
	SPC41	Gdynia R.	POL	SSB		
	UFA	Batumi R.	URS	SSB		
8756.1	7TA22	Alger R.	ALG	SSB	QSX 8232.2 kHz	
	CUG	S.Miguel R.	AZR	SSB		
	OSU45	Oostende R.	BEL	SSB		

8756.1	J5M	Bissau R.		GNB	SSB	
	VWB	Bombay R.		IND	SSB	
	CUB	Madeira R.		MDR	SSB	
	LFL8	Rogaland R.		NOR	SSB	
8759.2	LPL3	Gen.Pacheco R.		ARG	SSB	QSX 8235.3 kHz
	CLA67	Habana R.		CUB	SSB	
	SVN45	Athinai R.		GRC	SSB	
	IAR	Roma R.		I	SSB	
	T3K	Tarawa R.		KIR	SSB	
	HSA21	Bangkok R.		THA	SSB	
	ZJU	Funafuti R.		TUV	SSB	
	UAH	Tallin R.		URS	SSB	
	KMI	Pt.Reyes R. CA		USA	SSB	
	WOM	Miami High Seas R.		USA	SSB	
8762.3	VID	Darwin R.		AUS	SSB	QSX 8238.4 kHz
	VIP	Perth R.		AUS	SSB	
	OSU41	Oostende R.		BEL	SSB	
	CBM2	Pta.Arenas R.		CHL	SSB	
	CBV	Valparaiso R.		CHL	SSB	
	DAK	Norddeich R.		D	SSB	
	YIR	Basrah R.		IRQ	SSB	
	9VG64	Singapore R.		SNG	SSB	
	UFN	Novorossijsk R.		URS	SSB	
	UHO	Arkhangelsk R.		URS	SSB	
	WOO	Ocean Gate R. N.Jersey		USA	SSB	
8765.4	NOJ	USCG Kodiak		ALS	SSB	QSX 8241.5 kHz
	LPG87	Rio Gallegos R.		ARG	SSB	
	8PO	Barbados R.		BRB	SSB	
	EHY	Pozuelo del Rey R.		E	SSB	
	GKU46	Portishead R.		G	SSB	
	NMO	USCG Honululu		HWA	SSB	
	PKG	Banjarmasin R.		INS	SSB	
	PKP	Dumai R.		INS	SSB	
	NMC	USCG San Francisco		USA	SSB	
	NMF	USCG Boston MA		USA	SSB	
	NMG	USCG New Orleans		USA	SSB	
	NMN	USCG Portsmouth		USA	SSB	
8768.5	VIA	Adelaide R.		AUS	SSB	QSX 8244.6 kHz
	VIT	Townsville R.		AUS	SSB	
	VRT	Bermuda R.		BER	SSB	
	CBM2	Pta.Arenas R.		CHL	SSB	
	DAJ	Norddeich R.		D	SSB	
	SUH	Alexandria R.		EGY	SSB	
	FFL43	Saint Lys R.		F	SSB	
	XF..	8 Küstenfkst.		MEX	SSB	
8771.6	LPW97	Bahia Blanca R.		ARG	SSB	QSX 8247.7 kHz
	TJC	Douala R.		CME	SSB	
	5BA44	Cyprus R.		CYP	SSB	
	OXZ	Lyngby R.		DNK	SSB	
	S7Q	Seychelles R.		SEY	SSB	
	UJO	Izmail R.		URS	SSB	
	YJM	Pt.Vila R.		VUT	SSB	
8774.7	PP..	14 Küstenfunkst.		B	SSB	QSX 8250.8 kHz
	GKU49	Portishead R.		G	SSB	
	IAR	Roma R.		I	SSB	
	FFD41	St.Denis R.		REU	SSB	
		Murmansk R.		URS	SSB	
	70A	Aden R.		YMS	SSB	

8777.8	D4A	Sao Vicente R.	CPV	SSB		QSX 8253.9 kHz
	D4D	Praia R.	CPV	SSB		
	5BA46	Cyprus R.	CYP	SSB		
	DAI	Norddeich R.	D	SSB		
	IAR	Roma R.	I	SSB		
	VWC	Calcutta R.	IND	SSB		
	JBO	Tokyo R.	J	SSB		
	5WA	Apia R.	SMO	SSB		
8780.9		WELTWEITE ANRUFFREQUENZ	AAA	SSB		QSX 8257.0 kHz
8784.0	VIT	Townsville R.	AUS	SSB		QSX 8260.1 kHz
	PPA	Salvador R.	B	SSB		
	PPC	Itajai R.	B	SSB		
	PPL	Belem R.	B	SSB		
	PPR	Rio de Janeiro R.	B	SSB		
	S3E	Khulna R.	BGD	SSB		QSX 8260.1 kHz
	TUA	Abidjan R.	CTI	SSB		
	GKV42	Portishead R.	G	SSB		
	5ZF	Mombasa R.	KEN	SSB		
	HEB18	Bern R.	SUI	SSB		
	KMI	Pt.Reyes R.	USA	SSB		
8787.1	LPO87	Pto.Deseado R.	ARG	SSB		QSX 8263.2 kHz
	VCS	Halifax R.	CAN	SSB		
	OXZ	Lyngby R.	DNK	SSB		
	ICB	Genova R.	I	SSB		
	VWB	Bombay R.	IND	SSB		
	PKT	Dili R.	INS	SSB		
	YIR	Basrah R.	IRQ	SSB		
	LFL20	Rogaland R.	NOR	SSB		
	UHO	Arkhangelsk R.	URS	SSB		
8790.2	PJC	Curacao R.	ATN	SSB		QSX 8266.3 kHz
	PP..	6 Küstenfunkst.	B	SSB		
	DAP	Norddeich R.	D	SSB		
	EQK	Khoramshahr R.	IRN	SSB		
	A4M	Muscat R.	OMA	SSB		
	SPC42	Gdynia R.	POL	SSB		
	FFD42	St.Denis R.	REU	SSB		
	9VG65	Singapore R.	SNG	SSB		
	HEB28	Bern R.	SUI	SSB		
	UMV	Murmansk R.	URS	SSB		
	WLO	Mobile R.	USA	SSB		
8793.3	7TA23	Alger R.	ALG	SSB		QSX 8269.4 kHz
	FJY4	St.Paul R.	AMS	SSB		
	LPT87	Pto.Sta.Cruz R.	ARG	SSB		
	8P0	Barbador R.	BRB	SSB		
	VFR	Resolute R.	CAN	SSB		
	ZKR	Rarotonga R.	CKH	SSB		
	OXZ	Lyngby R.	DNK	SSB		
	FFL42	Saint Lys R.	F	SSB		
	SAG	Goeteborg R.	S	SSB		
	UBE2	Petropavlovsk R.	URS	SSB		
	WOM	Miami High Seas R.	USA	SSB		
8796.4	HKB	Barranquilla R.	CLM	SSB		QSX 8272.5 kHz
	HKC	Buenaventura R.	CLM	SSB		
	GKV46	Portishead R.	G	SSB		
	PCG41	Scheveningen R.	HOL	SSB		
	IAR	Roma R.	I	SSB		
	PKA	Sabang R.	INS	SSB		
	PKD	Surabaja R.	INS	SSB		

8796.4	PKE	Amboina R.		INS	SSB	
	XDA	Mexico R.		MEX	SSB	
	XF..	4 Küstenfunkst.		MEX	SSB	
	WBL	Buffalo R. NY		USA	SSB	
	WLC	Rogers Cy R. MI		USA	SSB	
	WMI	Lorain R. OH		USA	SSB	
	WOO	Ocean Gate R. N.Jersey		USA	SSB	
8799.5	OXZ	Lyngby R.		DNK	SSB	QSX 8275.6 kHz
	J2A	Djibouti R.		DJI	SSB	
	4XO	Haifa R.		ISR	SSB	
	HLS	Seoul R.		KOR	SSB	
	LFL22	Rogaland R.		NOR	SSB	
	SAG	Goeteborg R.		S	SSB	
8802.6	PP..	5 Küstenfkst.		B	SSB	QSX 8278.7 kHz
	TJC	Douala R.		CME	SSB	
	DAH	Norddeich R.		D	SSB	
	FFL44	Saint Lys R.		F	SSB	
	PKF	Makassar R.		INS	SSB	
	PKR	Semarang R.		INS	SSB	
	PNK	Jayapura R.		INS	SSB	
	ODR7	Beirut R.		LBN	SSB	
	CNP	Casablanca R.		MRC	SSB	
	LFL23	Rogaland R.		NOR	SSB	
8805.7	VIS	Sydney R.		AUS	SSB	QSX 8281.8 kHz
	OSU42	Oostende R.		BEL	SSB	
	5BA48	Cyprus R.		CYP	SSB	
	OHG2	Helsinki R.		FNL	SSB	
	C5G	Banjul R.		GMB	SSB	
	EQN	Khomeini R.		IRN	SSB	
	XDA	Mexico R.		MEX	SSB	
	XF..	7 Küstenfkst.		MEX	SSB	
	LFL24	Rogaland R.		NOR	SSB	
	FJA	Mahina R.		OCE	SSB	
	ZPB	Asuncion R.		PRG	SSB	
	WLO	Mobile R.		USA	SSB	
8808.8	PPL	Belem R.		B	SSB	QSX 8284.9 kHz
	PPM	Manaus R.		B	SSB	
	PPN	Natal R.		B	SSB	
	PPR	Rio de Janeiro R.		B	SSB	
	LZW	Varna R.		BUL	SSB	
	FFL41	Saint Lys R.		F	SSB	
	PKC	Palembang R.		INS	SSB	
	PKM	Bitung R.		INS	SSB	
	PKT	Dili R.		INS	SSB	
	SPR4	Szczecin R.		POL	SSB	
	WLO	Mobile R.		USA	SSB	
	YUR	Rijeka R.		YUG	SSB	
8811.9	GKW41	Portishead R.		G	SSB	QSX 8288.0 kHz
	IAR	Roma R.		I	SSB	
	TFA	Reykjavik R.		ISL	SSB	
	5RS	Tamatave R.		MDG	SSB	
	HEB38	Bern R.		SUI	SSB	
	TAH	Istanbul R.		TUR	SSB	
	WOM	Miami High Seas R.		USA	SSB	

Frequenzliste: 12-MHz-Bereich

```
Frequenz   Rufz.    Station                Land  Betriebsart Bemerkungen
-------------------------------------------------------------------------------

12330...12429.2     Schiffe                AAA   SSB         (32 Kanäle)
12429.2             Schiffe u. Küstenfkst. AAA   SSB
12432.3             Schiffe u. Küstenfkst. AAA   SSB
12435.4             Schiffe u. Küstenfkst. AAA   SSB
12439.5.12479.5     Schiffe                AAA   Breitband-Telegrafie, ...
12479.5.12483       Ozeanografische Daten  AAA
12483...12491       Schiffe                AAA   Breitband-Telegrafie, ...
12491...12519.7     Schiffe                AAA   RTTY gepaart (57 Kanäle)
12519.7.12526.7     Schiffe                AAA   RTTY ungepaart
12526.7.12539.6     Schiffe                AAA   CW          Arbeitskanäle
12539.6.12561.6     Schiffe                AAA   CW          Anrufkanäle
12561.6.12564       Schiffe                AAA   J2D         Selektivruf
12564...12652.3     Schiffe                AAA   CW          Arbeitskanäle
12654.3    EPW      Tehran R.              IRN   CW
12655      6VA6     Dakar R.               SEN   CW
12655.5    PJK312   RNN Suffisant          ATN   CW
           FFT6     Saint Lys R.           F     CW
           CWM      NAVY Montevideo        URG   CW
12657      EPW      Tehran R.              IRN   CW
12658.2    HZG      Dammam R.              ARS   CW
12659      LZW5     Varna R.               BUL   CW
12659.5    9VG37    Singapore R.           SNG   CW
12660      LOK      AN Orcadas             ARG   RTTY (50-850)
           YIR      Basrah R.              IRQ   CW
           5AB      Benghazi R.            LBY   CW
           S7Q      Seychelles R.          SEY   CW
           WLO      Mobile R. AL           USA   CW
12660.5    UNQ      Novorossijsk R.        URS   CW
12661.5    CCS      CN Santiago            CHL   CW
           UMV      Murmansk R.            URS   CW/RTTY (50-170H)
12662      7TA8     ALGER R.               ALG   CW
12663      ZSD51    Durban R.              AFS   CW
12665      FUM      FNY Papeete            OCE   CW
12666.5    5BA      Cyprus R.              CYP   CW
12667.5    JCX      Naha R.                J     CW
12669      OFJ3     Helsinki R.            FNL   CW
12670      FUE3     FNY Brest              F     RTTY (75-850)
12671      VFC      Cambridge Bay R.       CAN   CW
           VFF      Frobisher R.           CAN   CW
           XSC      Fangshan R.            CHN   CW
12671.5    UDH      Riga R.                URS   CW/RTTY (50-170H)
12673.5    CLA33    Habana R.              CUB   CW
           EDF4     Aranjuez R.            E     CW
           ETC      Assab R.               ETH   CW
           JOU      Nagasaki R.            J     CW
12675.5    A4M      Muscat R.              OMA   CW
12678      FFS6     Saint Lys R.           F     CW
           9MG3     Penang R.              MLA   CW
           UQB      Kholmsk R.             URS   CW
           YJM3     Pt.Vila R.             VUT   CW
12681.5    Y5M      Ruegen R.              DDR   CW/RTTY (50)
```

12682.5	TNA12	Pnt.Noire R.	COG	CW
	PKE	Amboina R.	INS	CW
	PKP	Dumai R.	INS	CW
	PNK	Jayapura R.	INS	CW
	ODR4	Beirut R.	LBN	CW
	LFC	Rogaland R.	NOR	CW
12684.5	UFM3	Nevelsk R.	URS	CW
12687	PPR	Rio de Janeiro R.	B	CW
	OFJ32	Helsinki R.	FNL	CW
	JCT	Choshi R.	J	CW
	XFU	Veracruz R.	MEX	CW
12689	LZL5	Bourgas R.	BUL	CW
12689.5	PPJ	Juncao R.	B	CW
	PPL	Belem R.	B	CW
12690	ZAD2	Durres R.	ALB	CW
	UJY	Kaliningrad R.	URS	CW
12690.5	FUX	FNY St.Denis	REU	CW
12691	GXH	USN Thurso	G	CW
12692.2	ZRQ5	SAN Capetown	AFS	CW
12693	AME3	SNY Madrid	E	RTTY (75-850L)
	URD	Leningrad R.	URS	CW
12693.8	ZRQ5	SAN Capetown	AFS	RTTY (75-850)
12695	OBY2	Paita R.	PRU	CW
12695.5	CNP	Casablanca R.	MRC	CW
	XSX	Keelung R.	TWN	CW
	KFS	San Francisco R.	USA	CW
12697	UBN	Jdanov R.	URS	CW/RTTY (50-170)
12697.8	5RS	Tamatave R.	MDG	CW
12698	ZSC9	Capetown R.	AFS	CW
	A9M	Bahrain R.	BHR	CW
	FUJ	FNY Noumea	NCL	CW
12699	YKI	Tartous R.	SYR	CW
	HPP	Panama R.	PNR	CW
12700	XSQ4	Guangzhou R.	CHN	CW
	D4A7	Sao Vicente R.	CPV	CW
	D4D	Praia R.	CPV	CW
	3DP	Suva R.	FJI	CW
	EQM	Bushehr R.	IRN	CW
	EQN	Khomeini R.	IRN	CW
	NMR	USCG San Juan	PTR	CW
	H4H29	Honiara R.	SLM	CW
	UXN	Arkhangelsk R.	URS	CW/RTTY (50-170H)
12701	FUE3	FNY Brest	F	RTTY (50-850)
12702	Y5M	Ruegen R.	DDR	CW/RTTY (50)
12703	XFL	Mazatlan R.	MEX	CW
	UNM2	Klaipeda R.	URS	CW
12704.5	PKD	Surabaja R.	INS	CW
	PKM	Bitung R.	INS	CW
	WLO	Mobile R.	USA	CW
12705	CTU	PNY Monsanto	POR	CW
12706	UQK	Riga R.	URS	CW
12706.5	LST9	YPF Buenos Aires R.	ARG	CW
12707	9VG34	Singapore R.	SNG	CW
12709	ZSC23	Capetown R.	AFS	CW
	VRT	Bermuda R.	BER	CW
	A9M	Bahrain R.	BHR	CW
	8PO	Barbados R.	BRB	CW
	8RB	Demerara R.	GUY	CW

12709	FJP23	Noumea R.	NCL	CW
12709.2	9HD	Malta R.	MLT	CW
12710	VWB	Bombay R.	IND	CW
12711	HCG	Guayaquil R.	EQA	CW
	UBN	Jdanov R.	URS	CW/RTTY (50-170H)
12712	HLW3	Seoul R.	KOR	CW
12712.9	GKN5	Portishead R.	G	CW/FAX
12714	CBV	Valparaiso R.	CHL	CW
	GKM5	Portishead R.	G	CW
	UXN	Arkhangelsk R.	URS	CW/RTTY (50-170H)
12714.9	GKO5	Portishead R.	G	CW
12715	UJQ	Kiev R.	URS	CW
12716.9	ZLO5	RNZN Irirangi	NZL	CW
12718.5	VWM	Madras R.	IND	CW
	NMN	USCG Portsmouth VA	USA	CW
12720	SVD5	Athinai R.	GRC	CW
	UPB	Providenia Bukhta R.	URS	CW
12721	SPH61	Gdynia R.	POL	CW
12722	FJY4	St.Paul R.	AMS	CW
12723	UAH	Tallin R.	URS	CW
12724	ZSC43	Capetown R.	AFS	CW
	9VG57	Singapore R.	SNG	CW
12725	OSN412	BNY Oostende	BEL	CW
	OBC3	Callao R.	PRU	CW
12726	CFH	CF Halifax	CAN	CW/RTTY (75-850)
12727	HLJ	Seoul R.	KOR	CW
	XSL	Fuzhou R.	CHN	CW
	LGJ	Rogaland R.	NOR	CW
	XSW	Kaohsiung R.	TWN	CW
12728	L2C	Buenos Aires R.	ARG	CW
	J2A9	Djibouti R.	DJI	CW
	YKM7	Lattaquia R.	SYR	CW
12729	XFN	Progreso R.	MEX	CW
	UFL	Vladivostok R.	URS	CW
12730	FUB3	FNY Paris	F	RTTY (50-850)
	UMV	Murmansk R.	URS	CW/RTTY (50-170H)
	NMC	USCG San Francisco CA	USA	CW/FAX
12732	UBN	Jdanov R.	URS	CW
12735	URL	Sevastopol R.	URS	CW
12736.5	TAH	Istanbul R.	TUR	CW
12738	PPR	Rio de Janeiro R.	B	CW
12739	UAT	Moskva R.	URS	CW/RTTY (50)
12740	XDA	Mexico R.	MEX	CW
	ZLD5	Awarua R.	NZL	CW
12740.2	GYA	RN London	G	CW
12741	FUB3	FNY Paris	F	RTTY (75-850L)
12741.8	GZZ44	RN London	G	FAX
12743	NRV	USCG Guam	GUM	CW
12744	URB2	Klapeida R.	URS	CW
12745	Y5M	Ruegen R.	DDR	CW
12745.5	VWC	Calcutta R.	IND	CW
	JJC	Tokyo R.	J	CW/FAX
12747.5	CBV	Valparaiso R.	CHL	CW
12748	CLQ	Cojimar R.	CUB	CW
	IRM8	CIRM Roma R.	I	CW
12748.1	CLA30	Habana R.	CUB	CW
12750	CWA	Cerrito R.	URG	CW
	NIK	USCG Boston MA	USA	CW/SITOR/FAX

243

12752	C6N	Nassau R.	BAH	CW	
	XFA	Acapulco R.	MEX	CW	
12752.5	HZG	Dammam R.	ARS	CW	
12753	OXZ62	Lyngby R.	DNK	CW	
12754	NMA	USCG Miami FL	USA	RTTY (75-170L)	
12754.5	UJO	Izmail R.	URS	CW	
12755	UTA	Tallin R.	URS	CW	
12755.5	SAB6	Goeteborg R.	S	CW	
12757	YQI5	Constanta R.	ROU	CW	
12759	AOK	USN Rota	E	FAX	
	AOS9	USN Rota	E	CW	
12760	IRM7	CIRM Roma R.	I	CW	
12763.5	LPD76	Gen.Pacheco R.	ARG	CW	
	DAM	Norddeich R.	D	CW	
12765	RJFY	Leningrad R.	URS	CW	
12766	CTP71	NATO Palhais	POR	RTTY	
12768	PCH50	Scheveningen R.	HOL	CW/SITOR	
12770	GKS5	Portishead R.	G	SITOR	QSX 12520 kHz
12772.5	ZSC38	Capetown R.	AFS	CW	
12774	TCR	Tophane Kulesi R.	TUR	CW	
12775	XFU	Veracruz R.	MEX	CW	
12777	NDT	USN Yokosuka	J	FAX	
12780	D3E61	Luanda R.	AGL	CW	
12780.5	YUR5	Rijeka R.	YUG	CW	
12781.5	OST5	Oostende R.	BEL	CW	
	HKB	Barranquilla R.	CLM	CW	
	9MB5	Navy Penang	MLA	CW	
12785	XSX	Keelung R.	TWN	CW	
	UPW2	Liepaia R.	URS	CW	
12786	DZW	Manila R.	PHL	CW	
12788	JFA	Matsudo R.	J	CW	
12788.5	GKD5	Portishead R.	G	CW	
12790	XST	Qingdao R.	CHN	CW	
	GKG5	Portishead R.	G	CW	
	XFF2	Pajaritos R.	MEX	CW	
12791.5	GKH5	Portishead R.	G	CW	
12792	HZG	Dammam R.	ARS	CW	
	CLA31	Habana R.	CUB	CW	
12793	RNO	Moskva R.	URS	CW/RTTY (50)	
12795	PWZ33	BN Rio de Janeiro	B	CW	
	UXN	Arkhangelsk R.	URS	CW	
12797	UDK2	Murmansk R.	URS	CW	
12799.5	XSZ	Dalian R.	CHN	CW	
	PCH51	Scheveningen R.	HOL	CW	
12800	HSA3	Bangkok R.	THA	CW	
12801	TAH	Istanbul R.	TUR	CW	
12803	UDK2	Murmansk R.	URS	CW	
12805	UJQ7	Kiev R.	URS	CW	
12807.7	GYC5	RN London	G	CW	
12808.5	VTG7	IN Bombay	IND	CW	
	KPH	San Francisco R.	USA	CW	
12809.3	GYC5	RN London	G	RTTY	
12810	UJE	Moskva R.	URS	CW	
12811.3	HZY	Ras Tanura R.	ARS	CW	
12815	OBF4	Mollendo R.	PRU	CW	
	URB2	Klaipeda R.	URS	CW	
12816	DZA	Mandaluyong R.	PHL	CW	
12817.5	9VG26	Singapore R.	SNG	CW	

12818	SAB63	Goeteborg R.	S	CW
12820	XVG10	Haiphong R.	VTN	CW
12822	XSV	Tianjin R.	CHN	CW
	GKA5	Portishead R.	G	CW
12823.5	CTP96	NATO Palhais	POR	CW
12824.2	GYU	RN Gibraltar	GIB	CW
12826.5	CBM2	Pta.Arenas R.	CHL	CW
	JCS	Choshi R.	J	CW
	SPH62	Gdynia R.	POL	CW
	WNU34	Slidell R.	USA	CW
12828	DZF	Manila R.	PHL	CW
12828.7	UJQ	Kiev R.	URS	CW
12829.5	XFM	Manzanillo R.	MEX	CW
12830	UDK2	Murmansk R.	URS	CW/RTTY (50-170)
12831	SXA35	HNY Spata Attikis	GRC	CW
	3BA5	Mauritius R.	MAU	CW
	9MG3	Penang R.	MLA	CW
12831.7	FFP7	Ft.de France R.	MRT	CW
12832.5	DAF	Norddeich R.	D	CW/SITOR
12833	SVF5	Athinai R.	GRC	CW
12834	DZP	Novaliches R.	PHL	CW
12835.5	GKB5	Portishead R.	G	CW
12836	XDA	Mexico R.	MEX	CW
12840	PPO	Olinda R.	B	CW
	LZW52	Varna R.	BUL	CW
	VTP7	IN Vizagapatam	IND	CW
	JMC5	METEO Tokyo	J	CW
	PBC312	RNN Goeree	HOL	RTTY (75-850L)
12843	HLO	Seoul R.	KOR	CW
	XFC	Cozumel R.	MEX	CW
	XFP	Chetumal R.	MEX	CW
	XFS2	Tampico R.	MEX	CW
12844.5	KFS	San Francisco R.	USA	CW
12846	DZE	Mandaluyong R.	PHL	CW
12847	WCC	RCA Chatham R.	USA	CW
	WPA	Pt.Arthur R. TX	USA	CW
12847.5	JFA	Matsudo R.	J	CW
12848.5	HML	Nampho R.	KRE	CW
12849	ZSJ5	SAN Capetown	AFS	CW
	VTF5	IN Bombay	IND	CW
12852	DZR	Manila R.	PHL	CW
12853.5	HKC2	Buenaventura R.	CLM	CW
	PCH52	Scheveningen R.	HOL	CW
12855	XDA	Mexico R.	MEX	CW
	UBF2	Leningrad R.	URS	CW
12855.7	4WD3	Hodeidah R.	YEM	CW
12856	XSG7	Shanghai R.	CHN	CW
12858	GKI5	Portishead R.	G	CW
	FUJ2	FNY Noumea	NCL	CW
	DZD	Antipolo R.	PHL	CW
12859	SVI5	Athinai R.	GRC	CW
12860	4XO	Haifa R.	ISR	CW
	UGG9	Belomorsk R.	URS	CW
12860.5	Y5M	Ruegen R.	DDR	CW/RTTY (50)
12860.8	5RS	Tamatave R.	MDG	CW
12864	DZZ	Manila R.	PHL	CW
	XSW	Kaohsiung R.	TWN	CW
12865	UQK	Riga R.	URS	CW

12867	XYR8	Rangoon R.	BRM	CW
	LZS24	Bourgas R.	BUL	CW
	NGR	USN Nea Makri	GRC	CW
	NPO	USN S.Miguel	PHL	CW
12869	WNU54	Slidell R.	USA	CW
12870	DZO	Manila R.	PHL	CW
	UKA	Vladivostok R.	URS	CW
12871.5	XSG	Shanghai R.	CHN	CW
	GKJ5	Portishead R.	G	CW
	KUQ	Pago Pago R.	SMA	CW
12872	SPE62	Szczecin R.	POL	CW
12873.5	HPN60	Canal R.	PNR	CW
12874	VCS	Halifax R.	CAN	CW
12875	FUG3	FNY La Regine	F	CW
12876	VAI	Vancouver R.	CAN	CW
	LFJ	Rogaland R.	NOR	CW
12877	XSQ7	Guangzhou R.	CHN	CW
12877.5	UJY	Kaliningrad R.	URS	CW
12878	JCU	Choshi R.	J	CW
12879.5	WSC	Tuckerton R. NJ	USA	CW
12880.5	SAG6	Goeteborg R.	S	CW
12882	DZG	Las Pinas R.	PHL	CW
12885	FUO	FNY Toulon	F	RTTY (75-850)
	9YL	North Post R.	TRD	CW
12886.5	WLO	Mobile R.	USA	CW
12887.5	EAD44	Aranjuez R.	E	CW
12888	DZK	Bulacan R.	PHL	CW
12889.5	XSE	Qinhuangdao R.	CHN	CW
	NMO	USCG Honolulu	HWA	CW
	IDQ5	ItNY Roma	I	CW
12891	UFN	Novorossijsk R.	URS	CW/RTTY (50-170H)
12894	FUF	FNY Ft.de France	MRT	RTTY (75-850)
12895	9KK8	Kuwait R.	KWT	CW
	UNM2	Klaipeda R.	URS	CW
12898.5	DAN	Norddeich R.	D	CW
12900	PWZ33	BN Rio de Janeiro	B	RTTY (50-850H)
	DXF	Davao R.	PHL	CW
	OBK3	San Juan RE.	PRU	CW
12901	HLJ	Seoul R.	KOR	CW
	XFK	La Paz R.	MEX	CW
	URD	Leningrad R.	URS	CW/RTTY (50-170H)
12904.5	KLC	Galveston R.	USA	CW
12905.5	UMV	Murmansk R.	URS	CW/RTTY (50-170H)
12906	DZJ	Manila R.	PHL	CW
12907.5	VHP5	RAN Canberra	AUS	CW
	VIX5	RAN Canberra	AUS	CW
	KLB	Seattle R.	USA	CW
	YUR6	Rijeka R.	YUG	CW
12910	UAT	Moskva R.	URS	CW
12912	XSH	Basuo R.	CHN	CW
	UHK	Batumi R.	URS	CW/RTTY (50-170)
12912.6	FFL6	Saint Lys R.	F	CW
12916.5	OXZ6	Lyngby R.	DNK	CW
	HLF	Seoul R.	KOR	CW
	KLB	Seattle R.	USA	CW
12919	UFN	Novorossijsk R.	URS	CW/RTTY (50-170H)
12923	HLW2	Seoul R.	KOR	CW
12925.5	WCC	Chatham R.	USA	CW

12927.3	4PB	Colombo R.	CLN	CW
12928	SPH63	Gdynia R.	POL	CW
12930	DYP	Cebu R.	PHL	CW
12932.5	AME3	SNY Madrid	E	RTTY (75-850L)
12934.5	EDZ5	Aranjuez R.	E	CW
12935	HLG	Seoul R.	KOR	CW
12939	SPE61	Szczecin R.	POL	CW
12940	LZW53	Varna R.	BUL	CW
12942	SVD5	Athinai R.	GRC	CW
	JNA	Tokyo R.	J	CW
	DXR	Manila R.	PHL	CW
	RKLM	Arkhangelsk R.	URS	CW
12943.5	CUG27	S.Miguel R.	AZR	CW
	CUB	Madeira R.	MDR	CW
	9MG3	Penang R.	MLA	CW
	ZLP5	RNZN Irirangi	NZL	CW
	CUL20	Lisboa R.	POR	CW
12947	UFB	Odessa R.	URS	RTTY (50-170) CW
12947.2	ZRH5	SAN Capetown	AFS	CW
12948	DYV	Iloilo R.	PHL	CW
12948.8	ZRH5	SAN Capetown	AFS	RTTY (50-850)
12950	UFB	Odessa R.	URS	CW
12951.5	DYH	Cebu R.	PHL	CW
12952.5	VIS5	Sydney R.	AUS	CW
	WMH	Baltimore R.	USA	CW
12953	DFM95	HA Frankfurt	D	CW
	DAB	Norddeich R.	D	CW
12954	LZL5	Bourgas R.	BUL	CW
	XSG28	Shanghai R.	CHN	CW
	CLS	Habana R.	CUB	CW
	DZU	Pasig R.	PHL	CW
12955	UFL	Vladivostok R.	URS	CW
12958.5	PPO	Olinda R.	B	CW
12960	CCV	CN Valparaiso	CHL	CW
12961.5	LFI	Rogaland R.	NOR	CW
	WCC	Chatham R.	USA	CW
12963	HAR	Budapest R.	HNG	CW
12963.5	ZHH	St.Helena R.	SHN	CW
12965	UJO5	Izmail R.	URS	CW
12966	VWB	Bombay R.	IND	CW
	A7D	Doha R.	QAT	CW
12967	UJE	Moskva R.	URS	CW
12969	XSV	Tianjin R.	CHN	CW
12970	URL	Sevastopol R.	URS	CW
12970.5	SUH4	Alexandria R.	EGY	CW
	PKB	Belawan R.	INS	CW
	PKI	Jakarta R.	INS	CW
	WOE	Lantana R. FL	USA	CW
12972	DZH	Manila R.	PHL	CW
12973	XSQ9	Guangzhou R.	CHN	CW
	UJY	Kaliningrad R.	URS	CW/RTTY (50-170H)
12975	IQX	Trieste R.	I	CW
12977	URL	Sevastopol R.	URS	CW
12978	ICB	Genova R.	I	CW
12979.5	VIS49	Sydney R.	AUS	CW
	PPL	Belem R.	B	CW
12980	PKI2	Jakarta R.	INS	CW
	UAT	Moskva R.	URS	CW

247

12982	USW2	Kaliningrad R.	URS	CW
12983	OBC3	Callao R.	PRU	CW
12984	4XZ	IsNY Haifa	ISR	CW
	DZM	Bulacan R.	PHL	CW
12987	YKM5	Baniyas R.	SYR	CW
12988.5	LPD88	Gen.Pacheco R.	ARG	CW
	3BM5	METEO Bigara	MAU	CW
12990	DZJ	Manila R.	PHL	CW
	UJQ	Kiev R.	URS	CW/RTTY (50-170H)
	UKK3	Nakhodka R.	URS	CW
12991	CTH55	PNY Horta	AZR	RTTY (75-850H)
12993	D4A7	Sao Vicente R.	CPV	CW
12994	VIP4	Perth R.	AUS	CW
	CTH55	PNY Horta	AZR	CW
12995	ROT	Moskva R.	URS	CW
12995.2	ELZ	Cape Palmas R.	LBR	CW
12996	IAR33	Roma R.	I	CW
12997	XSQ	Guangzhou R.	CHN	CW
	SXA36	HNY Spata Attikis	GRC	CW
	UFB	Odessa R.	URS	CW
	WLO	Mobile R.	USA	CW
13000	CTU2	PNY Monsanto	POR	RTTY (75-850H)
	UBE2	Petropavlovsk R.	URS	CW
13002	KPH	San Francisco R.	USA	CW
13003	CTU2	PNY Monsanto	POR	CW
13003.9	CTU2	PNY Monsanto	POR	FAX
13005.5	HLW	Seoul R.	KOR	CW
13006.5	GKK5	Portishead R.	G	CW
13008	JOR	Nagasaki R.	J	CW
	DZI	Bacoor R.	PHL	CW
13010	UQA4	Murmansk R.	URS	CW
13011	IAR23	Roma R.	I	CW
	AQP6	PN Karachi	PAK	CW
	WNU44	Slidell R.	USA	CW
13014	DYM	Cebu R.	PHL	CW
13014.5	XDA	Mexico R.	MEX	CW
13015	OBC3	Callao R.	PRU	CW
	OBT2	Talara R.	PRU	CW
13015.5	IAR3	Roma R.	I	CW
13019.8	GKC5	Portishead R.	G	CW
13020	NMF	USCG Boston MA	USA	SITOR/FEC
13020.4	VPS60	C.d'Aguilar R.	HKG	CW
13022	SPE63	Szczecin R.	POL	CW
13023	D3E62	Luanda R.	AGL	CW
13023.7	HEB	Bern R.	SUI	CW
13024	S3E	Khulna R.	BGD	CW
13024.5	ASK	Karachi R.	PAK	CW
13024.9	WLO	Mobile R.	USA	CW
13027.5	DAL	Norddeich R.	D	CW
13028	ZSD46	Durban R.	AFS	CW
	HLX	Seoul R.	KOR	CW
13029	SVB5	Athinai R.	GRC	CW
	UQB	Kholmsk R.	URS	CW
13030	URD	Leningrad R.	URS	CW/RTTY (50-170H)
	VRN2	C.d'Aguilar R.	HKG	CW
13031.2	FUF	FNY Ft.de France	MRT	CW
13033.5	WCC	Chatham R. MA	USA	CW
13038	OXZ61	Lyngby R.	DNK	CW

13038	KLC	Galveston R.	USA	CW
13040	UFN	Novorossijsk R.	URS	CW
13042	P2M	Pt.Moresby R.	PNG	CW
	P2R	Rabaul R.	PNG	CW
13042.5	PJC	Curacao R.	ATN	CW
	FUV	FNY Djibouti	DJI	CW
	C5G	Banjul R.	GMB	CW
	C9C7	NAVY Maputo	MOZ	CW
	9LL	Freetown R.	SRL	CW
	XVS9	Ho Chi Minh Ville R.	VTN	CW
13043	XDD	METEO Ixtapalapa	MEX	CW
13044	VPS61	C.d'Aguilar R.	HKG	CW
13045	ROT	Moskva R.	URS	CW
13046	PZN4	Paramaribo R.	SUR	CW
13047	D4A8	Sao Vicente R.	CPV	CW
	SVA5	Athinai R.	GRC	CW
13050	UDK2	Murmansk R.	URS	CW
13051.5	4X0	Haifa R.	ISR	CW
	WPD	Tampa R. FL	USA	CW
13052.4	AME3	SNY Madrid	E	CW
13054	XSQ	Guangzhou R.	CHN	CW
	JDC	Choshi R.	J	CW
	UJY	Kaliningrad R.	URS	RTTY (50-170H)
13055	UJQ7	Kiev R.	URS	CW
13056	LSA5	Boca R.	ARG	CW
	S3D	Chittagong R.	BGD	CW
	EDG4	Aranjuez R.	E	CW
	C9L6	Mocambique R.	MOZ	CW
13059	EBA	SNY Madrid	E	CW/RTTY (50-170L)
13060.5	7OA	Aden R.	YMS	CW
13061	TUA5	Abidjan R.	CTI	CW
13062	CLA32	Habana R.	CUB	CW
13062.5	Y5M	Ruegen R.	DDR	CW/RTTY
13063	JDB	Nagasaki R.	J	CW
13065	LPC36	Ushuaia R.	ARG	CW
	EAD4	Aranjuez R.	E	CW
	6YI	Kingston R.	JMC	CW
	5ZF3	Mombasa R.	KEN	CW
	5OW13	Lagos R.	NIG	CW
	YVM	Pto.Ordaz R.	VEN	CW
13067	OST52	Oostende R.	BEL	CW
	UAI3	Nakhodka R.	URS	CW
13069.5	TUC9	Douala R.	CME	CW
	EPW	Tehran R.	IRN	CW
	EQA	Abadan R.	IRN	CW
	EQG	Ghosbeh R.	IRN	CW
	EQK	Khoramshahr R.	IRN	CW
	EQR	Lavan R.	IRN	CW
	TFA13	Reykjavik R.	ISL	CW
	JOS	Nagasaki R.	J	CW
13070	TRP8	SHELL Gamba R.	GAB	CW
	UDH	Riga R.	URS	CW
13071.5	DCN	Norddeich R.	D	SITOR	QSX 12491.5 kHz
	9VG80	Singapore R.	SNG	CW/SITOR
13072.0	GKE5	Portishead R.	G	CW/SITOR	QSX 12492.0 kHz
	ZLW	Wellington R.	NZL	SITOR
	URD	Leningrad R.	URS	RTTY
	WNU	Slidell R.	USA	SITOR

13072.5	OST56	Oostende R.	BEL	SITOR	QSX 12492.5 kHz
	SPA65	Gdynia R.	POL	RTTY	
	KFS	San Francisco R.	USA	SITOR	
13073.0	ZUD81	Durban R.	AFS	CW/SITOR	QSX 12493.0 kHz
	VRT	Bermuda R.	BER	RTTY	
	DCM	Norddeich R.	D	SITOR	
	ZLW	Wellington R.	NZL	SITOR	
13073.5	WLO	Mobile R.	USA	CW/SITOR	QSX 12493.5 kHz
13074.0	VIP34	Perth R.	AUS	SITOR	QSX 12494.0 kHz
	SAB606	Goeteborg R.	S	SITOR	
13074.5	FFT61	Saint Lys R.	F	SITOR	QSX 12494.5 kHz
13075.0	LGJ2	Rogaland R.	NOR	SITOR	QSX 12495.0 kHz
	HPP	Panama R.	PNR	SITOR	
13075.5	OFA	Helsinki R.	FNL	SITOR	QSX 12495.5 kHz
	9MG16	Penang R.	MLA	RTTY	
	UFB	Odessa R.	URS	CW/SITOR	
13076.0	HZG	Dammam R.	ARS	SITOR	QSX 12496.0 kHz
	VIP40	Perth R.	AUS	SITOR	
	OXZ	Lyngby R.	DNK	SITOR	
	UFN	Novorossijsk R.	URS	CW/SITOR	
13076.5	3AC	Monaco R.	MCO	SITOR	QSX 12496.5 kHz
	UBN	Jdanov R.	URS	RTTY	
13077.0	NRV	USCG Guam	GUM	SITOR	QSX 12497.0 kHz
	PCH55	Scheveningen R.	HOL	SITOR	
		Seoul R.	KOR	SITOR	
13077.5	VPS63	C.d'Aguilar R.	HKG	SITOR	QSX 12497.5 kHz
	KPH	San Francisco R.	USA	SITOR	
13078.0	VIS67	Sydney R.	AUS	CW/SITOR	QSX 12498.0 kHz
	LZW	Varna R.	BUL	RTTY	
13078.5	DCL	Norddeich R.	D	SITOR	QSX 12498.5 kHz
	WLO	Mobile R.	USA	SITOR/CW	
	9PA	Banana R.	ZAI	RTTY	
13079.0	OST57	Oostende R.	BEL	SITOR	QSX 12499.0 kHz
13079.5	SVS5	Athinai R.	GRC	SITOR	QSX 12499.5 kHz
13080.0	9MG16	Penang R.	MLA	RTTY	QSX 12500.0 kHz
	HEC13	Bern R.	SUI	CW/SITOR	
	WPD	Tampa R. FL	USA	SITOR	
13080.5	WNU	Slidell R. LA	USA	SITOR	QSX 12500.5 kHz
13081.0	ZUD82	Durban R.	AFS	SITOR	QSX 12501.0 kHz
	LGJ3	Rogaland R.	NOR	CW/SITOR	
	NMC	USCG San Francisco CA	USA	SITOR	
13081.5	FFT63	Saint Lys R.	F	SITOR	QSX 12501.5 kHz
	WCC	Chatham R.	USA	CW/SITOR	
13082.0	EDK5	Aranjuez R.	E	CW/SITOR	QSX 12502.0 kHz
13082.5	SVT5	Athinai R.	GRC	CW/SITOR	QSX 12502.5 kHz
13083.0	VPS64	C.d'Aguilar R.	HKG	SITOR	QSX 12503.0 kHz
	XSX	Keelung R.	TWN	SITOR	
	NMF	USCG Boston MA	USA	SITOR	
13083.5	WLO	Mobile R. AL	USA	SITOR/CW	QSX 12503.5 kHz
13084.0	OXZ	Lyngby R.	DNK	SITOR	QSX 12504.0 kHz
13084.5	NMO	USCG Honolulu	HWA	SITOR	QSX 12504.5 kHz
	UQB	Kholmsk R.	URS	RTTY	
	NMN	USCG Portsmouth VA	USA	SITOR	
13085.0	GKP5	Portishead R.	G	CW/SITOR	QSX 12505.0 kHz
	KFS	San Francisco R.	USA	SITOR	
13085.5	9VG81	Singapore R.	SNG	SITOR	QSX 12505.5 kHz
	UFB	Odessa R.	URS	CW/RTTY (50-170H)	
	WLO	Mobile R. AL	URS	SITOR	

13086.0	DCF	Norddeich R.	D	SITOR	QSX 12506.0 kHz
	UKA	Vladivostok R.	URS	RTTY (50-170H)	
13086.5	A9M	Bahrain R.	BHR	SITOR	QSX 12506.5 kHz
13087.5	HKB	Barranquilla R.	CLM	CW	
	HIA	Sto.Domingo Pilot R.	DOM	CW	
	OFA	Helsinki R.	FNL	SITOR	QSX 12507.5 kHz
13088.0	3AC	Monaco R.	MCO	SITOR	QSX 12508.0 kHz
13088.5	PCH56	Scheveningen R.	HOL	SITOR	QSX 12508.5 kHz
13089.0	UAT	Moskva R.	URS	CW/SITOR	QSX 12509.0 kHz
	UBE2	Petropavlovsk R.	URS	RTTY	
13089.5	IAR	Roma R.	I	SITOR	QSX 12509.5 kHz
13090.0	SPA66	Gdynia R.	POL	RTTY	QSX 12510.0 kHz
	WCC	Chatham R.	USA	CW/SITOR	
13090.5	VCS	Halifax R.	CAN	SITOR	QSX 12510.5 kHz
	UPB	Providenia Bukhta R.	URS	RTTY	
13091.5	VAI	Vancouver R.	CAN	SITOR	QSX 12511.5 kHz
	J2A	Djibouti R.	DJI	RTTY	
13092.0	UDH	Riga R.	URS	RTTY (50-170H) QSX 12512.0 kHz	
	UMV	Murmansk R.	URS	RTTY (50-170H)	
13092.5	HEC23	Bern R.	SUI	SITOR	QSX 12512.5 kHz
	UAH	Tallin R.	URS	CW/SITOR	
13093.0	UFB	Odessa R.	URS	RTTY (50-170H) QSX 12513.0 kHz	
13093.5	OXZ	Lyngby R.	DNK	CW/SITOR	QSX 12513.5 kHz
13094.5	KFS	San Francisco R.	USA	SITOR	QSX 12514.5 kHz
13095.0	GKY5	Portishead R.	G	SITOR	QSX 12515.0 kHz
13095.5	HEC33	Bern R.	SUI	SITOR	QSX 12515.5 kHz
13097.0	LGJ2	Rogaland R.	NOR	CW/SITOR	QSX 12517.0 kHz
	WNU	Slidell R.	USA	SITOR	
13097.5	FFT	Saint Lys R.	F	SITOR	QSX 12517.5 kHz
13098.0	WLO	Mobile R.	USA	CW/SITOR	QSX 12518.0 kHz
	CCB	Genova R.	I	SITOR	
13099.0	GKQ5	Portishead R.	G	SITOR	QSX 12519.0 kHz
13099.5	UXN	Arkhangelsk R.	URS	CW/SITOR	QSX 12519.5 kHz
	WNU	Slidell R.	USA	SITOR	
13100	TIM	Limon R.	CTR	CW	
13100.8	5BA22	Cyprus R.	CYP	SSB	QSX 12330.0 kHz
	EHY	Pozuelo del Rey R.	E	SSB	
	VFF	Frobisher R.	CAN	SSB	
	GKT51	Portishead R.	G	SSB	
	PKB	Belawan R.	INS	SSB	
	UAT	Moskva R.	URS	SSB	
	UFL	Vladivostok R.	URS	SSB	
	KMI	Pt.Reyes R. CA	USA	SSB	
13101	TRA	Libreville R.	COB	CW	
1313.9	HZG	Dammam R.	ARS	SSB	QSX 12000.1 kHz
	S3D	Chittagong R.	BGD	SSB	
	Y5P	Ruegen R.	DDR	SSB	
	GKT52	Portishead R.	G	SSB	
	HEB13	Bern R.	SUI	SSB	
	KMI	Pt.Reyes R.	USA	SSB	
13107.0	D3E	Luanda R.	AGL	SSB	QSX 12336.2 kHz
	VIS	Sydney R.	AUS	SSB	
	HKB	Barranquilla R.	CLM	SSB	
	HKC	Buenaventura R.	CLM	SSB	
	J5M	Bissau R.	GNB	SSB	
	PKT	Dili R.	INS	SSB	
	YIR	Basrah R.	IRQ	SSB	
	5AT	Tripoli R.	LBY	SSB	

```
13107.0   CUL     Lisboa R.               POR  SSB
          SAG     Goeteborg R.            S    SSB
          KMI     Pt.Reyes R.             USA  SSB
          WOO     Ocean Gate R. N.Jersey  USA  SSB
13110.1   4XO     Haifa R.                ISR  SSB     QSX 12339.3 kHz
          LFL31   Rogaland R.             NOR  SSB
          URD     Leningrad R.            URS  SSB
13113.2   NOJ     USCG Kodiak             ALS  SSB     QSX 12342.4 kHz
          TUA     Abidjan R.              CTI  SSB
          DAP     Norddeich R.            D    SSB
          NRV     USCG Guam               GUM  SSB
          NMO     USCG Honolulu           HWA  SSB
          ICB     Genova R.               I    SSB
          LFL32   Rogaland R.             NOR  SSB
          UDH     Riga R.                 URS  SSB
          UFB     Odessa R.               URS  SSB
          UNM2    Klaipeda R.             URS  SSB
          NMC     USCG San Francisco      USA  SSB
          NMG     USCG New Orleans        USA  SSB
          NMN     USCG Portsmouth         USA  SSB
13116.3   ZAD     Durres R.               ALB  SSB     QSX 12345.5 kHz
          Y5P     Ruegen R.               DDR  SSB
          OHG2    Helsinki R.             FNL  SSB
          GKT56   Portishead R.           G    SSB
          IAR     Roma R.                 I    SSB
          EPW     Tehran R.               IRN  SSB
          TFA     Reykjavik R.            ISL  SSB
          5RS     Tamatave R.             MDG  SSB
          TAM5    Mersin R.               TUR  SSB
          WOM     Miami Highseas R.       USA  SSB
13119.4   7TA24   Alger R.                ALG  SSB     QSX 12348.6 kHz
          PJC     Curacao R.              ATN  SSB
          CUG     S.Miguel R.             AZR  SSB
          OSU51   Oostende R.             BEL  SSB
          VAI     Vancouver R.            CAN  SSB
          PCG52   Scheveningen R.         HOL  SSB
          4XO     Haifa R.                ISR  SSB
          JBO     Tokyo R.                J    SSB
          CUB     Madeira R.              MDR  SSB
          CTV     PNY Monsanto            POR  SSB
          PZN     Paramaribo R.           SUR  SSB
          YUW     Bar R.                  YUG  SSB
13122.5   5BA54   Cyprus R.               CYP  SSB     QSX 12351.7 kHz
          DAK     Norddeich R.            D    SSB
          TFA     Reykjavik R.            ISL  SSB     QSX 12351.7 kHz
          UGK2    Kaliningrad R.          URS  SSB
          WOM     Miami Highseas R.       USA  SSB
13125.6   ZSC27   Capetown R.             AFS  SSB     QSX 12354.8 kHz
          PPT     Santarem R.             B    SSB
          A9M     Bahrain R.              BHR  SSB
          OHG2    Helsinki R.             FNL  SSB
          IAR     Roma R.                 I    SSB
          PKM     Bitung R.               INS  SSB
          PKP     Dumai R.                INS  SSB
          XDA     Mexico R.               MEX  SSB
          XF..    7 Küstenfkst.           MEX  SSB
          ZSV21   Walvis Bay R.           NMB  SSB
          ZLW     Wellington R.           NZL  SSB
```

13125.6	SPC63	Gdynia R.		POL	SSB	
	OBF4	Mollendo R.		PRU	SSB	
	UFN	Novorossijsk R.		URS	SSB	
	UHO	Arkhangelsk R.		URS	SSB	
	WOM	Miami Highseas R.		USA	SSB	
13128.7	CBV	Valparaiso R.		CHL	SSB	QSX 12357.9 kHz
	J2A	Djibouti R.		DJI	SSB	
	OXZ	Lyngby R.		DNK	SSB	
	EHY	Pozuelo del Rey R.		E	SSB	
	PKE	Amboina R.		INS	SSB	
	PKI	Jakarta R.		INS	SSB	
	CWF	Punta Carretas R.		URG	SSB	
	UBE2	Petropavlovsk R.		URS	SSB	
	WOO	Ocean Gate R. N.Jersey		USA	SSB	
13131.8	PPO	Olinda R.		B	SSB	QSX 12361.0 kHz
	ICB	Genova R.		I	SSB	
	YIR	Basrah R.		IRQ	SSB	
	LFL34	Rogaland R.		NOR	SSB	
	WOO	Ocean Gate R. N.Jersey		USA	SSB	
13134.9	DAH	Norddeich R.		D	SSB	QSX 12364.1 kHz
	SVN55	Athinai R.		GRC	SSB	
	PKD	Surabaya R.		INS	SSB	
	PNK	Jayapura R.		INS	SSB	
	JBO	Tokyo R.		J	SSB	
	3BB	Pt.Louis Harbour R.		MAU	SSB	
	WLO	Mobile R.		USA	SSB	
13138.0	OSU53	Oostende R.		BEL	SSB	QSX 12367.2 kHz
	8PO	Barbados R.		BRB	SSB	
	VCS	Halifax R.		CAN	SSB	
	OHG2	Helsinki R.		FNL	SSB	
	PCG51	Scheveningen R.		HOL	SSB	
	IAR	Roma R.		I	SSB	
	YIR	Basrah R.		IRQ	SSB	
	4XO	Haifa R.		ISR	SSB	
	HLS	Seoul R.		KOR	SSB	
	LFL35	Rogaland R.		NOR	SSB	
	5WA	Apia R.		SMO	SSB	
13141.1	PPR	Rio de Janeiro R.		B	SSB	QSX 12370.3 kHz
	OXZ	Lyngby R.		DNK	SSB	
	LFL36	Rogaland R.		NOR	SSB	
	SAG	Goeteborg R.		S	SSB	
13144.2	7TA25	Alger R.		ALG	SSB	QSX 12373.4 kHz
	OSU52	Oostende R.		BEL	SSB	
	TFA	Reykjavik R.		ISL	SSB	QSX 12373.4 kHz
	4XO	Haifa R.		ISR	SSB	
	OBC3	Callao R.		PRU	SSB	
	SAG	Goeteborg R.		S	SSB	
	S7Q	Seychelles R.		SEY	SSB	
	WOM	Miami Highseas R.		USA	SSB	
13147.3	SUH	Alexandria R.		EGY	SSB	QSX 12376.5 kHz
	OHG2	Helsinki R.		FNL	SSB	
	ODR8	Beirut R.		LBN	SSB	
	9HD	Malta R.		MLT	SSB	
	SPC61	Gdynia R.		POL	SSB	
	9VG66	Singapore R.		SNG	SSB	
	TAM5	Mersin R.		TUR	SSB	
	WWD	La Jolla R. CA		USA	SSB	
13150.4	7TA26	Alger R.		ALG	SSB	QSX 12379.6 kHz

13150.4	CLA68	Habana R.		CUB	SSB	
	VWM	Madras R.		IND	SSB	
	YIR	Basrah R.		IRQ	SSB	
	LFL37	Rogaland R.		NOR	SSB	
	ZHH	St.Helena R.		SHN	SSB	
13153.5	OSU54	Oostende R.		BEL	SSB	QSX 12382.7 kHz
	CBM2	Pta.Arenas R.		CHL	SSB	
	CBV	Valparaiso R.		CHL	SSB	
	D4A	S.Vicente R.		CPV	SSB	
	D4D	Praia R.		CPV	SSB	
	DAI	Norddeich R.		D	SSB	
	IAR	Roma R.		I	SSB	
	JBO	Tokyo R.		J	SSB	
	LFL38	Rogaland R.		NOR	SSB	
	TAH	Istanbul R.		TUR	SSB	
13156.6	PPS	Santos R.		B	SSB	QSX 12385.8 kHz
	OSU57	Oostende R.		BEL	SSB	
	LZW	Varna R.		BUL	SSB	
	OXZ	Lyngby R.		DNK	SSB	
	PCG53	Scheveningen R.		HOL	SSB	
	LFL39	Rogaland R.		NOR	SSB	
	SAG	Goeteborg R.		S	SSB	
	9VG67	Singapore R.		SNG	SSB	
13159.7	LPL4	Gen.Pacheco R.		ARG	SSB	QSX 12388.9 kHz
	VRT	Bermuda R.		BER	SSB	
	S3E	Khulna R.		BGD	SSB	
	SVN58	Athinai R.		GRC	SSB	
	TFA	Reykjavik R.		ISL	SSB	
	SPO6	Szczecin R.		POL	SSB	
13162.8		WELTWEITE ANRUFFREQUENZ		AAA	SSB	QSX 12392.0 kHz
13165.9	LPL	Gen.Pacheco R.		ARG	SSB	QSX 12395.1 kHz
	FFL64	Saint Lys R.		F	SSB	
	ZKR	Rarotonga R.		CKH	SSB	
	XF..	9 Küstenfkst.		MEX	SSB	
	LFL40	Rogaland R.		NOR	SSB	
	TAN5	Zonguldak R.		TUR	SSB	
13169.0	HZG	Dammam R.		ARS	SSB	QSX 12398.2 kHz
	PPM	Manaus R.		B	SSB	
	OXZ	Lyngby R.		DNK	SSB	
	CNP	Casablanca R.		MRC	SSB	
	WOM	Miami Highseas R.		USA	SSB	
13172.1	ZSD39	Durban R.		AFS	SSB	QSX 12401.3 kHz
	ZSQ24	Pt.Elisabeth R.		AFS	SSB	
	CBV	Valparaiso R.		CHL	SSB	QSX 12401.3 kHz
	DAJ	Norddeich R.		CHL	SSB	
	OHG2	Helsinki R.		FNL	SSB	
	GKV54	Portishead R.		G	SSB	
	3AC12	Monaco R.		MCO	SSB	
	YUR	Rijeka R.		YUG	SSB	
13175.2	EHY	Pozuelo del Rey R.		E	SSB	QSX 12404.4 kHz
	5RS	Tamatawe R.		MDG	SSB	
	XDA	Mexico R.		MEX	SSB	
	XF..	6 Küstenfkst.		MEX	SSB	
	LFL42	Rogaland R.		NOR	SSB	
	WLO	Mobile R.		USA	SSB	
13178.3	VIM	Melbourne R.		AUS	SSB	QSX 12407.5 kHz
	VIP	Perth R.		AUS	SSB	
	OXZ	Lyngby R.		DNK	SSB	

13178.3	FFL61	Saint Lys R.		F	SSB	
	9MG22	Penang R.		MLA	SSB	
	LFL43	Rogaland R.		NOR	SSB	
	SAG	Goeteborg R.		S	SSB	
	TAM7	Canakkale R.		TUR	SSB	
	WLO	Mobile R.		USA	SSB	
13181.4	VIA	Adelaide R.		AUS	SSB	QSX 12410.6 kHz
	VID	Darwin R.		AUS	SSB	
	TJC	Douala R.		CME	SSB	
	EHY	Pozuelo del Rey R.		E	SSB	
	OHG2	Helsinki R.		FNL	SSB	
	VPS	C.d'Aguilar R.		HKG	SSB	
	SPR6	Szczecin R.		POL	SSB	
	HEB23	Bern R.		SUI	SSB	
13184.5	PPJ	Juncao R.		B	SSB	QSX 12413.7 kHz
	PPL	Belem R.		B	SSB	
	CLA71	Habana R.		CUB	SSB	
	GKV58	Portishead R.		G	SSB	
	LFL44	Rogaland R.		NOR	SSB	
	WOO	Ocean Gate R. N.Jersey		USA	SSB	
13187.6	VIB	Brisbane R.		AUS	SSB	QSX 12416.8 kHz
	VID	Darwin R.		AUS	SSB	
	FFL62	Saint Lys R.		F	SSB	
	HLS	Seoul R.		KOR	SSB	
	SPC62	Gdynia R.		POL	SSB	
	UDH	Riga R.		URS	SSB	
	KMI	Pt.Reyes R. CA		USA	SSB	
	YUR	Rijeka R.		YUG	SSB	
13190.7	LPC42	Ushuaia R.		ARG	SSB	QSX 12419.9 kHz
	5BA56	Cyprus R.		CYP	SSB	
	OHG2	Helsinki R.		FNL	SSB	
	GKV50	Portishead R.		G	SSB	
	IAR	Roma R.		I	SSB	
	HEB33	Bern R.		SUI	SSB	
	WOO	Ocean Gate R. N.Jersey		USA	SSB	
13193.8	VIS	Sydney R.		AUS	SSB	QSX 12423.0 kHz
	VIT	Townsville R.		AUS	SSB	
	FFL63	Saint Lys R.		F	SSB	
	VPS	C.d'Aguilar R.		HKG	SSB	
	EQN	Khomeini R.		IRN	SSB	
	LFL45	Rogaland R.		NOR	SSB	
	SPC64	Gdynia R.		POL	SSB	
13196.9	7TA27	Alger R.		ALG	SSB	QSX 12426.1 kHz
	LKW52	Portishead R.		G	SSB	
	SVN59	Athinai R.		GRC	SSB	
	KUQ	Pago Pago R.		SMA	SSB	

Frequenzliste: 16-MHz-Bereich

```
Frequenz       Rufz.    Station                  Land  Betriebsart Bemerkungen
-------------------------------------------------------------------------------

16460...16587.1 Schiffe                          AAA   SSB         (41 Kanäle)
16587.1                 Schiffe u. Küstenfkst.   AAA   SSB
16590.2                 Schiffe u. Küstenfkst.   AAA   SSB
16593.3                 Schiffe u. Küstenfkst.   AAA   SSB
16596.4.16636.5 Schiffe                          AAA   Breitband-Telegrafie, ...
16636.5.16640           Ozeanografische Daten    AAA
16640...16660           Schiffe                  AAA   Breitband-Telegrafie, ...
16660...16694.7 Schiffe                          AAA   RTTY gepaart (69 Kanäle)
16694.7.16705.8 Schiffe                          AAA   RTTY ungepaart
16705.8.16719.8 Schiffe                          AAA   CW          Arbeitskanäle
16719.8.16748.8 Schiffe                          AAA   CW          Anrufkanäle
16748.8.16752           Schiffe                  AAA   J2D         Selektivruf
16752...16859.4 Schiffe                          AAA   CW          Arbeitskanäle
16680.8        HZG      Dammam R.                ARS   CW
16861.5        5OW17    Lagos R.                 NIG   CW
16861.7        PKB      Belawan R.               INS   CW
               PKD      Surabaja R.              INS   CW
               PKI      Jakarta R.               INS   CW
               WNU35    Slidell R.               USA   CW
16862.5        XSV      Tianjin R.               CHN   CW
16863.3        HEB      Bern R.                  SUI   CW
16865          UJY      Kaliningrad R.           URS   CW
16866          LZL      Bourgas R.               BUL   CW
16867.5        UXN      Arkhangelsk R.           URS   CW
16868          A4M      Muscat R.                OMA   CW
16868.5        9VG53    Singapore R.             SNG   CW
16869          HPP      Panama R.                PNR   CW
16870.5        DZJ      Manila R.                PHL   CW
16871.3        CWA      Cerrito R.               URG   CW
               KLC      Galveston R.             USA   CW
16873          TIM      Limon R.                 CTR   CW
16874          ZSD52    Durban R.                AFS   CW
16874.5        ZLO6     RNZN Irirangi            NZL   CW
16876          FUG      FNY La Regine            F     CW
16877.5        JDB      Nagasaki R.              J     CW
16878          URB2     Klaipeda R.              URS   CW/RTTY (50-170H)
16879          ICB      Genova R.                I     CW
16880          YIR      Basrah R.                IRQ   CW
               A7D      Doha R.                  QAT   CW1
16880.9        NMC      USCG San Francisco       USA   CW
16881          ICB      Genova R.                I     CW
16882.5        GKS6     Portishead R.            G     SITOR       QSX 16695 kHz
16883          JOU      Nagasaki R.              J     CW
               5BA      Cyprus R.                CYP   CW
16884.5        XSQ7     Guangzhou R.             CHN   CW
16886.5        UJY      Kaliningrad R.           URS   CW/RTTY (50-170H)
16887.5        SPH81    Gdynia R.                POL   CW
16890.5        UFN      Novorossijsk R.          URS   CW
16890.8        ZSC39    Capetown R.              AFS   CW
16892.9        Y5M      Ruegen R.                DDR   CW
16895.3        IAR7     Roma R.                  I     CW
```

16897.5	OXZ82	Lyngby R.	DNK	CW
16902	XSC	Fangshan R.	CHN	CW
	PCH60	Scheveningen R.	HOL	CW
16902.5	DYP	Cebu R.	PHL	CW
16903	SVM6	Athinai R.	GRC	CW
16904	CWM	NAVY Montevideo	URG	CW
16905	FUV	FNY Djibouti	DJI	CW
16906	YIR	Basrah R.	IRQ	CW
16907.3	Y5M	Ruegen R.	DDR	CW
16909.7	TFA	Reykjavik R.	ISL	CW
	UJO5	Izmail R.	URS	CW
16910	HLJ	Seoul R.	KOR	CW
16912.5	UKA	Vladivostok R.	URS	CW
16914.5	XDA	Mexico R.	MEX	CW
	SPH84	Gdynia R.	POL	CW
16915	FUX	FNY St.Denis	REU	CW
16916.5	WSC	Tuckerton R.	USA	CW
	XSG8	Shanghai R.	CHN	CW
16818	PPJ	Juncao R.	B	CW
16918.8	VHP6	RAN Canberra	AUS	CW
	VIX6	RAN Canberra	AUS	CW
	GKJ6	Portishead R.	G	CW
	LZW6	Varna R.	BUL	CW
	WPA	Pt.Arthur R. TX	USA	CW
16920	OXZ81	Lyngby R.	DNK	CW
16921	CLS	Habana R.	CUB	CW
16922	VTG	IN Bombay	IND	RTTY (50-850H)
	UQA4	Murmansk R.	URS	CW
16923.6	OFJ7	Helsinki R.	FNL	CW
16925.6	L2C	Buenos Aires R.	ARG	CW
16926.5	CFH	CF Halifax	CAN	CW
16927	UJY	Kaliningrad R.	URS	RTTY (50-170)
16928.4	LFX	Rogaland R.	NOR	CW
16930	DYP	Cebu R.	PHL	CW
16930.4	5RS	Tamatawe R.	MDG	CW
	ELZ	Cape Palmas R.	CNR	CW
16932	7TA10	Alger R.	ALG	CW
16933	OBY2	Paita R.	PRU	CW
16933.2	JOS	Nagasaki R.	J	CW
	WCC	Chatham R.	USA	CW
16935	D4A8	Sao Vicente R.	CPV	CW
	VWB	Bombay R.	IND	CW
	XFA	Acapulco R.	MEX	CW
16937.2	GYA	RN London	G	CW
16938	VTGG	IN Bombay	IND	CW
16938.8	GYA61	RN London	G	FAX
16939.7	KLC	Galveston R.	USA	CW
16940	XSW	Kaohsiung R.	CHN	CW
16941	LST	YPF Buenos Aires R.	ARG	CW
16942	RCV	RuNY Moskva	URS	CW
16942.5	XDA	Mexiko R.	MEX	CW
	YUR7	Rijeka R.	YUG	CW
16942.8	EDF5	Aranjuez R.	E	CW
16944	LZL6	Bourgas R.	BUL	CW
16947.6	VIP5	Perth R.	AUS	CW
	VRT	Bermuda R.	BER	CW
	8PO	Barbados R.	BRB	CW
	TUA9	Abidjan R.	CTI	CW

16947.6	FFT8	Saint Lys R.	F	CW
	8RB	Demerara R.	GUY	CW
	9MG11	Penang R.	MLA	CW
	6VA	Dakar R.	SEN	CW
	UFB	Odessa R.	URS	CW
16948	HCG	Guayaquil R.	EQA	CW
16948.5	VCS	Halifax R.	CAN	CW
16950	XSQ4	Guangzhou R.	CHN	CW
	9MB6	NAVY Penang	MLA	CW
	VNP	Haiphong R.	VTN	CW
16951.5	6WW	FNY Dakar	SEN	CW
16952.4	LFT	Rogaland R.	NOR	CW
16953	HZG	Dammam R.	ARS	CW
16954.4	GKC6	Portishead R.	G	CW
16956	PZN26	Paramaribo R.	SUR	CW
16958	CBV	Valparaiso R.	CHL	CW
	FUJ	FNY Noumea	NCL	CW
16959.2	CUB	Madeira R.	MDR	CW
	CUL22	Lisboa R.	POR	CW
16960	HZY	Ras Tanura R.	ARS	CW
	CKN	CF Vancouver	CAN	CW
	UMV	Murmansk R.	URS	CW
16961	CLA40	Habana R.	CUB	CW
16961.5	FUF	FNY Ft.de France	MRT	CW
16962.5	DXF	Davao R.	PHL	CW
16963	5AL	Tobruk R.	LBY	CW
	UJY	Kaliningrad R.	URS	CW/RTTY (50-170H)
16964.2	ZRQ6	SAN Capetown	AFS	CW
16965	Y5M	Ruegen R.	DDR	CW
16966	SVI6	Athinai R.	GRC	CW
16966.5	9VG58	Singapore R.	SNG	CW
16967	YKM5	Baniyas R.	SYR	CW
16968.5	WLO	Mobile R.	USA	CW
16968.8	NMF	USCG Boston MA	USA	SITOR/FEC
16970	UQB	Kholmsk R.	URS	CW
	URD	Leningrad R.	URS	RTTY (50-170H)
16971	JJC	Tokyo R.	J	FAX
16972	WCC	Chatham R.	USA	CW
16974	SPE81	Szczecin R.	POL	CW
16974.6	GKD6	Portishead R.	G	CW
16975	VWM	Madras R.	IND	CW
16976	NMN	USCG Portsmouth	USA	CW
16977	OMP6	Praha R.	TCH	CW
16978.4	3BM6	METEO Bigara	MAU	CW
16980	UNQ	Novorossijsk R.	URS	CW
16980.4	DAM	Norddeich R.	D	CW
16981.5	SVG6	Athinai R.	GRC	CW
16983	ELC	Monrovia R.	LBR	CW
16983.2	NMR	USCG San Juan	PTR	CW
16984	PPR	Rio de Janeiro R.	B	CW
	UFB	Odessa R.	URS	CW
16986	PPL	Belem R.	B	CW
	CTP97	NATO Palhais	POR	CW
16987	VPS79	C.d'Aguilar R.	HKG	CW
16987.2	GYU	RN Gibraltar	GIB	CW
16990	HLO	Seoul R.	KOR	CW
16991	FUB3	FNY Paris	F	CW/RTTY (75-850)
16992.8	UAT	Moskva R.	URS	CW

16993.5	UBN	Jdanov R.	URS	CW/RTTY (50-170H)	
16995	SVF6	Athinai R.	GRC	CW	
16997	UDH	Riga R.	URS	CW	
16997.6	WLO	Mobile R.	USA	CW	
16998.5	JDC	Choshi R.	J	CW	
17000	Y5M	Ruegen R.	DDR	CW/RTTY (50)/FAX	
17002	XSG29	Shanghai R.	CHN	CW	
17002.4	NMA	USCG Miami FL	USA	RTTY (75-170L)	
17004	HKB	Barranquilla R.	CLM	CW	
17004.2	ZRH6	SAN Capetown	AFS	CW	
17005	IAR37	Roma R.	I	CW	
17005.8	ZRH6	SAN Capetown	AFS	RTTY	
17007.2	PCH61	Scheveningen R.	HOL	CW/SITOR	QSX 16698 kHz
	KLB	Seattle R.	USA	CW	
17008.5	TAH	Istanbul R.	TUR	CW	
17010	URD	Leningrad R.	URS	CW/RTTY (50-170)	
17011	XSX	Keelung R.	TWN	CW	
17015	OBF4	Mollendo R.	PRU	CW	
	UJQ	Kiev R.	URS	CW	
17016	SPH82	Gdynia R.	POL	CW	
17016.5	KPH	San Francisco R.	USA	CW	
17017.1	OST6	Oostende R.	BEL	CW	
17018	ZSC44	Capetown R.	AFS	CW	
	EBA	SNY Madrid	E	CW/RTTY (50-170)	
17020	UDK2	Murmansk R.	URS	CW/RTTY (50-170H)	
17021.6	TAH	Istanbul R.	TUR	CW	
	WLO	Mobile R.	USA	CW	
17024	SAB83	Goeteborg R.	S	SITOR	QSX 16700.5 kHz
17025	UPB	Providenia Bukhta R.	URS	CW	
17026	KFS	San Francisco R.	USA	CW	
17027	FFL8	Saint Lys R.	F	CW	
17029	JMC6	METEO Tokyo	J	CW	
17030	XSG	Shanghai R.	CHN	CW	
	3SB	Datong R.	CHN	CW	
17030.4	GYC6	RN London	G	CW	
17033	UKW3	Korsakov R.	URS	CW	
17034	VWB	Bombay R.	IND	CW	
17036	UXN	Arkhangelsk R.	URS	CW/RTTY (50-170H)	
17037	YQI6	Constanta R.	ROU	CW	
17038.5	URL	Sevastopol R.	URS	CW/RTTY (50-170H)	
17040	PJK317	RNN Suffisant	ATN	CW	
	UKA	Vladivostok R.	URS	CW	
17040.8	FFS8	Saint Lys R.	F	CW	
	FJA26	Mahina R.	OCE	CW	
17043.2	JCU	Choshi R.	J	CW	
17045	ROT	Moskva R.	URS	CW	
17045.6	LPD46	Gen.Pacheco R.	ARG	CW	
	HKC2	Buenaventura R.	CLM	CW	
	4PB	Colombo R.	CLN	CW	
	9MG11	Penang R.	MLA	CW	
	YUR8	Rijeka R.	YUG	CW	
17048	DAF	Norddeich R.	D	CW/SITOR	
	DZW	Manila R.	PHL	CW	
17050	ASK	Karachi R.	PAK	CW	
17050.4	4XZ	IsNY Haifa	ISR	CW	
17052.5	JNA	Tokyo R.	J	CW	
17053	XSX	Keelung R.	TWN	CW	
17054.2	CTV7	PNY Monsanto	POR	RTTY (75-850H)	

17055	LZW62	Varna R.	BUL	CW
17055.6	D4A8	Sao Vicente R.	CPV	CW
17057.2	CTV7	PNY Monsanto	POR	CW
	SAB8	Goeteborg R.	S	CW
17060	NWC	USN Exmouth	AUS	FAX
	4XO	Haifa R.	ISR	CW
	UKK3	Nakhodka R.	URS	CW
17062	HZG	Dammam R.	ARS	CW
	FUX	FNY St.Denis	REU	CW
17063	UFB	Odessa R.	URS	CW
17064	SPH83	Gdynia R.	POL	CW
	UCO	Ialta R.	URS	CW
17064.8	EDZ6	Aranjuez R.	E	CW
17066	UAT	Moskva R.	URS	CW/RTTY (50-170H)
17068.4	OXZ8	Lyngby R.	DNK	CW
17069.6	JJC	Tokyo R.	J	CW/FAX
17070	SPE83	Szczecin R.	POL	CW
17072	GKG6	Portishead R.	G	CW
	DZE	Mandaluyong R.	PHL	CW
17074.4	PNK	Jajapura R.	INS	CW
	LGX	Rogaland R.	NOR	CW
17075	ZSD47	Durban R.	AFS	CW
17075.5	XFF2	Pajaritos R.	MEX	CW
17077	UAH	Tallin R.	URS	CW
17079	HLF	Seoul R.	KOR	CW
17079.4	SAG8	Goeteborg R.	S	CW
17080	XSQ	Guangzhou R.	CHN	CW
17081.6	JFA	Matsudo R.	J	CW
17082	DAB	Norddeich R.	D	CW
	DFR28	HA Frankfurt	D	CW
17084	IQX	Trieste R.	I	CW
17085	UBN	Jdanov R.	URS	CW
17088.8	CTU7	PNY Monsanto	POR	CW
	KPH	San Francisco R.	USA	CW
17090	DZF	Manila R.	PHL	CW
	UAI3	Nakhodka R.	URS	CW
17092	GKH6	Portishead R.	G	CW
17093.6	JOR	Nagasaki R.	J	CW
	AQP7	PN Karachi	PAK	CW
	WMH	Baltimore R.	USA	CW
17094.8	SVA6	Athinai R.	GRC	CW
17095	AME3	SNY Madid	E	RTTY (75-850L)
17096	VPS80	C.d'Aguilar R.	HKG	CW
17098.4	GKA6	Portishead R.	G	CW
17100	Y5M	Ruegen R.	DDR	CW
17103.2	XSG	Shanghai R.	CHN	CW
17104.2	PCH62	Scheveningen R.	HOL	CW
17105	IRM9	CIRM Roma R.	I	CW
17107	UTA	Tallin R.	URS	CW
17108	FUF	FNY Ft.de France	MRT	CW/RTTY (75-850L)
17110	UFL	Vladivostok R.	URS	CW
17112	DZP	Novaliches R.	PHL	CW
17112.6	JCS	Choshi R.	J	CW
17113	GKB6	Portishead R.	G	CW
17115	URD	Leningrad R.	URS	CW
17115.5	XFL	Mazatlan R.	URS	CW
17117.5	WNU45	Slidell R.	USA	CW
17117.6	PBC317	RNN Goeree	HOL	RTTY (75-850L)

17118	HLG	Seoul R.	KOR	CW
17119	UAT	Moskva R.	URS	CW
17120	PPO	Olinda R.	B	CW
17120.5	XDA	Mexico R.	MEX	CW
17122.4	PWZ33	BN Rio de Janeiro	B	RTTY (50-850H)
	FUG	FNY La Regine	F	RTTY (75-850L)
17125	Y7A68	MFA Berlin	DDR	RTTY (50-425)
17126	XSZ	Dalian R.	CHN	CW
17127.6	ZLP6	RNZN Irirangi	NZL	CW
17128	Y7A69	MFA Berlin	DDR	RTTY (50-425)
	DZE	Mandaluyong R.	PHL	CW
17128.2	CTW7	PNY Monsanto	POR	CW
17128.5	HPN60	Canal R.	PNR	CW
17130	HAR	Budapest R.	HNG	CW
	HLW	Seoul R.	KOR	CW
	UJQ7	Kiev R.	URS	CW
17131	BAC7	PTT Beijing	CHN	RTTY (50-425H)
17132	ZSJ6	SAN Capetown	AFS	CW
	XSV	Tianjin R.	CHN	CW
17134	XFN	Progreso R.	MEX	CW
	UNM2	Klaipeda R.	URS	CW
17135	UJQ	Kiev R.	URS	CW/RTTY (50-170)
17135.7	GKN6	Portishead R.	G	CW/FAX
17136	DZR	Manila R.	PHL	CW
17136.8	GKM6	Portishead R.	G	CW
17137.7	GKO6	Portishead R.	G	CW
17138.4	VIS62	Sydney R.	AUS	CW
17139	AME3	SNY Madrid	E	RTTY (75-850L)
17140	XDA	Mexico R.	MEX	CW
	UMV	Murmansk R.	URS	CW
	PWZ	BN Rio de Janeiro	B	FAX
17141.6	UBN	Jdanov R.	URS	CW/RTTY (50-170H)
	UFN	Novorossijsk R.	URS	CW/RTTY (50-170H)
	YVG	La Guaira R.	VEN	CW
17143.6	DAN	Norddeich R.	D	CW
	DZD	Antipolo R.	PHL	CW
17145	LZW63	Varna R.	BUL	CW
17146.4	NRV	USCG Guam	GUM	CW
	4XO	Haifa R.	ISR	CW
	ELC	Monrovia R.	LBR	CW
17147.2	SVJ6	Athinai R.	GRC	CW
	URL	Sevastopol R.	URS	CW
17147.9	5RS	Tamatave R.	MDG	CW
17149	TIH	Limon R.	CTR	CW
17151.2	GKI6	Portishead R.	G	CW
	NMC	USCG San Francisco	USA	CW/FAX
17152	DZZ	Manila R.	PHL	CW
	UJY	Kaliningrad R.	URS	CW
17153	URL	Sevastopol R.	URS	CW
17155	ROT	Moskva R.	URS	CW
	UFB	Odessa R.	URS	CW
17160	PWZ33	BN Rio de Janeiro	B	CW
	DZO	Manila R.	PHL	CW
	OBC3	Callao R.	PRU	CW
	WOE	Lantana R.	USA	CW
17160.8	LSA6	Boca R.	ARG	CW
	IAR27	Roma R.	I	CW
17161.5	VIS6	Sydney R.	AUS	CW

17162	PP0	Olinda R.	B	CW
17163	RNO	Moskva R.	URS	CW/RTTY (50/75-425H)
17164.7	ZSC7	Capetown R.	AFS	CW
17165.6	CLA41	Habana R.	CUB	CW
	3CA6	Banapa R.	GNE	CW
	LFF	Rogaland R.	NOR	CW
17166.4	JCT	Choshi R.	J	CW
17167.5	GKK6	Portishead R.	G	CW
17168	DZN	Navotas R.	PHL	CW
17169	A9M	Bahrain R.	BHR	CW
17170	PPL	Belem R.	B	CW
	UDK2	Murmansk R.	URS	CW
17170.4	PJC	Curacao R.	ATN	CW
	CNP	Casablanca R.	MRC	CW
	ZLB6	Awarua R.	NZL	CW
	WPD	Tampa R. FL	USA	CW
17172	UFN	Novorossijsk R.	URS	CW/RTTY (50-170H)
17172.4	9MG11	Penang R.	MLA	CW
	WLO	Mobile R.	USA	CW
17173	ZAD	Durres R.	ALB	CW
17175.2	A9M	Bahrain R.	BHR	CW
	VAI	Vancouver R.	CAN	CW
	CLS	Habana R.	CUB	CW
	EDG5	Aranjuez R.	E	CW
17175.2	5ZF4	Mombasa R.	KEN	CW
	9LL	Freetown R.	SRL	CW
	7OA	Aden R.	YMS	CW
17176	DZG	Las Pinas R.	PHL	CW
17177.6	DAL	Norddeich R.	D	CW
18180	LOL3	AN Buenos Aires	ARG	CW
	HWN	FNY Paris	F	CW
17181	UDH	Riga R.	URS	CW
17182	LZL	Bourgas R.	BUL	CW
	ICB	Genova R.	I	CW
17184	DZK	Bulacan R.	PHL	CW
17184.8	EAD5	Aranjuez R.	E	CW
	PKA	Sabang R.	INS	CW
	PKE	Amboina R.	INS	CW
	PKP	Dumai R.	INS	CW
	9YL	North Post R.	TRD	CW
	KFS	San Francisco R.	USA	CW
	9PA	Banana R.	ZAI	CW
17187.2	OST62	Oostende R.	BEL	CW
17188	SVI6	Athinai R.	GRC	CW
17189.6	XYR9	Rangoon R.	BRM	CW
	D3E71	Luanda R.	AGL	CW
	CLQ	Cojimar R.	CUB	CW
	9HD	Malta R.	MLT	CW
17190.5	UHK	Batumi R.	URS	CW/RTTY (50-170H)
17192	VRN80	C.d'Aguilar R.	HKG	CW
17194	C2N	Nauru R.	NRU	CW
17194.4	VIS64	Sydney R.	AUS	CW
	PPR	Rio de Janeiro R.	B	CW
	SVB6	Athinai R.	GRC	CW
17196.5	LPD25	Gen.Pacheco R.	ARG	CW
17197.5	DCN	Norddeich R.	D	SITOR	QSX 16660.5 kHz
	9VG82	Singapore R.	SNG	CW/SITOR
17198.0	GKE6	Portishead R.	G	CW/SITOR	QSX 16661.0 kHz

17198.0	WNU	Slidell R.	USA	SITOR		
17198.5	OST66	Oostende R.	BEL	SITOR	QSX 16661.5 kHz	
	SPA85	Gdynia R.	POL	RTTY		
	KFS	San Francisco R.	USA	SITOR		
17199.0	ZLW	Wellington R.	NZL	SITOR	QSX 16662.0 kHz	
17199.5	LGX2	Rogaland R.	NOR	CW/SITOR	QSX 16662.5 kHz	
	WLO	Mobile R.	USA	SITOR		
17200.0	VIP35	Perth R.	AUS	CW/SITOR	QSX 16663.0 kHz	
	ZUD83	Durban R.	AFS	SITOR		
	EDJ6	Aranjuez R.	E	CW/SITOR		
17201.0	FFT81	Saint Lys R.	F	SITOR	QSX 16664.0 kHz	
17201.5	HZG	Dammam R.	ARS	SITOR	QSX 16664.5 kHz	
	VRT	Bermuda R.	BER	RTTY		
	OFA	Helsinki R.	FNL	SITOR		
	9MG17	Penang R.	MLA	RTTY		
17202.0	A9M	Bahrain R.	BHR	CW/SITOR	QSX 16665.0 kHz	
	DCM	Norddeich R.	D	SITOR		
17202.5	3AC	Monaco R.	MCO	SITOR	QSX 16665.5 kHz	
17203.0	OST67	Oostende R.	BEL	SITOR	QSX 16666.0 kHz	
	NRV	USCG Guam	GUM	SITOR		
		Seoul R.	KOR	SITOR		
	NMF	USCG Boston MA	USA	SITOR		
17203.5	KPH	San Francisco R.	USA	SITOR	QSX 16666.5 kHz	
17204.0	VIS69	Sydney R.	AUS	CW/SITOR	QSX 16667.0 kHz	
17204.5	WLO	Mobile R. AL	USA	CW/SITOR	QSX 16667.5 kHz	
17205.0	HEC17	Bern R.	SUI	CW/SITOR	QSX 16668.0 kHz	
	UPB	Providenia Bukhta R.	URS	RTTY		
17205.5	SVU	Athinai R.	GRC	CW/SITOR	QSX 16668.5 kHz	
	9VG83	Singapore R.	SNG	SITOR		
17206.0	OXZ	Lyngby R.	DNK	SITOR	QSX 16669.0 kHz	
	9MG	Penang R.	MLA	RTTY		
17206.5	UDH	Riga R.	URS	RTTY (50)/SITOR QSX 16669.5		
	WNU	Slidell R.	USA	SITOR		
17207.0	IAR	Roma R.	I	SITOR	QSX 16670.0 kHz	
	NMC	USCG San Francisco	USA	SITOR		
17207.5	WCC	Chatham R.	USA	SITOR	QSX 16670.5 kHz	
17208.0	ZUD84	Durban R.	AFS	SITOR	QSX 16671.0 kHz	
	3AC	Monaco R.	MCO	SITOR		
	UBE2	Petropavlovsk R.	URS	RTTY		
17208.5	SVT6	Athinai R.	GRC	CW/SITOR	QSX 16671.5 kHz	
17209.5	WLO	Mobile R.	USA	CW/SITOR	QSX 16772.5 kHz	
17210.5	NMO	USCG Honolulu	HWA	SITOR	QSX 16773.5 kHz	
	NMN	USCG Portsmouth	USA	SITOR		
17211.0	IAR	Roma R.	I	SITOR	QSX 16674.0 kHz	
	KFS	San Francisco R.	USA	SITOR		
17211.5	WLO	Mobile R.	USA	SITOR	QSX 16674.5 kHz	
17212.0	FFT82	Saint Lys R.	F	SITOR	QSX 16675.0 kHz	
	VPS82	C.d'Aguilar R.	HKG	SITOR		
17212.5	VCS	Halifax R.	CAN	SITOR	QSX 16675.5 kHz	
	OXZ	Lyngby R.	DNK	SITOR		
17213.0	3AC	Monaco R.	MCO	SITOR	QSX 16676.0 kHz	
17214	BZP58	XNA Beijing	CHN	RTTY (50-425L)		
12715.0	GKP6	Portishead R.	G	CW/SITOR	QSX 16678.0 kHz	
	WPD	Tampa R.	USA	SITOR		
17216.0	OFA	Helsinki R.	FNL	SITOR	QSX 16679.0 kHz	
	WCC	Chatham R.	USA	CW/SITOR		
17216.5	UQB	Kholmsk R.	URS	RTTY	QSX 16679.5 kHz	
17217.0	UAH	Tallin R.	URS	RTTY	QSX 16680.0 kHz	

17217.5	PCH65	Scheveningen R.	HOL	SITOR	QSX 16680.5 kHz	
17218.0	GKY6	Portishead R.	G	SITOR	QSX 16681.0 kHz	
	UMV	Murmansk R.	URS	RTTY (50-170H)		
17218.5	HEC37	Bern R.	SUI	SITOR	QSX 16681.5 kHz	
	UFB	Odessa R.	URS	CW/RTTY		
17219.5	DCL	Norddeich R.	D	SITOR	QSX 16682.5 kHz	
	UBN	Jdanov R.	URS	RTTY		
17220.5	KFS	San Francisco R.	USA	SITOR	QSX 16683.5 kHz	
17221.0	HEC27	Bern R.	SUI	CW/SITOR	QSX 16684.0 kHz	
17221.5	SVU6	Athinai R.	GRC	CW/SITOR	QSX 16684.5 kHz	
17222.0	VPS83	C.d'Aguilar R.	HKG	SITOR	QSX 16685.0 kHz	
17222.5	FFT	Saint Lys R.	F	SITOR	QSX 16685.5 kHz	
17223.0	LGX3	Rogaland R.	NOR	CW/SITOR	QSX 16686.0 kHz	
	WNU	Slidell R.	USA	SITOR		
17224.0	FFT83	Saint Lys R.	F	SITOR	QSX 16687.0 kHz	
	WLO	Mobile R.	USA	SITOR		
17225.5	OXZ	Lyngby R.	DNK	SITOR	QSX 16688.5 kHz	
	WNU	Slidell R.	USA	SITOR		
17226.0	UFN	Novorossijsk R.	URS	CW/SITOR	QSX 16689.0 kHz	
17227.0	DCF	Norddeich R.	D	SITOR	QSX 16690.0 kHz	
17227.5	UFB	Odessa R.	URS	RTTY (50-170H)	QSX 16690.5	
17228.0	LZW	Varna R.	BUL	RTTY (50)	QSX 16691.0 kHz	
	3AC	Monaco R.	MCO	SITOR		
	UAT	Moskva R.	URS	CW/SITOR		
17229.0	SAB864	Goeteborg R.	S	SITOR	QSX 16692.0 kHz	
17230.0	PCH66	Scheveningen R.	HOL	SITOR	QSX 16693.0 kHz	
	SPA86	Gdynia R.	POL	RTTY		
17231.0	GKQ6	Portishead R.	G	CW/SITOR	QSX 16694.0 kHz	
	URD	Leningrad R.	URS	CW/RTTY		
17232.0/17232.5		Küstenfunkstellen	AAA	J2D	Selektivruf	
17232.9	LPL5	Gen.Pacheco R.	ARG	SSB	QSX 16460.0 kHz	
	LFN2	Rogaland R.	NOR	SSB		
	S7Q	Seychelles R.	SEY	SSB		
	UFN	Novorossijsk R.	URS	SSB		
	UNM2	Klaipeda R.	URS	SSB		
17236.0	HZG	Dammam R.	ARS	SSB	QSX 16463.1 kHz	
	VIS	Sydney R.	AUS	SSB		
	GKT62	Portishead R.	G	SSB		
	UAT	Moskva R.	URS	SSB		
	KMI	Pt.Reyes R.CA	USA	SSB		
	WAH	St.Thomas R.	VIR	SSB		
17239.1	S3D	Chittagong R.	BGD	SSB	QSX 16466.2 kHz	
	5BA62	Cyprus R.	CYP	SSB		
	IAR	Roma R.	I	SSB		
	LFN3	Rogaland R.	NOR	SSB		
	KMI	Pt.Reyes R.CA	USA	SSB		
	WAH	St.Thomas R.	VIR	SSB		
17242.2	VIP	Perth R.	AUS	SSB	QSX 16469.3 kHz	
	VCS	Halifax R.	CAN	SSB		
	FFL83	Saint Lys R.	F	SSB		
	JBO	Tokyo R.	J	SSB		
	XDA	Mexico R.	MEX	SSB		
	XF..	Viele Küstenfunkstellen	MEX	SSB		
	LFN4	Rogaland R.	NOR	SSB		
17245.3	OXZ	Lyngby R.	DK	SSB	QSX 16472.4 kHz	
	VWB	Bombay R.	IND	SSB		
	EQA	Abadan R.	IRN	SSB		
	LFN5	Rogaland R.	NOR	SSB		

```
17245.3  FJA     Mahian R.              OCE   SSB
         SAG     Goeteborg R.           S     SSB
         URD     Leningrad R.           URS   SSB
         WOO     Ocean Gate R. NJ       USA   SSB
17248.4  PPO     Olinda R.              B     SSB    QSX 16475.5 kHz
         S3E     Khulna R.              BGD   SSB
         OHG2    Helsinki R.            FNL   SSB
         GKT66   Portishead R.          G     SSB
         IAR     Roma R.                I     SSB
         TFA     Reykjavik R.           ISL   SSB
         ZLW     Wellington R.          NZL   SSB
         TAN6    Samsun R.              TUR   SSB
         UAT     Moskva R.              URS   SSB
17251.5  PJC     Curacao R.             ATN   SSB    QSX 16478.6 kHz
         3AC16   Monaco R.              MCO   SSB
         LFN6    Rogaland R.            NOR   SSB
         SPC81   Gdynia R.              POL   SSB
         ZJU     Funafuti R.            TUV   SSB
         UFL     Vladivostok R.         URS   SSB
         WLO     Mobile R.AL            USA   SSB
17254.6  ZSC28   Capetown R.            AFS   SSB    QSX 16481.7 kHz
         VAI     Vancouver R.           CAN   SSB
         ICB     Genova R.              I     SSB
         ZSV20   Walvis Bay R.          NMB   SSB
         OBC3    Callao R.              PRU   SSB    QSX 16481.7 kHz
         SAG     Goeteborg R.           S     SSB
         PZN     Paramaribo R.          SUR   SSB
         TAH     Istanbul R.            TUR   SSB
17257.7  HZG     Dammam R.              ARS   SSB    QSX 16484.8 kHz
         OSU64   Oostende R.            BEL   SSB
         SVN62   Athinai R.             GRC   SSB
         4XO     Haifa R.               ISR   SSB
         JBO     Tokyo R.               J     SSB
         WOM     Miami High Seas R.     USA   SSB
17260.8  VIS     Sydney R.              AUS   SSB    QSX 16487.9 kHz
         DAP     Norddeich R.           D     SSB
         SUH     Alexandria R.          EGY   SSB
         PKI     Jakarta R.             INS   SSB
         LFN8    Rogaland R.            NOR   SSB
         CWF     Punta Carretas R.      URG   SSB
         WOM     Miami High Seas R.     USA   SSB
17263.9  PPR     Rio de Janeiro R.      B     SSB    QSX 16491.0 kHz
         OHG2    Helsinki R.            FNL   SSB
         GKU61   Portishead R.          G     SSB
         5AT     Tripoli R.             LBY   SSB
         HEB17   Bern R.                SUI   SSB
         TAM5    Mersin R.              TUR   SSB
         WOM     Miami High Seas R.     USA   SSB
         YUR     Rijeka R.              YUG   SSB
17267.0  VIP     Perth R.               AUS   SSB    QSX 16494.1 kHz
         UAT     Moskva R.              URS   SSB
                 Murmansk R.            URS   SSB
17270.1  PPR     Rio de Janeiro R.      B     SSB    QSX 16497.2 kHz
         OSU63   Oostende R.            BEL   SSB
         4XO     Haifa R.               ISR   SSB
         LFN9    Rogaland R.            NOR   SSB
         9VG68   Singapore R.           SNG   SSB
         UKK3    Nakhodka R.            URS   SSB
```

17273.2	OXZ	Lyngby R.		DNK	SSB	QSX 16500.3 kHz
	OHG2	Helsinki R.		FNL	SSB	
	ICB	Genova R.		I	SSB	
	XDA	Mexico R.		MEX	SSB	
	XF..	Küstenfkst.		MEX	SSB	
	LFN20	Rogaland R.		NOR	SSB	
	SAG	Goeteborg R.		S	SSB	
17276.3	D3E	Luanda R.		AGL	SSB	QSX 16503.4 kHz
	HKB	Barranquilla R.		CLM	SSB	
	HKC	Buenaventura R.		CLM	SSB	
	OHG2	Helsinki R.		FNL	SSB	
	GKU65	Portishead R.		G	SSB	
	J5M	Bissau R.		GNB	SSB	
	PKT	Dili R.		INS	SSB	
	TFA	Reykjavik R.		ISL	SSB	
	CUL	Lisboa R.		POR	SSB	
	HEB27	Bern R.		SUI	SSB	
	UBE2	Petropavlovsk R. Kam		URS	SSB	
17279.4	DAJ	Norddeich R.		D	SSB	QSX 16506.5 kHz
	IAR	Roma R.		I	SSB	
	EQI	Abbas R.		IRN	SSB	
	WOM	Miami High Seas R.		USA	SSB	
17282.5	PPJ	Juncao R.		B	SSB	
	OXZ	Lyngby R.		DNK	SSB	
	4XO	Haifa R.		ISR	SSB	
	XFN	Progreso R.		MEX	SSB	
	LFN21	Rogaland R.		NOR	SSB	
17285.6	VRT	Bermuda R.		BER	SSB	QSX 16512.7 kHz
	A9M	Bahrain R.		BHR	SSB	
	OXZ	Lyngby R.		DNK	SSB	
	GKU68	Portishead R.		G	SSB	
	TAN2	Izmir R.		TUR	SSB	
17288.7	FFL84	Saint Lys R.		F	SSB	QSX 16515.8 kHz
	3BB	Pt.Louis Harbour R.		MAU	SSB	
	OBF4	Mollendo R.		PRU	SSB	
	LFN23	Rogaland R.		NOR	SSB	
17291.8	LFN24	Rogaland R.		NOR	SSB	QSX 16518.9 kHz
	TAM6	Antalya R.		TUR	SSB	
	UFN	Novorossijsk R.		URS	SSB	
	WOO	Ocean Gate R. N.Jersey		USA	SSB	
17294.9		WELTWEITE ANRUFFREQUENZ		AAA	SSB	QSX 16522.0 kHz
17298.0	OXZ	Lyngby R.		DNK	SSB	QSX 16525.1 kHz
	9KK	Kuwait R.		KWT	SSB	
17301.1	D4A	Sao Vicente R.		CPV	SSB	QSX 16528.2 kHz
	D4D	Praia R.		CPV	SSB	
	OHG2	Helsinki R.		FNL	SSB	
	GKV63	Portishead R.		G	SSB	
	PCG63	Scheveningen R.		HOL	SSB	
	UFB	Odessa R.		URS	SSB	
17304.2	DAK	Norddeich R.		D	SSB	QSX 16531.3 kHz
	IAR	Roma R.		I	SSB	
	5WA	Apia R.		SMO	SSB	
	KMI	Pt.Reyes R. CA		USA	SSB	
17307.3	NOJ	USCG Kodiak		ALS	SSB	QSX 16534.4 kHz
	OSU61	Oostende R.		BEL	SSB	
	NMO	USCG Honolulu		HWA	SSB	
	EQK	Khoramshahr R.		IRN	SSB	
	TFA	Reykjavik R.		ISL	SSB	

17307.3	SPO8	Szczecin R.		POL	SSB	
	SVN63	Athinai R.		GRC	SSB	
	NMC	USCG San Francisco CA		USA	SSB	
	NMN	USCG Portsmouth VA		USA	SSB	
17310.4	CLA72	Habana R.		CUB	SSB	QSX 16537.5 kHz
	SVN64	Athinai R.		GRC	SSB	
	VPS	C.d'Aguilar R.		HKG	SSB	
	YIR	Basrah R.		IRQ	SSB	
	UQB	Kholmsk R.		URS	SSB	
	UXN	Arkhangelsk R.		URS	SSB	
	WOO	Ocean Gate R. N.Jersey		USA	SSB	
17313.5	OSU62	Oostende R.		BEL	SSB	QSX 16540.6 kHz
	LFN26	Rogaland R.		NOR	SSB	
	UAH	Tallin R.		URS	SSB	
	YUR	Rijeka R.		YUG	SSB	
17316.6	CLA75	Habana R.		CUB	SSB	QSX 16543.7 kHz
	FFL81	Saint Lys R.		F	SSB	
	YIR	Basrah R.		IRQ	SSB	
	4XO	Haifa R.		ISR	SSB	
17319.7	7TA28	Alger R.		ALG	SSB	QSX 16546.8 kHz
	Y5P	Ruegen R.		DDR	SSB	
	EQM	Bushehr R.		IRN	SSB	
	LFN27	Rogaland R.		NOR	SSB	
	6VA	Dakar R.		SEN	SSB	
17322.8	OSU67	Oostende R.		BEL	SSB	QSX 16549.9 kHz
	EHY	Pozuelo del Rey R.		E	SSB	
	TFA	Reykjavik R.		ISL	SSB	
	UDH	Riga R.		URS	SSB	
17325.9	7TA29	Alger R.		ALG	SSB	QSX 16553.0 kHz
	CBV	Valparaiso R.		CHL	SSB	
	YIR	Basrah R.		IRQ	SSB	
	SPC82	Gdynia R.		POL	SSB	
	HEB37	Bern R.		SUI	SSB	
	WOO	Ocean Gate R, N.Jersey		USA	SSB	
17329.0	CUG	S.Miguel R.		AZR	SSB	QSX 16556.1 kHz
	5BA64	Cyprus R.		CYP	SSB	
	GKW62	Portishead R.		G	SSB	
	JBO	Tokyo R.		J	SSB	
	CUB	Madeira R.		MDR	SSB	
	CUL	Lisboa R.		POR	SSB	
	WLO	Mobile R. AL		USA	SSB	
17332.1	ZSD41	Durban R.		AFS	SSB	QSX 16559.2 kHz
	ZSO25	Pt.Elisabeth R.		AFS	SSB	
	PPL	Belem R.		B	SSB	
	FFL82	Saint Lys R.		F	SSB	
	SPC83	Gdynia R.		POL	SSB	
17335.2	VFF	Frobisher R.		CAN	SSB	QSX 16562.3 kHz
	TUA	Abidjan R.		CTI	SSB	
	DAI	Norddeich R.		D	SSB	
	EHY	Pozuelo del Rey R.		E	SSB	
	YIR	Basrah R.		IRQ	SSB	
	HLS	Seoul R.		KOR	SSB	
17338.3	LZW	Varna R.		BUL	SSB	QSX 16565.4 kHz
	OXZ	Lyngby R.		DNK	SSB	
	J5M	Bissau R.		GNB	SSB	
17341.4	7TA30	Alger R.		ALG	SSB	QSX 16568.5 kHz
	OHG2	Helsinki R.		FNL	SSB	
	PCG61	Scheveningen R.		HOL	SSB	

17344.5	EHY	Pozuelo del Rey R.	E	SSB		QSX 16571.6 kHz
	GKW67	Portishead R.	G	SSB		
	VPS	C.d'Aguilar R.	HKG	SSB		
	HLS	Seoul R.	KOR	SSB		
	5RS	Tamatave R.	MDG	SSB		
17347.6	LZW	Varna R.	BUL	SSB		QSX 16574.7 kHz
	OHG2	Helsinki R.	FNL	SSB		
	CNP	Casablanca R.	MRC	SSB		
	SPR8	Szczecin R.	POL	SSB		
	KUQ	Pago Pago R.	SMA	SSB		
17350.7	ZAD	Durres R.	ALB	SSB		QSX 16577.8 kHz
	DAH	Norddeich R.	D	SSB		
	EHY	Pozuelo del Rey R.	E	SSB		
	PCG62	Scheveningen R.	HOL	SSB		
17353.8	8PO	Barbados R.	BRB	SSB		QSX 16580.9 kHz
	CBV	Valparaiso R.	CHL	SSB		
	GKW60	Portishead R.	G	SSB		
	SVN68	Athinai R.	GRC	SSB		
	UAH	Tallin R.	URS	SSB		
17356.9	7TA31	Alger R.	ALG	SSB		QSX 16584.0 kHz
	YIR	Basrah R.	IRQ	SSB		
	SAG	Goeteborg R.	S	SSB		
	9VG69	Singapore R.	SNG	SSB		
	UBN	Jdanov R.	URS	SSB		
	WLO	Mobile R.	USA	SSB		

Frequenzliste: 22-MHz-Bereich

```
Frequenz    Rufz.    Station                      Land  Betriebsart  Bemerkungen
-------------------------------------------------------------------------------
22000...22124        Schiffe                      AAA   SSB          (40 Kanäle)
22068       CCS      CN Santiago                  CHL   RTTY (50-850H)
22070       CCS      CN Santiago                  CHL   FAX
22072       CCS      CN Santiago                  CHL   CW
22124.0              Schiffe u. Küstenfkst.       AAA   SSB
22127.1              Schiffe u. Küstenfkst.       AAA   SSB
22130.2              Schiffe u. Küstenfkst.       AAA   SSB
22133.3              Schiffe u. Küstenfkst.       AAA   SSB
22136.4              Schiffe u. Küstenfkst.       AAA   SSB
22139.5.22160.5      Schiffe                      AAA   Breitband-Telegrafie, ...
22160.5.22164        Ozeanografische Daten        AAA   OE
22164...22192        Schiffe                      AAA   Breitband-Telegrafie, ...
22192...22225.7      Schiffe                      AAA   RTTY gepaart (67 Kanäle)
22225.7.22227        Schiffe                      AAA   RTTY ungepaart
22227...22247        Schiffe                      AAA   CW           Anrufkanäle
22247...22250        Schiffe                      AAA   J2D          Selektivruf
22250...22310.5      Schiffe                      AAA   CW           Arbeitskanäle
22310       STP      Pt.Sudan R.                  SDN   CW
22310.5     5OW22    Lagos R.                     NIG   CW
22312       A9M      Bahrain R.                   BHR   CW
22312.5     XSG      Shanghai R.                  CHN   CW
            CWA      Cerrito R.                   URG   CW
22315       UJY      Kaliningrad R.               URS   CW
22315.5     VIP6     Perth R.                     AUS   CW
22318.5     XSV      Tianjin R.                   CHN   CW
            FFS9     Saint Lys R.                 F     CW
            WPA      Pt.Arthur R. TX              USA   CW
22320       WLO      Mobile R. AL                 USA   CW
22322       A9M      Bahrain R.                   BHR   CW
22322.5     UHK      Batumi R.                    URS   CW/RTTY (50-170H)
22323.5     DZJ      Manila R.                    PHL   CW
22324.5     PCH70    Scheveningen R.              HOL   CW
22327.5     SVG7     Athinai R.                   GRC   CW
22330.5     D3E81    Luanda R.                    AGL   CW
            PBC322   RNN Goeree                   HOL   RTTY (75-850H)
22331       4HZ      TsNY Haifa                   ISR   CW
22336       TIM      Limon R.                     CTR   CW
            XSW      Kaohsiung R.                 TWN   CW
22338       5RS      Tamatave R.                  MDG   CW
            KLC      Galveston R. TX              USA   CW
22338.2     HZG      Dammam R.                    ARS   CW
22340       LZL      Bourgas R.                   BUL   CW
            YIR      Basrah R.                    IRQ   CW
22340.5     DAL      Norddeich R.                 D     CW
22344       LZW7     Varna R.                     BUL   CW
22346.5     SVI7     Athinai R.                   GRC   CW
            LSA7     Boca R.                      ARG   CW
22347.5     ZSC20    Capetown R.                  AFS   CW
22348.5     JFC      Misaki R.                    J     CW
22349.5     UFN      Novorossijsk R.              URS   CW
22350       UFL      Vladivostok R.               URS   CW
```

22351.5	OST72	Oostende R.	BEL	CW
	XSQ	Guangzhou R.	CHN	CW
22352.5	PPR	Rio de Janeiro R.	B	CW
22354.5	UDK2	Murmansk R.	URS	CW
22356.8	SAB93	Goeteborg R.	S	SITOR QSX 22226 kHz
22357.5	CLA51	Habana R.	CUB	CW
22361	DFW36	HA Frankfurt	D	CW
22362.5	HEB	Bern R.	SUI	CW
22363	XSG	Shanghai R.	CHN	CW
22365.5	UBN	Jdanov R.	URS	CW
22368	VAI	Vancouver R.	CAN	CW
22371	URL	Sevastopol R.	URS	RTTY 50-170H)
22372.5	IAR22	Roma R.	I	CW
22374	LZW72	Varna R.	BUL	CW
22375	XYR24	Rangoon R.	BRM	CW
22376	IAR2	Roma R.	I	CW
22378	IAR32	Roma R.	I	CW
	VTG9	IN Bombay	IND	CW
22384	EDF6	Aranjuez R.	E	CW
22385	XDA	Mexico R.	MEX	CW
22386	JCT	Choshi R.	J	CW
22387	VCS	Halifax R.	CAN	CW
	ESF	Tallin R.	URS	CW
22387.5	GKS7	Portishead R.	G	SITOR QSX 22226.0 kHz
22390	FUF	FNY Ft.de France	MRT	CW
22393	Y5M	Ruegen R.	DDR	CW/RTTY (50-170)/FAX
22394.5	HLF	Seoul R.	KOR	CW
22395	9MG12	Penang R.	MLA	CW
	OBY2	Paita R.	PRU	CW
	UAT	Moskva R.	URS	CW
22396	CLA50	Habana R.	CUB	CW
	OFJ22	Helsinki R.	FNL	CW
	JOS	Nagasaki R.	J	CW
	LFL	Rogaland R.	NOR	CW
22397.5	CFH	CF Halifax	CAN	CW
22398	JNA	Tokyo R.	J	CW
22399	SPH92	Gdynia R.	POL	CW
22400	XDA	Mexico R.	MEX	CW
22401	XSG	Shanghai R.	CHN	CW
	Y5M	Ruegen R.	DDR	CW
22403	UJY	Kaliningrad R.	URS	CW/RTTY (50-170H)
22404	OXZ92	Lyngby R.	DNK	CW
22406	URD	Leningrad R.	URS	CW
22407	SPH93	Gdynia R.	POL	CW
22407.3	GKC7	Portishead R.	G	CW
22409	JOR	Nagasaki R.	J	CW
22410	UNQ	Novorossijsk R.	URS	CW
22410.9	SVB7	Athinai R.	GRC	CW
22412	HPN60	Canal R.	PNR	CW
22413	SAG9	Goeteborg R.	S	CW
22415	LZL7	Bourgas R.	BUL	CW
	DAF	Norddeich R.	D	CW/SITOR
22416	ELZ	Cape Palmas R.	LBR	CW
22417	SVA7	Athinai R.	GRC	CW
22419	LPD91	Gen.Pacheco R.	ARG	CW
	OXZ9	Lyngby R.	DNK	CW
	JCS	Choshi R.	J	CW
22420	PPR2	Rio de Janeiro R.	B	CW

22420	UDH	Riga R.	URS	CW	
22422	Y5M	Ruegen R.	DDR	CW	
22423	UAT	Moskva R.	URS	CW/RTTY (50-170H)	
22425	AQP8	PN Karachi	PAK	CW	
	KFS	San Francisco R. CA	USA	CW	
22425.5	LGG	Rogaland R.	NOR	CW	
22427	HZG	Dammam R.	ARS	CW	
22428	9VG59	Singapore R.	SNG	CW	
22431	PKI	Jakarta R.	INS	CW	
	WNU36	Slidell R. LA	USA	CW	
	9PA	Banana R.	ZAI	CW	
22432	GKD7	Portishead R.	G	CW	
22435	UFL	Vladivostok R.	URS	CW	
22437	Y5M	Ruegen R.	DDR	CW	
22438	DZW	Manila R.	PHL	CW	
22438.5	SAB9	Goeteborg R.	S	CW	
22440	JOU	Nagasaki R.	J	CW	
	UJQ7	Kiev R.	URS	CW	
22443	EQI	Abbas R.	IRN	CW	
	EQK	Khoramshahr R.	IRN	CW	
	YUR9	Rijeka R.	YUG	CW	
22446	EAD6	Aranjuez R.	E	CW	
22447	FUV	FNY Djibouti	DJI	CW	
22448	YQI7	Constanta R.	ROU	CW	
22448.7	GKB7	Portishead R.	G	CW	
22450	ROT	Moskva R.	URS	CW	
22452	XSQ7	Guangzhou R.	CHN	CW	
22454.2	GYC7	RN London	G	CW	
22455	ZSC40	Capetown R.	AFS	CW	
	PWZ33	BN Rio de Janeiro	B	RTTY (50-850H)	
22458	WNU46	Slidell R.	USA	CW	
22459	OXZ93	Lyngby R.	DNK	CW	
	XSX	Keelung R.	TWN	CW	
22461	FUJ	FNY Noumea	NCL	CW	
22463	JCU	Choshi R.	J	CW	
22465	XFA	Acapulco R.	MEX	CW	
	9MG12	Penang R.	MLA	CW	
	OBF4	Mollendo R.	PRU	CW	
22465.5	UBN	Jdanov R.	URS	CW	
22467	GKA7	Portishead R.	G	CW	
	KLC	Galveston R.	USA	CW	
22470	AME3	SNY Madrid	E	RTTY (75-850L)	
22471	XDA	Mexico R.	MEX	CW	
22471.5	SVD7	Athinai R.	GRC	CW	
22472	NMO	USG Honolulu	HWA	CW	
22473	CBV	Valparaiso R.	CHL	CW	
	LFG	Rogaland R.	NOR	CW	
22474	VIS42	Sydney R.	AUS	CW	
22476	DAM	Norddeich R.	D	CW	
22477	XFU	Veracruz R.	MEX	CW	
22479	CUG	S.Miguel R.	AZR	CW	
	CUB	Madeira R.	MDR	CW	
	CUL24	Lisboa R.	POR	CW	
	9VG27	Singapore R.	SNG	CW	
	KPH	San Francisco R. CA	USA	CW	
22481	Y5M	Ruegen R.	DDR	CW/RTTY (50)	
22482	HLG	Seoul R.	KOR	CW	
	DZR	Manila R.	PHL	CW	

22484	HZG	Dammam R.	ARS	CW
22485	VHP7	RAN Canberra	AUS	CW
	VIS	Sydney R.	AUS	CW
	VIX7	RAN Canberra	AUS	CW
	UBF2	Leningrad R.	URS	CW
	WLO	Mobile R. AL	USA	CW
22486	LZW73	Varna R.	BUL	CW
22487	XSV	Tianjin R.	CHN	CW
22490	5RS	Tamatave R.	MDG	CW
	DZZ	Manila R.	PHL	CW
	UXN	Arkhangelsk R.	URS	CW/RTTY (50-170H)
22491	4X0	Haifa R.	ISR	CW
	ELC	Monrovia R.	LBR	CW
22493	UAT	Moskva R.	URS	CW
22494	GKK7	Portishead R.	G	CW
22495	VIS43	Sydney R.	AUS	CW
	SPH91	Gdynia R.	G	CW
22497	UDK2	Murmansk R.	URS	CW
	UPW2	Liepaia R.	URS	CW
22500	SVF7	Athinai R.	GRC	CW
	FUX	FNY St.Denis	REU	CW
22501	UFN	Novorossijsk R.	URS	CW/RTTY (50-170H)
22502	DZG	Las Pinas R.	PHL	CW
22503	GKG7	Portishead R.	G	CW
	WOE	Lantana R.	USA	CW
22505	SPE91	Szczecin R.	POL	CW
22506	DZI	Bacoor R.	PHL	CW
22509	FFL9	Saint Lys R.	F	CW
22511	XFN	Progreso R.	MEX	CW
22512	UAT	Moskva R.	URS	CW
22513.5	LPD28	Gen.Pacheco R.	ARG	CW
22515	KFS	San Francisco R.	USA	CW
22516	DAN	Norddeich R.	D	CW
	XDA	Mexico R.	MEX	CW
22518	WCC	Chatham R.	USA	CW
22520	LZL	Bourgas R.	BUL	CW
22523	FUB3	FNY Paris	F	CW/RTTY (50-850)
22524	JFA	Matsudo R.	J	CW
22525	XSQ	Guangzhou R.	CHN	CW
	IRM10	CIRM Roma	I	CW
22525.5	GKH7	Portishead R.	G	CW
22525.9	GKN7	Portishead R.	G	CW/FAX
22527	GKM7	Portishead R.	G	CW
	NRV	USCG Guam	GUM	CW
22527.9	GKO7	Portishead R.	G	CW
22528.5	GKI7	Portishead R.	G	CW
22530	PWZ33	BN Rio de Janeiro	B	CW
	URL	Sevastopol R.	URS	CW
22533	OST7	Oostende R.	BEL	CW
	EDZ7	Aranjuez R.	E	CW
	ZLB7	Awarua R.	NZL	CW
22536	VPS22	C.d'Aguilar R.	HKG	CW
22538	DZN	Navotas R.	PHL	CW
22539	PCH71	Scheveningen R.	HOL	CW
	KLB	Seattle R. WA	USA	CW
22540	PJK322	RNN Suffisant	ATN	CW
22542	JJC	Tokyo R.	J	CW/FAX
22543	7TA12	Alger R.	ALG	CW

22545	GKJ7	Portishead R.	G	CW		
	9MG12	Penang R.	MLA	CW		
	FUM	FNY Papeete	OCE	CW		
22546	TIM	Limon R.	CTR	CW		
22547	NMN	USCG Portsmouth	USA	CW		
22551	SPE92	Szczecin R.	POL	CW		
	CTV2	PNY Monsanto	POR	CW		
	VWB	Bombay R.	IND	CW		
22555	UFB	Odessa R.	URS	CW		
22557	KPH	San Francisco R. CA	USA	CW		
22560	URL	Sevastopol R.	URS	CW		
22561.5	DCN	Norddeich R.	D	SITOR	QSX 22192.5 kHz	
	9MG18	Penang R.	MLA	RTTY		
22562.0	GKE7	Portishead R.	G	CW/SITOR	QSX 22193.0 kHz	
	ZLW	Wellington R.	NZL	SITOR		
	WNU	Slidell R.	USA	SITOR		
22562.5	OST76	Oostende R.	BEL	SITOR	QSX 22193.5 kHz	
	SPA95	Gdynia R.	POL	RTTY		
	KFS	San Francisco R.	USA	SITOR		
22563.0	ZUD85	Durban R.	AFS	SITOR	QSX 22194.0 kHz	
	FFT91	Saint Lys R.	F	SITOR		
	ZLW	Wellington R.	NZL	SITOR		
22563.5	LGG2	Rogaland R.	NOR	CW/SITOR	QSX 22194.5 kHz	
	WLO	Mobile R. AL	USA	SITOR		
22564.0	VIP36	Perth R.	AUS	SITOR	QSX 22195.0 kHz	
	LZW	Varna R.	BUL	RTTY		
	VPS97	C.d'Aguilar R.	HKG	SITOR		
22564.5	SAB907	Goeteborg R.	S	SITOR	QSX 22195.5 kHz	
22565.0	PCH75	Scheveningen R.	HOL	SITOR	QSX 22196.0 kHz	
22565.5	OFA	Helsinki R.	FNL	SITOR	QSX 22196.5 kHz	
22566.0	VIP42	Perth R.	AUS	SITOR	QSX 22197.0 kHz	
	9VG84	Singapore R.	SNG	SITOR		
22566.5	HEC52	Bern R.	SUI	CW/SITOR	QSX 22197.5 kHz	
22567.0	OST77	Oostende R.	BEL	SITOR	QSX 22198.0 kHz	
	NRV	USCG Guam	GUM	SITOR		
		Seoul R.	KOR	SITOR		
	UAT	Moskva R.	URS	CW/SITOR		
	NMF	USCG Boston MA	USA	SITOR		
22567.5	FFT92	Saint Lys R.	F	SITOR	QSX 22198.5 kHz	
	KPH	San Francisco R.	USA	SITOR		
22568.0	VIS71	Sydney R.	AUS	SITOR	QSX 22199.0 kHz	
22568.5	DCM	Norddeich R.	D	SITOR	QSX 22199.5 kHz	
	9M0	Penang R.	MLA	RTTY		
	WLO	Mobile R.	USA	SITOR		
22569.0	UPB	Providenia Bukhta R.	URS	RTTY	QSX 22200.0 kHz	
22570.0	OXZ	Lyngby R.	DNK	CW/SITOR	QSX 22201.0 kHz	
22570.5	UDH	Riga R.	URS	RTTY (50-170H)	QSX 22201.5	
	WNU	Slidell R.	USA	SITOR		
22571.0	HZG	Dammam R.	ARS	SITOR	QSX 22202.0 kHz	
	NMC	USCG San Francisco	USA	SITOR		
22571.5	WCC	RCA Chatham R.	USA	SITOR/CW	QSX 22202.5 kHz	
22572.0	3AC	Monaco R.	MCO	SITOR	QSX 22203.0 kHz	
22572.5	SVT7	Athinai R.	GRC	SITOR	QSX 22203.5 kHz	
22573.5	FFT93	Saint Lys R.	F	SITOR	QSX 22204.5 kHz	
	UJY	Kaliningrad R.	URS	RTTY (50-170H)		
	WLO	Mobile R.	USA	SITOR		
22574.5	NMO	USCG Honolulu	HWA	SITOR	QSX 22205.5 kHz	
	NMN	USCG Portsmouth VA	USA	SITOR		

22575.0	KFS	San Francisco R.	USA	SITOR	QSX 22206.0 kHz
22575.5	FFT	Saint Lys R.	F	SITOR	QSX 22206.5 kHz
22576.0	DCL	Norddeich R.	D	SITOR	QSX 22207.0 kHz
22576.5	VAI	Vancouver R.	CAN	SITOR	QSX 22207.5 kHz
22578.0	GKP7	Portishead R.	G	CW/SITOR	QSX 22209.0 kHz
	UQB	Kholmsk R.	URS	RTTY	
22579.0	OXZ	Lyngby R.	DNK	SITOR	QSX 22210.0 kHz
22580.0	OFA	Helsinki R.	FNL	SITOR	QSX 22211.0 kHz
	UBN	Jdanov R.	URS	RTTY	
	UJQ	Kiev R.	URS	CW/RTTY (50)	
22582.0	UFB	Odessa R.	URS	RTTY	QSX 22213.0 kHz
22583.0	IAR	Roma R.	I	SITOR	QSX 22214.0 kHz
	UBE2	Petropavlovsk R.	URS	RTTY	
22584.0	A9M	Bahrain R.	BHR	CW/SITOR	QSX 22215.0 kHz
22584.5	KFS	San Francisco R.	USA	SITOR	QSX 22215.5 kHz
22585.5	SVU7	Athinai R.	GRC	CW/SITOR	QSX 22216.5 kHz
22586.0	HEC62	Bern R.	SUI	SITOR	QSX 22217.0 kHz
22587.0	LGG3	Rogaland R.	NOR	CW/SITOR	QSX 22218.0 kHz
	WNU	Slidell R.	USA	SITOR	
22588.0	WLO	Mobile R.	USA	CW/SITOR	QSX 22219.0 kHz
22588.5	HEC72	Bern R.	SUI	SITOR	QSX 22219.5 kHz
22589.5	DCF	Norddeich R.	D	SITOR	QSX 22220.5 kHz
	WNU	Slidell R.	USA	SITOR	
22590.0	VCS	Halifax R.	CAN	SITOR	QSX 22221.0 kHz
	GKY7	Portishead R.	G	SITOR	
22590.5	OXZ	Lyngby R.	DNK	SITOR	QSX 22221.5 kHz
	UFB	Odessa R.	URS	RTTY (50-170H)	
22592.0	ZUD86	Durban R.	AFS	CW/SITOR	QSX 22223.0 kHz
22594.0	GKQ7	Portishead R.	G	CW/SITOR	QSX 22225.0 kHz
	SPA96	Gdynia R.	POL	RTTY	
22594.7..22596		Küstenfunkst.	AAA	J2D	Selektivruf
22596.0	EHY	Pozuelo del Rey R.	E	SSB	QSX 22000.0 kHz
	UHO	Arkhangelsk R.	URS	SSB	
	WOO	Ocean Gate R. N.Jersey	USA	SSB	
22599.1	S3D	Chittagong R.	BGD	SSB	QSX 22003.1 kHz
	IAR	Roma R.	I	SSB	
	LFN30	Rogaland R.	NOR	SSB	
	UFB	Odessa R.	URS	SSB	
	UFL	Vladivostok R.	URS	SSB	
22602.2	VIS	Sydney R.	AUS	SSB	QSX 22006.2 kHz
	LZW	Varna R.	BUL	SSB	
	EQM	Bushehr R.	IRN	SSB	
	SAG	Goeteborg R.	S	SSB	
22605.3	ZSC29	Capetown R.	AFS	SSB	QSX 22009.3 kHz
	LPL21	Gen.Pacheco R.	ARG	SSB	
	FFL92	Saint Lys R.	F	SSB	
	OHG2	Helsinki R.	FNL	SSB	
	4XO	Haifa R.	ISR	SSB	
	YUR	Rijeka R.	YUG	SSB	
22608.4	7TA32	Alger R.	ALG	SSB	QSX 22012.4 kHz
	PCG71	Scheveningen R.	HOL	SSB	
	EQK	Khoramshahr R.	IRN	SSB	
	UAH	Tallin R.	URS	SSB	
	WOO	Ocean Gate R. N.Jersey	USA	SSB	
22611.5	ZSD42	Durban R.	AFS	SSB	QSX 22015.5 kHz
	ZSQ26	Pt.Elisabeth R.	AFS	SSB	
	A9M	Bahrain R.	BHR	SSB	
	GKT76	Portishead R.	G	SSB	

22611.5	NMO	USCG Honolulu		HWA	SSB	
	VWB	Bombay R.		IND	SSB	
	OBC3	Callao R.		PRU	SSB	
	SPC93	Gdynia R.		POL	SSB	
	YUR	Rijeka R.		YUG	SSB	
22614.6	D3E	Luanda R.		AGL	SSB	QSX 22018.6 kHz
	DAJ	Norddeich R.		D	SSB	
	4XO	Haifa R.		ISR	SSB	
	CUL	Lisboa R.		POR	SSB	
	UAT	Moskva R.		URS	SSB	
22617.7	LZW	Varna R.		BUL	SSB	QSX 22021.7 kHz
	LFN32	Rogaland R.		NOR	SSB	
22620.8	OSU74	Oostende R.		BEL	SSB	QSX 22024.8 kHz
	4XO	Haifa R.		ISR	SSB	
	HLS	Seoul R.		KOR	SSB	
	SPC94	Gdynia R.		POL	SSB	
22623.9	OHG2	Helsinki R.		FNL	SSB	QSX 22027.9 kHz
	WOO	Ocean Gate R.	N.Jersey	USA	SSB	
22627.0	OXZ	Lyngby R.		DNK	SSB	QSX 22031.0 kHz
	IAR	Roma R.		I	SSB	
	LFN33	Rogaland R.		NOR	SSB	
	SAG	Goeteborg R.		S	SSB	
22630.1	VIP	Perth R.		AUS	SSB	QSX 22034.1 kHz
	5BA72	Cyprus R.		CYP	SSB	
	GKU72	Portishead R.		G	SSB	
	9VG70	Singapore R.		SNG	SSB	
22633.2	OXZ	Lyngby R.		DNK	SSB	QSX 22037.2 kHz
	YIR	Basrah R.		IRQ	SSB	
	5AT	Tripoli R.		LBY	SSB	
	LFN34	Rogaland R.		NOR	SSB	
	ZLW	Wellington R.		NZL	SSB	
	SAG	Goeteborg R.		S	SSB	
	TAM5	Mersin R.		TUR	SSB	
	UQB	Kholmsk R.		URS	SSB	
	URD	Leningrad R.		URS	SSB	
22636.3	OSU77	Oostende R.		BEL	SSB	QSX 22040.3 kHz
	OHG2	Helsinki R.		FNL	SSB	
	GKU74	Portishead R.		G	SSB	
	HEB52	Bern R.		SUI	SSB	
	TAM5	Mersin R.		TUR	SSB	
	CWF	Punta Carretas R.		URG	SSB	
	KMI	Pt.Reyes R. CA		USA	SSB	
22639.4	YIR	Basrah R.		IRQ	SSB	QSX 22043.4 kHz
	LFN35	Rogaland R.		NOR	SSB	
	SPC91	Gdynia R.		POL	SSB	
	WOM	Miami High Seas R.		USA	SSB	
22642.5	OXZ	Lyngby R.		DNK	SSB	QSX 22046.5 kHz
	ICB	Genova R.		I	SSB	
	WOM	Miami High Seas R.		USA	SSB	
22645.6	DAP	Norddeich R.		D	SSB	QSX 22049.6 kHz
	SVN73	Athinai R.		GRC	SSB	
	VPS	C.d'Aguilar R.		HKG	SSB	
	4XO	Haifa R.		ISR	SSB	
	OBF4	Mollendo R.		PRU	SSB	
22648.7	5BA74	Cyprus R.		CYP	SSB	QSX 22052.7 kHz
	OXZ	Lyngby R.		DNK	SSB	
	VPS	C.d'Aguilar R.		HKG	SSB	
	UFB	Odessa R.		URS	SSB	

22651.8	OSU73	Oostende R.		BEL	SSB	QSX 22055.8 kHz
	3AC22	Monaco R.		MCO	SSB	
	SPO8	Szczecin R.		POL	SSB	
	5WA	Apia R.		SMO	SSB	
22654.9	VAI	Vancouver R.		CAN	SSB	QSX 22058.9 kHz
	GKU70	Portishead R.		G	SSB	
	HEB72	Bern R.		SUI	SSB	
22658.0		WELTWEITE ANRUFFREQUENZ		AAA	SSB	QSX 22062.0 kHz
22661.1	HZG	Dammam R.		ARS	SSB	QSX 22065.1 kHz
	CUG	S.Miguel R.		AZR	SSB	
	DAH	Norddeich R.		D	SSB	
	OHG2	Helsinki R.		FNL	SSB	
	HLS	Seoul R.		KOR	SSB	
	CUB	Madeira R.		MDR	SSB	
	CUL	Lisboa R.		POR	SSB	
	WOM	Miami High Seas R.		USA	SSB	
22664.2	VIS	Sydney R.		AUS	SSB	QSX 22068.2 kHz
	DAI	Norddeich R.		D	SSB	
	IAR	Roma R.		I	SSB	
	TAM4	Iskenderun R.		TUR	SSB	
	KMI	Pt.Reyes R.		USA	SSB	
	WAH	St.Thomas R.		VIR	SSB	
22667.3	EHY	Pozuelo del Rey R.		E	SSB	QSX 22071.3 kHz
	SVN75	Athinai R.		GRC	SSB	
	YIR	Basrah R.		IRQ	SSB	
	3BB	Pt.Louis Harbour R.		MAU	SSB	
22670.4	7TA33	Alger R.		ALG	SSB	QSX 22074.4 kHz
	OSU71	Oostende R.		BEL	SSB	
	CBV	Valparaiso R.		CHL	SSB	
	TUA	Abidjan R.		CTI	SSB	
	VWB	Bombay R.		IND	SSB	
	TFA	Reykjavik R.		ISL	SSB	
	XDA	Mexico R.		MEX	SSB	
	XF..	Küstenfkst.		MEX	SSB	
22673.5	ZAD	Durres R.		ALB	SSB	QSX 22077.5 kHz
	SUH	Alexandria R.		EGY	SSB	
	TFA	Reykjavik R.		ISL	SSB	
	FFL91	Saint Lys R.		F	SSB	
22676.6	7TA34	Alger R.		ALG	SSB	QSX 22080.6 kHz
	GKV77	Portishead R.		G	SSB	
	JBO	Tokyo R.		J	SSB	
	WLO	Mobile R.		USA	SSB	
22679.7	OXZ	Lyngby R.		DNK	SSB	QSX 22083.7 kHz
	LFN38	Rogaland R.		NOR	SSB	
	SAG	Goeteborg R.		S	SSB	
	KMI	Pt.Reyes R. CA		USA	SSB	
22682.8	EHY	Pozuelo del Rey R.		E	SSB	QSX 22086.8 kHz
	GKV79	Portishead R.		G	SSB	
22685.9	Y5P	Ruegen R.		DDR	SSB	QSX 22089.9 kHz
	SAG	Goeteborg R.		S	SSB	
	TAH	Istanbul R.		TUR	SSB	
22689.0	HZG	Dammam R.		ARS	SSB	QSX 22093.0 kHz
	FFL94	Saint Lys R.		F	SSB	
	OHG2	Helsinki R.		FNL	SSB	
	SVN76	Athinai R.		GRC	SSB	
	YIR	Basrah R.		IRQ	SSB	
	UFN	Novorossijsk R.		URS	SSB	
	WLO	Mobile R.		USA	SSB	

22692.1	CLA76	Habana R.	CUB	SSB	QSX 22096.1 kHz
	PCG72	Scheveningen R.	HOL	SSB	
	YIR	Basrah R.	IRQ	SSB	
	SPC92	Gdynia R.	POL	SSB	
	HEB62	Bern R.	SUI	SSB	
22695.2	EQN	Khomeini R.	IRN	SSB	QSX 22099.2 kHz
	LFN	Rogaland R.	NOR	SSB	
22698.3	PKI	Jakarta R.	INS	SSB	QSX 22102.3 kHz
	XDA	Mexico R.	MEX	SSB	
	XF..	Küstenfkst.	MEX	SSB	
22701.4	FFL93	Saint Lys R.	F	SSB	QSX 22105.4 kHz
	EQI	Abbas R.	IRN	SSB	
22704.5	OXZ	Lyngby R.	DNK	SSB	
	JBO	Tokyo R.	J	SSB	
	KMI	Pt.Reyes R.	USA	SSB	
	WOO	Ocean Gate R. N.Jersey	USA	SSB	
22707.6	IAR	Roma R.	I	SSB	QSX 22111.6 kHz
	CUB	Madeira R.	MDR	SSB	
	LFN43	Rogaland R.	NOR	SSB	
	CTV	PNY Monsanto	POR	SSB	
	WLO	Mobile R.	USA	SSB	
22710.7	7TA35	Alger R.	ALG	SSB	QSX 22114.7 kHz
	PPR	Rio de Janeiro R.	B	SSB	
	DAK	Norddeich R.	D	SSB	
	YIR	Basrah R.	IRQ	SSB	
	XF..	Küstenfkst.	MEX	SSB	
22713.8	OSU72	Oostende R.	BEL	SSB	QSX 22117.8 kHz
	LFN44	Rogaland R.	NOR	SSB	
	YUR	Rijeka R.	YUG	SSB	
22716.9	LPL	Gen.Pacheco R.	ARG	SSB	QSX 22120.9 kHz
	CBV	Valparaiso R.	CHL	SSB	
	GKX70	Portishead R.	G	SSB	
	JBO	Tokyo R.	J	SSB	
	5RS	Tamatave R.	MDG	SSB	
	LFN45	Rogaland R.	NOR	SSB	

Frequenzliste: 25-MHz-Bereich

```
Frequenz   Rufz.   Station                  Land  Betriebsart  Bemerkungen
-----------------------------------------------------------------------------

25262      OXZ95   Lyngby R.                DNK   CW
25277      ZSC41   Capetown R.              AFS   CW
25308      LFR     Rogaland R.              NOR   CW
25380      NMC     USCG San Francisco CA    USA   SITOR        QSX 25085.8 kHz
25382.5    LFZ     Rogaland R.              NOR   CW
25385      SDJ     Stockholm R.             S     SSB-U
25401      SVA8    Athinai R.               GRC   CW
25415.5    SAB25   Goeteborg R.             S     CW
25423      UNQ     Novorossijsk R.          URS   CW
25440.5    OXZ     Lyngby R.                DNK   SSB
25444      OXZ     Lyngby R.                DNK   SSB
25461      SAG25   Goeteborg R.             S     CW
25497      DAJ     Norddeich R.             D     SSB          QSX 25032 kHz
25516      NBA     USN Balboa               PNR   RTTY (75-850L)
25535      SVD8    Athinai R.               GRC   CW
```

ESTAÇÃO RÁDIO DA MARINHA NO RIO DE JANEIRO

∼1.º DISTRITO NAVAL

ZC — 00

RIO DE JANEIRO - 20.000

RIO DE JANEIRO - BRASIL

ITU-Rufzeichenplan

Funkstellen haben Rufzeichen, die aus einer Kombination von Buchstaben und Ziffern bestehen und verschieden lang sein können.
Die Rufzeichen werden den einzelnen Funkstellen durch die für sie zuständige nationale Fernmeldeverwaltung nach den Richtlinien der ITU (Internationale Fernmeldeunion) zugeteilt.
Den einzelnen Ländern sind die folgenden Rufzeichenreihen zugewiesen.

AAA - ALZ	USA	
AMA - AOZ	Spanien	
APA - ASZ	Pakistan	
ATA - AWZ	Indien	
AXA - AXZ	Australien	
AYA - AZZ	Argentinien	
A2A - A2Z	Botswana	
A3A - A3Z	Tonga	
A4A - A4Z	Oman	
A5A - A5Z	Bhutan	
A6A - A6Z	Ver. Arab. Emirate	
A7A - A7Z	Qatar	
A8A - A8Z	Liberia	
A9A - A9Z	Bahrain	
BAA - BZZ	China	
CAA - CEZ	Chile	
CFA - CKZ	Canada	
CLA - CMZ	Cuba	
CNA - CNZ	Marokko	
COA - COZ	Cuba	
CPA - CPZ	Bolivien	
CQA - CUZ	Portugal	
CVA - CXZ	Uruguay	
CYA - CZZ	Canada	
C2A - C2Z	Nauru	
C3A - C3Z	Andorra	
C4A - C4Z	Zypern	
C5A - C5Z	Gambia	
C6A - C6Z	Bahamas	
C7A - C7Z	WMO	
C8A - C9Z	Mozambique	
DAA - DRZ	Bundesrep. Deutschland	
DSA - DTZ	Republik Korea	
DUA - DZZ	Philippinen	
D2A - D3Z	Angola	
D4A - D4Z	Kapverdische Inseln	
D5A - D5Z	Liberia	
D6A - D6Z	Comoren	
D7A - D9Z	Republik Korea	

EAA - EHZ	Spanien	
EIA - EJZ	Irland	
EKA - EKZ	UdSSR	
ELA - ELZ	Liberia	
EMA - EOZ	UdSSR	
EPA - EQZ	Iran	
ERA - ESZ	UdSSR	
ETA - ETZ	Äthiopien	
EUA - EWZ	Byeloruss. Sowjet-Rep.	
FAA - FZZ	Frankreich	
GAA - GZZ	Grossbritannien	
HAA - HAZ	Ungarn	
HBA - HBZ	Schweiz	
HCA - HDZ	Ecuador	
HEA - HEZ	Schweiz	
HFA - HFZ	Polen	
HGA - HGZ	Ungarn	
HHA - HHZ	Haiti	
HIA - HIZ	Dominikanische Rep.	
HJA - HKZ	Kolumbien	
HLA - HLZ	Republik Korea	
HMA - HMZ	Dem. Rep. Korea	
HNA - HNZ	Iraq	
HOA - HPZ	Panama	
HQA - HRZ	Honduras	
HSA - HSZ	Thailand	
HTA - HTZ	Nicaragua	
HUA - HUZ	El Salvador	
HVA - HVZ	Vatican	
HWA - HYZ	Frankreich	
HZA - HZZ	Saudi Arabien	
H2A - H2Z	Zypern	
H3A - H3Z	Panama	
H4A - H4Z	Solomon Inseln	
H6A - H7Z	Nicaragua	
H8A - H9Z	Panama	
IAA - IZZ	Italien	

JAA	–	JSZ	Japan	TAA – TCZ	Türkei
JTA	–	JVZ	Mongolei	TDA – TDZ	Guatemala
JWA	–	JXZ	Norwegen	TEA – TEZ	Costa Rica
JYA	–	JYZ	Jordanien	TFA – TFZ	Island
JZA	–	JZZ	Indonesien	TGA – TGZ	Guatemala
J2A	–	J2Z	Djibouti	THA – THZ	Frankreich
J3A	–	J3Z	Grenada	TIA – TIZ	Costa Rica
J4A	–	J4Z	Griechenland	TJA – TJZ	Kamerun
J5A	–	J5Z	Guinea-Bissau	TKA – TKZ	Frankreich
J6A	–	J6Z	Saint Lucia	TLA – TLZ	Zentralafrikanische Rep.
J7A	–	J7Z	Dominica	TMA – TMZ	Frankreich
J8A	–	J8Z	St.Vincent & Grenadines	TNA – TNZ	Congo
J9A	–	J9Z	Ciskei	TOA – TQZ	Frankreich
				TRA – TRZ	Gabun
KAA	–	KZZ	USA	TSA – TSZ	Tunesien
				TTA – TTZ	Tschad
LAA	–	LNZ	Norwegen	TUA – TUZ	Elfenbeinküste
LOA	–	LWZ	Argentinien	TVA – TXZ	Frankreich
LXA	–	LXZ	Luxemburg	TYA – TYZ	Benin
LYA	–	LYZ	UdSSR	TZA – TZZ	Mali
LZA	–	LZZ	Bulgarien	T2A – T2Z	Tuvalu
L2A	–	L9Z	Argentinien	T3A – T3Z	Kiribati
				T4A – T4Z	Cuba
MAA	–	MZZ	Grossbritannien	T5A – T5Z	Somalia
				T6A – T6Z	Afghanistan
NAA	–	NZZ	USA	T7A – T7Z	San Marino
OAA	–	OCZ	Peru	UAA – UQZ	UdSSR
ODA	–	ODZ	Libanon	URA – UTZ	Ukraine
OEA	–	OEZ	Österreich	UUA – UZZ	UdSSR
OFA	–	OJZ	Finnland		
OKA	–	OMZ	Tschechoslowakei	VAA – VGZ	Canada
ONA	–	OTZ	Belgien	VHA – VNZ	Australien
OUA	–	OZZ	Dänemark	VOA – VOZ	Canada
				VPA – VSZ	Grossbritannien
PAA	–	PIZ	Niederlande	VTA – VWZ	Indien
PJA	–	PJZ	Niederländ. Antillen	VXA – VYZ	Canada
PKA	–	POZ	Indonesien	VZA – VZZ	Australien
PPA	–	PYZ	Brasilien	V2A – V2Z	Antigua
PZA	–	PZZ	Surinam	V3A – V3Z	Belize
P2A	–	P2Z	Papua Neu Guinea	V4A – V4Z	St. Kitts
P3A	–	P3Z	Zypern	V8A – V8Z	Brunei
P4A	–	P4Z	Niederländ. Antillen		
P5A	–	P9Z	Dem. Rep. Korea	WAA – WZZ	USA
RAA	–	RZZ	UdSSR	XAA – XIZ	Mexico
				XJA – XOZ	Canada
SAA	–	SMZ	Schweden	XPA – XPZ	Dänemark
SNA	–	SRZ	Polen	XQA – XRZ	Chile
SSA	–	SSM	Ägypten	XSA – XSZ	China
SSN	–	STZ	Sudan	XTA – XTZ	Burkina Faso
SUA	–	SUZ	Ägypten	XUA – XUZ	Kampuchea
SVA	–	SZZ	Griechenland	XVA – XVZ	Vietnam
S2A	–	S3Z	Bangladesh	XWA – XWZ	Laos
S6A	–	S6Z	Singapore	XXA – XXZ	Portugal
S7A	–	S7Z	Seychellen	XYA – XZZ	Burma
S9A	–	S9Z	Sao Tome & Principe		
				YAA – YAZ	Afghanistan

YBA - YHZ	Indonesien	
YIA - YIZ	Iraq	
YJA - YJZ	Vanuatu	
YKA - YKZ	Syrien	
YLA - YLZ	UdSSR	
YMA - YMZ	Türkei	
YNA - YNZ	Nicaragua	
YOA - YRZ	Rumänien	
YSA - YSZ	El Salvador	
YTA - YUZ	Jugoslawien	
YVA - YYZ	Venezuela	
YZA - YZZ	Jugoslawien	
Y2A - Y9Z	Deutsche Dem. Rep.	
ZAA - ZAZ	Albanien	
ZBA - ZJZ	Grossbritannien	
ZKA - ZMZ	New Zealand	
ZNA - ZOZ	Grossbritannien	
ZPA - ZPZ	Paraguay	
ZQA - ZQZ	Grossbritannien	
ZRA - ZUZ	Rep. Süd Afrika	
ZVA - ZZZ	Brasilien	
Z2A - Z2Z	Zimbabwe	
2AA - 2ZZ	Grossbritannien	
3AA - 3AZ	Monaco	
3BA - 3BZ	Mauritius	
3CA - 3CZ	Äquatorial Guinea	
3DA - 3DM	Szawiland	
3DN - 3DZ	Fiji	
3EA - 3FZ	Panama	
3GA - 3GZ	Chile	
3HA - 3UZ	China	
3VA - 3VZ	Tunesien	
3WA - 3WZ	Vietnam	
3XA - 3XZ	Guinea	
3YA - 3YZ	Norwegen	
3ZA - 3ZZ	Polen	
4AA - 4CZ	Mexico	
4DA - 4IZ	Philippinen	
4JA - 4LZ	UdSSR	
4MA - 4MZ	Venezuela	
4NA - 4OZ	Jugoslawien	
4PA - 4SZ	Sri Lanka	
4TA - 4TZ	Peru	
4UA - 4UZ	UNO	
4VA - 4VZ	Haiti	
4WA - 4WZ	Yemen Arab. Rep.	
4XA - 4XZ	Israel	
4YA - 4YZ	ICAO	
4ZA - 4ZZ	Israel	
5AA - 5AZ	Libyen	
5BA - 5BZ	Zypern	
5CA - 5GZ	Marokko	
5HA - 5IZ	Tanzania	
5JA - 5KZ	Kolumbien	
5LA - 5MZ	Liberia	
5NA - 5OZ	Nigeria	
5PA - 5QZ	Dänemark	
5RA - 5SZ	Madagascar	
5TA - 5TZ	Mauretanien	
5UA - 5UZ	Niger	
5VA - 5VZ	Togo	
5WA - 5WZ	West Samoa	
5XA - 5XZ	Uganda	
5YA - 5ZZ	Kenya	
6AA - 6BZ	Ägypten	
6CA - 6CZ	Syrien	
6DA - 6JZ	Mexico	
6KA - 6NZ	Republik Korea	
6OA - 6OZ	Somalia	
6PA - 6SZ	Pakistan	
6TA - 6UZ	Sudan	
6VA - 6WZ	Senegal	
6XA - 6XZ	Madagascar	
6YA - 6YZ	Jamaica	
6ZA - 6ZZ	Liberia	
7AA - 7IZ	Indonesien	
7JA - 7NZ	Japan	
7OA - 7OZ	Yemen (Dem. Volks-Rep.)	
7PA - 7PZ	Lesotho	
7QA - 7QZ	Malawi	
7RA - 7RZ	Algerien	
7SA - 7SZ	Schweden	
7TA - 7YZ	Algerien	
7ZA - 7ZZ	Saudi Arabien	
8AA - 8IZ	Indonesien	
8JA - 8NZ	Japan	
8OA - 8OZ	Botswana	
8PA - 8PZ	Barbados	
8QA - 8QZ	Malediven	
8RA - 8RZ	Guyana	
8SA - 8SZ	Schweden	
8TA - 8YZ	Indien	
8ZA - 8ZZ	Saudi Arabien	
9AA - 9AZ	San Marino	
9BA - 9DZ	Iran	
9EA - 9FZ	Äthiopien	
9GA - 9GZ	Ghana	
9HA - 9HZ	Malta	
9IA - 9JZ	Zambia	
9KA - 9KZ	Kuwait	
9LA - 9LZ	Sierra Leone	
9MA - 9MZ	Malaysia	
9NA - 9NZ	Nepal	
9OA - 9TZ	Zaire	
9UA - 9UZ	Burundi	
9VA - 9VZ	Singapore	
9WA - 9WZ	Malaysia	
9XA - 9XZ	Rwanda	
9YA - 9ZZ	Trinidad & Tobago	

Rufzeichenliste der Küstenfunkstellen

Nachfolgend sind alle Rufzeichen von Küstenfunkstellen und anderen am Seefunk beteiligten Funkstellen aufgelistet. Neben dem Stationsnamen (in der Regel die Ortsbezeichnung) ist das Land gemäß ITU-Landesabkürzung genannt.

Dem eigentlichen Rufzeichen können sich weitere Buchstaben oder Ziffern anschließen, um eine bestimmte Frequenz, Frequenzreihe oder andere betriebliche Merkmale zu kennzeichnen.

Bei den Stationsnamen werden häufig folgende Abkürzungen verwendet: R.: Radio, Ny: Marine (Navy), CG: Küstenwache (Coast Guard), CCG: Canadian Coast Guard, USCG: US Coast Guard, USN: US Navy, Pt.: Port, Pto.: Puerto/Porto. Weitere Abkürzungen können Sie ggf. am Ende des Buches nachschlagen. Die Schreibweise der Ortsbezeichnungen richtet sich nach den internationalen Gepflogenheiten.

Rufz.	Stationsname, ITU-Land	Rufz.	Stationsname, ITU-Land
AME	Ny Madrid, E	CLM	Sant. de Cuba R., CUB
AOK	Ny/USN Rota, E	CLQ	Cojimar R., CUB
AOS9	USN Rota, E	CLS	Habana R., CUB
AQP	Ny Karachi, PAK	CLT	Habana R., CUB
ASK	Karachi R., PAK	CND	Agadir R., MRC
A3A	Nuku'alofa R., TON	CND3	Safi R., MRC
A4M	Muscat R., OMA	CNL	Ny/USN Kenitra, MRC
A6L	Emirates R., UAE	CNP	Casablanca R., MRC
A7D	Doha R., QAT	CNW	Tanger R., MRC
A7S	Doha R., QAT	COB4	Mantanzas R., CUB
A9M	Manama R., BHR	COB5	Casilda R., CUB
		COB7	Manzanillo R., CUB
BVA	Taipei R., TAI	COB8	Sant. de Cuba R., CUB
		COB20	La Coloma R., CUB
CBA	Antofagasta R., CHL	COB21	Nueva Gerona R., CUB
CBA4	Arica R., CHL	COB22	Arr. de Mantua R., CUB
CBC2	Coquimbo R., CHL	COB32	Flota del Golfo R., CUB
CBC5	Castro R., CHL	COB34	Flota Atunera R., CUB
CBM	Maggalanes R., CHL	COB35	Batabano R., CUB
CBP	Pto Montt R., CHL	COB36	Flota Cubana R., CUB
CBV	Valparaiso R., CHL	COB41	Cienfuegos R., CUB
CBY	Pascua R., CHL	COB42	Cadenas R., CUB
CCP	Ny Pto Montt, CHL	COB52	Caibarien R., CUB
CCS	Ny Santiago, CHL	COB60	Santa Cruz R., CUB
CCT	Ny Talcahuano, CHL	COB61	Ciego de Avila R., CUB
CCM	Ny Magallanes, CHL	COB72	Pto Padre R., CUB
CCV	Ny Valparaiso, CHL	COB90	Holguin R., CUB
CCV6	Ny Belloto, CHL	COB94	Gibara R., CUB
CFW	Vancouver R., CAN	CQK	Sao Tome R., STP
CGA226	Prince Rupert R., CAN	CQL	Principe R., STP
CLA	Habana R., CUB	CQM	Ny Sao Tome, POR
CLJ	Caibarien R., CUB	CTC	Ny Cascais, POR
CLK	Nuevitas R., CUB	CTD	Ny Ponta Delgada, POR

```
Rufz.    Stationsname, ITU-Land          Rufz.    Stationsname, ITU-Land
---------------------------------        ---------------------------------

CTH      Ny Horta, AZR                   DVF7     Navotas R., PHL
CTN      Ny Apulia, POR                  DVG2/8   Quezon City R., PHL
CTP      NATO Oeiras, POR                DVG9     Albay R., PHL
CTQ      Ny Porto Santo, MDR             DVK3     Manila R., PHL
CTS      Ny Sagres, POR                  DVM2     Makati R., PHL
CTU      Ny Lisbon, POR                  DVM4     Manila R., PHL
CTV      Ny Lisbon, POR                  DVP3     Quezon City R., PHL
CTW      Ny Lisbon, POR                  DVP7     Navotas R., PHL
CUA      Lisboa R., POR                  DVR3     Manila R., PHL
CUB      Madeira R., MDR                 DVR5     Caloocan City R., PHL
CUG      Sao Miguel R., AZR              DVR8/9   Navotas R., PHL
CUL      Lisboa R., POR                  DVW2     Manila R., PHL
CUT      Ang.do Heroismo R., AZR         DVW9     Quezon City R., PHL
CWA      Cerrito R., URG                 DVY2     Manila R., PHL
CWC30    Ny La Paloma, URG               DVY4     Malabon R., PHL
CWC45    Ny Montevideo, URG              DVZ      Malabon R., PHL
CWF      Punta Carretas R., URG          DXD9     Davao R., PHL
CWS30    Ny Punta del Este, URG          DXE3     Cotabato R., PHL
CWT      Pto Montevideo R., URG          DXF      Davao R., PHL
CXR      Ny Montevideo, URG              DXR      Manila R., PHL
C2N      Nauru R., NRU                   DXS3     General Santos R., PHL
C5G      Banjul R., GMB                  DYC7     Bacolod R., PHL
C6L8     Morton R., BAH                  DYD2     Cebu R., PHL
C6N      Nassau R., BAH                  DYD8     Bacolod R., PHL
C6N55    Coral Harbour R., BAH           DYE      CEBU R., PHL
C6X2     Marsh Harbour R., BAH           DYF5     Negros R., PHL
C7R      Ozean-Wetterschiff Romeo        DYH      Cebu R., PHL
C9C      Ny Maputo, MOZ                  DYM      Cebu R., PHL
C9L2     Maputo R., MOZ                  DYO2     Iloilo R., PHL
C9L4     Beira R., MOZ                   DYP      Cebu R., PHL
C9L6     Mocambique R., MOZ              DYS..    Cebu R., PHL
                                         DYT      Cebu R., PHL
DAB      Norddeich R., D                 DYT4     Bacolod R., PHL
DAF      Norddeich R., D                 DYU3     Roxas R., PHL
DAH      Norddeich R., D                 DYV      Iloilo R., PHL
DAI      Norddeich R., D                 DYV9     Victorias R., PHL
DAJ      Norddeich R., D                 DYX6     Bacolod R., PHL
DAK      Norddeich R., D                 DZA      Mandaluyong R., PHL
DAL      Norddeich R., D                 DZB3     Manila R., PHL
DAM      Norddeich R., D                 DZB7     Malobon R., PHL
DAN      Norddeich R., D                 DZC2     Navotas R., PHL
DAO      Kiel R., D                      DZC4     Makati R., PHL
DAP      Norddeich R., D                 DZC7     Malabon R., PHL
DCF      Norddeich R., D                 DZD      Antipolo R., PHL
DCL      Norddeich R., D                 DZD2     Navotas R., PHL
DCM      Norddeich R., D                 DZD      Manila R., PHL
DCN      Norddeich R., D                 DZD9     Quezon City R., PHL
DDH      DWD Quickborn, D                DZE      Mandaluyong R., PHL
DDK      DWD Quickborn, D                DZE4     Malabon R., PHL
DHJ      Marine, D                       DZF      Bacoor R., PHL
DUF      Manila R., PHL                  DZG      Las Pinas R., PHL
DUW      Manila R., PHL                  DZH      Manila R., PHL
DVB4     Malabon R., PHL                 DZI      Bacoor R., PHL
DVC8     Navotas R., PHL                 DZJ      Bulacan R., PHL
DVD3     Manila R., PHL                  DZJ7     Makati R., PHL
```

283

Rufz.	Stationsname, ITU-Land	Rufz.	Stationsname, ITU-Land
DZK	Bulacan R., PHL	EPF	Ny Khark Island, IRN
DZK3	Manila R., PHL	EPG	Ny Khoramshar, IRN
DZL9	Manila R., PHL	EPI	Ny B. Chah Bahar, IRN
DZM	Bulacan R., PHL	EPK	Ny Kish Island, IRN
DZM6	Makati R., PHL	EPL	Ny Sirri Island, IRN
DZM9	Manila R., PHL	EPN	Ny Hengam Island, IRN
DZN	Navotas R., PHL	EPO	Ny Bumusa, IRN
DZN4	Manila R., PHL	EPQ	Ny Tumbe Bozorg, IRN
DZO	Bulacan R., PHL	EPR	Ny Teheran, IRN
DZO7	Malabon R., PHL	EPT	Ny Farur Island, IRN
DZO9	Manila R., PHL	EPU	Ny Lavan Island, IRN
DZP	Novaliches R., PHL	EPV	Ny Larak Island, IRN
DZQ3	Navotas R., PHL	EPW	Abbas R., IRN
DZR	Bulacan R., PHL	EQA	Abadan R., IRN
DZR2	Navotas R., PHL	EQG	Ghosbeh R., IRN
DZS4	Manila R., PHL	EQI	Abbas R., IRN
DZT	Manila R., PHL	EQK	Khoramshar R., IRN
DZU	Pasig R., PHL	EQL	Anzali R., IRN
DZV7	Navotas R., PHL	EQM	Busher R., IRN
DZW	Manila R., PHL	EQN	Khomeini R., IRN
DZY7	Manila R., PHL	EQO	Nowshahr R., IRN
DZZ	Manila R., PHL	EQP	Golmankhaneh R., IRN
D3E	Luanda R., AGL	EQQ	Khark R., IRN
D4A	Sao Vicente R., CPV	EQR	Lavan R., IRN
D4D	Praia R., CPV	EQY	Mahshar R., IRN
		EQZ	Abadan R., IRN
EAB	Bagur R., E	ESF	Tallinn R., URS
EAC	Tarifa R., E	ETC	Assab R., ETH
EAD	Aranjuez R., E		
EAF	Cabo Finisterre R., E	FFB	Boulogne-sur-Mer R., F
EAL	Las Palmas R., CNR	FFC	Bordeaux-Arcachon R., F
EAR	La Coruna R., E	FFD	Saint Denis R., REU
EAS	Cabo Penas R., E	FFL	Saint Lys R., F
EAT	Tenerife R., CNR	FFM	Marseille R., F
EAV	Cabo de la Nao R., E	FFO	Saint Nazaire R., F
EBA	Ny Madrid, E	FFP	Fort-de-France R., MRT
EBB	Ny Ferrol Caudillo, E	FFS	Saint Lys R., F
EBC	Ny Cadiz, E	FFT	Saint Lys R., F
EBD	Ny Cartagena, E	FFU	Brest-Le-Conquet R., F
EBK	Ny Las Palmas, CNR	FJA	Mahina R., OCE
EDF	Aranjuez R., E	FJP	Noumea R., NCL
EDG	Aranjuez R., E	FJY4	S.Paul et Amsterdam R., AMS
EDJ	Aranjuez R., E	FUB	Ny Paris, F
EDK	Ny Las Palmas, CNR	FUC	Ny Cherbourg, F
EDK	Aranjuez R., E	FUE	Ny Brest, F
EDZ	Aranjuez R., E	FUF	Ny Fort-de-France, MRT
EHY	Pozuelo del Rey R., E	FUG	Ny La Regine, F
EJK	Valentia R., IRL	FUJ	Ny Noumea, NCL
EJM	Malin Head R., IRL	FUM	Ny Papeete, OCE
ELC	Monrovia R., LBR	FUN	Ny Lorient, F
ELG	Cavalla R., LBR	FUO	Ny Toulon, F
ELH	Harbel R., LBR	FUV	Ny Djibouti, DJI
ELZ	Cape Palmas R., LBR	FUX	Ny Saint Denis, REU
EPC	Ny Bandar Abbas, IRN	FWV	Ny Nimes, F
EPE	Ny Bandar Busher, IRN		

Rufz.	Stationsname, ITU-Land	Rufz.	Stationsname, ITU-Land
GCC	Cullercoats R., G	HLC	Incheon R., KOR
GHD	Hebrides R., G	HLF	Seoul R., KOR
GKA	Portishead R., G	HLG	Seoul R., KOR
GKB	Portishead R., G	HLJ	Seoul R., KOR
GKC	Portishead R., G	HLK	Gangreoung R., KOR
GKD	Portishead R., G	HLM	Mogpo R., KOR
GKE	Portishead R., G	HLN	Gunsan R., KOR
GKG	Portishead R., G	HLO	Seoul R., KOR
GKH	Portishead R., G	HLP	Busan R., KOR
GKI	Portishead R., G	HLS	Seoul R., KOR
GKJ	Portishead R., G	HLU	Ulreung R., KOR
GKK	Portishead R., G	HLW	Seoul R., KOR
GKL	Portishead R., G	HLX	Seoul R., KOR
GKM	Portishead R., G	HLY	Yosu R., KOR
GKN	Portishead R., G	HNT	Basrah R., IRQ
GKO	Portishead R., G	HOG6	Is. d.l. Perlas R., PNR
GKP	Portishead R., G	HOI58	Panama R., PNR
GKQ	Portishead R., G	HOK47	Panama R., PNR
GKR	Wick R., G	HOQ77	Balboa R., PNZ
GKS	Portishead R., G	HOR24	Panama R., PNR
GKT	Portishead R., G	HOS41	Panama R., PNR
GKU	Portishead R., G	HPB61	Gatun Lake R., PNR
GKV	Portishead R., G	HPN60	Canal R., PNR
GKW	Portishead R., G	HPP	Panama R., PNR
GKX	Portishead R., G	HPU7	Chepo R., PNR
GKY	Portishead R., G	HSA	Bangkok R., THA
GKZ	Humber R., G	HSC62	Bangkok Pt R., THA
GLD	Land's End R., G	HSP	Phuket R., THA
GND	Stonehaven R., G	HSS8	Songkhla R., THA
GNE	Oban R., G	HSZ	Ny Bangkok, THA
GNF	North Foreland R., G	HWN	Ny Paris, F
GNI	Niton R., G	HWU	Ny Le Blanc, F
GPK	Portpatrick R., G	HZG	Damman R., ARS
GUD	Jersey R., G	HZH	Jeddah R., ARS
GXH	USN Thurso, G	HZN	Ny Jeddah, ARS
GXQ	Ny London; G	HZY	Ras Tanura R., ARS
GXW	Ny Portland, G	H4H	Honiara R., SLM
GYA	RN London, G		
GYC	RN London, G	IAR	Roma R., I
GYD	RN London, G	IBA	USN Napoli, I
GYI	RN London, G	IBJ	Ny Verona, I
GYJ	RN London, G	ICA	Ny Ancona R., I
GYU	RN Gibraltar, GIB	ICB	Genova R., I
GZU	RN Petersfield, G	ICE	Ny Brindisi, I
GZZ	RN London, G	ICF	Ny Messina, I
		ICG	Ny Genova, I
HAR	Budapest R., HNG	ICH	Ny La Maddalena, I
HCG	Guayaquil R., EQA	ICM	Ny Ponza, I
HCW	San Cristobal R., EQA	ICN	Ny Napoli, I
HDN	Ny Quito, EQA	ICP	Trapani R., I
HEB	Bern R., SUI	ICS	Ny La Spezia, I
HEC	Bern R., SUI	ICT	Ny Taranto, I
HIA	Santo Domingo R., DOM	ICZ	Venezia R., I
HKB	Barranquilla R., CLM	IDC	Cagliari R., I
HKC	Buenaventura R., CLM	IDF	Messina R., I

285

Rufz.	Stationsname, ITU-Land	Rufz.	Stationsname, ITU-Land
IDK	Livorno R., I	JOS	Nagasaki R., J
IDL	Livorno R., I	JOU	Nagasaki R., J
IDP	Ny Cagliari, I	JWT	Ny Stavanger, NOR
IDQ	Ny Roma, I	JYO	Aqaba R., JOR
IDR	Ny Roma, I	J2A	Djibouti R., DJI
IGA	Ny Trapani, I	J5M	Bissau R., GNB
IGJ	Ny Augusta, I		
IPA	Ancona R., I	KBP	Honolulu R., HWA
IPB	Bari R., I	KBQ	Miami R., USA
IPD	Civitavecchia R., I	KCC	Corpus Christi R., USA
IPL	Livorno R., I	KCQ	Galveston R., USA
IPP	Palermo R., I	KDL	Houston R., USA
IQA	Augusta R., I	KFS	Palo Alto R., USA
IQH	Napoli R., I	KFX	Astoria R., USA
IQX	Trieste R., I	KHT	Cedar Rapids R., USA
IRM	CIRM Roma, I	KLB	Seattle R., USA
IZN	Pto Torres R.	KLC	Galveston R., USA
		KMI	Dixon R., USA
JBO	Tokyo R., J	KMV	Apra Harbour R., GUM
JCK	Kobe R., J	KOU	Los Angeles R., USAM
JCS	Choshi R., J	KOW	Seattle R., USA
JCT	Choshi R., J	KPH	San Francisco R., USA
JCU	Choshi R., J	KQP	Galveston R., USA
JCX	Naha R., J	KRV	Ponce Playa R., PTR
JDB	Nagasaki R., J	KUP65	Majuro R., GUM
JDC	Choshi R., J	KUP71	Saipan R., GUM
JFA	Chuo R., J	KUQ	Pago Pago R., SMA
JFC	Misaki R., J	KUQ23	Swains Island R., SMA
JFE	Naha R., J	KZU	Harney R., USA
JFF	Miyagi Ken R., J		
JFG	Shizuokaken R., J	LBA	Ny Stavanger, NOR
JFH	Hamajima R., J	LBJ	Ny Harstad, NOR
JFK	Shimonoseki R., J	LFB	Rogaland R., NOR
JFM	Muroto R., J	LFC	Rogaland R., NOR
JFN	Tobata R., J	LFD	Rogaland R., NOR
JFO	Fukuoka R., J	LFF	Rogaland R., NOR
JFS	Hachinohe R., J	LFG	Rogaland R., NOR
JFT	Kamaishi R., J	LFI	Rogaland R., NOR
JFW	Iwaki R., J	LFJ	Rogaland R., NOR
JFY	Wakkanai R., J	LFL	Rogaland R., NOR
JFZ	Kushiro R., J	LFN	Rogaland R., NOR
JGC	Yokohama R., J	LFO	Oerlandet R., NOR
JHA	Nakaminato R., J	LFR	Rogaland R., NOR
JHC	Choshi R., J	LFT	Rogaland R., NOR
JHD	Hakodate R., J	LFU	Rogaland R., NOR
JHH	Owase R., J	LFW	Rogaland R., NOR
JHI	Nachikatsuura R., J	LFX	Rogaland R., NOR
JHO	Otaru R., J	LFZ	Rogaland R., NOR
JJC	Tokyo R., J	LGA	Alesund R., NOR
JJJ	Maizuru R., J	LGB	Rogaland R., NOR
JKB	Tokyo R., J	LGC	Rogaland R., NOR
JNA	Tokyo R., J	LGD	Roervik R., NOR
JNE	Hiroshima R., J	LGF	Rogaland R., NOR
JNJ	Kagoshima R., J	LGG	Rogaland R., NOR
JOR	Nagasaki R., J	LGH	Harstad R., NOR

Rufz.	Stationsname, ITU-Land	Rufz.	Stationsname, ITU-Land
LGI	Hammerfest R., NOR	MTI	Ny Plymouth, G
LGJ	Rogaland R., NOR	MTO	Ny Rosyth, G
LGL	Floroe R., NOR		
LGN	Bergen R., NOR	NAM	USN Norfolk, USA
LGN	Rogaland R., NOR	NAR	USN Key West, USA
LGP	Bodoe R., NOR	NAU	USN San Juan, PTR
LGQ	Rogaland R., NOR	NBA	USN Balboa, PNR
LGS	Svalbord R., NOR	NGD	USN McMurdo, ANT
LGT	Tjoeme R., NOR	NGR	USN Nea Makri, GRC
LGU	Rogaland R., NOR	NIK	USCG Boston, USA
LGV	Vardoe R., NOR	NMA	USCG Mayport, USA
LGW	Rogaland R., NOR	NMB	USCG Charleston, USA
LGX	Rogaland R., NOR	NMC	USCG S. Francisco, USA
LGZ	Farsund R., NOR	NMF	USCG Boston, USA
LJB	Bjoernoeya R., NOR	NMG	USCG New Orleans, USA
LJN	Ny Alesund R., NOR	NMJ2	USCG Ketchikan, ALS
LMJ	Jan Mayen R., NOR	NMK	USCG Cape May, USA
LML	Isfjord R., NOR	NMN	USCG Portsmouth, USA
LOK	Ny Orcadas, ARG	NMN13	USCG Cape Hatteras, USA
LOL	Ny Buenos Aires, ARG	NMN37	USCG Fort Macon, USA
LOR	Ny Pto Belgrano, ARG	NMN70	USCG Chincoteague, USA
LPA	Rio Grande R., ARG	NMN80	USCG Hampton Roads, USA
LPB	Corrientes R., ARG	NMO	USCG Honululu, HWA
LPC	Ushuaia R., ARG	NMR	USCG San Juan, PTR
LPD	General Pacheco R., ARG	NMY41	USCG Shinnecock, USA
LPE31	Santa Fe R., ARG	NOJ	USCG Kodiak, ALS
LPG	Rio Gallegos R., ARG	NPG	USN San Francisco, USA
LPL	General Pacheco R., ARG	NPM	USN Pearl Harbour, HWA
LPM	Mar del Plata R., ARG	NPN	USN Guam, GUM
LPO	Pto Deseado R., ARG	NPO	USN S. Miguel, PHL
LPP43	Posadas R., ARG	NRK	USN Keflavik, ISL
LPT	Pto Santa Cruz R., ARG	NRV	USCG Apra Harbour, GUM
LPW	Bahia Blanca R., ARG	NUD	USCG Adak, ALS
LPX	Com. Rivadavia R., ARG	NWC	USN Exmouth, AUS
LPY	Pto S. Jualian R., ARG		
LPZ	Trelew R., ARG	OAA6	Iquitos R, PRU
LSA	Boca R., ARG	OAF4	Ilo R., PRU
LSN	Mar del Plata R., ARG	OAJ4	Ilo R., PRU
LSO	Buenos Aires R., ARG	OAL8	Intuto R., PRU
LSP	Rio de la Plata R., ARG	OAM8	Sargentu Loros R., PRU
LSR	Rio de la Plata R., ARG	OAN7	Lima R., PRU
LST	Buenos Aires RE, ARG	OAN8	Trompeteror R., PRU
LSU5	Com. Rivadavia R., ARG	OAO4	Lima R., PRU
LZL	Bourgas R., BUL	OAO8	Pucallpa R., PRU
LZS	Bourgas R., BUL	OAP8	Iquitos R., PRU
LZW	Varna R., BUL	OAQ4	Paita R., PRU
L2C	Buenos Aires R., ARG	OAR4	Atico R., PRU
L2Q	Mar del Plata R., ARG	OCP2	Saramuro R., PRU
L2X	Com. Rivadavia R., ARG	OBB4	Ny Illo, PRU
L3V	Rio de la Plata R., ARG	OBC3	Ny Callao, PRU
L3Y	Rio de la Plata R., ARG	OBF4	Ny Mollendo, PRU
		OBG3	Ny Pico, PRU
MAN	Ny Portland, G	OBH2	Ny Pimentel, PRU
MGJ	Ny Glasgow, G	OBK3	Ny San Juan, PRU
MKL	Ny Pitreavie	OBQ5	Ny Iquitos, PRU

Rufz.	Stationsname, ITU-Land	Rufz.	Stationsname, ITU-Land
OBR3	Ny Salaverry, PRU	PKA	Sabang R., INS
OBT2	Ny Talara, PRU	PKB	Belawan R., INS
OBY2	Ny Paita, PRU	PKC	Palembang R., INS
OBZ3	Ny Chimbote, PRU	PKC2	Plaju R., INS
OCK5	Lima R., PRU	PKC3	Jambi R., INS
ODR	Beirut R., LBN	PKC4	Panjang R., INS
OFA	Helsinki R., FNL	PKD	Surabaja R., INS
OFD	Helsinki R., FNL	PKD5	Benoa/Bali R., INS
OFH	Mariehamn R., FNL	PKE	Amboina R., INS
OFI	Hanko R., FNL	PKE5	Ternate R., INS
OFJ	Helsinki R., FNL	PKF	Makassar R., INS
OFU	Kotka R., FNL	PKF3	Kendari R., INS
OFW	Vaasa R., FNL	PKG	Banjarmarsin R., INS
OHC	Helsinki, FNL	PKI	Jakarta R., INS
OHD	Hanko, FNL	PKJ4	Tanjung Balaik. R., INS
OHF	Kotka, FNL	PKK	Kupang R., INS
OHG	Helsinki R., FNL	PKM	Bitung R., INS
OHM	Mariehamn, FNL	PKM9	Donggala R., INS
OHX	Vaasa, FNL	PKN	Balikpapan R., INS
OMC	Bratislava R., TCH	PKN6	Samarinda R., INS
OMK	Komarno R., TCH	PKN7	Bontang R., INS
OML	Decin R., TCH	PKO	Tarakan R., INS
OMP	Praha R., TCH	PKP	Dumai R., INS
OSA	Antwerpen R., BEL	PKP2	Teluk Bayur R., INS
OSB	Ny Bruges, BEL	PKR	Semarang R., INS
OSN	Ny Oostende, BEL	PKR3	Cilacap R., INS
OST	Oostende R., BEL	PKR6	Cilacap R., INS
OSU	Oostende R., BEL	PKR7	Bontang R., INS
OUA	Ny Aarhus, DNK	PKS	Pontianak R., INS
OVC	Ny Groennedal, GRL	PKT	Dili R., INS
OVG	Ny Frederikshavn, DNK	PKU	Kalianet R., INS
OXB	Blavand R., DNK	PKY2	Biak R., INS
OXF	Qaqortoq R., GRL	PKY3	Manokwari R., INS
OXI	Godthaab R., GRL	PKY4	Sorong R., INS
OXJ	Torshavn R., FAR	PKY5	Merauke R., INS
OXM	Scoresbysund R., DNK	PKZ2	Cirebon R., INS
OXP	Skagen R., DNK	PNK	Jayapura R., INS
OXZ	Lyngby R., DNK	PPA	Salvador R., B
OYE	Roenne R., DNK	PPC	Itajai R., B
OYG	Mesters Vig R., GRL	PPE	Rio de Janeiro R., B
OYH	Sukkertoppen R., GRL	PPF	Fortzalezza R., B
OYR	Asiaat R., GRL	PPJ	Juncao R., B
		PPL	Belem R., B
OZA	Frederikshaab R., GRL	PPM	Manaus R., B
OZL	Angmagssalik R., GRL	PPN	Natal R., B
OZM	Godhavn R., GRL	PPO	Olinda R., B
		PPR	Rio de Janeiro R., B
PBB	Ny Den Helder, HOL	PPS	Santos R., B
PBC	Ny Goeree, HOL	PPT	Santarem R., B
PBV	Ny Valkenburg, HOL	PWB	Ny Belem, B
PCG	Scheveningen R., HOL	PWF	Ny Salvador, B
PCH	Scheveningen R., HOL	PWH3	Ny Trinidada, B
PCI	Ijmuiden R., HOL	PWI	Ny Recife, B
PJC	Curacao R., ATN	PWL	Ny Ladario, B
PJK	Ny Willemstad R., ATN	PWN	Ny Natal, B

Rufz.	Stationsname, ITU-Land	Rufz.	Stationsname, ITU-Land
PWP	Ny Florianopolis, B	S3E	Khulna R., BGD
PWZ	Ny Rio de Janeiro, B	S7Q	Seychelles R., SEY
PZN	Paramaribo R., SUR	S9M	Sao Tome R., STP
P2M	Pt Moresby R., PNG		
P2R	Rabaul R., PNG	TAH	Istanbul R., TUR
RCV	Ny Moskva, URS	TAM4	Iskenderun R., TUR
RIW	Ny Khiva, URS	TAM5	Mersin R., TUR
RJFY	Leningrad R., URS	TAM6	Antalya R., TUR
RMP	Ny Leningrad, URS	TAM7	Canakkale R., TUR
RNO	Moskva R., URS	TAN	Istanbul R., TUR
ROT	Ny Moskva, URS	TAN2	Izmir R., TUR
RSGV	Petrozavodsk R., URS	TAN5	Zonguldak R., TUR
		TAN6	Samsun R., TUR
SAA	Karlskrona R., S	TAO2	Trabzon R., TUR
SAB	Goeteborg R., S	TBA	Ny Ankara, TUR
SAC	Trelleborg R., S	TBB	Ny Ankara, TUR
SAE	Tingstäde R., S	TBH	Ny Izmir, TUR
SAG	Goeteborg R., S	TBO	Ny Izmir, TUR
SAH	Härnösand R., S	TCB	Tekirdag R., TUR
SDJ	Stockholm R., S	TCR	Tophane Kulesi R., TUR
SPA	Gdynia R., POL	TEC	Costa Rica Ocean R. CTR
SPC	Gdynia R., POL	TEP	Limon R., CTR
SPE	Szczecin R., POL	TFA	Reykjavik R., ISL
SPH	Gdynia R., POL	TFK	USN Keflavik, ISL
SPI9	Gdynia R., POL	TFM	Neskaugsstadur R., ISL
SPN	Witowo R., POL	TFT	Hornafjoerdur R., ISL
SPO	Szczecin R., POL	TFV	Vestmannaeyjar R., ISL
SPR	Szczecin R., POL	TFX	Siglufjoerdur R., ISL
SPS	Witowo R., POL	TFZ	Isafjoerdur R., ISL
STP	Pt Sudan R., SDN	TIM	Limon R., CTR
SUH	Alexandria R., EGY	TIO2	Limon R., CTR
SUK	Kosseir R., EGY	TJC	Douala R., CME
SUP	Pt Said R., EGY	TKM	Grasse R., F
SUT	Tor R., EGY	TNA	Pointe Noire R., COG
SVA	Athinai R., GRC	TRA	Libreville R., GAB
SVB	Athinai R., GRC	TRP8	Gamba R., GAB
SVD	Athinai R., GRC	TUA	Abidjan R., CTI
SVF	Athinai R., GRC	TXU	Saint Pierre R., SPM
SVG	Athinai R., GRC	TYA	Cotonou R., BEN
SVH	Iraklion R., GRC	T3K	Tarawa R., KIR
SVI	Athinai R., GRC	T3T2	Takaronga R., KIR
SVJ	Athinai R., GRC		
SVK	Kerkyra R., GRC	UAD2	Kholmsk R., URS
SVL	Limnos R., GRC	UAH	Tallin R., URS
SVM	Athinai R., GRC	UAI3	Nakhodka R., URS
SVN	Athinai R., GRC	UAT	Moskau R., URS
SVR	Rhodos R., GRC	UBC7	Uglegorsk R., URS
SVS4	Athinai R., GRC	UBE2	Petropavlovsk R., URS
SVT	Athinai R., GRC	UBN	Jdanov R., URS
SVU	Athinai R., GRC	UCA	Odessa R., URS
SVX	Chios R., GRC	UCD9	Yalta R., URS
SXA	Ny Piraeus, GRC	UCO	Yalta R., URS
SXH	Ny Piraeus, GRC	UCY2	Astrakhan R., URS
SXV	Ny Piraeus, GRC	UDB	Leningrad R., URS
S3D	Chittagong R., BGD	UDC	Jdanov R., URS

Rufz.	Stationsname, ITU-Land	Rufz.	Stationsname, ITU-Land
UDE	Odessa R., URS	UQB	Kholmsk R., URS
UDH	Riga R., URS	UQC	Korsakov R., URS
UDK2	Murmansk R., URS	UQK	Riga R., URS
UDN	Novorossik R., URS	URB2	Klaipeda R., URS
UEK	Feodosia R., URS	URD	Leningrad R., URS
UFA	Batumi R., URS	URL	Sevastopol R., URS
UFB	Odessa R., URS	USE	Baku R., URS
UFF	Sukhumi R., URS	USW2	Kaliningrad R., URS
UFH	Petropavlovsk R., URS	UTA	Tallin R., URS
UFJ	Rostov R., URS	UTB	Ny Kiev, URS
UFL	Vladivostok R., URS	UUX	Novosibirsk R., URS
UFM3	Nevelsk R., URS	UVD	Magadan R., URS
UFN	Novorossik R., URS	UVW	Tuapse R., URS
UFO	Kholmsk R., URS	UWT	Taganrog R., URS
UFR	Igorka R., URS	UXN	Archangelsk R., URS
UGE	Archangelsk R., URS	UXO	Sevastopol R., URS
UGG9	Belomorsk R., URS	UZB	Sotchi R., URS
UGH2	Juzno R., URS	UZI	Kandalakcha R., URS
UGK2	Kaliningrad R., URS	UZS	Onega R., URS
UHK	Batumi R., URS	UZT	Mezen R., URS
UHO	Arkhangelsk R., URS		
UHZ	Kherson R., URS	VAC	CG Comox, CAN
UIB2	Magadan R., URS	VAE	CG Tofino, CAN
UJE	Ny Moskva, URS	VAF	CG Alert Bay, CAN
UJO	Izmail R., URS	VAI	CG Vancouver, CAN
UJQ	Kiev R., URS	VAJ	Prince Rupert R., CAN
UJY	Kaliningrad R., URS	VAK	CG Victoria, CAN
UKA	Vladivostok R., URS	VAL	CG Inoudjouak, CAN
UKB	Riga R., URS	VAP	CG Churchill R., CAN
UKI	Nakhodka R., URS	VAR	CG St. John, CAN
UKJ	Astrakhan R., URS	VAU	CG Yarmouth, CAN
UKK3	Nakhodka R., URS	VAV	CG Kuujjunarapik, CAN
UKO4	Anadyr R., URS	VAW	CG Killinek R., CAN
UKS3	Magadan R., URS	VAX	CG Canso, CAN
UKW	Kertch R., URS	VCA	CG Charlottetown, CAN
UKW3	Korsakov R., URS	VCC	CG Quebec, CAN
UKX	Nakhodka R., URS	VCF	CG Mont Joli, CAN
ULL	Nikolayevsk R., URS	VCG	CG Riv.-au-Renard, CAN
ULY	Aleksandrovsk R., URS	VCK	CG Sept-Iles, CAN
UMN	Murmansk R., URS	VCM	CG St. Anthony, CAN
UMQ	Murmansk R., URS	VCN	CG Grindstone, CAN
UMV	Murmansk R., URS	VCO	CG Sydney, CAN
UNI	Ventspils R., URS	VCP	CG St. Lawrence, CAN
UNM2	Klaipeda R., URS	VCS	CG Halifax, CAN
UNN	Vyborg R., URS	VFA	CG Inuvik, CAN
UNQ	Novorossik R., URS	VFC	CG Cambridge Bay, CAN
UNS	Tallin R., URS	VFF	CG Frobisher, CAN
UON	Baku R., URS	VFN	Montreal R., CAN
UOP	Tuapse R., URS	VFR	CG Resolute, CAN
UOY	Narian-Mar R., URS	VFU	CG Coral Harbour, CAN
UPB	Providenyia R., URS	VFU6	CG Coppermine, CAN
UPM	Amderma R., URS	VFZ	CG Goose Bay, CAN
UPV	Dikson R., URS	VHC	Ny Canberra, AUS
UPW2	Liepaia R., URS	VHP	Ny Canberra, AUS
UQA4	Murmansk R., URS	VIA	Adelaide R., AUS

Rufz.	Stationsname, ITU-Land	Rufz.	Stationsname, ITU-Land
VIB	Brisbane R., AUS	WDU29	Sitka R., PTR
VIC	Carnavon R., AUS	WEC	Norfolk R., USA
VID	Darwin R., AUS	WFA	Tampa R., USA
VIE	Esperance R., AUS	WFN	Jeffersonville R., USA
VIH	Hobart R., AUS	WGB	Norfolk R., USA
VII	Thursday Islands R., AUS	WGG53	Cold Bay R., ALS
VIM	Melbourne R., AUS	WGG55	Nome R., ALS
VIO	Broome R., AUS	WGG56	Ketchikan R., ALS
VIP	Perth R., AUS	WGG58	Juneau R., ALS
VIR	Rockhampton R., AUS	WGK	St. Louis R., USA
VIS	Sydney R., AUS	WGW	San Juan R., PTR
VIT	Townsville R., AUS	WJG	Memphis R., USA
VIX	Ny Canberra, AUS	WJK	Miami R., USA
VOJ	CG Stephensville, CAN	WJO	Charleston R., USA
VOK	CG Cartwright, CAN	WLC	Rogers City R., USA
VON	CG St. John's, CAN	WLF	Wilmington R., USA
VOO	CG Comfort Cove, CAN	WLN	San Juan R., PTR
VPS	Hongkong R., HKG	WLO	Mobile R., USA
VQJ	Honiara R., SLM	WMH	Baltimore R., USA
VRN	Hongkong R., HKG	WMI	Lorain R., USA
VRT	Bermuda R., BER	WMP	West Palm Beach R., USA
VSI	Turks Islands R., IOB	WNJ	Jacksonville R., USA
VSL1	Seria R., BRU	WNU	Slidell R., USA
VTF	Ny Bombay, IND	WOE	Lantana R., USA
VTG	Ny Bombay, IND	WOM	Pennsuco R., USA
VTH	Ny Bombay, IND	WOO	Ocean Gate R., USA
VTK	Ny Tuticorin, IND	WOU	Boston R., USA
VTO	Ny Vishakhapatnam, IND	WOX	New York R., USA
VTP	Ny Vishakhapatnam, IND	WPA	Pt Arthur R., USA
VWB	Bombay R., IND	WPD	Tampa R., USA
VWC	Calcutta R., IND	WSC	Tuckerton R., USA
VWG	Goa R., IND	WSL	Amagansett R., USA
VWK	Kandla R., IND	WWD	La Jolla R., USA
VWL	Mangalore R, IND	WWV	NBS Ft. Collins R., USA
VWM	Madras R., IND	WWVH	NBS Kekaha R., HWA
VWN	Cochin R., IND		
VWO	Okha R., IND	XDA	Mexico City R., MEX
VWP	Pt Blair R., IND	XFA	Acapulco R., MEX
VWT	Tuticorin R., IND	XFB	Cd. del Carmen R., MEX
VWV	Vishakhapatnam R., IND	XFC	Cozumel R., MEX
VWY	Porbandar R, IND	XFE	Ensenada R., MEX
VWZ	Ratnagiri R., IND	XFF	Coatzacoalcos R., MEX
		XFF2	Pajaritos R., MEX
WAH	St. Thomas R., VIR	XFK	La Paz R., MEX
WAK	New Orleans R., USA	XFL	Mazatlan R., MEX
WAN	Atlanta R., USA	XFM	Manzanillo R., MEX
WAQ	Ocean Gate R., USA	XFN	Progreso R., MEX
WAZ	Atlanta R., USA	XFP	Chetumal R., MEX
WBL	Buffalo R., USA	XFQ	Salina Cruz R., MEX
WCC	Chatham R., USA	XFQ2	Frontera R., MEX
WCM	Withamsville R., USA	XFS	Tampico R., MEX
WCT	Loiza R., PTR	XFU	Veracruz R., MEX
WDR	Miami R., USA	XFY	Guaymas R., MEX
WDU23	Kodiak R., ALS	XSC	Fangshan R., CHN
WDU26	Cordova R., ALS	XSD	Yingkou R., CHN

Rufz.	Stationsname, ITU-Land	Rufz.	Stationsname, ITU-Land
XSE	Çinhungdao R., CHN	ZAC	Shengjin R., ALB
XSF	Lianyunggang R., CHN	ZAD	Durres R., ALB
XSG	Shanghai R., CHN	ZAS	Sarande R., ALB
XSH	Basuo R., CHN	ZAV	Vlore R., ALB
XSI	Sanya R., CHN	ZBI	Ascension R., ASC
XSJ	Zhanjiang R., CHN	ZBP	Pitcairn-Islands R., PTC
XSK	Beihai R., CHN	ZDK	Gibraltar R., GIB
XSK4	Heimen R., CHN	ZHH	Saint Helena R., SHN
XSL	Funzhou R., CHN	ZJU	Funafuti R., TUV
XSM	Xiamen R., CHN	ZKJ	Penrhyn R., CKH
XSM4	Guangzhou R., CHN	ZKN	Niue R., NIU
XSN	Ningbo R., CHN	ZKO	Aitutaki R., CKH
XSO	Wenzhou R., CHN	ZKR	Avarua R., CKH
XSO4	Zhoushan R., CHN	ZLB	Awarua R., NZL
XSP	Shantou R., CHN	ZLC	Chatham Islands R., NZL
XSQ	Guangzhou R., CHN	ZLD	Auckland R., NZL
XSR	Haikou R., CHN	ZLO	Ny Irirangi, NZL
XST	Qingdao R., CHN	ZLP	Ny Irirangi, NZL
XSU	Yantai R., CHN	ZLW	Wellington R., NZL
XSV	Tianjin R., CHN	ZOE	Tristan da Cunha R., TRC
XSW	Kaoshiung R., TWN	ZPA	Asuncion R., PRG
XSW2	Taichung R., TWN	ZPB	Asuncion R., PRG
XSX	Keelung R., TWN	ZPC	Asuncion R., PRG
XSY	Hualien R., TWN	ZPD	Asuncion R., PRG
XSZ	Dalian R., TWN	ZPK	Asuncion R., PRG
XUK	Kompong Som V. R., CBG	ZPL	Asuncion R., PRG
XVG	Hai Phong R., VTN	ZRH	Ny Capetown, AFS
XVN	Nhatrang R., VTN	ZRQ	Ny Capetown, AFS
XVQ4	Qui Nhon R., VTN	ZSA	East London R., AFS
XVR4	Vung Tau R., VTN	ZSC	Capetown R., AFS
XVS	Ho Chi Minh V. R., VTN	ZSD	Durban R., AFS
XVT	Da Nang R., VTN	ZSJ	Ny Capetown, AFS
XXG	Macau R., MAC	ZSL	Lüderitz R., NMB
XYR	Rangoon R., BRM	ZSQ	Pt Elizabeth R., AFS
		ZSU	Richards Bay R., AFS
YIR	Basrah R., IRQ	ZSV	Walvis Bay R., NMB
YJM	Pt Vila R., VUT	ZUD	Durban R., AFS
YKI	Tartous R., SYR		
YKM5	Baniyas R., SYR	3AC	Monaco R., MCO
YKM7	Lattaquia R., SYR	3AF	Monacc R., MCO
YKO	Tartous R., SYR	3BA	Mauritius R., MAU
YMB	USN Izmir, TUR	3BB	Pt Louis Harb. R., MAU
YPI	Turnu Severin R., ROU	3BM	Bigara R., MAU
YQI	Constanta R., ROU	3CA2	Basile R., GNE
YUR	Rijeka R., YUG	3CA3	Mbini R., GNE
YUS	Split R., YUG	3CA4	Mbini R., GNE
YUW	Bar R., YUG	3CA5	Banapa R., GNE
YUX	Dubrovnik R., YUG	3CA6	Banapa R., GNE
YUZ	Rijeka R., YUG	3CA7	Banapa R., GNE
YVG	La Guaira R., VEN	3DP	Suva R., FJI
YVM	Pto Ordaz R., VEN	3SB	Datong R., CHN
YWM	Ny Maracaibo, VEN	3SD	Beijing R., CHN
Y5D	Rügen R., DDR	3VB	Bizerte R., TUN
Y5M	Rügen R., DDR	3VM	Mahdia R., TUN
Y5P	Rügen R., DDR	3VP7	La Skhirra R., TUN

Rufz.	Stationsname, ITU-Land	Rufz.	Stationsname, ITU-Land
3VS	Sfax R., TUN	6MJ	Bangeojin R., KRE
3VT	Tunis R., TUN	6MK	Chungmu R., KRE
3VX	Tunis R., TUN	6MM	Masan R., KRE
3XC	Conakry R., GUI	6MQ	Mugho R., KRE
3XO	Kamsar R., GUI	6OY	Berbera R., SOM
		6VA	Dakar R., SEN
4PB	Colombo R., CLN	6WW	Ny Dakar, SEN
4WD	Hodeidah R., YEM	6YI	Kingston R., JMC
4XA	Elat R., ISR		
4XD	Elat R., ISR	7CB	Ny Belawan, INS
4XO	Haifa R., ISR	7OA	Aden R., YEM
4XZ	Ny Haifa, ISR	7QH25	Mangochi R., MWI
		7TA	Alger R., ALG
5AB	Benghazi R., LBY	7TB	Annaba R., ALG
5AL	Tobruk R., LBY	7TO	Oran R., ALG
5AT	Tripoli R., LBY	7TS	Skikda R., ALG
5BA	Cyprus R., CYP		
5BC	Cyprus R., CYP	8PO	Bridgetown R., BRB
5HA	Dar-es-Salaam R., TZA	8RB	Demerara R., GUY
5KM	Ny Cartagena, CLM		
5OW	Lagos R., NIG	9GA	Takoradi R., GHA
5OZ..	Part Harcourt R., NIG	9HD	Malta R., MLT
5RD	Fort Dauphin R., MDG	9KK	Kuwait R., KWT
5RL	Diego Suarez R., MDG	9LL	Freetown R., SRL
5RN	Nossi-Be R., MDG	9MB3	Ny Bayan Lepas, MLA
5RO	Majunga R., MDG	9MG	Penang R., MLA
5RS	Tamatave R., MDG	9MK	Kuantan R., MLA
5RT	Tulear R., MDG	9MP	Kelang R., MLA
5TA	Nouadhibou R., MTN	9MV	Ny Johor Beharu, MLA
5VA	Lome R., TGO	9PA	Banana R., ZAI
5WA	Apia R., SMO	9PM	Matadi R., ZAI
5ZF	Mombasa R., KEN	9VG	Singapore R., SNG
		9WW20	Kuching R., MLA
6MB	Jumunjin R., KRE	9YL	North Post R., TRD
6MC	Guryongpo R., KRE	9YM	Tobago R., TRD
6MD	Gunsan R., KRE		

KW-Empfänger für Seefunk

Wenngleich der Empfang von Sendungen des Seefunkdienstes auf Kurzwelle mit jedem besseren Weltempfänger möglich ist, so darf man an Bord eines deutschen Seefahrzeuges nur solche Geräte verwenden, die dazu von der Deutschen Bundespost zugelassen sind und eine entsprechende FTZ- bzw. ZZF-Prüfnummer erhalten haben.

Auf die notwendige Genehmigung zum Empfang von Seefunksendungen wurde bereits am Anfang dieses Buches ausführlich eingegangen.

Ein Verzeichnis der Funkempfänger, die zum Einbau bei Empfangsfunkstellen für den Seefunkdienst zugelassen sind, ist zu bekommen beim

        Fernmeldeamt 6
        Seefunkdienstbüro
        Postfach 301792
        2000 Hamburg 36

Es fällt auf, daß auch allseits bekannte Weltempfänger zum Seefunkdienst zugelassen sind. Der neue Grundig-Satellit 650 Professional hat eine entsprechende Zulassung und z.B. der R-2000 von Kenwood, der FRG-8800 von Yaesu (Richter & Co.) und der Sony ICF-2001 D (Yachtronic) sind neben anderen Empfängern - zum Teil in modifizierten Versionen - zum Seefunkempfang zugelassen.

Wenn Sie sich für die Anschaffung eines zum Seefunkempfang geeigneten Empfängers interessieren, können Sie Informationsunterlagen und Prospekte bei folgenden Firmen anfordern:

DANTRONIK, Helenenallee 4, 2390 Flensburg

DEBEG, Postfach 500329, 2000 Hamburg 50

EB-Nachrichtentechnik, Postfach 700502, 2000 Hamburg 70

EISSING, Hansastr. 2, 2970 Emden

ELNA, Siemensstr. 35, 2084 Rellingen

GRUNDIG, Kurgartenstr., 8510 Fürth

HAGENUK, Postfach 1149, 2300 Kiel 1

KENWOOD, Rembrücker Str. 15, 6056 Heusenstamm

RAMERT, Kopperpahler Allee 146/148, 2300 Kronshagen/Kiel

RICHTER & Co., Alemannstr. 17-19, 3000 Hannover 1   (Yaesu + JRC)

YACHTRONIC, Osterrader Weg 1, 2083 Halstenbek   (Sony)

Bequemer Empfang von Telegrafie- und Funkfernschreib-Sendungen

Ein großer Teil der Sendungen im Seefunk wird entweder in Morsetelegrafie (CW) oder als Funkfernschreiben (RTTY = Radioteletype) ausgestrahlt, wobei natürlich die Betriebsarten SITOR, ARQ und FEC mit unter den Oberbegriff Funkfernschreiben fallen.

Ein Berufsfunker muß Telegrafie beherrschen, d.h. ein Funkoffizier hat keine Schwierigkeiten, die Morsesignale zu verstehen und den Text gleichzeitig zu Papier zu bringen.

Ein Hobbyseefahrer wird diese Fähigkeit in der Regel nicht besitzen. Für das Allgemeine Sprechfunkzeugnis, das zum Empfang aller Seefunksendungen berechtigt (also nicht nur zum Sprechfunk-Empfang, sondern auch zum Empfang der Telegrafie- oder Funkfernschreibsendungen), werden Morsekenntnisse auch gar nicht verlangt.

Was ist also zu tun, wenn man die Morsesendungen auf bequeme Art und Weise empfangen und verstehen möchte? Der unbequeme Weg wäre, das Morsen zu erlernen ...

Bevor diese Frage beantwortet wird, müssen wir noch auf den Empfang von Funkfernschreibsendungen zu sprechen kommen. Diese Sendungen kann man sowieso nur elektronisch verarbeiten. Es gibt wohl keinen Profi-Funker, der in der Lage wäre, die hektischen Tonfolgen von Funkfernschreibsendungen im Klartext mitzuschreiben wie beim Telegrafiefunk.

Dank der stürmischen Entwicklung in der Mikroelektronik gibt es seit ein paar Jahren sogenannte Decoder, die sowohl Telegrafie- wie auch Funkfernschreibsignale jeder Art umwandeln (decodieren). Ganz einfach dargestellt sieht die Sache so aus, daß man die Tonsignale vom Lautsprecherausgang des Empfängers in den Decoder leitet und dieser die Signale umwandelt und entweder auf eine Art Bildschirm oder einem alphanumerischen Display darstellt oder aber in geschriebener Form über einen Drucker auf Papier ausgibt. Das ist natürlich eine schöne und bequeme Einrichtung und diese Geräte funktionieren heute eigentlich ziemlich zuverlässig.

Die komfortabelsten Decoder, die auch für den professionellen Bereich vorgesehen sind, kosten zur Zeit ein paar Tausend Deutsche Mark. Diese Decoder haben dann aber auch einen Drucker (Ausdruck auf Papierrollen - siehe Abbildung) gleich mit eingebaut und sind für den automatischen Empfang sämtlicher Betriebsarten ausgerüstet.

Es gibt aber auch preiswerte Decoder. Für etwa 1.000,- DM bekommt man das einfachste Gerät für Telegrafie- und Fernschreib-Decodierung mit Anzeige auf einem Laufschrift-Display. An diese einfachen Geräte kann man einen eventuell vorhandenen Drucker oder Monitor anschließen. Mit Drucker werden Decoder ab etwa 2.000,- DM angeboten. Für den jeweiligen Anwendungsfall gibt es allerlei Optionen gegen Aufpreis.

Da ständig neue Geräte auf den Markt kommen, empfehlen wir jedem Interessenten, direkt bei folgenden Firmen aktuelle Prospektunterlagen über CW-RTTY-Decoder anzufordern:

NAVACON GmbH	Richter & Co.	Weberruss Elektronik
Deichstr. 29	Alemannstr. 17-19	Alte Holzhäuser Str. 3
2000 Hamburg 11	3000 Hannover 1	7336 Uhingen
Tel. (040) 363511	Tel. (0511) 3521111	Tel. (07161) 3666

```
147.3 KHZ DDH9 11039 KHZ
RQ CQ CQ DE DDH47 147.3
KHZ DDH9 11039 KHZ DDH5
00000000000 =
N U 121448 =
SEEWETTERBERICHT MITTELM
EE_N VOM 12 . 05 . 1985
=
WETTERLAGE HEUTE 09 UHR
UTC =
TIEF 1005 NORDWESTLICH
DER ALPEN NORDWEST - BIS
WESTZIEHEND , MORGEN
MITTAG WESTFRANKREICH .
TIEF 1003 ALGERIEN
LANGSAM OSTZIEHEND .
MORGEN MITTAG TUNESIEN .
TIEF 1015 54 NORD 18
WEST NORDOSTZIEHEND ,
MORGEN MITTAG 60 NORD 10
WEST . HOCH 1018 LIBYEN
WENIG AENDERND . TIEF
1010 EUROPAEISCHER TEIL
DE TUERKEI LANGSAM
AUFFUELLEND =
VORHERSAGE BIS MORGEN
MITTAG : GOLFE DU LION =
SCHWACHE OESTLICHE WINDE
, DIESIG , MORGEN NORDOS
T 4 =
BALEAREN =
NORDOST 4 , ZUNEHMEND 5
, MITTLERE SICHT =
LIGURISCHES MEER =
OST BIS SUEDOST 4 ,
ZUNEHMEND 5 , DIESIG =
WESTLICH KORSIKA -
SARDINIEN =
SUEDLICHE WINDE 3 BIS 4
, DIESIG =
TYRRHENISCHES MEER =
SUEDOST 4 , ZUNEHMEND 5
, DIESIG =
ADRIA UND IONISCHES MEER
=
SCHWACHE SUEDLICHE WINDE
, DIESIG =
BISKAYA : NORD 5 BIS 6 ,
IM NORDTEIL NORDOST 7 ,
MAESSIGE SICHT =
KKKSTATIONSMELDUNGEN VON
HEUTE 12 UHR UTC =
BREST NORDNORDOST 5 9
GRAD 1014 =
LA CORUNA NORDNORDOST 2
12 GRAD 1015 =
GIBRALTAR OT 4 18 GRAD
```

```
SEEWETTERBERICHT VOM
05.06.1985 06.40 UHR =
WETTERLAGE VON MITTWOCH
02 UHR =
GEWITTERTIEF 1008 OSTFRI
ESISCHE FSELN OSTNORDOST
ZIEHEND , HEUTE NACHT
DAENISCHE INSELN . TIEF
1007 SUEDSKANDINAVIEN
WENIG OSTZIEHEND . HOCH
1032 ISLAND ETWAS OSTWAN
DERND . HOCH 1020 UKRAIN
E OSTSUEDOSTWANDERND .
KEIL 1017 _LPEN WENIG
AENDERND . TIEF 1005
WESTLICH PORTUGAL WENIG
NORDOSTZIEND . VORHERSA
GEN BIS HEUTE 18 UHR =
DEUTSCHE BUCHT UND
SUEDWESTLICHE NORDSEE =
NOERDLICHE WINDE UM 4 ,
SUEDTEILE UMLAUFEND 3 ,
GEWITTERBOEEN , DIESIG =
FIS_HER =
NORDOSTDREHEND 5 ,
MITTLERE SICHT =
SKAGERRAK =
UMLAUFEND 3 , BALD
NORDOST 5 BIS 6 , GUTE
SICHT =
KATTEGAT =
SCHWACHWINDIG , GUTE
SICHT =
BELTE UND SUND =
SUEDOST BIS OST UM 3 ,
GUTE SICHT =
WESTLICHE UND SUEDLICHE
OSTSEE =
SUEDOST 4 , SPAETER
GEWITTERBOEEN , GUTE
SICHT =
AUSSICHTEN BIS MORGEN 06
UHR =
```

Diese beiden Ausdrucke, die mit dem Decoder CC33 von Fastnet erstellt wurden, hat uns freundlicherweise die Firma NAVACON zur Verfügung gestellt.

Der linke Ausdruck zeigt die Mitschrift des Wetterberichtes und der Gebietsanalyse für das Mittelmeer, der rechte betrifft die Ostsee. Beide Wetterberichte stammen vom Deutschen Wetterdienst, Quickborn, auf dessen Sendungen am Anfang dieses Buches ausführlich eingegangen wird.

Amateurfunk an Bord

Schon vor Jahren hat sich unter den Yachties in aller Welt ein großes Interesse am Amateurfunk entwickelt. Der Seefunkdienst und der Amateurfunkdienst können sich an Bord, insbesondere auf größeren Reisen, wunderbar ergänzen. Das heißt aber nicht, daß der Amateurfunkdienst den Seefunkdienst ersetzen könnte. So ist es per Amateurfunk nicht möglich, mit Küstenfunkstellen Kontakt aufzunehmen oder gar Gespräche in das öffentliche Fernsprechnetz vermitteln zu lassen.

Wer am Amateurfunkdienst teilnehmen möchte, muß zuvor eine besondere Lizenzprüfung ablegen, die nicht so ganz einfach zu bestehen ist. Aber es bieten sich dafür auch viele Vorteile, die hier anhand einiger Beispiele erläutert werden sollen.

Allein in der Bundesrepublik Deutschland gibt es rund 50.000 Funkamateure und weltweit sind es etwa eine Million Menschen, die sich mit dem Funkhobby als lizensierte "HAMs" (Highfrequency AMateur) befassen. Per Amateurfunk hat man die Möglichkeit, jederzeit mit einer sehr großen Zahl von Funkstellen Kontakt aufnehmen zu können.

Der Amateurfunk spielt sich im wesentlichen auf Kurzwelle ab. Je nach Frequenzwahl und Tageszeit sind Funkverbindungen über Tausende von Kilometern völlig normal und weltweite Funkkontakte möglich. Dazu braucht man lediglich eine relativ kleine Funkanlage. Moderne Kurzwellen-Transceiver (Sende-Empfänger) kosten ein paar Tausend Mark. Eine Antenne läßt sich an Bord leicht installieren oder man benutzt vorhandene "Antennengebilde" (z.B. ein isoliertes Achterstag).

Wer einen längeren Törn unternimmt, ist oft froh, wenn der Kontakt zur Heimat nicht ganz abreißt. Hier bietet der Amateurfunk die schöne Möglichkeit, daß man zum Beispiel mit verschiedenen Funkamateuren regelmäßige Funkkontakte vereinbart. Solche Kontakte können rund um die Welt aufrecht erhalten werden. Auch die Verwandten zu Hause können so die Reise mitverfolgen und ggf. sogar die Funkgespräche mithören, denn der Empfang von Amateurfunksendungen ist allgemein genehmigt und mit jedem besseren Kurzwellenempfänger möglich.

Eine schöne Schilderung der Vorteile des Amateurfunks an Bord ist im Buch "80.000 Meilen und Kap Hoorn" zu finden, das der bekannte Weltumsegler Bobby Schenk verfaßt hat. Er erzählt, wie belebend es ist, z.B. mitten im Indischen Ozean, fernab von jedem Land, Funkkontakte mit Menschen in aller Welt aufzubauen und eine Verbindung zur Außenwelt zu haben. Auf diesem Weg lassen sich schon Freundschaften knüpfen mit anderen Funkamateuren und man wird in vielen Häfen schon als Freund erwartet und empfangen, wenn man dort ankommt.

Und weil die Funkamateure als besonders hilfreich gelten, können manche Probleme schneller gelöst werden, z.B. die Beschaffung von Ersatzteilen für das Schiff oder die Beratung bei Reparaturen oder anderen Schwierigkeiten.

Besonders wertvoll ist der Amateurfunk im Notfall. Zwar dürfen im Amateurfunkdienst keine Meldungen für Dritte gesendet oder weitergegeben werden, aber im Notfall wird einen wohl kaum jemand hindern, alle zur Verfügung stehenden technischen Mittel zu nutzen, um auf sich aufmerksam zu machen und Hilfe zu veranlassen.

Wer sich für den Amateurfunkdienst in Bezug für den Einsatz in der Seefahrt interessiert, kann sich an den Seefunkverband e.V. INTERMAR wenden. INTERMAR berät in allen Funkfragen, die den Seefunk wie auch den Amateurfunk betreffen, denn der Geschäftsführer ist nicht nur lizensierter Funkamateur, sondern auch aktiver Funkoffizier auf einem deutschen Hochseeschiff.

Ausführliche Informationsunterlagen über die Arbeit und die Leistungen von INTERMAR können gegen Rückporto angefordert werden bei folgender Adresse:

>INTERMAR Seefunkverband e.V.
>Moorwiese 2
>D-3057 Neustadt 1

Allgemeine Informationen über den Amateurfunk stellt der Deutsche Amateur Radio Club (DARC) e.V. gern zur Verfügung. Die Adresse lautet:

>DARC e.V.
>Amateurfunkzentrum
>Postfach 1155
>D-3501 Baunatal

Und Literatur bzw. Lehrbücher zum Erwerb der Amateurfunk-Lizenz können Sie beim Leserservice des Siebel Verlages beziehen (siehe Hinweise am Ende des Buches).

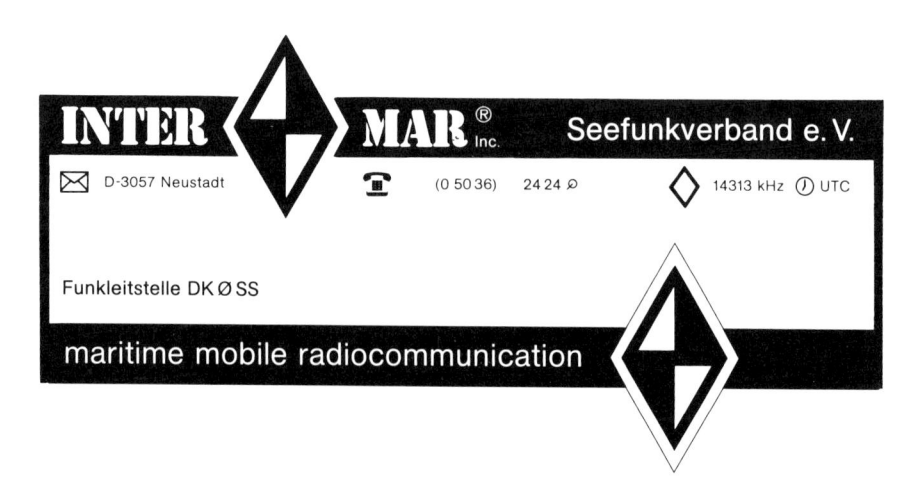

INTER ◆ **MAR**® Inc. **Seefunkverband e. V.**

✉ D-3057 Neustadt ☎ (0 50 36) 24 24 ⚡ ◆ 14313 kHz ⏱ UTC

Funkleitstelle DK Ø SS

maritime mobile radiocommunication

Abkürzungen

Die nachfolgende Liste erklärt die in diesem Buch verwendeten Abkürzungen.
Die ITU-Landesabkürzungen, Q-Codes und andere Telegrafieabkürzungen werden in
den nachfolgenden Kapiteln aufgelistet - bitte ggf. dort nachschauen, wenn Sie
hier eine Abkürzung nicht finden.

```
AE        Ecuadorianische Marine
AM        Amplitudenmodulation
AN        Argentinische Marine
BAS       Brit.Antarktis-Forschungsst.
Bd        Baud, Schrittempo bei RTTY
Bft       Beaufort
BN        Brasilianische Marine
BNY       Belgische Marine
C.        Cabo, Cap, Cape
°C        Grad Celsius
Call      Rufzeichen
CF        Kanadische Streitkräfte
CN        Chilenische Marine
CPRM      Portugiesische Fernmeldeges.
C+W       Cable and Wireless Ltd. (G)
CW        Morsetelegrafie
D         deutsch (Deutschland)
DBP       Deutsche Bundespost
DHI       Deutsches Hydrografisches
          Institut
Duplex    Funkverkehr auf zwei
          verschiedenen Frequenzen
E         Englisch
ESB       Einseitenband (SSB)
F(q)      Frequenz
F         Französisch
FAX       Faksimile, Fernkopieren
          bildähnlicher Vorlagen
FM        Frequenzmodulation (bei UKW)
FNY       Französische Marine
FSt       Funkstelle
FTZ       Fernmeldetechn. Zentralamt (D)
FTZ-Nr.   Prüf- und Zulassungsnummer
geogr.    geografisch
GMT       Greenwich Mean Time,
          heute ersetzt durch UTC
GNY       Deutsche Marine
GW        Grenzwelle
h         Stunde(n)
h+XX      stündlich jeweils XX Minuten
          nach der vollen Stunde
HF        Hochfrequenz
HNY       Griechische Marine
hPa       Hektopascal (= 1 mbar)
HW        Hochwasser
Hz        Hertz (Einheit für die Frequenz)
```

ICAO	Int. Zivil-Luftfahrt-Organisation	RDNY	Dänische Marine
ID	Identifizierung, Stationsansage bzw. -kennung	RN	Britische Marine (Royal Navy)
IMO	Int. Schiffahrtsorganisation	RNN	Niederländische Marine
IN	Indische Marine	RNoN	Norwegische Marine
INMARSAT	Int. Schiffahrts-Satelliten-Organisation	RNZN	Neuseeländische Marine
		RTTY	Radioteletype (Funkfernschreiben)
Isl.	Insel(n)		
ItNY	Italienische Marine	ry	Testschleife beim Funkfernschreiben
ITT	amerikan. Fernmeldeges.		
ITU	Internationale Fernmeldeunion	s	Sekunde(n)
kc/s	siehe kHz	SAN	Südafrikanische Marine
KFSt.	Küstenfunkstelle	SeeFSt	Seefunkstelle (Schiff/Wasserfahrzeug)
KüFuSt.	Küstenfunkstelle		
kHz	Kilohertz (= 1.000 Hz)	SfK	Sprechfunk für Küstenschiffahrt
Kn	Knoten (Seemeilen pro Stunde)		
kW	Kilowatt (= 1.000 W) Sendeleistung	Shack	Funkraum
KW	Kurzwelle	Shift	Abstand der Kennfrequenzen bei RTTY
LOG	Logbuch, Stationstagebuch		
LORAN	Long Range Navigation System	SITOR	Fernschreibverfahren im Seefunk
LSB	unteres Seitenband (bei SSB)		
LW	Langwelle	sm	Seemeile(n)
M	maritim (zu Wasser)	SNY	Spanische Marine
M	mobil, beweglich	SOS	Notruf (save our soules)
MAR(ITIM)	zu Wasser, Seefunk	SSB	Single-Side Band (Einseitenband)
MARPRESS	Pressedienst für Seefahrer		
max	maximal	St(n)	Station(en)
Mayday	Notruf	SW	Kurzwelle (short wave)
mB	Meterband, Frequenzbereich	SWA	Seewetteramt
mbar	Millibar	SZ	Sommerzeit
METEO	Meteorologische Station	Tel	Telefone, Telegramm
MESZ	Mitteleuropäische Sommerzeit (= UTC + 2 Stunden)	Telex	Fernschreiben
		TuNY	Türkische Marine
MEZ	Mitteleuropäische Zeit (= UTC + 1 Stunde)	UKW	Ultrakurzwelle
		US-MIL	US-Militär
MfS	Mitteilungen für Seefunkstellen	USB	upper side-band: oberes Seitenband im SSB-Betrieb
MHz	Megahertz (= 1.000 kHz)		
MIL	Militärische Station		
min	Minute(n)	USCG	US-Küstenwache (Coast Guard)
mm	bewegliche SeeFSt. (maritime mobil)		
Mode	Betriebsart	USN	US Navy, Amerikanische Marine
MW	Mittelwelle		
NAVY	Marine	UTC	Weltzeit (UTC = MEZ - 1 Stunde bzw. = MESZ - 2 Stunden)
NBS	National Bureau of Standards (USA)		
NDB	ungerichtetes Funkfeuer		
NF	Nautischer Funkdienst (Loseblattsammlung)	Utility	kommerzielle Funkdienste
		W	Watt, Sendeleistung
OTC	Australische Fernmeldeges.	vgl.	vergleiche
OWS	Wetterschiff der WMO	VNY	Venezuelanische Marine
PN	Pakistanische Marine	VO Funk	Vollzugsordnung für den Funkdienst
PNY	Portugiesische Marine		
Pt.	Point, Punta	WMO	Welt-Meteorologische-Organisation
PTT	Post- und Fernmeldebehörde		
R.	Radio		
RAN	Australische Marine		
RCC	Such- und Rettungsdienst Zentrale		
Rdfs.	Rundfunksender		

Abkürzungen im Telegrafieverkehr

AA	alles nach ... (für Wiederholungen)
AB	alles vor ... (für Wiederholungen)
ABT	ungefähr (about)
ADS	Adresse
AGN	noch einmal (again)
AM	vormittags (ante meridiem)
ANS	Antworten Sie auf ... kHz (answer)
AR	Ende der Übermittlung
AS	Warten Sie
BK	Unterbrechen Sie (break)
BN	alles zwischen ... und ... (für Wiederholungen)
BND	nach
BQ	Antwort auf RQ
BT	Trennungszeichen zwischen verschiedenen Teilen einer Übermittlung
BV	Gute Reise (bon voyage)
C	Ja (bejahende Antwort)
CC	Küstengebühr
CFM	Bestätigen Sie (oder: Ich bestätige) (confirm)
CK	Wortzahl
CL	Ich schließe meine Funkstelle (close)
COL	Vergleichen Sie (oder: Ich vergleiche)
CONS DELD	Betrachten Sie als übermittelt
CORRECTION	Streichen Sie mein letztes Wort (oder meine letzte Gruppe); die Berichtigung folgt.
CP	allgemeiner Anruf an mehrere bestimmte Funkstellen
CQ	allgemeiner Anruf an alle Funkstellen
CS, C/S	Rufzeichen (wird benutzt, um ein Rufzeichen zu erfragen) (call sign)
DE	von ... (wird vor dem Namen oder jeder anderen Kennzeichnung der rufenden Funkstelle benutzt)
DEGS	Grade (degrees)
DELD	übermittelt
DF	Ihre Peilung um ... Uhr betrug ... Grad im meßunsicheren Abschnitt dieser Funkstelle, mit einer möglichen Abweichung von ... Grad.
DO	Peilung unzuverlässig. Fordern Sie Peilung später (oder um ...Uhr) an.
E	Ost (east)
ER, ERE	hier
ETA	voraussichtliche Ankunftszeit (estimated time of arrival)
ETD	voraussichtliche Abfahrtszeit (estimated time of departure)
EV	einseitiger Funkverkehr
FIG(S)	Zahlen (figures)
FM	von (from)
FONE	Sprechfunk (telephone)
GA, GE	Guten Abend
GB	Auf Wiederhören
GF	Gute Fahrt
GM	Guten Morgen
GN	Gute Nacht
HR	Hier
INTERCO	Es folgen Gruppen aus dem Internationalen Signalbuch.
K	Aufforderung zur Übermittlung
KA	Beginnzeichen der Übermittlung
KMH	Kilometer in der Stunde
KTS	Seemeilen in der Stunde (Knoten)
LAT	Geografische Breite (lattitude)

LIST(E)	Sammelruf
LL	Landstreckengebühr
LONG	Geografische Länge
LSN	Hören Sie auf ... kHz (listen)
LT	Ortszeit (local time)
LV	Feuerschiff (light vessel)
LTR	später (later)
MIN	Minute(n)
MO(M)	Warten Sie einen Augenblick (moment)
MSG	Ankündigung einer Nachricht vom oder an den Schiffsführer (message)
N	Nord
ND	Ich höre nichts (oder: Ich habe nichts gehört)
NIL	Ich habe nichts für Sie vorliegen
NM	Ich habe nichts mehr vorliegen (no more)
NO	Nein
NW	jetzt (now)
NX	Nachricht für Seefahrer (folgt)
O/D	Bestimmungsort
OK	einverstanden (oder: das ist richtig)
OL	Ozeanbrief (ocean letter)
OM	Freundschaftliche Anrede (old man)
OP	Funker (operator)
ORIG	Aufgabeort
P	Ankündigung eines privaten Funktelegramms
PBL	Telegrammkopf (für Wiederholungen)
PM	nachmittags (post meridiem)
PSE	bitte (please)
PX	Pressemeldungen
R	erhalten (received)
RD	empfangen (received)
REF	bezugnehmend auf ... (refer)
RPT	wiederholen Sie (oder: ich wiederhole) (repeat)
RQ	Bezeichnung einer Anfrage (request)
S	Süd
SEC	Sekunde
SIG	Unterschrift (für Wiederholung)
SLT	Seefunkbrief (sea letter)
SP	Funkstille (silence period)
SRI	Es tut mir leid (sorry)
SVC	Ankündigung eines Diensttelegramms
SYS	Beziehen Sie sich auf Ihr Diensttelegramm
TEL	Telegramm
TFC	Verkehr (traffic)
TFC LIST	Sammelanruf (traffic list)
TKS	Ich danke (thanks)
TMW	morgen (tomorrow)
TOR	Funkfernschreiben (telex over radio)
TR	Standort und nächster Anlaufhafen (traffic route)
TRBL	Technische Störung (trouble)
TRI	Versuchen Sie (try it)
TU	Ich danke Ihnen (thank you)
TXT	Text (für Wiederholungen)
UP	höher (bei Frequenzwechsel)
UR	Ihr (your)
UTC	Koordinierte Weltzeit (universal time coordinated) - früher GMT
VA	Verkehrsschluß
VVV	allgemeiner Anruf (statt CQ)
W	West

WA	Worte nach ... (bei Wiederholungen)
WB	Worte vor ... (bei Wiederholungen)
WD(S)	Wort (Wörter) oder Gruppen
WX	Wetterbericht
XQ	Ankündigung einer Dienstnotiz
YZ	Die folgenden Wörter sind in offener Sprache
ZP	Mittagsposition
ZX	Zeitzeichen

Ein Funkoffizier an seinem Arbeitsplatz   (Foto: DEBEG)

Der Q-Code

Um die immer wiederkehrenden Informationen, Fragen und Antworten im Telegrafiefunkverkehr abzukürzen, wurde der sogenannte Q-Code geschaffen. Unter Benutzung des Q-Codes kann der Funkverkehr nicht nur wesentlich beschleunigt werden, sondern man umgeht auch Sprachschwierigkeiten, denn der Q-Code hat weltweit und in jeder Sprache die gleiche Bedeutung.

Der Q-Code besteht aus einzelnen Buchstabengruppen. Von den jeweils drei Buchstaben ist der erste immer ein Q.

Die Reihe QAA bis QNZ sind dem Flugfunkdienst und die Reihen QOA bis QQZ dem Seefunkdienst vorbehalten. Die Reihen QRA bis QZZ können von allen Funkdiensten (z.B. auch Amateurfunk) benutzt werden. Nachfolgend sind die Q-Codes aufgelistet und erklärt, die im Seefunkdienst zur Anwendung kommen.

Bei der Erläuterung der Bedeutung wird unterschieden, ob es sich um eine Frage oder eine Antwort/ Mitteilung handelt. Zur besonderen Verdeutlichung der Fragestellung kann man an die betreffende Q-Gruppe ein Fragezeichen anschließen. Die Q-Gruppen lassen sich durch Hinzufügen geeigneter anderer Abkürzungen, Namen, Nummern, Zahlen usw. ergänzen.

QOA   Frage: Können Sie mittels Telegrafiefunk verkehren (500 kHz)?
      Antwort: Ich kann mittels Telegrafiefunk verkehren (500 kHz).

QOB   Frage: Können Sie mittels Sprechfunk verkehren (2182 kHz)?
      Antwort: Ich kann mittels Sprechfunk verkehren (2182 kHz).

QOC   Frage: Können Sie mittels Sprechfunk verkehren?   (UKW-Kanal 16,
      Antwort: Ich kann mittels Sprechfunk verkehren.   Frequenz 156,8 MHz)

QOD   Frage: Können Sie mit mir verkehren in... 0. Niederländisch
                                                1. Englisch
                                                2. Französisch
                                                3. Deutsch
                                                4. Griechisch
                                                5. Italienisch
                                                6. Japanisch
                                                7. Norwegisch
                                                8. Russisch
                                                9. Spanisch
      Antwort: Ich kann mit Ihnen verkehren in ... (Sprachen wie zuvor).

QOE   Frage: Haben Sie das Sicherheitszeichen von ... (Name und/oder Rufzeichen) empfangen? Antwort: Ich habe das Sicherheitszeichen von ... (Name und/oder Rufzeichen) empfangen.

QOF   Frage: Wie ist die Betriebsgüte meiner Zeichen?

      Antwort: Die Güte Ihrer Zeichen ist ... 1. nicht brauchbar
                                              2. noch brauchbar
                                              3. voll brauchbar.

QOG	Frage: Wieviel Streifen haben Sie mir zu übermitteln? Antwort: Ich habe ... Streifen zu übermitteln.
QOH	Frage: Soll ich ... Sekunden lang ein Signal für das Einphasen aussenden? Antwort: Senden Sie ... Sekunden lang ein Signal für das Einphasen.
QOI	Frage: Soll ich meinen Streifen übermitteln? Antwort: Übermitteln Sie Ihren Streifen.
QOJ	Frage: Werden Sie auf ... kHz (oder MHz) auf Zeichen von Funkbojen zur Kennzeichnung der Notposition achten? Antwort: Ich achte auf ... kHz (oder MHz) auf Zeichen von Funkbojen zur Kennzeichnung der Notposition.
QOK	Frage: Haben Sie die Zeichen einer Funkboje zur Kennzeichnung der Notposition auf ... kHz (oder MHz) empfangen? Antwort: Ich habe die Zeichen einer Funkboje zur Kennzeichnung der Notposition auf ... kHz (oder MHz) empfangen.
QOL	Frage: Kann Ihr Schiff Selektivrufe empfangen? Wenn ja, wie lautet die Selektivrufnummer oder das Selektivrufzeichen? Antwort: Mein Schiff kann Selektivrufe empfangen, die Selektivrufnummer oder das Selektivrufzeichen lautet ...
QOM	Frage: Auf welchen Frequenzen kann Ihr Schiff durch Selektivruf erreicht werden? Antwort: Mein Schiff kann auf der (den) folgenden Frequenz(en) durch Selektivruf erreicht werden ...
QOO	Frage: Können Sie auf einer beliebigen Arbeitsfrequenz senden? Antwort: Ich kann auf einer beliebigen Arbeitsfrequenz senden.
QOT	Frage: Hören Sie meinen Anruf? Wie lange (in Minuten) muß ich ungefähr warten, bis wir Verkehr abwickeln können? Antwort: Ich höre Ihren Anruf, die Wartezeit beträgt ungefähr ... Minuten.
QRA	Frage: Wie ist der Name Ihres Schiffes (oder Ihrer Funkstelle)? Antwort: Der Name meines Schiffes (oder meiner Funkstelle) ist ...
QRB	Frage: In welcher Entfernung von meiner Funkstelle befinden Sie sich ungefähr? Antwort: Die Entfernung zwischen unseren Funkstellen beträgt ungefähr ... Seemeilen (oder Kilometer).
QRC	Frage: Von welcher privaten Betriebsgesellschaft (oder Staatsverwaltung) werden die Gebührenrechnungen Ihrer Funkstelle beglichen? Antwort: Die Gebührenrechnungen meiner Funkstelle werden von ... beglichen.
QRD	Frage: Wohin fahren Sie und woher kommen Sie? Antwort: Ich fahre nach ... und komme von ...
QRE	Frage: Wann werden Sie voraussichtlich in ... (oder über ...)(Ort) ankommen? Antwort: Ich werde voraussichtlich um ... Uhr in ... (oder über ...) (Ort) ankommen.

QRF	Frage: Kehren Sie zurück nach ... (Ort)?	

QRF Frage: Kehren Sie zurück nach ... (Ort)?
     Antwort: Ich kehre zurück nach ... (Ort).
     oder: Kehren Sie zurück nach ... (Ort).

QRG Frage: Wollen Sie mir meine genaue Frequenz (oder die genaue Frequenz von ...) mitteilen?
     Antwort: Ihre genaue Frequenz (oder die genaue Frequenz von ...) ist ... kHz (oder MHz).

QRH Frage: Schwankt meine Frequenz?
     Antwort: Ihre Frequenz schwankt.

QRI Frage: Wie ist der Ton meiner Aussendung?
     Antwort: Der Ton Ihrer Aussendung ist ... 1. gut
                                                 2. veränderlich
                                                 3. schlecht

QRJ Frage: Wieviel Funkgesprächsanmeldungen haben Sie vorliegen?
     Antwort: Ich habe ... Funkgesprächsanmeldungen vorliegen.

QRK Frage: Wie ist die Verständlichkeit meiner Übermittlung (oder der Übermittlung von ... (Name und/oder Rufzeichen))?
     Antwort: Die Verständlichkeit Ihrer Übermittlung (oder der Übermittlung von ... (Name und/oder Rufzeichen)) ist ... 1. schlecht
                                                                                                                          2. mangelhaft
                                                                                                                          3. ausreichend
                                                                                                                          4. gut
                                                                                                                          5. ausgezeichnet

QRL Frage: Sind Sie beschäftigt?
     Antwort: Ich bin beschäftigt (oder ich bin mit ... (Name und/oder Rufzeichen) beschäftigt. Bitte nicht stören.

QRM Frage: Wird meine Aussendung gestört?
     Antwort: Ihre Aussendung wird gestört.
              oder: Ihre Aussendung wird ... 1. nicht
                                               2. schwach
                                               3. mäßig
                                               4. stark
                                               5. sehr stark ... gestört.

QRN Frage: Werden Sie durch atmosphärische Störungen beeinträchtigt?
     Antwort: Ich werde durch atmosphärische Störungen beeinträchtigt.
              oder: Ich werde ... 1. nicht
                                    2. schwach
                                    3. mäßig
                                    4. stark
                                    5. sehr stark
              ... durch atmosphärische Störungen beeinträchtigt.

QRO Frage: Soll ich die Sendeleistung erhöhen?
     Antwort: Erhöhen Sie die Sendeleistung.

QRP Frage: Soll ich die Sendeleistung vermindern?
     Antwort: Vermindern Sie die Sendeleistung

QRQ Frage: Soll ich schneller geben?
     Antwort: Geben Sie schneller (... Wörter in der Minute).

QRR	Frage: Sind Sie bereit, automatische Geräte zu verwenden? Antwort: Ich bin bereit, automatische Geräte zu verwenden. Senden Sie mit einer Geschwindigkeit von ... Wörtern pro Min.
QRS	Frage: Soll ich langsamer geben? Antwort: Geben Sie langsamer (... Wörter in der Minute).
QRT	Frage: Soll ich die Übermittlung einstellen? Antwort: Stellen Sie die Übermittlung ein
QRU	Frage: Haben Sie etwas für mich? Antwort: Ich habe nichts für Sie.
QRV	Frage: Sind Sie bereit? Antwort: Ich bin bereit.
QRW	Frage: Soll ich ... benachrichtigen, daß Sie ihn auf ... kHz (oder MHz) rufen? Antwort: Benachrichtigen Sie bitte ..., daß ich ihn auf ... kHz (oder MHz) rufe.
QRX	Frage: Wann werden Sie mich wieder rufen? Antwort: Ich werde Sie um ... Uhr auf ... kHz (oder MHz) wieder rufen.
QRY	Frage: Wann bin ich an der Reihe? Antwort: Sie haben die Nummer ... (oder jede andere Angabe). (Bezieht sich auf den Funkverkehr)
QRZ	Frage: Von wem werde ich gerufen? Antwort: Sie werden von ... (auf ... kHz (oder MHz)) gerufen.
QSA	Frage: Wie ist die Stärke meiner Zeichen (oder der Zeichen von ... (Name und/oder Rufzeichen))? Antwort: Ihre Zeichen (oder die Zeichen von ... (Name und/oder Rufzeichen)) sind ... 1. kaum 2. schwach 3. ziemlich gut 4. gut 5. sehr gut ... hörbar.
QSB	Frage: Schwankt die Stärke meiner Zeichen? Antwort: Die Stärke Ihrer Zeichen schwankt.
QSC	Frage: Sind Sie eine Seefunkstelle mit geringem Verkehr? Antwort: Ich bin eine Seefunkstelle mit geringem Verkehr.
QSD	Frage: Sind meine Zeichen verstümmelt? Antwort: Ihre Zeichen sind verstümmelt.
QSE	Frage: Welches ist die geschätzte Abtrift des Rettungsgerätes? Antwort: Die geschätzte Abtrift des Rettungsgerätes ist ...
QSF	Frage: Haben Sie die Rettung durchgeführt? Antwort: Ich habe die Rettung durchgeführt und steuere den Hafen/die Basis ... (mit ... Verletzten, die Ambulanz benötigen) an.
QSG	Frage: Soll ich ... Telegramme in Reihe übermitteln? Antwort: Übermitteln Sie ... Telegramme in Reihe.

QSH	Frage: Können Sie mit Ihrem Peilfunkgerät Zielfahrt/Zielflug machen? Antwort: Ich kann mit meinem Peilfunkgerät Zielfahrt/Zielflug machen (die Funkstelle von ... (Name und/oder Rufzeichen) in Zielfahrt/Zielflug erreichen).
QSI	nur Antwort: Es war mir unmöglich, Ihre Übermittlung zu unterbrechen. oder: Wollen Sie ... (Name und/oder Rufzeichen) mitteilen, daß es mir unmöglich war, seine Übermittlung (auf ... kHz (oder MHz)) zu unterbrechen.
QSJ	Frage: Wie hoch ist die Gebühr nach ... einschließlich Ihrer Inlandsgebühr? Antwort: Die Gebühr nach ... beträgt ... Franken einschließlich meiner Inlandsgebühr.
QSK	Frage: Können Sie mich zwischen Ihren Zeichen hören? Wenn ja, darf ich Sie während Ihrer Übermittlung unterbrechen? Antwort: Ich kann Sie zwischen meinen Zeichen hören; Sie dürfen mich während meiner Übermittlung unterbrechen.
QSL	Frage: Können Sie mir eine Empfangsbestätigung geben? Antwort: Ich gebe Ihnen Empfangsbestätigung.
QSM	Frage: Soll ich das letzte Telegramm (oder ein früheres Telegramm), das ich Ihnen übermittelt habe, wiederholen? Antwort: Wiederholen Sie das letzte Telegramm (oder das (die) Telegramm(e) Nr(n) ..., das (die) sie mir übermittelt haben.
QSN	Frage: Haben Sie mich (oder haben Sie ... (Name und/oder Rufzeichen)) auf ... kHz (oder MHz) gehört? Antwort: Ich habe Sie (oder ich habe ... (Name und/oder Rufzeichen)) auf ... kHz (oder MHz) gehört.
QSO	Frage: Können Sie mit ... (Name und/oder Rufzeichen) unmittelbar (oder durch Vermittlung) verkehren? Antwort: Ich kann mit ... (Name und/oder Rufzeichen) unmittelbar (oder durch Vermittlung) verkehren.
QSP	Frage: Wollen Sie an ... (Name und/oder Rufzeichen) gebührenfrei vermitteln? Antwort: Ich werde an ... (Name und/oder Rufzeichen) gebührenfrei vermitteln.
QSQ	Frage: Haben Sie einen Arzt (oder ... (Name einer Person)) an Bord? Antwort: Ich habe einen Arzt (oder ... (Name einer Person)) an Bord.
QSR	Frage: Soll ich den Anruf auf der Anruffrequenz wiederholen? Antwort: Wiederholen Sie den Anruf auf der Anruffrequenz. Ich habe Sie nicht gehört (oder ich wurde gestört).
QSS	Frage: Welche Arbeitsfrequenz werden Sie benutzen? Antwort: Ich werde die Arbeitsfrequenz ... kHz (oder MHz) benutzen eventuell nur Angabe der letzten drei Ziffern).
QSU	Frage: Soll ich auf der augenblicklich benutzten Frequenz (oder auf ... kHz (oder MHz)) (mit Sendeart ...) senden oder antworten? Antwort: Senden oder antworten Sie auf der augenblicklich benutzten Frequenz (oder auf ... kHz (oder MHz)) (mit Sendeart ...)

QSV	Frage: Soll ich eine Reihe V (oder Zeichen) zum Abstimmen auf dieser Frequenz (oder auf ... kHz (oder MHz)) (mit Sendeart ...) senden? Antwort: Senden Sie eine Reihe V (oder Zeichen) zum Abstimmen auf dieser Frequenz (oder auf ... kHz (oder MHz)).
QSW	Frage: Wollen Sie auf der augenblicklich benutzten Frequenz (oder auf ... kHz (oder MHz)) (mit Sendeart ...) senden? Antwort: Ich werde auf der augenblicklich benutzten Frequenz (oder auf ... kHz (oder MHz)) (mit Sendeart ...) senden.
QSX	Frage: Wollen Sie ... (Name und/oder Rufzeichen) auf ... kHz (oder MHz) oder in den Frequenzbereichen .../auf den Kanälen ... hören? Antwort: Ich höre ... (Name und/oder Rufzeichen) auf ... kHz (oder MHz) oder in den Frequenzbereichen .../auf den Kanälen.
QSY	Frage: Soll ich zum Senden auf eine andere Frequenz übergehen? Antwort: Gehen Sie zum Senden auf eine andere Frequenz über (oder auf ... kHz (oder MHz)).
QSZ	Frage: Soll ich jedes Wort oder jede Gruppe mehrmals geben? Antwort: Geben Sie jedes Wort oder jede Gruppe zweimal (oder ...mal).
QTA	Frage: Soll ich das Telegramm (oder die Nachricht) Nr. ... streichen? Antwort: Streichen Sie das Telegramm (oder die Nachricht) Nr. ...
QTB	Frage: Sind Sie mit meiner Wortzählung einverstanden? Antwort: Ich bin mit Ihrer Wortzählung nicht einverstanden. Ich werde den ersten Buchstaben jedes Wortes und die erste Ziffer jeder Zahl wiederholen.
QTC	Frage: Wieviel Telegramme haben Sie? Antwort: Ich habe ... Telegramme für Sie (oder für ... (Name und/oder Rufzeichen)).
QTD	Frage: Was hat das Rettungs-Seefahrzeug oder -Luftfahrzeug geborgen? Antwort: ... (Kennzeichnung) hat geborgen ... 1. ... (Zahl) Überlebende 2. Wrackteile 3. ... (Zahl) Leichen.
QTE	Frage: Wie peilen Sie mich rechtweisend? oder: Wie peilt mich ... (Name und/oder Rufzeichen) rechtweisend? oder: Wie wird ... (Name und/oder Rufzeichen) rechtweisend gepeilt? Antwort: Ich peilte Sie rechtweisend ... Grad um ... Uhr. oder: ... (Name und/oder Rufzeichen) peilte Sie rechtweisend ... Grad um ... Uhr. oder: ... (Name und/oder Rufzeichen) wurde von ... (Name und/oder Rufzeichen) rechtweisend ... Grad um ... Uhr gepeilt.
QTF	Frage: Wollen Sie mir meinen Standort angeben aufgrund der Peilungen der Peilfunkstellen Ihrer Gruppe? Antwort: Nach den Peilungen der Peilfunkstellen meiner Gruppe war Ihr Standort ... Breite ...Länge (oder eine andere Angabe des Standortes), Klasse ... um ... Uhr.

QTG	Frage: Wollen Sie zwei Striche von je zehn Sekunden Dauer (oder den Träger während zweimal zehn Sekunden) und danach Ihr Rufzeichen (oder den Namen) (...mal wiederholt) auf ... kHz (oder MHz) senden? oder: Wollen Sie ... (Name und/oder Rufzeichen) auffordern, zwei Striche von je zehn Sekunden Dauer (oder den Träger während zweimal zehn Sekunden) und danach sein Rufzeichen (und/oder seinen Namen) (...mal wiederholt) auf ... kHz (oder MHz) zu senden? Antwort: Ich werde zwei Striche von je zehn Sekunden Dauer (oder den Träger während zweimal zehn Sekunden) und danach mein Rufzeichen (oder meinen Namen)(...mal wiederholt) auf ... kHz (oder MHz) senden. Oder: Ich habe ... (Name und/oder Rufzeichen) aufgefordert, zwei Striche von je zehn Sekunden Dauer (oder den Träger während zweimal zehn Sekunden) und danach sein Rufzeichen (und/oder seinen Namen) (...mal wiederholt) auf ... kHz (oder MHz) zu senden.
QTH	Frage: Welches ist Ihr Standort nach Breite und Länge (oder nach anderen Angaben)? Antwort: Mein Standort ist ... Breite, ... Länge (oder nach anderen Angaben).
QTI	Frage: Welches ist Ihr wahrer Kurs? Antwort: Mein wahrer Kurs ist ... Grad.
QTJ	Frage: Welche Geschwindigkeit haben Sie? Antwort: Meine Geschwindigkeit ist ... Knoten (oder Kilometer in der Stunde oder Landmeilen in der Stunde).
QTK	Frage: Welche Geschwindigkeit hat Ihr Luftfahrzeug über Grund? Antwort: Mein Luftfahrzeug hat eine Geschwindigkeit über Grund von ... Knoten (oder Kilometern in der Stunde oder Landmeilen in der Stunde).
QTL	Frage: Welches ist Ihr rechtweisender Kurs? Antwort: Mein rechtweisender Kurs ist ... Grad.
QTM	Frage: Welches ist Ihr mißweisender Kurs? Antwort: Mein mißweisender Kurs ist ... Grad.
QTN	Frage: Um wieviel Uhr haben Sie ... (Ort) verlassen? Antwort: Ich habe ... (Ort) um ... Uhr verlassen.
QTO	Frage: Sind Sie aus dem Hafenbecken (oder aus dem Hafen) ausgelaufen? Oder: Sind Sie gestartet? Antwort: Ich bin aus dem Hafenbecken (oder aus dem Hafen) ausgelaufen. Oder: Ich bin gestartet.
QTP	Frage: Sind Sie im Begriff, in das Hafenbecken (oder in den Hafen) einzulaufen? Oder: Sind Sie im Begriff zu wassern (oder zu landen)? Antwort: Ich bin im Begriff, in das Hafenbecken (oder in den Hafen) einzulaufen. Oder: Ich bin im Begriff zu wassern (oder zu landen).
QTQ	Frage: Können Sie mit meiner Funkstelle unter Benutzung des Internationalen Signalbuches (INTERCO) verkehren? Antwort: Ich werde mit Ihrer Funkstelle unter Benutzung des Internationalen Signalbuches (INTERCO) verkehren.
QTR	Frage: Welches ist die genaue Uhrzeit? Antwort: Es ist genau ... Uhr.

QTS	Frage: Wollen Sie Ihr Rufzeichen (und/oder Ihren Namen) ... Sekunden lang senden? Antwort: Ich sende mein Rufzeichen (und/ oder meinen Namen) ... Sekunden lang.
QTT	Mitteilung: Die nachfolgende Kennung ist einer anderen Aussendung überlagert.
QTU	Frage: Wann ist Ihre Funkstelle geöffnet? Antwort: Meine Funkstelle ist von ... bis ... Uhr geöffnet.
QTV	Frage: Soll ich an Ihrer Stelle die Hörbereitschaft auf Frequenz ... kHz (oder MHz) (von ... bis ... Uhr) übernehmen? Antwort: Übernehmen Sie an meiner Stelle (von ... bis ... Uhr) die Hörbereitschaft auf Frequenz ... kHz (oder MHz).
QTW	Frage: In welchem Zustand befinden sich die Überlebenden? Antwort: Die Überlebenden befinden sich in ... Zustand und benötigen dringend ...
QTX	Frage: Wollen Sie Ihre Funkstelle für den Verkehr mit mir bis auf weitere Nachricht von mir (oder bis ... Uhr) geöffnet lassen? Antwort: Meine Funkstelle bleibt für den Verkehr mit Ihnen bis auf weitere Nachricht von Ihnen (oder bis ... Uhr) geöffnet.
QTY	Frage: Steuern Sie den Unfallort an und, wenn ja, wann werden Sie voraussichtlich ankommen? Antwort: Ich steuere den Unfallort an und werde voraussichtlich um ... Uhr (am ... (Datum)) ankommen.
QTZ	Frage: Setzen Sie die Suche fort? Antwort: Ich setze die Suche nach ... fort
QUA	Frage: Haben Sie eine Nachricht von ... (Name und/oder Rufzeichen)? Antwort: Hier sind Nachrichten von ... (Name und/oder Rufzeichen).
QUB	Frage: Können Sie mir der Reihe nach Auskünfte geben über: die rechtweisende Richtung in Grad und die Geschwindigkeit des Bodenwindes; die Sicht; das Wetter; den Umfang und die Art der Wolken sowie die Höhe der Wolkenuntergrenze über ... (Ort)? Antwort: Hier sind die erbetenen Auskünfte ...
QUC	Frage: Welches ist die Nummer (oder andere Bezeichnung) der letzten Nachricht, die Sie von mir (oder von ... Name und/ oder Rufzeichen) erhalten haben? Antwort: Die Nummer (oder andere Bezeichnung) der letzten Nachricht, die ich von Ihnen (oder von ... Name und/oder Rufzeichen) erhalten habe, ist ...
QUD	Frage: Haben Sie das Dringlichkeitszeichen von ... (Name und/oder Rufzeichen) um ... Uhr empfangen? Antwort: Ich habe das Dringlichkeitszeichen von ... (Name und/oder Rufzeichen) um ... Uhr empfangen.
QUE	Frage: Können Sie sich in ... (Sprache) nötigenfalls mit Hilfe eines Dolmetschers unterhalten; wenn ja, auf welchen Frequenzen? Antwort: Ich kann mich in ... (Sprache) auf ... kHz (oder MHz) unterhalten.

QUF	Frage: Haben Sie das Notzeichen von ... (Name und/oder Rufzeichen) empfangen? Antwort: Ich habe das Notzeichen von ... (Name und/oder Rufzeichen) um ... Uhr empfangen.
QUH	Frage: Wollen Sie mir den augenblicklichen Luftdruck, auf Meereshöhe bezogen, angeben? Antwort: Der augenblickliche Luftdruck, auf Meereshöhe bezogen, ist ... (Einheiten).
QUM	Frage: Darf ich den normalen Betrieb wieder aufnehmen? Antwort: Der normale Betrieb darf wieder aufgenommen werden.
QUN	Frage (wenn, an alle Funkst. gerichtet): Können die Schiffe in meiner unmittelbaren Nähe (oder in der Nähe von ... Breite, ... Länge)(oder in der Nähe von ...) mir ihren Standort, ihren rechtweisenden Kurs und ihre Geschwindigkeit angeben? Frage (wenn an eine einzelne Funkstelle gerichtet): Geben Sie Ihren Standort, Ihren rechtweisenden Kurs und Ihre Geschwindigkeit an? Antwort: Mein Standort, mein rechtweisender Kurs und meine Geschwindigkeit sind ...
QUO	Frage: Soll ich in der Nähe von ... Breite ... Länge (oder nach anderen Angaben) nach ... 1. einem Luftfahrzeug 2. einem Seefahrzeug 3. einem Rettungsgerät suchen? Antwort: Suchen Sie in der Nähe von ... Breite, ... Länge (oder nach anderen Angaben) nach ... 1. einem Luftfahrzeug 2. einem Seefahrzeug 3. einem Rettungsgerät.
QUP	Frage: Wollen Sie Ihren Standort angeben durch ... 1. Scheinwerfer 2. schwarzen Rauch 3. Feuerwerkskörper? Antwort: Mein Standort wird angegeben durch ... (wie zuvor)
QUR	Frage: 1. Haben die Überlebenden die Rettungsausrüstung erhalten? 2. Sind die Überlebenden von einem Rettungsfahrzeug aufgenommen worden? 3. Sind die Überlebenden von der Boden-Rettungsmannschaft erreicht worden? Antwort: Die Überlebenden ... 1. haben die Rettungsausrüstung erhalten die von ... ausgeworfen worden ist; 2. sind von einem Rettungsfahrzeug aufgenommen worden; 3. sind von der Boden-Rettungsmannschaft erreicht worden.
QUS	Frage: Haben Sie Überlebende oder Trümmer gesichtet? Wenn ja, an welchem Ort? Antwort: Ich habe ... 1. Überlebende im Wasser 2. Überlebende auf Flößen/Booten 3. Trümmer oder Wrackteile auf ... Breite, ... Länge (oder nach anderen Angaben) gesichtet.
QUT	Frage: Ist die Unfallstelle markiert? Antwort: Die Unfallstelle ist markiert durch ... 1. Flammen- oder Rauchsignal 2. schwimmendes Zeichen 3. gefärbtes Wasser 4. ... (Angabe einer anderen Markierung)

QUU	Frage: Soll ich das See- oder Luftfahrzeug auf meine Position leiten?
	Antwort: Leiten Sie das See- oder Luftfahrzeug ... (Name und/oder Rufzeichen)
	  1. auf Ihre Position, indem Sie Ihr Rufzeichen und lange Striche auf ... kHz (oder MHz) senden;
	  2. indem Sie auf ... kHz (oder MHz) den wahren Kurs übermitteln, auf dem Sie zu erreichen sind.

QUW	Frage: Befinden Sie sich im Suchgebiet ... (Benennung der Breite oder Länge)? Antwort: Ich befinde mich im Suchgebiet ... (Bezeichnung).
QUX	Frage: Haben Sie noch gültige nautische Warnnachrichten oder Sturmwarnungen vorliegen? Antwort: Ich habe folgende noch gültige nautische Warnnachrichten oder Sturmwarnungen vorliegen ...

QUY	Frage: Ist die Position des Rettungsgerätes markiert?
	Antwort: Die Position des Rettungsgerätes ist um ... Uhr markiert worden durch ... 1. Flammen- oder Rauchsignal
	                            2. schwimmendes Zeichen
	                            3. gefärbtes Wasser
	                            4. ... (Angabe einer anderen Markierung).

QUZ	Frage: Darf ich einen eingeschränkten Betrieb wieder aufnehmen? Antwort: Der Notverkehr ist noch nicht beendet, ein eingeschränkter Betrieb darf wieder aufgenommen werden.

ITU-Landeskenner

In der Frequenz- und Rufzeichenliste werden die einzelnen Länder durch Abkürzungen gekennzeichnet, die auch in ITU-Veröffentlichungen Verwendung finden:

AAA	Weltweit	CAN	Canada		in Region 1
AAB	Mehrere Länder	CAR	Caroline I	GCB	Britische Territorien
ADL	Adelie-Land	CBG	Kampuchea		in Region 2
AFG	Afghanistan	CHL	Chile	GCC	Britische Territorien
AFS	Republik Südafrika	CHN	China		in Region 3
AGL	Angola	CHR	Christmas I	GDL	Guadeloupe, F
ALB	Albanien	CKH	Cook I	GHA	Ghana
ALG	Algerien	CKN	Cook I, Nord	GIB	Gibraltar
ALS	Alaska, USA	CLM	Kolumbien	GMB	Gambia
AMS	St.Paul & Amsterdam I	CLN	Sri Lanka	GNB	Guinea-Bissau
AND	Andorra	CME	Kamerun	GNE	Equatorial Guinea
AOE	Spanish Sahara	CNR	Kanarische I	GRC	Griechenland
ARG	Argentinien	COG	Kongo	GRD	Grenada
ARS	Saudi Arabien	COM	Comoro I	GRL	Grönland
ASC	Ascension I	CPV	Kapverdische I	GTM	Guatemala
ATG	Antigua & Barbuda	CRO	Crozet	GUF	Guyana, F
ATL	Ozean-Wetterschiffe,	CTI	Elfenbeinküste	GUI	Guinea
	Atlantik	CTR	Costa Rica	GUM	Guam
ATN	Niederländ. Antillen	CUB	Cuba	GUY	Guyana
AUS	Australien	CVA	Vatican		
AUT	Österreich	CYP	Zypern	HKG	Hong Kong
AZR	Azoren			HND	Honduras
		D	Bundesrep. Deutschld.	HNG	Ungarn
B	Brasilien	DDR	Deutsche Dem. Rep.	HOL	Niederlande
BAH	Bahamas	DJI	Djibouti	HTI	Haiti
BDI	Burundi	DMA	Dominica	HVO	Bourkina Faso
BEL	Belgien	DNK	Dänemark	HWA	Hawaii, USA
BEN	Benin	DOM	Dominikanische Rep.	HWL	Howland I
BER	Bermuda				
BGD	Bangladesh	E	Spanien	I	Italien
BHR	Bahrain	EGY	Ägypten	ICO	Cocos Keeling I
BIO	Britisches Gebiet,	EQA	Ecuador	IND	Indien
	Indischer Ozean	ETH	Äthiopien	INS	Indonesien
BLR	Byelo-Russland	F	Frankreich	IOB	British West-Indien
BLZ	Belize	FAR	Faroer-Inseln	IRL	Irland
BOL	Bolivien	FJI	Fiji	IRN	Iran
BOT	Botswana	FLK	Falkland I	IRQ	Iraq
BRB	Barbados	FNL	Finnland	ISL	Island
BRM	Burma			ISR	Israel
BRU	Brunei	G	Vereinigtes König-		
BUL	Bulgarien		reich Grossbritannien	J	Japan
			& Nord-Irland	JAR	Jarvis I
CAF	Zentralafrikanische	GAB	Gabun	JMC	Jamaica
	Republik	GCA	Britische Territorien	JON	Johnston I

314

JOR	Jordanien	NZL	New Zealand	TCD	Tschad
				TCH	Tschechoslowakei
KEN	Kenya	OCE	Französ. Polynesien	TGO	Togo
KER	Kerguelen I	OMA	Oman	THA	Thailand
KIR	Kiribati	ONC	UNMOG in Indien und	TKL	Tokelau I
KOR	Korea (Rep.)		Pakistan	TMP	Portugiesisch Timor
KRE	Korea (dem.Volksrep.)	ONJ	UNTSO Jerusalem	TON	Tonga
KWT	Kuwait			TRC	Tristan da Cunha, AFS
		PAK	Pakistan	TRD	Trinidad & Tobago
LAO	Laos	PAQ	Oster I, CHL	TUN	Tunesien
LBN	Libanon	PHL	Philippinen	TUR	Türkei
LBR	Liberia	PHX	Phoenix I	TUV	Tuvalu
LBY	Libyen	PLM	Palmyra I	TZA	Tanzania
LCA	Saint Lucia	PNG	Papua New Guinea		
LIE	Liechtenstein	PNR	Panama	UAE	Vereinigte Arabische
LSO	Lesotho	POL	Polen		Emirate
LUX	Luxembourg	POR	Portugal	UGA	Uganda
		PRG	Paraguay	UKR	Ukraine
MAC	Macao	PRU	Peru	URG	Uruguay
MAU	Mauritius	PTC	Pitcairn I	URS	UdSSR
MCO	Monaco	PTR	Puerto Rico	USA	USA
MDG	Madagascar				
MDR	Madeira	QAT	Qatar	VCT	S.Vincent & Grenadinen
MDW	Midway I			VEN	Venezuela
MEX	Mexico	REU	Reunion	VIR	US Virgin I
MLA	Malaysia	ROD	Rodriguez	VRG	British Virgin I
MLD	Malediven	ROU	Rumänien	VTN	Vietnam
MLI	Mali	RRW	Rwanda	VUT	Vanuatu
MLT	Malta				
MNG	Mongolei	S	Schweden	WAK	Wake I
MOZ	Mozambique	SDN	Sudan	WAL	Wallis & Futuna I
MRA	Mariana I	SEN	Senegal		
MRC	Marokko	SEY	Seychellen	YEM	Jemen
MRL	Marshall I	SHN	St. Helena	YMS	Jemen (Dem.Volksrep.)
MRN	Marion I	SLM	Solomon I	YUG	Jugoslawien
MRT	Martinique, F	SLV	El Salvador		
MTN	Mauretanien	SMA	Amerikanisch Samoa	ZAI	Zaire
MWI	Malawi	SMO	West Samoa	ZMB	Zambia
MYT	Mayotte I	SMR	San Marino	ZWE	Zimbabwe
		SNG	Singapore		
NCG	Nicaragua	SOM	Somalia		
NCL	Neu-Kaledonien	SPM	St.Pierre & Miquelon		
NGR	Niger	SRL	Sierra Leone	Abweichend von diesen Abkürzungen	
NIG	Nigeria	STP	São Tomé & Principe	werden in diesem Buch benutzt:	
NIU	Niue I	SUI	Schweiz		
NMB	Namibia	SUR	Surinam	ANT	Antarktis
NOR	Norwegen	SWN	Swan I	TWN	Taiwan
NPL	Nepal	SWZ	Swaziland	URS	UdSSR mit BLR und UKR
NRU	Nauru	SYR	Syrien	WMO	West-Meteo-Organisation

Buchstabiertafel

Wenn das Buchstabieren von Rufzeichen, Q-Gruppen, sonstigen Abkürzungen sowie Wörtern nötig ist, geschieht dies nach folgender Buchstabiertafel:

Buchstabe	Zum Buchstabieren zu benutzendes Schlüsselwort	Aussprache des Schlüsselwortes *)
A	Alfa	**AL**FAH
B	Bravo	**BRA**WO
C	Charlie	**TSCHAH**LI
D	Delta	**DEL**TAH
E	Echo	**EC**KO
F	Foxtrot	**FOX**TROTT
G	Golf	**GOLF**
H	Hotel	HO**TELL**
I	India	IN**DI**AH
J	Juliett	JUH**LIETT**
K	Kilo	**KI**LO
L	Lima	**LI**MAH
M	Mike	**MEIK**
N	November	NO**WEMM**BER
O	Oscar	**OSS**KAR
P	Papa	PA**PAH**
Q	Quebec	KI**BECK**
R	Romeo	**RO**MIO
S	Sierra	SSI**ERR**AH
T	Tango	**TANG**GO
U	Uniform	**JU**NIFORM
V	Victor	**WICK**TAR
W	Whiskey	**WISS**KI
X	X-ray	**EX**REH
Y	Yankee	**JENG**KI
Z	Zoulou	SUH**LUH**

*) Die zu betonenden Silben sind fett gedruckt.

Literaturverzeichnis

Handbuch für den Dienst bei Seefunkstellen (Handbuch Seefunk)

Auf dieses amtliche Handbuch haben wir schon am Anfang dieses Buches ausführlich hingewiesen. Private Bezieher können das Handbuch Seefunk zum Preis von DM 14,50 bestellen beim

Fernmeldeamt 6, Postfach 301792, 2000 Hamburg 36

Nautischer Funkdienst (NFD)

Als umfangreichstes Nachschlagewerk zu allen Gebieten des weltweiten Seefunkdienstes gibt das Deutsche Hydrografische Institut (DHI) das vierbändige Werk "Nautischer Funkdienst" heraus. Die vier Loseblatt-Ringbücher sind wie folgt aufgeteilt:

Band 1: Funkverkehr (Küstenfunkstellen, Peil-, Zeit- und Warnfunk, Seenotfunk, internationale Regelungen des Funkverkehrs)

Band 2: Funkortung (See- und Flugfunkfeuer, verschiedene Navigationsverfahren wie Decca, Loran-C und Omega, Radar)

Band 3: Wetterfunk (Wetter- und Eisfunk, Facsimile-Sendungen, Meteorologische Ausdrücke und viele Erläuterungen)

Band 4: Revierfunk (Abwicklung des Sprechfunkverkehrs in den Revieren)

Jeder Band kostet zuzüglich Ringordner etwas über 60,- DM. Nachträge erscheinen regelmäßig und können abonniert werden.

Bezug: nur über die offiziellen Seekartenvertriebsstellen, z.B. Schiffahrtsbuchhandlung Eckhardt & Messtorff, Rödingsmarkt 16, 2000 Hamburg 11.

Sprechfunk für Küstenschiffahrt (SfK)

Der SfK ist ein Auszug aus dem 4-bändigen NFD und umfaßt die Gebiete Ostsee, Nordsee bis Island, Britische Inseln und Biscaya bis Gibraltar. Ebenfalls als Ringordner zum Preis von etwas über 60,- DM zu beziehen.

Jachtfunkdienst Nord- und Ostsee   bzw.   Jachtfunkdienst Mittelmeer

Wer nur die Nord- und Ostsee oder das Mittelmeer befährt, kann spezielle, handliche Zusammenfassungen des NFD bekommen, die jährlich überarbeitet werden und etwa 20,- DM kosten.

Verwendung der Wettersprüche an Bord

Diese Zusammenfassung der wichtigsten Erläuterungen aus dem Band 3 des NFD ist für etwa 20,- DM zu bekommen.

Weitere Unterlagen .....

gibt es gerade für den maritimen Bereich in Hülle und Fülle, z.b. Seehandbücher für alle Seegebiete, Lehrbücher für Yachtnavigation, Wetterkunde etc.

Einen ausgezeichneten Überblick über das gesamte Buchangebot gibt der Katalog der Schiffahrtsbuchhandlung Eckhardt & Messtorff. Der Katalog kann angefordert werden bei:

Schiffahrtsbuchhandlung Eckhardt & Messtorff, Rödingsmarkt 16, 2000 Hamburg 11

Dort können auch sämtliche Bücher per Post bestellt werden.

Lehrbücher für die Sprechfunkzeugnisse:

Von verschiedenen Verlagen werden Lehrbücher zum Erwerb der Sprechfunkzeugnisse herausgegeben, z.B.

Sprechfunk an Bord von Günter Hommer zur Vorbereitung auf die Prüfung für das Allgemeine Sprechfunkzeugnis für den Seefunkdienst.

Sprechfunkzeugnisse für den Seefunk

Ein umfassendes Lehrbuch sowohl für das Allgemeine Seefunk-Sprechzeugnis wie auch für das UKW-Sprechfunkzeugnis mit allen Prüfungsfragen. Auch für die Praxis des Funkverkehrs an Bord ist dieses Buch eine große Hilfe.

Und das Buch **UKW-Sprechfunkzeugnis** befaßt sich speziell mit diesem Teilgebiet.

Die drei vorgenannten Bücher stammen aus dem Delius-Klasing Verlag und sind über jede Buchhandlung zu beziehen. Dort kann man sicher auch einen Prospekt über das gesamte Literaturangebot zum Wassersportbereich bekommen.

Und im Frech-Verlag sind erschienen:

UKW-Funk auf Schiffen und Yachten

und das Lehrbuch **Allgemeines Sprechfunkzeugnis für den Seefunkdienst**

sowie zwei "**Seefunk-Cassetten**" für praktische Übungen. Die Bücher sind über den Buchhandel zu beziehen. Einen Informationsprospekt gibt es direkt vom Frech-Verlag, Turbinenstr. 7, 7000 Stuttgart 31.

Leserservice

Der **Siebel Verlag** ist der Spezialist für Frequenzlisten und Funkhandbücher. Ausführliche Informationen über sämtliche von uns angebotenen Bücher gibt der jeweils aktuelle Funk-Buch-Katalog, den wir auf Anfrage kostenlos und unverbindlich verschicken.

Nachfolgend stellen wir Ihnen die wichtigsten Bücher kurz vor. Bitte beachten Sie die Bestellhinweise auf der letzten Seite.

Sender & Frequenzen
Jahrbuch für weltweiten Rundfunk-Empfang

Dieses Standardwerk für die deutschsprachigen Welthörer, Kurzwellenfreunde und Funkamateure sollte neben keinem Empfänger fehlen. Es erscheint jährlich völlig aktualisiert und wird zusätzlich durch Nachtragshefte dreimal im Jahr ergänzt.

Sie finden in diesem Jahrbuch alle wichtigen Informationen über sämtliche hörbaren Rundfunksender aus über 170 Ländern der Erde: Sendefrequenzen, Sendezeiten, Sendepläne (Deutsch, Englisch, Französisch, u.a.), Adressen, ...

Zu jedem Sender geben wir Hinweise auf die besten Empfangschancen - eine wertvolle Hilfe bei der Suche nach neuen Sendern.

Das Jahrbuch beinhaltet auch die komplette Frequenzliste der Rundfunksender auf Langwelle, Mittelwelle, Tropenband und Kurzwelle im Bereich von 150 kHz bis 30 MHz.

Eine große Erleichterung sind die nach Sendezeiten geordneten Hörfahrpläne der deutsch- und englischsprachigen Sendungen aus aller Welt.

Der aktuelle und mit größter Sorgfalt recherchierte Datenteil wird ergänzt durch verschiedene Kapitel mit den Grundlagen zur Praxis des erfolgreichen Weltempfangs.

Und zu guter Letzt der Riesen-Pluspunkt: Im Verkaufspreis ist die Lieferung von drei Nachträgen enthalten mit allen up-to-date Informationen über die Sender in aller Welt (jeweils 32 Seiten).

Umfang: 432 Seiten, viele Abbildungen und Fotos, zahlreiche Tabellen, Handbuchformat DIN A5 mit Schutzumschlag

Preis des Jahrbuches: 36,80 DM (inklusive 3 Nachtragslieferungen)

Funk aus aller Welt
Anleitung zum Kurzwellenempfang

Dieses erfolgreiche Buch zum Hobby Weltempfang wendet sich an alle Anfänger. Es ist die ideale Einführung in die faszinierende Welt des Kurzwellenradios und enthält viele praktische Tips zum weltweiten Empfang, Vorstellung der wichtigsten Sender, Hinweise auf Sendezeiten und Frequenzen, Empfänger, Antennen und viele nützliche Informationen. 128 Seiten mit zahlreichen Fotografien und vielen Abbildungen. Preis: 14,60 DM

Weltempfänger-Testbuch

Endlich "Durchblick" im Geräte-Dschungel. Dieses Testbuch beinhaltet die ausführlichen Vorstellungen und Beurteilungen aller Weltempfänger.

Wir sagen klipp und klar, welche Empfänger - für wen und für welchen Zweck - etwas taugen, und welche nicht. Damit ist dieses Buch ein äußerst hilfreicher Ratgeber beim Empfänger-Kauf.

Verschiedene informative Kapitel mit leichtverständlichen Erläuterungen zur KW-Empfänger-Technik und mit Hinweisen zur optimalen Bedienung runden das Testbuch ab und machen es zu einem unverzichtbaren Nachschlagewerk.

176 Seiten Großformat (fast DIN A4) mit sehr vielen Fotos und Abbildungen. Aktuelle Neuerscheinung. Preis: 26,80 DM

Presseagenturen auf Kurzwelle (RTTY)
Frequenzen - Sendepläne - Informationen

Viele Presseagenturen in aller Welt verbreiten ihre Meldungen per Kurzwellen-Funkfernschreiben (RTTY). In diesem Buch finden Sie zu sämtlichen Presseagenturen alle wichtigen Informationen: Kurzvorstellung, Adresse, Art der Nachrichtendienste, eingesetzte Sender, Sendefrequenzen, Rufzeichen sowie die kompletten Sendepläne (mit Sendezeiten und Frequenzen) und natürlich detaillierte Angaben über die Art der RTTY-Aussendung (Fernschreib-Code, Baud, Shift, etc.).
112 Seiten, viele Abbildungen, Preis: 19,80 DM

UKW-Sprechfunk-Handbuch - VHF/UHF-Frequenzliste 30 MHz - 400 GHz

Alle interessanten Informationen über den UKW-Sprechfunk, z.B. Frequenz- und Kanaltabellen sowie ausführliche Erläuterungen zu den verschiedenen Funkdiensten wie nöbL/öbL, Betriebsfunk, Autotelefon, Sicherheitsdienste (BOS), Seefunk, Rheinfunk, Flugfunk, Zugfunk, u.v.a.m. 192 Seiten, Preis: 19,80 DM

Bestellung: Alle genannten Bücher (und noch viele andere) können Sie direkt über den Leserservice erhalten.

Postkarte genügt. - Wir liefern sofort mit Rechnung.

Kostenlos schicken wir Ihnen den aktuellen Funk-Buch-Katalog.

Siebel Verlag GmbH - Leserservice

Bonhoeffer Weg 16, D-5309 Meckenheim

Telefon (02225) 3032